역사신문

신문으로 엮은 한국 역사

원시시대 ~ 통일신라

1

사계절

이 책을 만든 사람들

감수위원 여호규(한국외국어대 사학과 교수)
검토위원 박주현(한국교육과정평가원 연구원)
박진동(한국교육과정평가원 연구원)
남궁원(서울고 교사)
신선호(교육과학기술부 연구원)
이화연(경서중 교사)

집 필 조동근(혜화여고 교사)

시사만평 이은홍
삽 화 임향한, 송진헌, 김성민, 이철원, 이은홍
세 밀 화 이철원
지도그림 장동근
표 지 박현숙디자인

자료협조 및 자문
전쟁기념관, 국립부여박물관, 육군사관학교박물관,
이강칠(문화재전문위원), 박재광(전쟁기념관 학예부)

사 식 송춘희
교 정 조경숙, 최옥미
제 작 조영준
기 획 우지향
편 집 최영재
편 집 인 김경택

신문으로 엮은 한국 역사 1
역사신문

1995년 8월 15일 1판 1쇄
2022년 4월 15일 1판 48쇄

지은이 | 역사신문편찬위원회

편집 관리 | 인문팀
제작 | 박흥기
마케팅 | 이병규 · 양현범 · 이장열
홍보 | 조민희 · 강효원

출력 | 블루엔
인쇄 | 천일문화사
제책 | J&D바인텍

펴낸이 | 강맑실
펴낸곳 | (주)사계절출판사
등록 | 제 406-2003-034호
주소 | (우)10881 경기도 파주시 회동길 252
전화 | 031) 955-8588, 8558
전송 | 마케팅부 031) 955-8595 편집부 031) 955-8596
홈페이지 | www.sakyejul.net 전자우편 | skj@sakyejul.com
페이스북 | facebook.com/sakyejul 트위터 | twitter.com/sakyejul
블로그 | blog.naver.com/skjmail

ISBN 978-89-7196-303-6 04910

역사신문 발간에 부쳐

우리가 신문보도를 통해서 그날 그날 일어난 사건을 접하고, 해설기사를 보면서 그 사건의 성격을 이해하며, 사설을 읽고 그 시시비비를 가릴 수 있듯이, 역사신문을 봄으로써 과거의 역사를 생생한 오늘의 일로 느끼면서도 깊이 있게 이해하도록 하자는 것입니다.

우리는 흔히 '역사'에 대해 서로 다른 두 가지 상을 갖게 됩니다. 역사란 오늘의 우리 모습을 비춰주고, 내일의 삶에 방향을 제시해 주는 거울 같은 것이라는 거창한 명제가 우리들 의식 한 켠에 늘 자리잡고 있습니다. 그러나 다른 한편, 역사를 단순히 흘러간 옛날 이야기로 치부하거나 골치 아픈 연대기를 외우는 지겨운 과목쯤으로 생각하는 경우도 적지 않습니다. 이처럼 역사에 대해 상반된 상을 갖게 되는 것은 역사를 역사답게 배우지 못했던 교육 여건의 결과이기도 하지만, 역사를 올바로 이해할 수 있도록 도와 주는 자료나 매체가 풍부하지 못한 데에도 원인이 있습니다.

역사란 결코 박제화된 먼 과거의 연대기가 아닐 것입니다. 인류는 유사 이래 서로 이해관계를 다투며 각 시대마다 그 시대의 사회체제와 생활양식을 만들고, 또 이것을 떠받쳐 주는 사상을 엮어왔는 바, 그 총체가 바로 역사라고 할 수 있습니다. 또한 오늘 우리들의 삶도 바로 이 역사의 연속선상에서 이루어지고 있습니다. 그러기에 우리는 과거의 태반 속에서 태어난 역사의 자식인 것입니다.

그러나 이 점을 확연하게 깨닫게 해주는 책은 그리 많지 않은 것 같습니다. 통사류의 개설서나 교과서는 역사의 전 시기를 체계적으로 서술하는 것이 목표이다 보니 너무 추상적이고 어려워, 지식대중들이나 학생들이 역사를 자신의 삶과 관련하여 생생하게 이해하는 데에는 큰 도움을 주지 못하고 있습니다. 그런 반면 이야기 형식으로 꾸며진 역사책들은 흔히 흥미 위주의 이야기들을 모아놓은 데 그치는 경우가 많아 과거 사람들의 삶에 흥미를 갖게 하지만, 각 시대의 실상을 체계적이고 객관적으로 파악하게 하는 데에는 미흡할 수밖에 없다고 생각합니다.

우리가 역사를 신문형식으로 편찬하기로 한 것은 그것이 역사이해에 있어 이처럼 비어 있지만 가장 중요한 자리를 채우는 좋은 방법이 아닐까 하는 생각에서 입니다. 먼 과거의 역사를, 마치 우리가 날마다 주위에서 일어나는 사건을 신문을 통해서 보는 것처럼 쉽고 생생하게 이해할 수 있을 거라는 생각입니다. 말하자면 우리가 신문보도를 통해서 그날 그날 일어난 사건을 접하고, 해설기사를 보면서 그 사건의 성격을 이해하며, 사설을 읽고 그 시시비비를 가릴 수 있듯이, 역사신문을 봄으로써 과거 역사를 생생한 오늘의 일로 느끼면서도 깊이 있게 이해하도록 하자는 것입니다.

우리 역사신문편찬위원회는 이런 목표를 이루기 위해 지난 3년여 동안 함께 모여 수많은 논의를 거치며 집필과 편집작업을 거듭하여 우리 역사를 모두 130여 호의 신문으로 편찬하게 되었습니다. 선례가 없이 처음 만드는 신문이라서 기사의 내용이나 편집체제가 애초의 의도를 살리기에 미흡한 점이 적지 않으리라 생각되어 걱정이 앞서기도 합니다.

그러나 그런 가운데서도 우리 역사를 자기 것으로 이해하고자 하는 지식대중들이나 역사를 가르치고 배우는 교사와 학생 모두에게 바른 역사이해의 길잡이가 되었으면 하는 마음 간절합니다.

역사신문편찬위원 일동

역사신문 읽는 법

1) 역사신문은 중요한 역사적 사건을 중심으로 전후 몇십 년, 간혹 몇백 년을 한 호의 신문에 포괄하고 있습니다. 그래서 어쩔 수 없이 수십 년 동안 일어난 일을 한 호의 신문에 실었고 기사 내용도 몇십 년을 한 시간대로 간주하고 쓰여진 경우가 있습니다.

(2) 역사신문 기본호는 4면으로 구성되어 있습니다.

4면의 예

1면에는 해당 시기의 주요 사건의 보도기사들을 역사적 중요도에 따라 크기를 달리하여 실었습니다.
2면에는 1면 기사 가운데 중요한 비중을 갖는 사건의 배경과 역사적 맥락 등을 이해하도록 하는 해설성 기사와 사설, 만평 등을 실었습니다.
3면에는 1면의 관련기사나 생활, 경제기사를 주로 실었습니다.
4면에는 문화 관련기사와 해외소식을 주로 실었습니다.

(3) 역사신문의 기사들은 이런 성격을 갖고 있습니다.

역사신문

숙종, "강력한 왕권 확립하겠다"

기사제목 : 기사제목은 역사의 사실을 전달하면서도 이를 당시 살았던 사람들의 생각을 통해 이해하도록 뽑았습니다. 주요 기사의 제목만을 쭉 읽어 보아도 한 시대의 흐름을 알 수 있을 것입니다. 물론 기억에도 오래 남습니다.

연표 : 1면 제호 옆의 연표를 보면 해당호에 주로 어떤 사건들이 일어났는가를 파악할 수 있습니다. 또 주요 사건의 관련기사가 몇 면에 실려있는가가 표기되어 있어 신문의 목차 역할도 합니다.

연대표 : 1면 하단의 간단한 연대표를 보면 해당 호의 주요 사건이 각 시대의 전체 흐름 가운데 어떤 위치와 맥락에 있는지 참조할 수 있습니다.

관련기사 : 각 호의 주요 기사에 대해서는 반드시 관련 해설이나 관계 인물 인터뷰 등을 하여 그 내용을 역사적 관점에서 다각도로 이해할 수 있도록 하였습니다.

참조기사 : 앞뒤 호로 연결되는 사건이나 정책 등에 대해서는 참조기사 표시를 하여 역사적 흐름의 이해를 돕고 있습니다.

사설 : 사설에서는 각 시대의 주요 사건을 오늘의 관점에서가 아니라 그 시대를 살았던 사람들의 관점에서 시비를 가려 평가하였습니다. 오늘날 흔히 논란이 되고 있는 역사적 쟁점을 그 시대인의 눈으로 보는 데에 도움이 될 것입니다.

찾아보기 : 책 말미의 찾아보기는 신문에 실린 각 시대의 주요 사건, 인물, 제도, 정책, 유물 등의 내용을 사전처럼 쉽게 찾아볼 수 있도록 그 게재 위치를 표시한 것입니다. 필요할 때마다 여러 가지 용도로 활용하세요.

(4) 역사신문을 읽고 이렇게 해 보세요.

(1) 역사신문의 사설을 읽고 논평이나 비판을 써 보면 그 주제에 대한 자신의 생각을 정리하는 데에 도움이 됩니다.

(2) 관심 있게 읽은 기사에 대해 독자투고를 써 보면 역사적 사실이 먼 과거에 일어났던 남의 일이 아니라 바로 자신의 일임을 느끼게 됩니다.

(3) 만평을 보고 자신의 소감을 써 보거나 자신이 직접 만평을 그려봐도 재미있습니다.

(4) 특정기사를 광고문으로 만들어 보는 것도 흥미로운 일입니다.

일러두기

1. 역사적 사실에 대한 고증이나 평가 가운데 역사학계에서 이론(異論)이 있는 경우, 고등학교 국사 교과서를 기준으로 삼았으며, 국사 교과서와는 다르지만 중요하다고 생각되는 견해에 대해서는 독자투고 등의 형식으로 소개하고자 했다.
2. '역사신문' 의 기사는 모두 사실(史實)에 기초하여 집필하였으나, 신문의 형식상 필요한 경우 사실의 범위 내에서 가공한 부분도 있다.
3. 사설은 기본적으로 역사적 입장을 견지하였으며, 구체적인 사항에 대한 평가는 '역사신문' 의 견해에 입각한 것임을 밝힌다.
4. 용어나 지명은 가능한 한 해당 시기의 명칭을 사용하는 것을 원칙으로 하였으나, 현재 확인할 수 없는 경우는 현재의 명칭을 그대로 썼다.
5. 역사상의 인물 모습은 가능한 한 초상화나 인물화를 사용하였다. 그런 자료가 남아 있지 않은 경우에는 임의로 그렸음을 밝혀둔다.
6. 꼭 필요한 경우 외에는 한자를 생략하였다. 중요한 용어나 인명 등에 대해서는 책 말미의 '찾아보기' 에 한자를 병기하였다.
7. '찾아보기' 는 신문의 각 면을 4등분하여 좌 · 우, 상 · 하의 차례대로 가, 나, 다, 라로 세분하여 표시하였다.

역사신문 1권 차례

역사신문

3 공주 석장리 유적 형성 B.C 70만년
평양 상원군 검은 모루 유적지 형성 B.C 50만년
연천 전곡리 유적 형성 B.C 30만년
청원 두루봉 유적 형성 B.C 20만년
함북 웅기군 굴포리 유적 형성 B.C 10만년
4 라스코 · 알타미라 벽화제작 B.C 3만5천년
후기 구석기 문화 형성 B.C 3만년

인간, 자연의 지배자로 우뚝서다

도구사용 · 불의 발견 · 의사소통 방법의 발전으로 인간 생존조건 혁신

"우리는 생각하는 존재 … 수많은 자연의 제약, 하나씩 극복해나간다"

구석기 시대 인간은 도구의 사용, 불의 발견, 의사소통 방법의 발전 등에 힘입어 자연의 제약에서 벗어나 자연의 지배자로 당당히 군림하고 있다. 인류의 이러한 도약은 인간 두뇌의 발달과 특유의 생각하는 힘을 통해 이루어진 것으로 자연을 지배하는 존재로서 인간의 지위는 더욱 강화될 전망이다.

그동안 인간은 자연의 수많은 제약 아래 놓여 있었다. 어둠이 내리면 시야에 장애를 받아 활동이 어려웠으며, 추위를 이겨낼 수 있는 장치를 가지고 있지 못했기에 생존할 수 있는 공간적 범위는 기온이 비교적 높은 지역에 한정될 수밖에 없었다.

또 자연계의 사나운 맹수들은 날카로운 송곳니와 발톱을 앞세워 인간을 자신의 사냥감으로 삼았으나, 인간은 이에 맞설 만한 아무런 힘이 없었기에 항상 생존의 위협에 시달려야 했다. 그리고 인간은 언제 닥칠지 모를 자연재난과 질병, 기아로 목숨을 잃어갔다.

그러나 인간은 돌을 이용, 도구와 무기를 만들고 불을 사용함으로써 자연의 제약을 극복할 수 있는 중요한 계기를 마련했다. 날카로운 도구로 맹수의 위협을 물리쳤을 뿐만 아니라 자신보다 빠르고 강한 짐승들을 사냥했으며, 불을 이용, 밤에도 활동하고 추위를 이겨내면서 시간 및 공간의 활동영역을 확대시켜나갔다.

이 과정에서 인간의 두뇌는 더욱 발달하였으며 이것은 다시 도구의 발달 등을 가져와 인간의 힘은 연쇄적으로 강화되고 있다. 특히 인간의 집단노동 과정에서 비롯된 언어의 발달은 인간 노동의 효율을 증대시켜주었음은 물론이거니와, 언어의 사용은 사물의 특성에 대한 이해를 높여주어 인간생활 개선을 가속화시키고 있다. 관련기사 2면

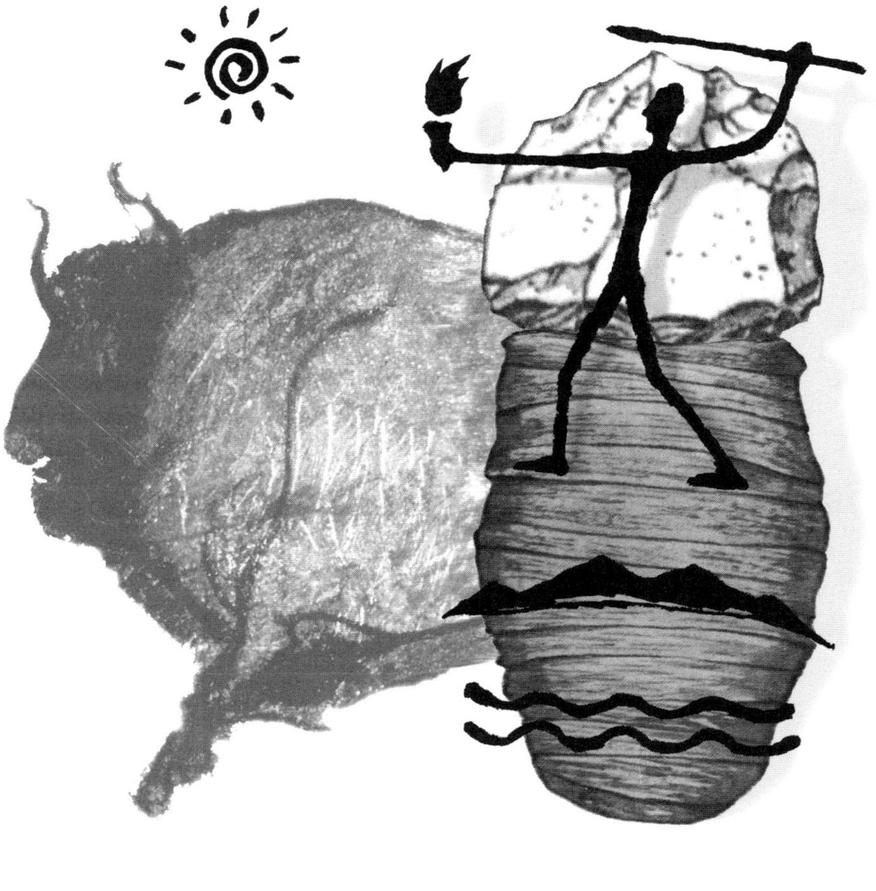

인류의 최대 발견 '불'

인류가 자연을 지배하는 존재로 부각되는 데 큰 기여

구석기 시대 인간의 힘을 강화시켜 주는 데 중요한 역할을 한 빼놓을 수 없는 요소는 '불의 사용'이었다.

불은 인간에게 커다란 힘을 가져다 주었다. 불은 인간에게 추위를 이길 수 있게 했고, 어둠을 밝히는 빛을 주었으며, 맹수를 물리치는 데도 도움을 주었다. 불은 거대한 자연의 힘을 아주 초보적이나마 지배할 수 있는 능력을 인류에게 가져다 주었다. 그리고 이를 통해 인류는 동물의 상태로부터 한걸음 전진할 수 있었다.

또 불은 인간의 음식을 변화시켰다. 불을 이용해 음식을 요리하게 되자, 예전에는 먹을 수조차 없는 더욱 많은 것을 먹을 수 있게 되고, 소화도 잘 되어 인간의 몸은 더욱 좋아졌다. 또한 익혀서 먹은 음식은 날 것보다 두뇌 발달을 더욱 촉진시켜 주었다.

지금 인간이 불을 능숙하게 이용하고 있으나 처음에는 다른 동물과 마찬가지로 불을 무서워하여 그 옆에도 가지 않았다. 그러나 인간은 불을 잘만 이용하면 커다란 도움을 받을 수 있다는 것을 깨달았다. 인간은 벼락이 쳐서 산불이 일어나거나 화산 폭발로 불이 생겼을 때 불씨를 받았다가 동굴에 보존하였으며, 마침내는 마찰열을 이용해 불을 피우는 방법을 알아냈다.

무엇이든 먹을 수 있으나 아무에게도 먹히지 않는 존재가 되기까지

수십만 년 걸린 '손의 해방', 도구사용의 혁명 이끌어내 … 공동 노동생활은 언어의 발달 가져와

자연계의 동물 중 가장 나약한 것이 인간이었다. 태초의 인간은 강한 이빨, 빠른 다리, 하늘을 날 수 있는 날개 등 그 무엇도 없었다. 이때의 인간은 사나운 맹수의 먹이에 지나지 않았으며 항상 두려움에 떨어야 했다. 그러나 이제 인류는 완전히 다른 존재로 탈바꿈했다. 구석기 인류는 무서운 동물에게도 두려움 없이 덤벼들 수 있는 숙련된 수렵 채집인이 됐다.

인간은 도구를 사용하게 되면서부터 변화하기 시작했다. 처음에 인간은 딱딱한 열매의 껍질을 깨뜨리기 위해 막대기나 돌을 사용했으며, 이것을 맹수로부터 자신을 지키는 무기로까지 이용했다. 인간이 도구를 보다 자유롭게 사용하기 위해선 손이 걷는 일에서 해방되어야 했는데 인간은 수십만 년에 걸쳐 이 힘든 일을 해냈다. 이후 인류는 해방된 손으로 돌로 된 도구를 만들어 본격적인 사냥을 시작하게 됐고 자신의 생활에 편리하게 도구를 개선·발전시켜나갔다.

인간의 팔은 약했으나 돌도끼나 창을 든 인간의 팔은 그 어떤 맹수의 이빨이나 발톱보다 강했으며, 그 팔이 하나가 아니라 여럿일 때 인간은 그 누구도 두려워하지 않는 존재가 됐다. 인간의 다리는 다른 동물만큼 빨리 달릴 수 없으나, 투창을 던져 이들의 빠르기를 능가할 수 있게 된 것이다. 인류는 그 누구보다 강하고 빠른 팔과 다리를 갖게 된 것이다.

또 인류는 집단을 이루어 노동을 했다. 이러한 공동노동은 인간 상호간의 의사소통의 필요성을 발생시켰으며, 이는 말의 발생을 가져왔다. 말의 사용으로 인간의 의사표현은 보다 풍부해졌으며, 이는 다시 인간 두뇌의 성장을 촉진했다. 인간은 노동의 과정에서 도구를 사용하고 언어를 창조하여 사용함으로써 지금의 강한 인간이 될 수 있었다.

역사신문

도구 개량이 진보의 지름길

끊임없는 관찰과 실험으로 도구 개량해야

기원전 250만 년 최초의 인간이라고 분류될 수 있는 오스트랄로 피테쿠스가 등장한 이래, 인류는 공동노동의 과정에서 언어를 만들어내고, 석기 및 뼈 도구를 계속 개발하는 등 성장을 거듭해왔다. 지금의 인류는 어떤 동물과도 당당히 맞설 수 있는 강한 존재가 됐다. 그렇지만 인류는 아직도 굶주림에서 헤어나지 못하고 있는 비참한 실정이다. 무리 생활을 하고 있는 구석기인 모두가 식량을 마련하기 위해 새벽부터 저녁까지 쉴틈없이 일하고 있으나 배고픔을 면치 못하고 있다.

그러나 지금까지 걸어온 발자취를 돌아보았을 때, 인류가 빈곤의 굴레를 벗어나는 일은 불가능하지 않다. 인류는 항상 자신에게 닥친 문제를 창의적인 노력으로 해결해왔다. 기존의 도구를 개량하여 보다 효율적으로 개선시킨 사실은 인류의 창의성을 보여주는 좋은 예가 될 것이다. 인류가 창에 찔린 사냥감이 빨리 죽도록 하기 위해 창에 피홈통을 파낸 것, 세 개의 날이 있는 작살을 만들어 물 속에서 잡힌 물고기가 옆의 날 때문에 도망가지 못하고 움직이면 움직일수록 자신의 몸에 더 큰 상처를 입도록 한 것 등은 매우 훌륭한 착안이었다.

굶주림으로부터 벗어나는 길은 자연으로부터 보다 더 많은 생산물을 얻어낼 수 있는 방법을 개발하는 데 있다. 이것은 도구의 개선을 통해 이루어질 수 있다. 위의 예처럼 보다 적은 노력으로 보다 많은 성과를 얻을 수 있는 도구를 만들어내는 것이 지금의 빈곤에서 벗어날 수 있는 길임을 명심해야겠다.

도구의 개선을 위해선 자연물에 대한 세심한 관찰과 다양한 실험이 필요하다. 인류가 쉽게 구할 수 있는 뼈, 나무, 돌 등도 그 종류에 따라 특성이 제각각이다. 같은 돌이라할지라도 어떤 돌은 석기를 만드는 데, 또 어떤 돌은 부싯돌로 이용하는 것이 편리할 수 있다. 뼈나 나무도 마찬가지다. 도구의 개선 및 개발은 사물의 특성을 명확히 파악한 후에 가능하다. 여기서 우리는 관찰과 실험을 강조하고자 한다. 그것이 자연물의 특성을 파악하는 유효한 방법이기 때문이다. 두드려보고, 깨뜨려보고, 불에도 넣어보고, 물에도 불려보고 하는 등 다양한 실험과 관찰을 통해 우리는 사물의 특성을 인식할 수 있다. 우리가 선조로부터 물려 받은 많은 지식들은 모두 그들의 세심한 관찰과 다양한 실험을 통하여 얻어낸 결론이었다.

굶주림을 타개할 방책은 무엇인가. 인류가 이룩한 오늘날의 진보는 '도구의 발전'으로 가능한 것이었음을 상기하면서 생산 증대를 가져올 수 있는 도구의 개선 및 개발에 혼신의 노력을 기울여야겠다.

사냥 후 돌아오는 구석기인의 모습

사냥 도구들

주먹도끼 : 주먹도끼는 사냥에 이용될 뿐 아니라 집에서 죽은 동물의 가죽을 벗기거나 도살하고 또 뿌리를 캐는 데도 이용된 다목적 도구.
작살 : 뼈나 사슴 뿔로 제작. 가는 날의 한쪽 끝에 달린 미늘은 사냥감의 살에 단단히 박혀 작살이 빠지는 것을 막아주도록 되어 있음.
투창 : 멀리 떨어져 있는 사냥감을 잡기 위한 도구. 돌이나 뼈로 만든 창끝에는 양 옆에 홈이 파여 있는데, 이 홈은 부상당한 동물로부터 피가 흘러나오도록 하여 더 빨리 죽게 하는 장치임.
올가미 : 도망가는 사냥감의 다리를 휘감아 쓰러뜨리는 도구.

주먹도끼
작살

그림마당
이은홍

에~ 사람에는 두 종류가 있는데……
먹어라!
피해라!
※맨손으로 다닌다
※도구를 사용한다

지금은 제 4 빙하기

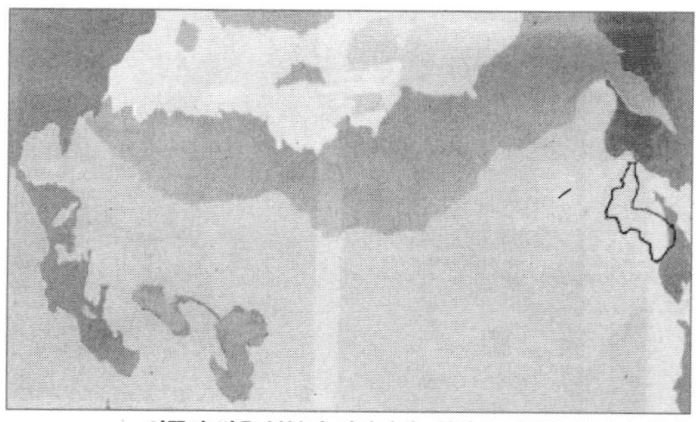
위쪽의 밝은 부분이 빙하지대. 한반도 지역은 벗어나 있다.

인류가 출현한 이래 지구의 자연환경은 네 차례의 빙하기와 세 차례의 간빙기의 반복 속에 많은 변화를 겪어왔다. 현생 인류가 출현한 것은 제 4 빙하기다. 표에 나타난 것처럼 세번째 간빙기가 끝나고 제 4 빙하기가 시작되면서 기온이 많이 떨어져 한반도에는 추운 지방에 사는 동물이 서식했으며, 해수면은 많이 내려가 서해와 동해가 육지로 연결되어 있기도 했다. 그러나 지금은 처음 빙하기가 시작됐을 때보다 기온이 많이 올라간 편이며 해안선도 수면 상승에 따라 많이 변화했다. 그런데 이러한 변화는 한반도에 살고 있는 구석기 인류에게 커다란 충격으로 작용할 수 있으리라 전망된다. 그것은 한반도의 기온이 계속 올라가 식물의 분포와 서식 동물의 종류가 달라진다면, 이들 인류는 자신이 오랫동안 익숙하게 생활해온 자연환경을 찾아 먼 길을 떠나야 할지도 모르기 때문이다.

코뿔소 집단사냥 중 두 명 부상

무기 개량, 사냥법 개선 등 대책마련 시급

코뿔소 사냥을 나갔던 종성 동관진 지역 구석기인 15명 중 2명이 사냥 도중 크게 다쳤다. 현재 부상당한 두 명의 구석기인들은 동굴에 옮겨져 함께 생활해왔던 무리들의 간호를 받고 있으나, 이중 한 명은 피를 많이 흘려 생명이 위태로운 것으로 전해지고 있다. 최근 들어 동물사냥을 나간 사람들의 사상 사례가 속출하고 있어 무기 개량 및 사냥법 개량 등 대책의 마련이 시급한 실정이다. 비보를 접한 많은 구석기인들은 "안정적인 식량 공급원이 마련되기 전까지는 이번과 같은 불행한 사태가 계속될 수밖에 없다"며 안타까워하고 있다.

이들은 평소처럼 사냥나가기 전날 동굴에 함께 모여, 이번 사냥에서 많은 코뿔소를 잡을 수 있기를 기원하며 자신의 안전을 비는 경건한 의식을 지냈다. 이번 사냥에서 희생된 구석기인 중 한 명은 이 의식에 참가한 후 "의식을 지내기 전에는 사냥나가서 생명을 잃을지도 모른다는 생각 때문에 두려움에 젖기도 하지만 의식을 치르면서 사냥에 따르는 위험에 대한 걱정이 사그라들고 용기가 생긴다"고 말했던 것으로 알려져 동료들의 가슴을 더욱 아프게 했다.

다음날 먼동이 틀 무렵, 이들은 예리한 골각기를 단단히 매단 투창을 자신의 억센 팔에 쥐고 그리고 허리춤에는 날카로운 돌 도끼를 차고 사냥에 나섰다. 쏘는 듯한 눈빛으로 사냥감을 찾아 이곳 저곳을 오랫동안 헤매다가 드디어 그들은 무리지어 한가롭게 풀을 뜯어먹고 있는 코뿔소떼를 발견했다. 그들은 우선 주변 지형을 세밀하게 살펴보았다. 왼쪽은 물가였고 오른쪽은 비탈진 내리막이었다. 이들은 비탈진 쪽으로 코뿔소를 몰아가기로 했고, 예정된 장소에 코뿔소가 오면 매복해 있던 공격조가 일격을 가하기로 작전을 세웠다. 족장의 사냥작전에 따라 저마다의 역할을 부여받은 구석기인들은 '와' 하는 힘찬 함성과 함께 사방에서 코뿔소를 향해 달려들었고, 인간의 기습에 놀란 코뿔소들은 비탈길로 달아나기 시작했다. 예정된 지점에 코뿔소가 다가오자, 몸을 숨기고 있던 구석기인들은 코뿔소의 등에 있는 힘을 다해 창을 내리꽂았다. 그순간 코뿔소의 등에서는 붉은 피가 뿜어져 나왔다. 그러나 코뿔소는 창을 맞고서도 도망가기 위해 안간힘을 썼다. 구석기인들은 살기 위해 발버둥치는 코뿔소에게 무차별적으로 주먹도끼 세례를 퍼부었다. 인간의 공격을 견디다 못한 코뿔소는끝내 절명하고 말았다.

그러나 코뿔소와 맞부딪치는 과정에서 우려됐던 불상사가 발생했다. 구석기인 2명이 코뿔소의 뿔에 받쳐 갈비뼈가 부러지고 몸 이곳 저곳이 찢기는 심한 상처를 입은 것이다. 구석기인들은 이번 사냥에서 코뿔소의 고기를 얻었으나 동료가 심하게 부상을 입는 대가를 치뤘다.

동굴 벽에 그림 그리기 한창

공주 석장리 구석기인들이 동굴벽에 여러 가지 동물을 그려 관심을 모으고 있다. 그림의 대상은 주로 그들이 사냥하는 짐승이다. 그들은 이들 동물의 조각도 만들고 있다.

벽화를 제작하고 있던 한 구석기인은 "이런 동물을 벽에 그리면 그 동물이 새끼를 많이 낳아 더욱 번성하여 우리들의 사냥감이 많아질 수 있으리라고 생각한다"고 그림과 조각 제작의 동기를 설명했다.

한편 벽면에 그려진 그림 중에는 등에 창이 꽂힌 동물도 있었다. 그들은 사냥나가기 전에 창에 찔린 그림을 보면 그들의 사냥이 성공할 수 있으리라는 확신을 갖는다고 했다.

구석기 인류의 하루

남자는 사냥·여자는 채집, 먹을 것 찾아 헤매는 24時

구석기 인류의 생활은 쉴 틈이 없다. 사냥과 채집에 나서서 먹을 것을 조금이라도 더 얻어야 하기 때문이다. 아침에 눈을 뜬 후 이들 구석기 인류는 저마다의 역할에 분주하다. 젊은 남성들은 사냥에 나설 준비를 갖추고 바삐 사냥길에 오르고, 여인들 역시 먹을 것을 찾아 채집을 나선다. 매일 또는 이틀에 한 번씩 채집을 나서는 여자들의 손에는 주먹도끼나 칼, 불 속에서 조심스럽게 처리를 하여 단단해진 나무로 만든 땅 파는 막대, 그리고 가죽자루나 갈대로 만든 바구니 등이 쥐어져 있다. 경우에 따라서는 창을 들고 다니기도 하는데 동물의 습격으로 자신을 보호하기 위해서라고 한다. 이들은 어린 아이들과 이를 돌보는 여인 몇몇만을 동굴에 남기고 모두들 먹을 것을 찾아 나서는 것이다.

구석기 무리의 여인들과 어린 소녀들이 채집하는 것은 밤·도토리 그리고 감·포도·무화과와 같은 열매들과 먹을 수 있는 뿌리 등이다. 길을 떠나기에 앞서 이들 여인들이 어디로 가야할지 머뭇거리는 경우는 드물다. 그들은 방대한 양의 전승된 지식을 가지고 있어서 먹기 좋은 나뭇잎·풀·뿌리·꽃·열매들의 종류와 그것들을 어디에서 일 년 중 어느 시기에 구할 수 있는지 알고 있기 때문이다. 여자들은 꼭 채소가 아니라도 먹는 것이라면 뭐든지 찾았는데, 예를 들어 새알, 새새끼나 짐승 새끼들, 도마뱀, 꿀 등이 있다. 해질 무렵 이들 여인들은 자신이 채집한 열매나 뿌리 등을 가지고 돌아온다.

어떤 면에서 여성들의 채집활동이 생계의 안정에 큰 비중을 차지한다. 사냥나갔던 남자들은 집에 돌아오는 숫자가 아침에 동굴을 나섰던 숫자보다 줄어드는 경우가 있다. 사냥을 나갔다가 되레 사냥을 당한 것이다. 이에 비해 여성의 채집은 식량을 안정적으로 확보하는 방법이 된다. 이들이 사는 동굴에는 20-30명 가량이 함께 거주하고 있다. 동굴 입구에는 화로가 놓여져 있다. 전에는 두 개의 막대기를 비벼서 불을 피웠으나, 이들은 황철광을 부싯돌에 부딪쳐 튀어나오는 불꽃으로 불을 피운다. 전보다 훨씬 발달된 방법이다. 여자들은 돌화덕 주위에 쪼그리고 앉아 저녁식사를 준비하고 있다. 그 옆에 한 남자가 사냥도구를 매만지고 있다. 동굴 중앙에서 아이들은 이야기 꾼이 들려주는 흥미진진한 이야기에 넋이 팔려 있다. 몇몇 어른들도 얘기에 귀를 기울이는 모습이다. 사냥과 채집을 통해 마련한 음식으로 저녁을 마친 후, 정해진 순서에 따라 맹수의 침입을 막을 당번을 세우고 잠자리에 든다. 분주하고 힘들었던 하루가 다시 저문다.

인류 발생 계통도

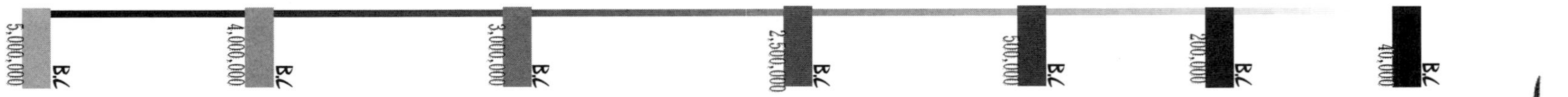

5,000,000 B.C.
4,000,000 B.C.
3,000,000 B.C.
2,500,000 B.C.
500,000 B.C.
200,000 B.C.
40,000 B.C.

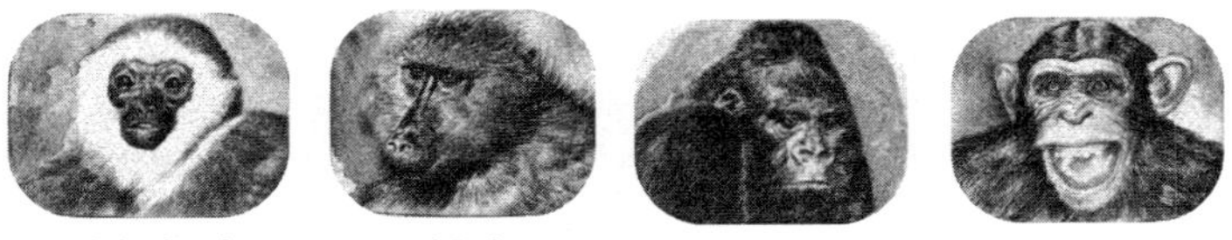

긴팔 원숭이 오랑우탄 고릴라 침팬지

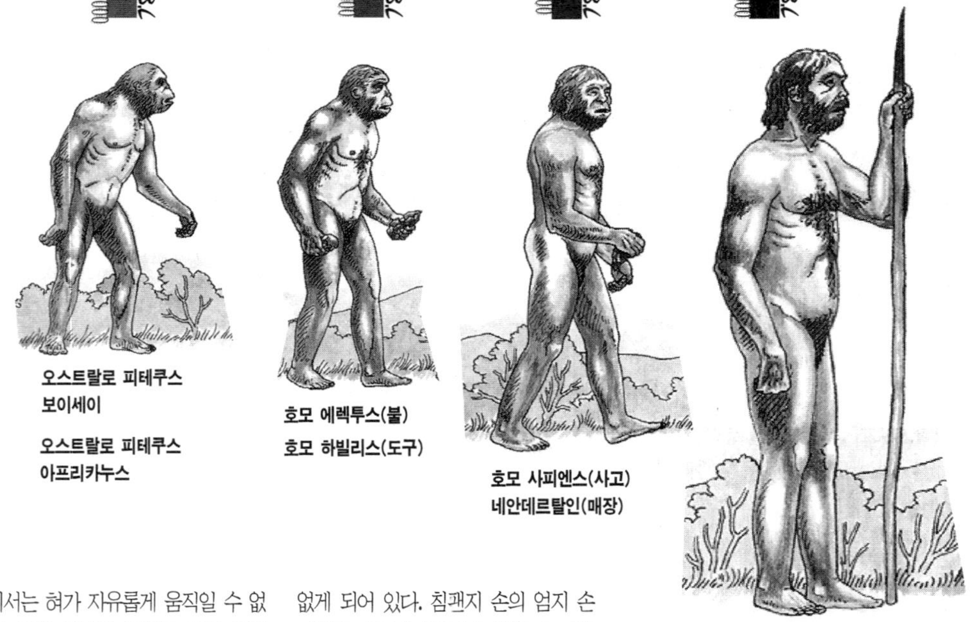

오스트랄로 피테쿠스 보이세이

오스트랄로 피테쿠스 아프리카누스

호모 에렉투스(불)

호모 하빌리스(도구)

호모 사피엔스(사고)
네안데르탈인(매장)

호모 사피엔스 사피엔스(현생인류)

침팬지와 인류의 차이점

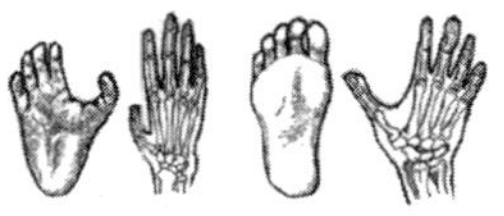

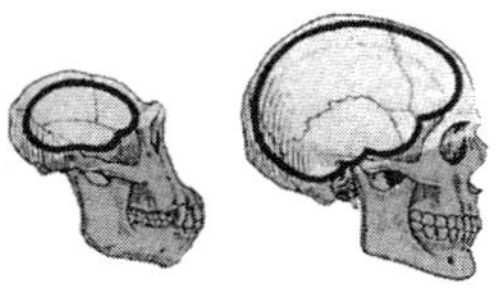

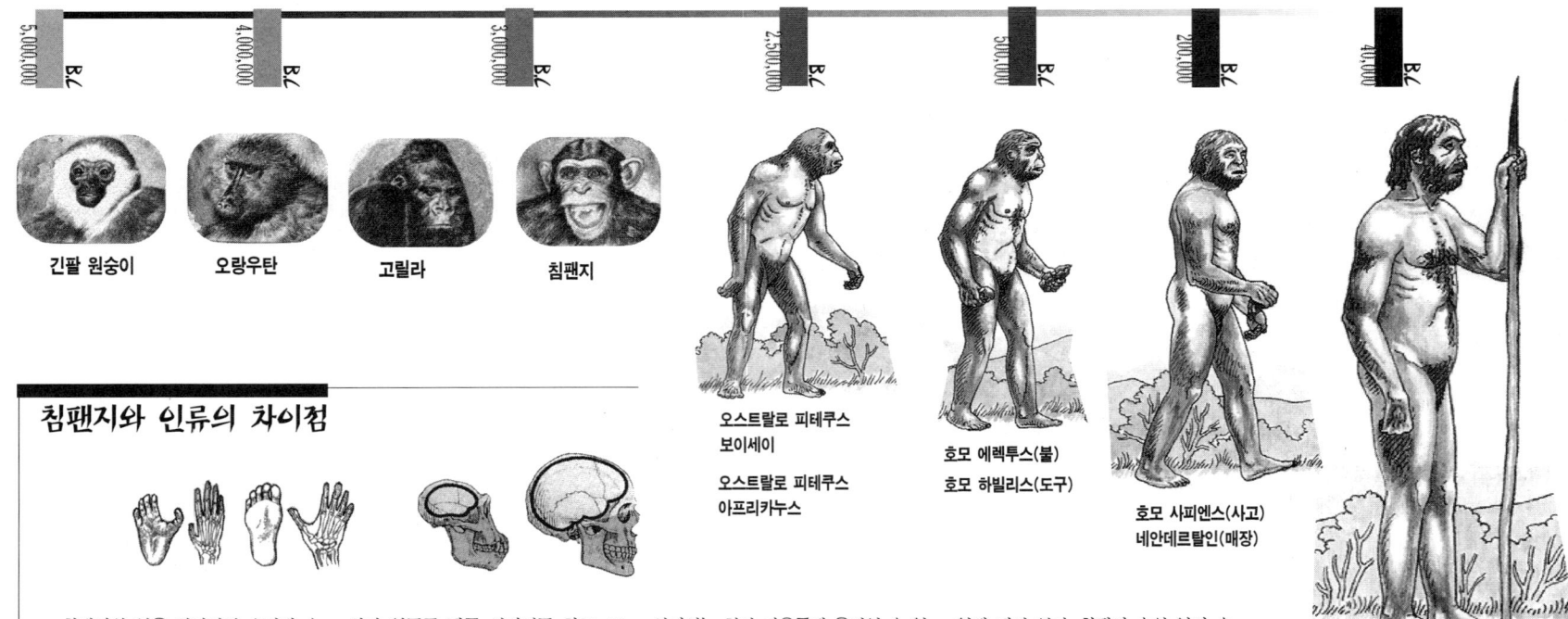

침팬지의 입은 인간처럼 소리낼 수 없게 되어 있다. 다양한 소리를 내기 위해서는 혀가 복잡한 운동을 할 수 있어야 하며 그만한 운동을 할 수 있는 공간이 있어야 한다. 인간의 혀는 동그랗게 꼬부라지기도 하고, 미묘하게 떨리기도 하고, 입천장에 붙었다가 목구멍으로 소리가 나오는 것을 방해하지 않도록 뒤로 처지기도 하고, 그 반대로 이빨에 의지하여 앞으로 내밀어지기도 한다. 또한 인간의 입은 혀가 어떤 모양으로 움직여도 불편하지 않을 만큼 넓다. 그래서 어떤 소리든지 자유롭게 낼 수 있다.

그러나 침팬지의 입은 말을 할 수 없는 구조이다. 입이 몹시 좁아서 그 안에서는 혀가 자유롭게 움직일 수 없으며, 또한 커다란 이빨도 혀의 움직임에 방해가 된다. 혀를 자유롭게 움직일 수 없다는 것은 말을 할 수 없다는 것이다. 즉, 침팬지의 입 속은 매우 좁아 다양한 소리를 만들어낼 수 없다.

침팬지의 손도 인간처럼 움직일 수 없게 되어 있다. 침팬지 손의 엄지 손가락은 새끼손가락보다 작으며 다른 네 개의 손가락과 인간만큼 따로 떨어져 있지 않다. 인간은 엄지손가락이 크고 떨어져 있어 어떤 도구도 마음대로 다룰 수 있다. 그러나 침팬지의 손은 인간의 발을, 발은 손을 닮았다.

손발의 구조 이외에도 침팬지의 뇌수는 인간의 뇌수와 비교할 때 부피도 훨씬 작으며 구조도 단순하다. 그래서 인간처럼 복잡한 사고를 할 수 없다.

해외 소식

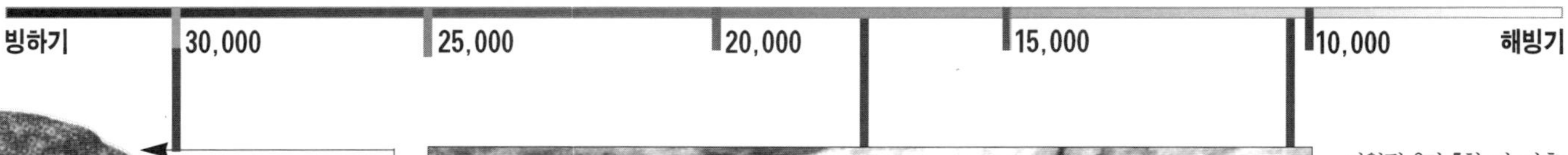

빙하기
30,000
25,000
20,000
15,000
10,000
해빙기

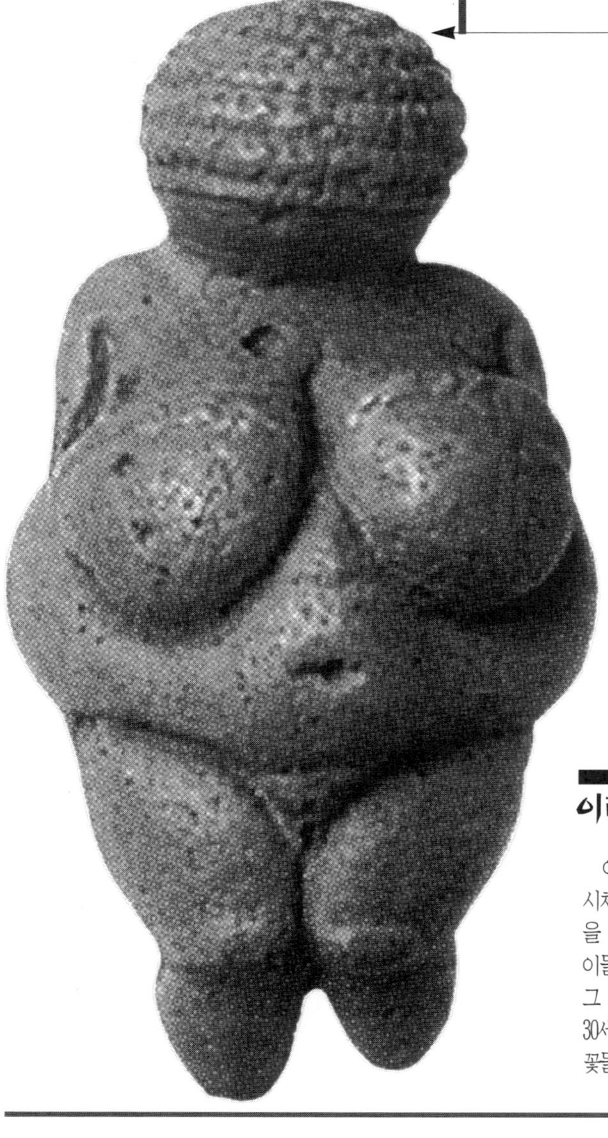

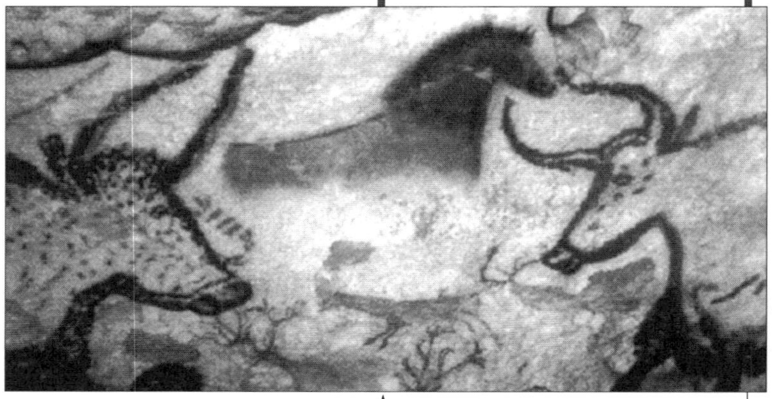

기원전 3만 5천 년 이후 유럽인들은 일상생활의 경험들을 독특한 예술로 승화시켰다. 라스코 동굴에는 다양한 색깔을 이용하여 그림을 그렸으며, 알타미라에는 들소, 사슴, 맘모스 등이 훌륭하게 그려져 있다. 이러한 그림을 그린 동기는 부분적으로 종교와 관련있으리라 여겨지며, 순조로운 사냥을 바라는 것과도 관련이 있는 것으로 파악된다.

빌렌도르프의 비너스

오스트리아 지방에서 조각된 높이 10㎝의 인물상으로 젖가슴, 엉덩이, 배가 매우 인상적이다. 이는 성과 임신을 나타내는 것으로 해석되는데, 다산(多産)에 대한 강한 염원을 읽을 수 있다.

라스코 벽화

알타미라 벽화

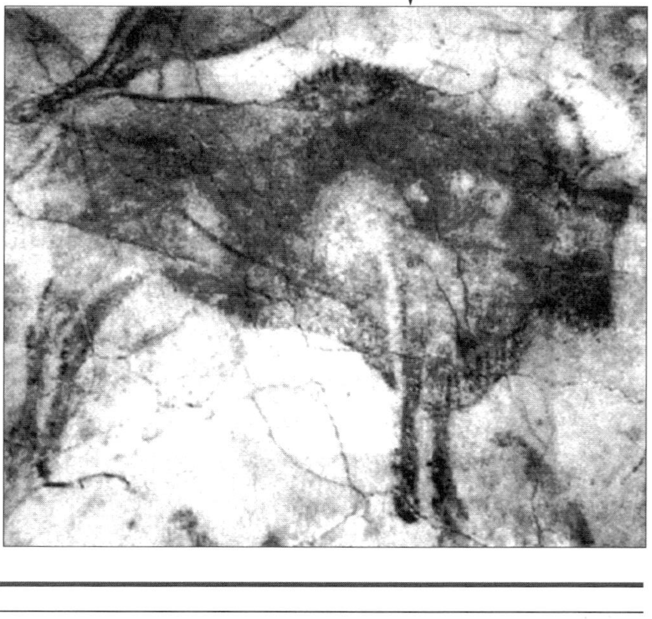

이라크 매장지 '샤니다르'

이라크의 네안데르탈인은 의도적으로 시체를 매장한 인류로서 사후세계에 관심을 가진 최초의 인간이라고 할 수 있다. 이들은 죽은 사람을 위해 구덩이를 파고 그 안에 꽃으로 된 침대 위에 사망한 약 30세 정도의 남자를 눕히고 그 위에 많은 꽃들을 덮어준 후 흙으로 덮어주었다.

역사신문

4 이집트 · 메소포타미아문명 시작 B.C 3000
4 인도 · 황하문명 시작 B.C 2500
고대 바빌로니아왕국 건설 B.C 1830
북중국에 은왕국 건설 B.C 1751
힛타이트 전성기 B.C 1400
은 멸망, 주 건국 B.C 1111

농사짓기에 성공했다

채집 · 이동의 생활양식, 농경 · 정착생활로의 대전환 예고

"농사에 큰 영향 준 하늘에 제사지내겠다"
"이젠 겨울식량 걱정없다" 환호

한강 남부 유역에서 살고 있는 정착 주민들이 어제 조를 첫 수확했다. 한 곳에 정착하여 사람들이 직접 곡물을 재배하고 수확을 거두는, '농사'라는 식량 조달 방식의 성공은 향후 생활문화 전반에 큰 변화를 가져올 획기적인 사건으로 평가된다.

한강 유역의 넓은 경작지에서 이뤄진 조수확 현장에는 그동안 농사에 참여해온 주민들을 비롯, 소문을 듣고 찾아온 인근 지역 거주민까지 대거 참석, 농사에 대한 일반 사람들의 뜨거운 관심을 반영했다. 조수확의 첫 돌낫질을 한 마을 주민들은 "올 겨울식량 걱정은 안 해도 된다"고 기쁨을 감추지 못하는 표정이었고, 참석한 다른 지역의 사람들은 "작은 씨앗을 투자, 많은 수확을 올린 것이 믿어지지 않는다"며 놀라움과 부러움을 표시했다. 이날 거두어진 곡식은 '갈돌과 갈판'을 이용한 껍질 벗기는 작업을 거쳐, 씨족 족장이 주재하는 회의의 결정에 따라 농사 참여자들에게 공평하게 배분될 예정이다.

이번 조수확 작업을 주도한 한 참석자는 이날 행사 이후 "이번의 조농사를 통해 '농사'란 사람의 힘과 노력 못지않게 하늘의 뜻이 중요하다는 것을 뼈저리게 느꼈다"며 곧 열리게 될 씨족회의 자리에서 "하늘에 대한 감사 제사를 올리는 문제와 비 · 일조량 · 홍수나 가뭄과 같은 기상변화에 대한 대처방안 등이 주요 의제로 검토될 예정"이라고 밝혔다.

농사는 채집에 의한 식량조달에 비해 생산성이 대단히 높고, 또 계획적이고 안정적인 식량 수급이 가능해, 이번의 조농사 성공은 우리의 생활양식을 사냥 · 채집 중심의 이동 생활로부터 농사를 위주로 한 정착 문화로 크게 전환시킬 것이라고 전문가들은 전망하고 있다. 전문가들은 "앞으로 농사의 기술이 개발되고 다양한 품종 재배에 성공해 농사가 일반화된다면, 의 · 식 · 주, 생활문화 방면 등 그 변화의 파장은 예상하기 힘들 정도"라며, 이번 조농사 성공의 의의를 크게 평가하고 있다.

관련기사 2 · 3면

추수 후 하늘에 제사
"예상보다 많은 수확은 태양신 덕택"

한강 상류 지역의 신석기 씨족원들은 이번 농사 성공 후, 하늘에 성대히 제사를 지냈다. 조상 대대로 하늘의 태양에 영혼이 있다고 믿어 태양신을 섬겨왔던 이들 씨족은 예상보다 많은 수확을 거둔 후, 이 모든 결과가 하늘의 태양이 자신을 돌봐준 덕택이라고 하면서 이에 감사드린 것이다.

농사 성공에 사용 된 도구들

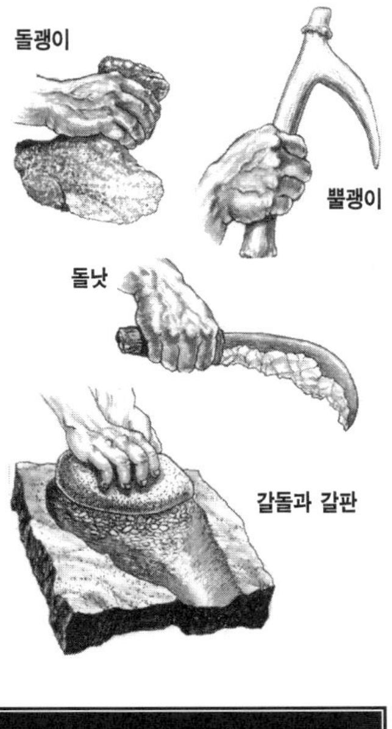
돌괭이
뿔괭이
돌낫
갈돌과 갈판

3면 의 · 식 · 주 전반의 생활문화 혁명

역사신문

약탈자에서 생산자로의 대전환

새로운 식량조달방식 '농사'의 성공

최근 한반도에 살고 있는 인류는 농경을 시작하였다. 농경의 시작은 인류가 자연의 약탈자에서 창조자로 변화한 것을 의미한다. 하지만 사람들이 최초의 식량생산에서 사용한 도구는 보잘것없으며, 수확물도 극히 미미한 실정이다. 따라서 여전히 이전부터 행해왔던 사냥과 채집활동을 계속하고 있으며, 이러한 생산방식으로 자신이 소비하는 식량의 많은 부분을 생산해내고 있다. 그래서 많은 사람들은 농경의 의미를 과소평가하고 있다.

현재로서는 사냥과 채집활동이 농업보다 우수한 식량생산 방법으로 보일지라도 이것은 자연에 절대적으로 의존한다는 한계를 지니고 있음을 알아야겠다. 인구가 늘어나 채집할 양식이 부족해질 경우, 무리의 일부는 별 수 없이 다른 곳으로 이동하여야 하며, 사냥 역시 사냥감이 떨어질 경우 이동해야 하는 한계와 더불어 사냥할 때 위험이 따르고 성공률이 일정치 못하다는 약점을 지니고 있다. 즉, 자연의 일부를 약탈하는 식량획득 방법은 자연에 대한 의존적 성격이 강하며, 먹을 것이 궁해졌을 경우 다른 곳으로 끊임없이 이주해야 하는 불안정한 요소를 지니고 있는 것이다.

그러나 농경은 자연을 약탈하는 것이 아니다. 농경은 스스로 씨를 뿌려서 열매를 생산해내는 식량을 창조하는 행위인 것이다. 그리고 농업생산량은 농민이 얼마나 많이 씨뿌리고 작물을 얼마나 잘 돌보느냐에 따라 늘어날 수도 줄어들 수도 있는 것이다. 이 때문에 농업은 다른 어떤 생산 방법보다 발전의 잠재성이 크다고 할 수 있겠다.

물론 혹자는 농업을 통한 식량 생산량이 보잘것 없다고 이야기한다. 그러나 이것은 농업 자체의 한계는 아니다. 현재 농업에 사용하고 있는 농기구의 한계이며 농업 기술의 한계임을 알아야겠다. 이미 세계 곳곳에서는 발달된 농업 기술과 농기구를 이용하여 여러 가지 곡식을 안정적으로 확보하고 있다. 한반도에서 살고 있는 우리도 농업 기술을 개발하고 농사 도구를 발달시킨다면 현재보다 더 많은 수확을 거둘 수 있다.

채집과 수렵활동은 자연을 약탈하는 식량확보 방법으로 빈곤을 타개하는 데 많은 한계가 있다. 따라서 우리는 식량증대의 커다란 잠재성을 보유하고 있는 농업의 비중을 높일 것을 주장하는 바이며, 이를 위해 농기구와 농업기술 개발에 노력할 것을 강조하는 것이다. 농사의 시작은 인류가 자연으로부터 독립하는 첫 발을 내딛는 행위임을 알아야 할 것이다.

그림마당

이은홍

아, 글씨 농사가
젤여, 콩 심은 데 콩
나오는 법이랑게!!
진짜제?!

씨뿌리기에서 수확까지

아직까지는 우리에게 생소한 '농사'. 농사로 조를 수확했다는 소식은 짐승사냥과 열매채집 대신 농사를 통한 식량확보에 많은 관심을 가지고 있던 사람들에게 큰 흥분과 놀라움을 가져다준 사건이었다.

"농사과정은 자연과 인간의 교감으로 이루어낸 신비로운 체험이었다"

따가운 햇살 아래 이마에는 굵은 땀방울이 맺혀 있었지만, 수확에 참여한 모두는 무척이나 기쁜 표정들이었다.

몇 해 전만 해도 이곳 주민들이 식량을 마련하는 방법은 다른 지역과 별반 다름없이 사냥과 열매채집이었다. 그러던 중 우연하게 움집 근처에 나온 싹을 보고 이를 관찰해가는 과정에서, 곡물을 직접 재배할 수도 있다고 생각한 것이다. 틈틈이 시범적으로 농사를 해보고 부분적인 성공을 거둔 이곳 사람들은 씨족회의를 통해 경작지 조성에 투여되어야 할 적지 않은 노동력의 조달문제와 농사 실패에 대한 위험 부담을 놓고 격론을 벌인 끝에 본격적인 농사를 지어보기로 결정했다. 경작지를 만들고 씨를 뿌리는 작업은 생각보다도 훨씬 더 힘들고 고된 일이었지만, 싹이 트고 굵은 가지가 쭉쭉 자라나 열매가 맺히는 과정은 몸의 피로함을 잊게 해줄 만큼 신비로운 체험이었다.

이번에 조를 첫 수확한 곳은 사람들이 자연의 이치를 배우고 이용하는 방법을 하나씩 터득해간 '자연과 인간이 만나 교감을 이루어낸 현장'으로 오랫동안 기억될 것이다.

씨족에서 부족 단위로

사회규모 확대 추세

정착 생활 일반화
거주 집단 규모 훨씬 커져
결혼은 다른 부족 사람과

신석기 시대 들어와 사회 조직구성·규모·생활방식 등 전반적인 면에서 큰 변화가 이루어지고 있다.

농경이 시작되면서 정착생활이 일반화되고, 거주집단의 규모는 이전보다 훨씬 커져 다른 혈통이라도 부족이라는 단위로 결합, 사회조직을 만들어가고 있다. 그리하여 혈연을 바탕으로 한 씨족을 구성단위로 하는 부족사회가 성립되었다. 이때 씨족간의 결합에는 혼인 등이 매개되었다.

新 결혼풍속도 '족외혼'

"이제 배우자는 다른 데서 찾는다"

결혼할 상대자는 자기 집단 밖에서 얻어오는 족외혼이 행해지고 있다. 결혼이 성립되면 여자는 남편의 집단으로 거주지를 옮겨 생활하고, 그 사이에 태어난 아이들은 아버지의 집단에서 거주하게 된다. 족외혼의 등장은 집단 내에서 결혼이 이루어질 경우 발생할 수 있는 여러 가지 문제점을 피하기 위함이다. 같은 집단 내에서의 결혼은 한 여자를 놓고 남자들 사이에 경쟁과 충돌을 일으킬 가능성이 높고, 그것이 집단의 결속력을 깨뜨릴 위험이 크기 때문이다.

또 한편 족외혼은 배우자를 교환하는 집단들 사이에 동맹과 의존관계가 형성되어 부족을 이루는 하나의 방법이 되기도 한다. 이에 따라 여자는 집단간의 교환 대상으로서 가장 귀한 선물로 받아들여지고 있다.

새로운 발명품 토기

단순 가공에서 자연 환경의 새로운 창조로 진보

불을 이용 흙을 새로운 형질로 재창조

신석기 인류는 농사를 시작한 최초의 인간인 동시에 자연 속에 없었던 새로운 재료를 만들어낸 최초의 사람이 되었다. 예전에 선사 시대 기술자들이 돌로 도끼를 만들거나 뼈로 작살을 만들었을 때 이것은 새로운 물질을 만들어낸 것이 아니라, 그 형체를 변화시켰을 뿐이다.

그런데 신석기 인류는 흙으로 그릇을 만들어 그것을 화덕에 넣고 구웠다. 불은 점토의 특질 자체를 바꾸어 새로운 형질을 만들어낸 것이다.

그전에도 인간은 생활에 불을 유용하게 이용해왔다. 그런데 이번에는 어떤 물질을 다른 물질로 변형시키는 좀더 새롭고 복잡한 일에 불의 힘을 빌린 것이다.

인간이 새로운 발명품인 토기를 제작할 수 있었던 것은 인간이 흙의 성질을 잘 이해하고 불의 힘을 빌려올 수 있었기 때문이다.

자연물에 대한 상세한 관찰과 불의 활용은 앞으로도 꾸준히 인간의 생활에 유용한 새로운 물질을 만드는 데 이용되어야 할 것이다.

의·식·주 전반에 걸친 생활 문화 혁명

한반도 곳곳에서 고기잡이 성행

고기잡이 도구, 놀라운 발전

작살·낚시 동 다양한 도구 개량과 고기잡는 방식의 혁신으로 한반도 곳곳에서 고기잡이가 활발하게 전개되고 있다.

낙동강 하류 지역에서는 옆면에 미늘이 세 개씩 달린 사슴뼈로 만든 작살이* 사용되고 있으며 서해안 일부 지역에서는 그물치기로 고기를 잡고 있다. 또 오산리 등지에서는 매끄럽게 간 돌과 뾰족한 뼈를 연결시켜 만든 낚시가 이용되고 있다.

현재 도미, 대구, 농어, 감성돔, 뼈가오리 등 수십 종의 어류와 해초, 굴, 조개 등이 식량 자원으로 이용되며 깊은 바닷속에서 전복, 소라 등도 채취하고 있다. 또 바다뿐만 아니라 강에서 다슬기, 달팽이, 우렁이, 대고동, 새조개, 자라 등을 잡고 있다.

고기잡이에 사용된 낚시와 작살

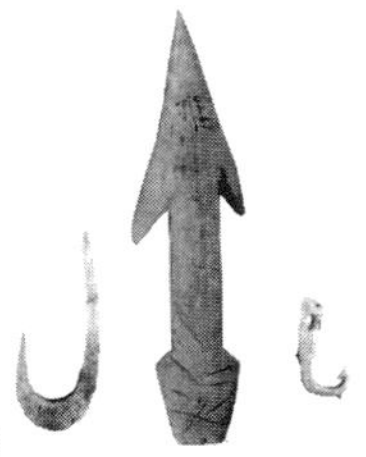

실 뽑아 옷감 짜며, 세련되게 가죽 가공

머리에 구멍난 바늘 개발, 재봉도 가능

예전에는 자연산 가죽을 일종의 옷으로 걸치고 다녔다. 그런데 이제 동물이나 식물로부터 실을 뽑아내 옷감을 만들 수 있게 됐다.

대동강 하류 궁산리 주민들의 경우 삼나무에서 가늘고 튼튼한 실을 뽑아내는 데 가락바퀴를 이용하고 있으며, 가죽 가공 기술도 발달, 사슴·염소·멧돼지 따위의 가죽을 가공해서 만든 옷이 유행하고 있다.

예전에는 가죽을 보드랍게 만들기 위해 가죽을 물에 적셨다가 돌·방망이 등으로 두들기거나, 이빨로 잘근잘근 씹는 방법을 이용했다. 그러나 이러한 방법은 시간이 지나거나 비를 맞게 되면 다시 가죽이 거칠어진다는 문제가 있다. 최근에는 이러한 문제를 해결, 동물의 골·골수·지방 등을 가죽에 바르고 문지르거나 떡갈나무나 버드나무의 껍질처럼 탄닌산이 많은 식물을 담근 용액에 가죽을 담가두는 최신 공법이 개발됐다. 또 이러한 가죽 가공술과 더불어 머리에 구멍뚫은 바늘을 발명, 옷을 재봉까지 하고 있다.

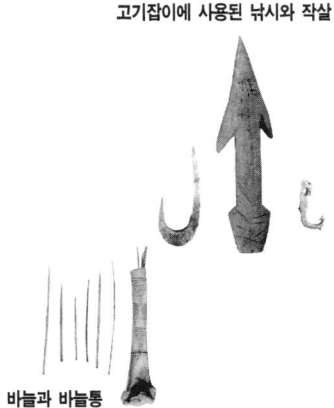

옷을 만드는 데 사용된 바늘과 바늘통

식생활에 토기사용 유행

음식 준비, 조리에 없어선 안 되는 도구

한강 유역의 암사동과 미금 미사리 지역 주변의 사람들이 흙으로 그릇을 빚어 식생활에 아주 유용하게 사용하고 있다. 이들은 농사를 지은 후 거두어들인 곡물로 음식을 준비, 조리하고 저장하는 데 다양한 크기의 토기를 사용하고 있다.

토기의 모양은 대부분 곧은 아가리와 뾰족한 밑바닥을 가지고 있어 땅에 묻어 저장하기 쉽다. 또 채집이나 어로를 통해 얻은 조개껍질이나 생선뼈 등을 이용, 빗살모양의 무늬를 새겨넣었다. 사냥이나 채집, 고기잡이를 남성들이 담당하는 데 비해 토기를 만드는 사람은 대개가 여성들이다.

소금 생산 활발, 생활필수품으로 자리잡아

곡물이 주식되면서 염분 섭취 필요해져

최근 들어 해안 지역을 중심으로 소금 생산이 활발하게 이루어지고 있다. 이는 농경의 발달에 따른 식생활의 변화 때문이다. 예전의 주식은 피와 날고기로서 여기에는 충분한 염분이 들어 있어 별도로 소금을 섭취할 필요가 없었지만, 최근 곡물을 주식으로 삼게 됨에 따라 소금을 따로 섭취해야 할 필요가 있기 때문이다.

더욱이 소금은 조미료로서 가치가 클 뿐만 아니라 육류의 부패방지 효과가 있어 생활필수품으로서 그 비중이 날로 커져가고 있다.

소금은 바닷물을 토기에 담아 불로 가열하여 그 속에 녹아 있는 염분을 얻는 방식으로 생산되고 있다.

창과 화살, 개 이용한 사냥법

"반갑다 짐승아 ~ "

날쌘 짐승, 날 짐승들 쉽게 포획

평남 온천 궁산리 사람들은 돌 화살촉을 매단 화살과 활을 사냥에 이용하고 있다. 이들은 먼 거리에서 날쌘 짐승이나 날짐승을 사냥할 수 있다. 이곳 주민 중 한 사람은 "활과 화살을 쓰기 이전에는 사냥감 바로 옆에 다가서야 했고 이 때 낙엽을 밟거나 나뭇가지에 스쳐서 나는 소리 때문에 짐승을 놓치는 안타까운 일을 경험했는데 이제 그런 고민과는 작별을 고한 것"이라고 말한다.

또 이곳 주민들은 예민하게 냄새를 맡는 개의 코를 사냥에 이용하고 있다. 개는 커다랗고 부드러운 귀와, 검고 예민하며 호기심에 가득찬 코를 가지고 있다. 또 개는 인간보다 훨씬 날쌔게 짐승의 발자국을 찾아낸다. 이제 인간은 개의 도움으로 훨씬 쉽게 사냥감을 찾아낼 수 있게 됐다.

새로운 사냥 도구와 개를 이용하여 이곳 주민들은 사슴·노루·소·멧돼지·토끼·고라니·말·너구리·여우 등을 사냥하고 있다. 잡아온 짐승들은 식량 자원으로 이용하고 있으며, 뼈·뿔·이빨·가죽 등은 일상생활에 필요한 도구를 만드는 데 이용한다. 가죽은 다듬어서 옷을 지어 입거나 잠자는 데 사용하고, 뼈는 가공해서 송곳·화살촉·낚시 바늘·장신구 등을 만드는 재료로 이용하고 있다.

기적의 공간 '가축사육'

"키워 잡아먹는 것이 더 이익"

사냥 나갔다가 잡아온 멧돼지의 새끼를 울타리에 넣어 두었다가 클 때까지 사육하면 바로 죽이는 것보다 훨씬 이익이 많다.

집 주위에서 짐승이 우는 소리를 들으면 마음이 안정된다는 한 사냥꾼은 "설령 사냥에 실패하더라도 울타리 안에 고기가 있다는 생각에 마음이 놓이며, 또 그것들이 점점 살찌며 커가고 있다는 사실을 생각하면 절로 흐뭇해진다"고 가축사육의 장점을 말한다.

다른 나라에서는 소를 키워 젖을 필요할 때마다 얻어내거나, 양을 사육하여 털을 얻고 고기는 식용에 이용하는 등 축산을 통해 많은 이익을 보고 있다고 한다. 우리도 단순 사냥보다는 축산업에 보다 큰 관심을 기울일 때다.

토기 제작 과정

흙에 적당량의 모래 배합, 토기를 불에 구워내도 깨지지 않게
그릇의 힘은 곧 무늬의 힘 "표면의 무늬에는 신비스런 힘이 있어"

이제 사람들은 토기를 이용하여 짐승의 고기나 야채를 삶아 먹을 수 있고, 추운 날씨에 뜨거운 국물을 마실 수도 있게 됐다. 이와 같이 인간의 삶을 한 단계 발전시킨 토기는 농경과 함께 신석기 문화를 대표하는 것으로 볼 수 있다.

그릇을 만드는 데 사용하는 주원료는 흙만이 아니다. 그럴 경우 불에 구웠을 때 표면에 균열이 생긴다. 이를 방지하고자 '모래'를 섞어 토기를 만든다. 점토에 모래를 적당히 배합하면 이런 문제가 해결된다.

요즘 사람들은 어떤 물건이든 그 속에 비밀스런 힘이 깃들어 있다고 믿고 있다. 그래서 그릇의 모든 힘은 그 무늬에서 생겨나는 것이라 생각하고 그릇 표면에 무늬를 새겼다.

토기를 다 빚고 난 이후에는 불에 굽는다. 맨땅 위에 토기와 장작을 차곡차곡 포개어 놓은 후 장작에 불을 지펴 토기를 딱딱해지도록 구워내는 것이다.

남자는 농사와 사냥 등의 일을 주로 맡는 대신 여성들은 그밖의 일을 담당하는 것이 요즈음의 한 추세인데, 토기 제작 역시 시대의 흐름에 맞게 주로 여성들이 담당하고 있다.

땅 파서 만든 집

움집

5人가족생활에 넉넉한 크기
화덕으로 난방

지상에 집 짓기는 아직 어려워 땅을 파 집 만든다

물가에 정착하여 생활하면서 은신하기 적절한 자연 동굴을 쉽게 구하기 어렵게 되자 인공 주거를 제작하고 있다.

한강 유역의 암사동 주민들은 수직으로 땅을 파고 그 위에 지붕을 덮는 형태의 집, 이른바 '움집'을 만들고 있다.

이들은 0.6 ~1.2 m 가량 땅을 파고, 바닥 중앙에 나무로 된 기둥을 박은 후, 움 주위에 서까래를 경사지게 세우고, 정점에서 끈으로 묶은 뒤 나뭇잎이나 풀로 지붕을 덮은 모습의 움집을 만들고 있다. 출입구의 방향은 남쪽을 향하고 있는데 이는 빛을 조금이라도 많이 실내로 받아들이기 위해서다.

움집의 중심에는 화덕이 놓여 있어 난방·조명·취사에 이용한다. 그리고 화덕 주변에 저장구멍을 설치하여 음식물을 담아 둘 수 있도록 되어 있다.

집터의 크기는 18 m^2 가량으로, 4.5m^2가 성인 1명이 필요로 하는 최소한의 면적으로 보았을 때 한 집의 크기는 부부와 자녀 둘 내지 셋이 생활할 수 있는 크기이다.

"움집을 만들 때 왜 힘들게 땅을 파는가? 오히려 땅을 파게 되면 오르내리는 불편도 발생하지 않느냐?"는 기자의 질문에 땅위가 아무리 추워도 일정 깊이 이상의 땅 밑은 훨씬 따뜻하여 추위를 견디는 데 유리하기 때문에 땅을 판다는 것이다.

그리고 서서 생활하거나 불을 피웠을 때 불길이 천장에 닿지 않으려면 일정한 정도의 건물 높이가 필요한데, 바닥이 지표상에 있으면 높은 건물을 지어야 하므로 안정된 구조물을 만들기 위해선 차라리 바닥을 낮추는 게 효과적이기 때문에 땅을 판다고 설명했다.

움집은 사람들이 만든 최초의 집으로 앞으로 널리 보급될 것으로 전망된다. 통풍·채광·난방 등의 문제가 완전히 해결된 집을 지상에 건축하기까진 나름대로 시대적 현실성과 합리성을 갖고 있는 움집이 정착 시대의 우리들에게 큰 도움이 될 것이다.

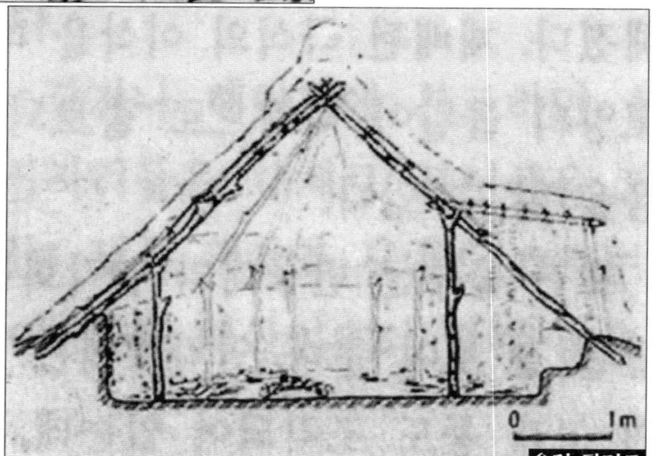
0
1m
움집 단면도

사슴을 토템으로 섬기는 ○○마을
"사슴은 우리의 조상"

○○마을 주민들은 의식을 거행하는 춤을 출 때, 사슴의 가죽을 덮어 쓰기도 하고 동작을 흉내내기도 한다.

이들도 자신의 기원이 사슴에서 비롯되었다고 여기는 것이다. 이 점은 얼핏보아 잘 이해되지 않는다. 여기에는 복잡한 배경이 작용하고 있기 때문이다. 이들은 조상을 숭배하는 의식을 가지고 있다. 조상들이 이들에게 사냥기술과 도구 만드는 방법을 가르쳐주고 또 집과 불을 주었기 때문이다.

한편 이들은 스스로 사냥을 통해 식량을 마련하면서도 자신을 먹여 살리는 것은 사슴이라고 생각한다. 그들은 자신이 짐승을 잡는 것이 아니라, 짐승이 자기에게 고기와 가죽을 제공해준다고 생각하고 있다. 이들의 머릿속에서는 보호자로서의 조상과 부족을 먹여주는 은인으로서의 사슴이 동일한 존재로 생각되고 있다. 그리하여 이들은 "사슴은 우리의 조상이고 우리는 사슴의 자손이다"라고 말한다.

해외 소식

세계 4대 문명의 발생지

인류의 문명시대가 시작되다

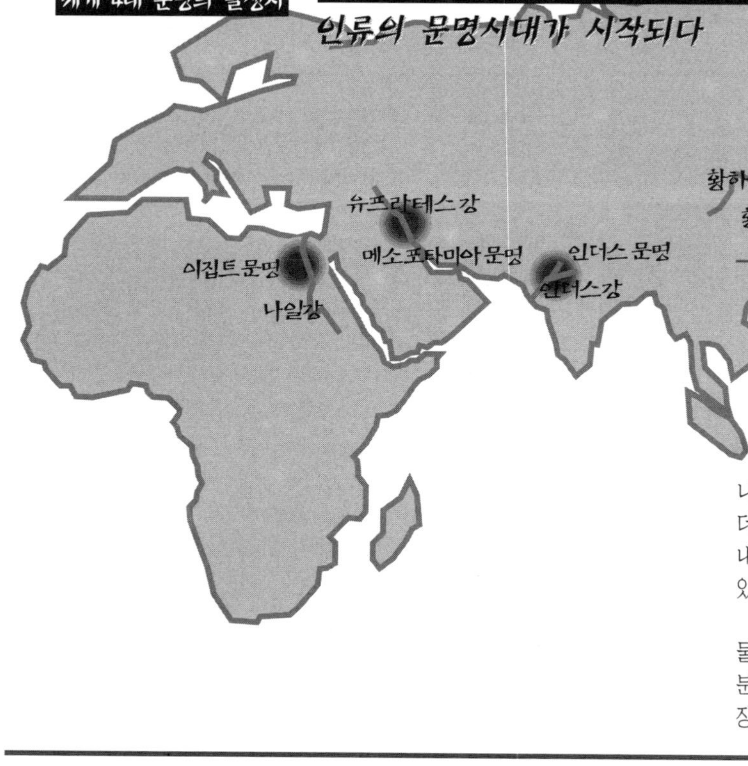
황하
황하문명
유프라테스강
메소포타미아 문명
인더스 문명
이집트 문명
인더스강
나일강

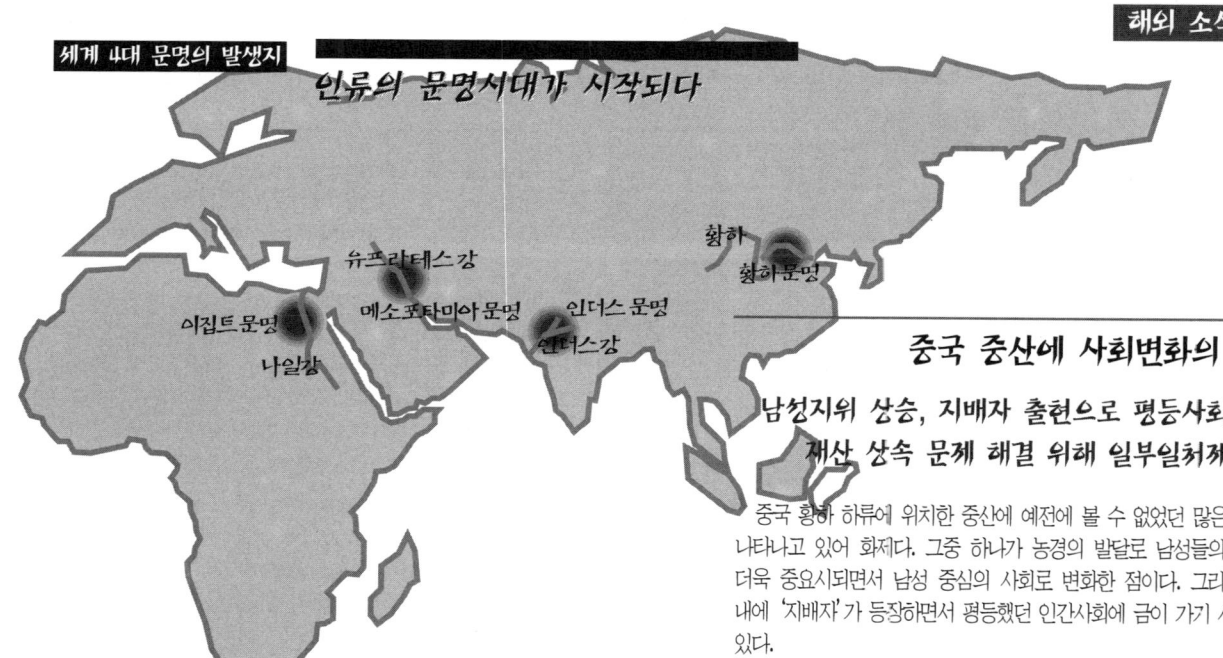

중국 중산에 사회변화의 물결
남성지위 상승, 지배자 출현으로 평등사회 깨져
재산 상속 문제 해결 위해 일부일처제 확산

중국 황하 하류에 위치한 중산에 예전에 볼 수 없었던 많은 변화가 나타나고 있어 화제다. 그중 하나가 농경의 발달로 남성들의 근력이 더욱 중요시되면서 남성 중심의 사회로 변화한 점이다. 그리고 집단 내에 '지배자'가 등장하면서 평등했던 인간사회에 금이 가기 시작하고 있다.

또한 일부일처제의 결혼제도가 행해지고 있다. 먹고 남는 잉여생산물이 개인의 소유가 되면서 그 재산을 자신의 아이에게 상속하기 위해 분명한 자기 아이임을 확인할 수 있도록 일부일처제의 결혼제도가 등장하고 있는 것이다.

역사신문

8	청동기 시대 시작	B.C 10C
1	고조선 건국	B.C 8-7C
8	중국, 춘추시대 개막	B.C 770
	철기문화 시작	B.C 700
	중국, 전국시대 개막	B.C 403
	연나라, 고조선 서부지방에 침입	B.C 300

끝없는 전쟁 …

○○부족, △△부족 정벌
△△지역 초토화, △△주민 ○○부족 노예로

최근 들어 발달된 무기를 앞세워 주변 부족을 약탈하고 노예를 확보하려는 전쟁이 끊이지 않고 전개되고 있다.

기원전 820년 ○○부족은 △△부족을 침략했다. ○○부족은 청동기를 제작할 수 있는 선진부족으로서 청동검·청동창·청동·화살촉을 부착한 화살 등의 무기로 무장하고, 이웃 부족이 생산한 농작물·가축 등을 약탈하고 마을 주민을 포로로 잡아가기 위해 △△부족에 기습적인 공격을 가했다. 이에 대항하여 △△부족은 자신이 힘들여 생산한 재산과 부족민의 생명을 지키기 위해 필사적으로 저항하여 두 부족 사이에 매우 치열한 공방전이 전개됐다. 전쟁의 결과는 예상대로 ○○부족의 승리로 끝났다. ○○부족은 △△부족의 젊은 전사들을 닥치는 대로 살해했으며, 승리를 거둔 이후에도 그들의 완강한 저항에 대한 복수로 △△마을의 집을 모두 불태워 잿더미로 만들어버리고 여인과 아이들 등 많은 주민을 포로로 붙잡아갔다. 다행히 목숨은 건졌으나 전쟁에 패배하고 자신의 거주지마저 모두 불타버려 살 곳을 잃어버린 이들 △△부족의 일부 주민들은 다른 지역으로 새로운 거처를 찾아나설 예정이라고 한다.

"사람 밑에 사람 있다"

평등사회 깨지고 계급사회 도래

공동 생산·분배로 인간관계가 서로 평등했던 신석기사회에서, 생산이 증대돼 먹고 남는 잉여가 발생하자 직접 일하지 않고도 다른 사람을 지배하는 것을 통해 먹고 살 수 있는 가능성이 열린 청동기사회로 접어들면서 사회 내에 강력한 지배계급이 등장하는 한편, 남성 중심의 사회운영, 사유재산 발생 등의 현상이 일반화되고 있다. 그리하여 신석기 시대 이래 족장의 지위를 누려왔던 사람들이 자신의 유리한 지위를 이용하여 지배자로 등장하는 사례가 빈번하게 발생하고 있다. 이들은 동등한 구성원이었던 주민들을 자신의 세력 하에 끌어들여 지배하면서 직접 생산자들이 생산한 수확물의 일부를 가져가고 있다. 따라서 현재 인간이 만들어내는 식량의 전체량은 증대됐으나, 빈부의 격차가 심화되고 사회는 지배자와 피지배자로 나뉘어지고 있다. 지배층들은 더 많은 재산과 노예를 확보하기 위해 다른 부족과 전쟁을 일으키기도 하며, 전쟁에 사용할 고도의 살상용 무기제작에 열을 올리고 있는 실정이다.

고조선 건국

한반도 일대에 대대적인 정복전쟁 예고
환웅부족, 곰부족과 통합에 성공 … 발달한 청동기 문화와 풍부한 자원 결합

남만주와 요동 일대에서 청동기 문화를 바탕으로 성장해온 환웅부족은 토착세력인 곰부족과의 통합에 성공하여 새로운 국가를 건설했다. 국호는 고조선. 선진적인 정치구조 및 농사기술을 보유하고 있는 고조선의 건국은 중국 동북부 및 한반도 일대의 세력판도에 커다란 변화를 가져올 것으로 전망되고 있다. 통합을 추진했던 환웅부족의 한 고위 관리에 따르면 이 주민 집단인 자신의 부족은 토착세력인 곰부족과 결혼을 통해 연합하게 됐으며, 이 과정에 함께 참여했던 호랑이 부족은 정치적 타협에 실패하여 부족 통합에서 제외됐다고 말했다.

그는 계속해서 "새롭게 수립된 고조선을 다스리는 통치자는 '단군왕검'이라 불리는 지배자로서 제사장의 역할과 정치적 지배자의 기능을 동시에 수행하게 될 것"이라고 말했다.

고조선의 건국과정을 주의깊게 지켜본 이웃 부족의 한 지배층은 "환웅부족의 발달된 사회문화와 정치력, 그리고 농경기술이 곰부족의 많은 인적·물적 자원과 효율적으로 결합할 경우 고조선은 매우 급속하게 성장할 것"이라고 말하며, "이 지역을 중심으로 대대적인 정복전쟁이 전개될 것으로 관측돼 이에 대한 대책을 마련 중"이라고 덧붙였다. 관련기사 2면

"여자 위엔 남자 있다"

전쟁과 농경에 남자의 힘 절대적, 경제권 장악

농경이 중시되고 부족간의 전쟁이 빈번하게 발생하면서 남성의 사회·경제적 지위가 상승하여 가부장적 사회가 형성되고 있다.

농사짓는 기술이 발달하여 땅을 깊이 파서 뒤집고, 골을 내는 등의 농사일에 많은 힘이 필요하게 됨에 따라 여성보다 근력이 강한 남성이 경제적인 주도권을 행사하고 있으며, 약탈 및 노예 확보를 위한 부족간의 전쟁에서도 남성이 주로 전사로 참여하게 됨으로써 남성의 사회적 비중은 점점 커져가고 있다.

또 사유재산을 확보한 남성들 사이에 자신의 부와 권력을 자식에게 물려주려는 경향이 뚜렷해지고 있다. 특히 남성들은 자식이 자신의 핏줄임을 분명히 보장받기 위해 여성들에게 정절을 강조하고 있다. 또한 여성이 남성에게 절대 복종하는 것이 일반화되어 부인이 질투를 했을 때 심한 경우 부인을 죽이기까지 하고 있다.

따비로 밭 가는 남자. 농경문 청동기의 일부

50톤급 고인돌 완성

보는 이마다 거대한 크기에 위압감 느껴

관련기사 3면

역사신문

깨어진 평등사회

그것은 역사의 후퇴인가?

신석기 시대, 인간과 인간의 관계는 평등했다. 그들은 공동노동으로 양식을 마련했으며 그것을 공평하게 나눠가졌다. 사회를 이끌어가는 족장이 있었으나 그는 자신의 공동체를 지배하는 자가 아니라 많은 경험과 지혜를 바탕으로 씨족원을 이끄는 지도자였다. 그는 씨족원 사이의 분쟁을 해결하며 식량을 분배하는 등의 일을 했으나 결코 씨족원 위에 군림하지는 않았다. 그러나 청동기 시대에 상황은 완전히 달라졌다. 평등관계가 깨지고 불평등사회가 만들어진 것이다. 역사의 발전을 믿어온 많은 사람들은 충격을 감추지 못하고 있다.

그러나 인간 사이의 관계가 평등에서 불평등으로 변화했다고 해서 그것을 역사의 퇴보로 규정짓는 것은 옳지 못하다. 그것은 신석기 시대 인류가 비록 평등한 사회관계를 유지했지만 조금만 생각해보면 우리는 신석기 시대상에서 너무나 비참하고 나약한 인간의 모습을 발견할 수 있다. 인간은 자신의 양식을 혼자서 만들어낼 수 없는 매우 미약한 존재여서 항상 집단노동으로 생계를 마련해야만 했다. 자연의 위력 앞에 인간은 한없이 무력했으며 늘 배고픔에 시달려야 하는 가엾은 존재였다. 신석기 시대 인류의 인간성이 남달리 좋거나 또는 평화를 애호해서 신석기 시대의 평등이 만들어진 것은 아니다. 그들은 평등하게 지낼 수밖에 없는 한계에 놓여 있었다. 먹을 것이 없기에 빼앗을 것도 없는, 그래서 누가 누구를 지배할 그런 필요조차 없는 빈곤 속의 평등이 신석기 시대 평등의 실체이다.

농경의 시작은 인류의 역사를 뒤바꿔놓기 시작했다. 청동기 시기에 들어와 인류는 농경의 발달에 힘입어 생산단위를 가족단위로 축소시킬 수 있었고, 먹고 남는 잉여를 생산할 수 있게 됐다. 잉여는 직접 생산노동에 종사하지 않으면서 다른 사람을 지배하여 생활할 수 있는 가능성을 열어줬다. 그리하여 지배자가 등장, 다른 사람들 위에 군림하는 불평등한 인간관계가 등장하게 됐다. 인류가 이전에 비해 많은 양식을 생산하게 됐지만 모두가 충족할 수 있을 만큼의 양식을 생산하는 단계에는 아직 이르지 못했기 때문에 계급의 발생은 피할 수 없는 일이 됐다. 청동기 사회의 불평등은 굶주림에서 벗어나기 위한 인류의 노력이 낳은 부산물로 이해된다.

계급사회로의 이행은 신석기 시대 인류가 안고 있는 문제를 해결하는 과정에서 발생했다. 따라서 계급사회의 출현은 역사발전의 산물로 받아들여야 한다. 동시에 과거의 문제가 해결되면서 우리는 우리 시대의 역사적 과제를 안게 됐다. 빈곤이 아닌 풍요에 기반한 인간 사이의 평등을 이룩해야만 하는 역사적 과제가 바로 그것이다.

해설 요령 일대의 지역적 특색과 환웅부족

스스로를 天神族으로 지칭
발달한 청동기 문화 앞세워 오래전부터 활발한 정복활동

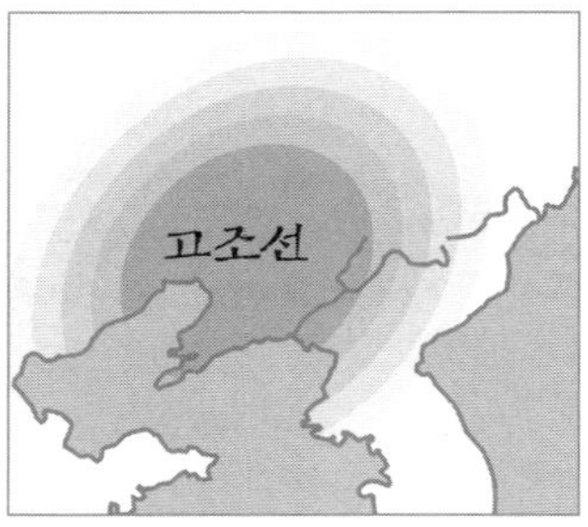
고조선

고조선이 건국된 요령 지역은 일찍 농경이 발달, 사회발전에 선진적인 조건을 갖추고 있는 곳으로, 예전부터 국가건설의 요지로 주목돼오던 곳이다.

이 지역은 석기 말기부터 농업생산력이 증대되면서 빈부차가 생기고 계급이 발생했으며, 작은 정치집단들이 여럿 생겨나 우세한 세력을 중심으로 정복 통합의 움직임이 활발했었다.

고조선 건국을 주도한 환웅부족은 상당히 발달된 농사기술과 다양한 농기구 사용법을 알고 있으며, 농사·질병·형벌을 주관하는 관리가 있으며, 인간의 일을 여러 가지로 분리, 처리할 줄 아는 고도의 정치능력을 갖추고 있는 부족이다.

현지의 여러 부족들은 환웅부족에 대해 "그들은 스스로를 하늘에서 내려온 '천신족'이라고 내세우며 발달한 청동기 문화를 앞세워 이미 오래전부터 활발한 정복활동을 전개한 부족으로 이름이 높았다"고 말하고 있다.

고조선 건국신화

단군신화

하늘나라 왕 환인의 아들 환웅, 지상에 내려오다

고조선의 건국 주체인 환웅부족을 우러러보게 만드는 신화가 입에서 입으로 전해지면서 많은 사람들에게 퍼져나가고 있다. 신화는 하늘로부터 내려온 환웅부족이 곰부족과 결합하여 새로운 국가 고조선을 건국하는 과정을 주된 내용으로 담고 있다. 이러한 신비한 이야기를 누가 처음 만들었는지는 명확하게 알 수 없으나 신화를 통해 가장 이득을 보는 집단이 누구인가를 눈여겨보면 그 출원지가 환웅부족이 아닌가 생각된다. 그것은 많은 사람들이 두려워하며 우러러보고 있는 대상인 하늘로부터 환웅부족이 내려왔다는 것으로 신화가 시작되고 있기 때문이다.

바람·비·구름 관장하는 者 거느린 환웅, 인간세 3백 60가지 일 주재

"하늘나라의 왕 환인의 아들 환웅이 인간 세상을 탐내다가 마침내 아버지의 허락을 받았다. 환웅은 천부인 3개를 얻어 3천 명의 무리를 이끌고 태백산 신단수 아래에 내려와 그곳을 신시라 이름했다. 그리고 바람, 비, 구름을 관장하는 자들을 거느리고 목숨, 질병, 형벌, 선악 등 인간 세상의 3백60가지 일을 주관했다. 이때 환웅 앞에 곰과 호랑이가 나타나 인간이 되게 해달라고 간청했다. 환웅이 그들에게 마늘과 쑥을 주면서 그것을 먹고 1백 일 동안 햇빛을 보지 않으면 인간이 된다고 가르쳐주었다. 그러나 참을성 없는 호랑이는 굴을 뛰쳐나가 버렸고 잘 견디던 곰은 여자가 됐다. 환웅은 그 웅녀와 결혼하여 아들을 낳아 단군왕검이라 했다. 단군은 자라서 평양성에 도읍을 정하고 나라 이름을 조선이라 했다."

그림마당

이은홍

우리가 곰이가?
곰 부족 조상님들
고조선대학 역사학과
단군께서는 원래 곰이었던 웅녀와 결혼을 했고 나라를 세웠으니……

순장, 문제 많다

어린아이 생매장은 인정상으로 못할 짓 … 경제적으로도 큰 손실

높은 지위와 강한 권력을 가지고 있던 지배층이 죽은 후, 그가 사후 세계에서도 현세와 같은 생활을 계속해서 영위할 수 있도록 많은 사람을 함께 파묻어버리는 제도인 순장은 자신의 의사와 상관없이 죽어야 하는 사람의 입장에서 보았을 때 너무나 가혹한 것이다. 또한 이들이 경제활동에 종사할 수 있는 사지 멀쩡한 노동력을 갖춘 노예들임을 생각해보았을 때 경제적 손실 또한 적지 않기에 축소되거나 중지되어야 한다고 본다.

무덤에 묻히는 노예들 중에는 어른들뿐 아니라 강상 무덤의 예처럼 어린아이도 포함되어 있다. 이들이 전쟁 포로로 붙잡혀온 노예이고 그 목숨이 주인에 달려 있어, 살리고 죽이고 하는 것을 모두 주인 마음대로 할 수 있는 것은 사실이다.

그러나 살아 있는 생명을 죽은 사람을 위해 자신의 의사와 상관없이 강제로 따라 죽도록 한다는 것은 매우 잔인한 일이다. 더구나 세상에 태어나 아직 채 철도 들지 않은 어린아이마저 구덩이에 집어넣는다는 것은 사람의 인정상 차마 못할 일이다. 그리고 이들을 죽이는 것도 경제적으로 크나큰 손실임을 알아야겠다.

이들은 한창 일할 수 있는 나이의 사람들이다. 생산도구가 아직 보잘것없어 농경이나 그밖의 경제활동에서 성과를 좌우하는 것은 얼마나 많은 숫자의 노예를 투입할 수 있느냐에 달려있다는 사실을 고려해 보았을 때, 이들을 죽이는 것은 매우 어리석은 일이라는 것을 알아야겠다.

따라서 우리는 순장제도 자체를 당장 없앨 수 없다 할지라도 엄청난 숫자의 노예를 강제로 살해하여 구덩이에 파묻는 대규모의 순장은 중단되어야 하며 그 숫자는 지금 보다 대폭 줄여야 한다고 생각한다.

농경 발달 가속… 일부 지역 벼농사까지

조·피·수수 등 밭작물 생산 증대, 주민들 식량난 덜어

생산도구가 세련되고 농사기술이 발달하면서 조·피·수수 등 밭작물의 생산이 증대되고 있으며, 몇몇 장소에서는 재배하기 어려운 것으로 알려진 벼까지 수확하고 있다. 주민들은 청동기를 제작할 수 있는 지혜를 바탕으로 하여 더욱 발달한 석기 농기구를 제작하는 데 성공하여 농경에 이용하고 있다. 최근 관심을 모으고 있는 농사짓는 방식은 우선 농사짓기 적당한 땅에 이미 자라고 있는 나무나 잡초 등을 돌도끼로 제거하거나 또는 그곳의 잡목들을 불태워 그 재를 이용, 땅을 기름지게 하는 방식이다. 개간을 마친 뒤 홈자귀, 괭이 등으로 땅을 갈고 씨앗을 뿌린다. 그리고 가을에는 반달 돌칼을 이용하여 이삭을 잘라 추수한다.

농경이 발달하면서 몇몇 장소에서는 재배하는 작물에도 변화가 일어나 부여 송국리, 여주 흔암리, 평양 남경 지역에서는 벼를 경작하기 시작한 것으로 조사됐다. 쌀은 다른 곡물에 비해 영양가가 우수하고 단위 면적당 수확량도 많아서 많은 인구를 부양하는 데 더할 나위 없이 훌륭한 곡물이다. 그러나 그만큼 재배하는 데 까다로운 곡물이기에 다른 곡물에 비해 경작이 늦어졌다. 주민들은 "농경의 발달 덕택으로 신석기 시대에 비해 굶주림을 덜 수 있게 됐다"며 이들은 "생산한 것을 곧바로 소비하지 않고 기근이나 가뭄 등 만약을 대비해 식량을 비축해 놓는다"고 말했다.

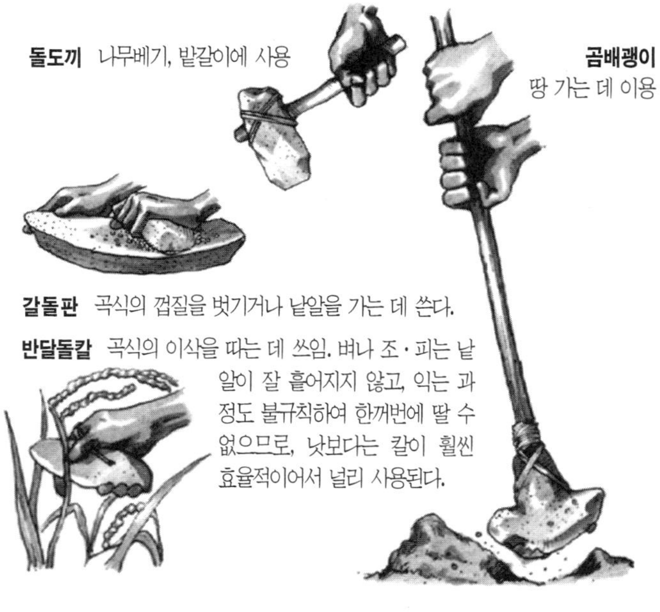
돌도끼 나무베기, 밭갈이에 사용
곰배괭이 땅 가는 데 이용
갈돌판 곡식의 껍질을 벗기거나 낟알을 가는 데 쓴다.
반달돌칼 곡식의 이삭을 따는 데 쓰임. 벼나 조·피는 낟알이 잘 흩어지지 않고, 익는 과정도 불규칙하여 한꺼번에 딸 수 없으므로, 낫보다는 칼이 훨씬 효율적이어서 널리 사용된다.

한반도 중부 서해안에 위치한 섬인 강화도에서 장기간의 공사끝에 드디어 고인돌이 완성됐다.

이 무덤에 묻힌 군장은 약 2천5백명의 주민을 다스리는 지배자로서 권력이 무척 강력했던 인물이다.

부왕의 지위를 물려받은 후계자는 백성들이 지배에 순순히 따르도록 하기 위해 여러 가지 방법을 동원했는데, 이번 고인돌 제작 역시 자신의 권력의 강대함을 보여주어 백성들의 복종을 유도하기 위한 목적에서 만들어진 것으로 알려졌다.

고인돌의 제작에는 약 5백 명 이상의 장정이 동원됐으나, 그 규모가 워낙 컸기에 공사기간은 예정보다 상당히 길어졌다.

완성된 고인돌에는 현재 많은 사람들이 찾아오고 있는데, 대다수의 부족원들은 "이 무덤을 바라보고 있으면 자신도 모르게 지배층의 권위에 위축된다"고 말하고 있다.

고인돌의 제작감독은 "고인돌 제작의 정치적 의도가 부족민들에게 성공적으로 침투되어 지배자의 통치력을 강화하는 데 적지 않은 성과를 거두었다"고 자체 평가를 내리고 있다.

고인돌 제작과정

"죽은 사람이 산 사람 잡는다" 원성 높아
장정 5백여 명 동원… 채석·운반·조립에 갖가지 수법 구사

고인돌 제작은 사용할 돌을 채석하고 그것을 운반하고 조립하는 3단계로 나뉘어 진행된다.

취재팀은 고인돌 제작의 첫번째 과제인 쓸 만한 돌을 찾아내고 이를 암반으로부터 떼어내는 일을 청동기 주민들이 어떻게 해낼 것인지 궁금했다. 이들이 신석기 시대보다 발달된 도구를 가지고 있다고 하더라도 거대한 암석을 잘라낼 만한 기구를 갖고 있지 못하다는 것은 누구나 알고 있기 때문이다.

청동기 주민들은 예상하지 못한 기발한 방법을 사용했다. 우선 바위 결을 따라서 난 조그만 틈에다 깊은 홈을 파서 나무말뚝을 박고 물에 적셔놓는다. 그러면 나무가 물에 불어 팽창, '쩍' 하고 바위가 갈라져 나오는 것이다.

떼어낸 돌을 무덤을 만들고자 하는 곳까지 가져가는 것 또한 보통 일이 아니었다. 돌의 무게는 50톤. 한 사람이 1백kg을 소화해낸다고 해도 무려 5백 명의 장정이 필요하다는 계산이 나온다.

실제 고인돌 제작에도 5백 명 가량의 장정이 동원됐다. 이들은 돌과 지면 사이의 마찰을 줄여 운반을 쉽게 하고자, 큰 통나무 몇 개를 늘어놓고 그 위에 돌을 놓은 후 통나무를 굴리면서 운반했다.

이 과정에서 많은 인명피해가 발생하기도 하여 고인돌 제작에 동원된 주민들 사이에서는 "죽은 사람을 위해 산 사람 잡는다"는 원성이 적지 않았다.

다음으로 덮개돌을 기둥돌 위에 얹는 작업이 뒤따랐다. 이들은 위에서 보았을 때 'ㄷ'자가 되게 미리 세워놓은 기둥돌 주위를 흙으로 덮어 임시 언덕을 만든 후, 경사진 언덕면을 따라 덮개돌을 언덕 꼭대기까지 운반하고 나서, 다시 쌓아둔 흙을 치워 덮개돌이 얹혀진 고인돌의 형체가 드러나도록 하는 수법을 사용했다.

그리고 기둥돌과 덮개돌로 만들어진 직육면체의 공간에 시신과 부장품을 밀어넣은 후, 편편한 돌판으로 입구를 막아 모든 과정을 마무리했다. 부장품으로 무늬없는 토기·청동기·돌칼 등이 들어갔다.

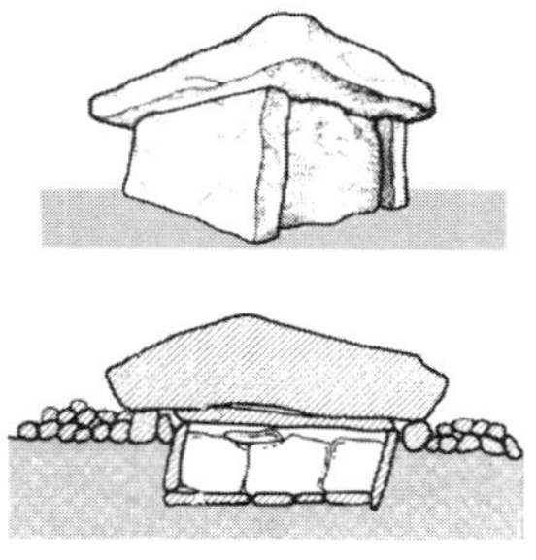

위의 그림은 북방식 고인돌, 아래는 남방식 고인돌.

고인돌 제작 순서

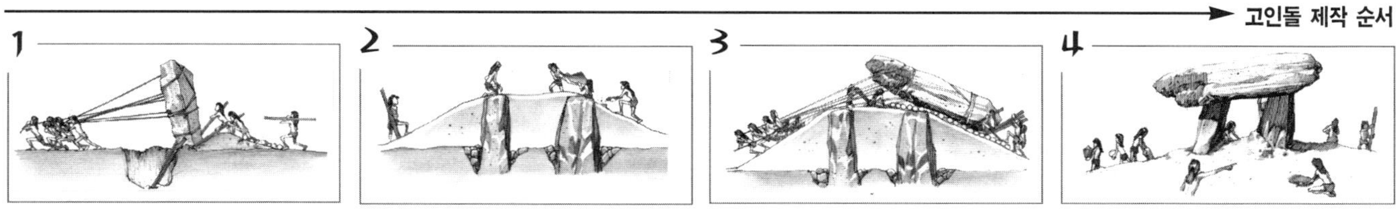
1
2
3
4

대규모 순장 유행

수백 명의 노예 함께 묻어, 강상 지역에서는 1백 40명 생매장

요령 지역에서는 사망한 지배자를 땅에 묻으면서 살아있는 수백명의 노예를 함께 매장하고 있다. 또 기원전 7-8세기 강상 지역에서는 길이 28m, 너비 20m 크기의 땅에 여러 개의 구덩이를 만들고 한 구덩이에 많게는 18명의 남녀 및 어린이를 파묻고 돌로 무덤 전체를 덮었는데 약 1백40여 명의 살아있는 사람을 묻었다. 그리고 7-5세기경 누상 지역에서는 동서 길이 30m, 남북 길이 24m 정도의 땅에 여러 개의 무덤 구덩이를 파서 약 1백여 명 사람들을 매장하고 돌로 둥근 봉분을 만들었다.

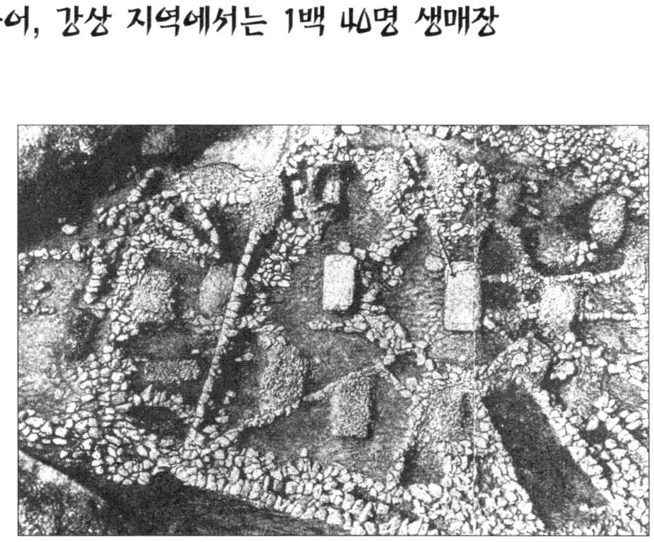

기원전 8-7세기 무렵의 돌무지무덤. 동서 길이 28m 남북 너비 20m. 중앙의 묘가 주인공인 묻힌 곳이고, 주변의 묘는 그에게 예속된 사람들이 묻혀 있다. 그중 어느 묘에는 남녀 18명이 묻혀 있기도 했다.

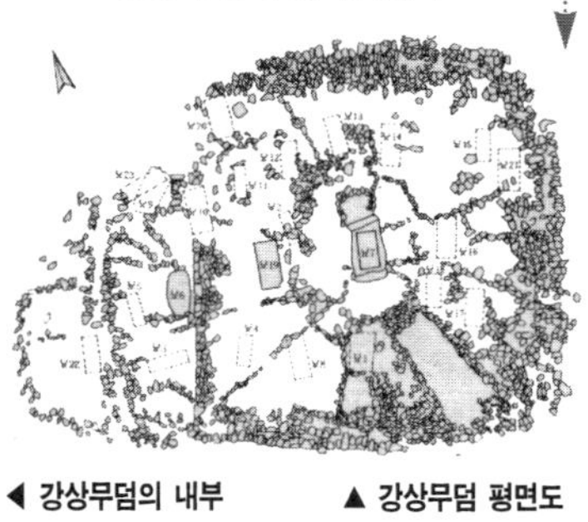

◀ 강상무덤의 내부 ▲ 강상무덤 평면도

움집에 화재 잇달아

"꺼진 화덕, 다시 보자"

움집에 화재가 잇따르면서 재산이 하루아침에 잿더미가 되고 생명을 잃는 등 큰 피해가 나고 있다. 요새 많이 쓰이는 움집의 재료는 나무와 짚·풀 등이어서 불씨를 잘못 간수, 불이 붙게 되면 치명적이다. 또 움집은 좁은 지역에 여러 집이 밀집해 있기 때문에 고을 전체가 몽땅 다 타버리는 대형 화재로 발전하는 경우가 일반적이다. 집안에 화덕을 두 개씩 설치하는 것으로 움집 구조가 변화된 것을 최근 빈번해진 움집 화재의 원인으로 보기도 하나, 집자리 내부에 있는 화덕의 불씨를 제대로 관리한다면 큰 화재는 발생하지 않을 것이다.

강이 인간에게 내린 축복

세계 4대 문명을 가다

메소포타미아 · 유프라테스

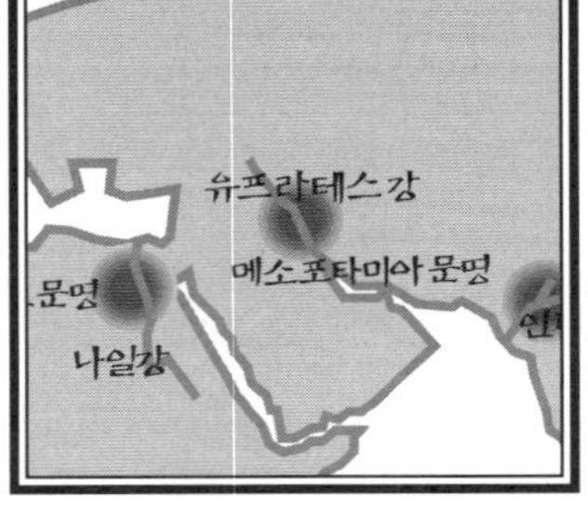
유프라테스강
메소포타미아 문명
문명
나일강

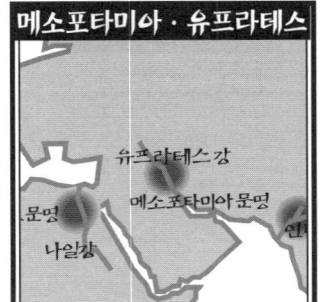

산수체계 처음 고안, 쐐기문자 사용

메소포타미아 남쪽에 있는 수메르가 문명의 핵심을 이루고 있다. 수메르의 위대한 도시인 '우르'는, 그 주변 지역과 통합돼 단일한 국가체제를 이루지는 못하고 있지만 비옥한 농토를 갖고 있으며, 여기서 생산되는 생산물로 도시의 생존을 이어가고 있다.

수로사업 추진위해 전제왕권 등장

수메르 도시국가들의 왕은 아주 강력한 권한을 가지고 있다. 유프라테스강은 홍수 때마다 들판을 사막으로 만드는가 하면 촌락을 황폐화시키기도 하기 때문에 늘 둑을 쌓고 수로를 파야만 했다. 수로사업을 추진해나가고 공정하게 물을 분배하기 위해 강력하고 영속적인 정부가 출현했다. 왕이 죽게 되면 궁녀, 경비병, 악사, 마부, 부인들, 노예들이 내세에서도 왕에게 계속 봉사하기 위해 같이 묻힌다.

녹로에서 착안, 바퀴 만들어 사용

수메르 사람들은 '바퀴'를 사용, 물품을 운반한다. 바퀴는 그릇 만들 때 쓰이는 원반인 녹로에 착안, 만들어진 발명품이다.

경제생활의 근간을 이루는 것은 비옥한 토지에서 나오는 농작물인데, 농사지을 때는 두 마리 황소가 끄는 쟁기를 유용하게 사용한다. 또한 배를 타고 멀리 인더스강 유역에까지 가서 무역을 하기도 한다. 이러한 국제무역은 '우르'와 같은 도시들의 발달을 촉진시키고 있다.

수메르 지역에서는 봉납판을 쉽게 찾아볼 수 있는데, 봉납판은 진흙으로 만들어지며 맹수와 싸우는 영웅, 야수, 왕의 근황, 극적인 승리, 신에 대한 경외심 등이 새겨진다. 「나람신의 전승비」에는 높은 산을 향해 서 있는 거대한 왕의 모습과 빈사상태의 적병을 대조적으로 표현, 왕의 극적인 승리를 묘사하고 있다.

각 도시는 신의 소유물이라 생각

수메르 사람들은 인간이 원래 신들의 하인으로 창조됐다고 믿고 있으며 각 도시들은 특정한 신이나 여신의 소유물로 간주한다. 따라서 한 도시의 정치가 흥하면 그 도시와 관련된 신의 위상도 함께 올라간다.

신전은 종교 중심지로서의 기능 외에 왕의 통제 하에 식량을 재분배하는 중심지 역할도 한다. 기원전 2100년경 달의 신 난나를 기리기 위해 세워진 지구라트는 그 높이가 24m에 이르는 거대한 건축물로 안에는 신전과 창고, 신전 관리들의 숙소까지 마련돼 있다.

성별, 신분 등에 따라 의복 차별

성별·연령·신분에 따라 의복 및 의례가 다르다. 리본으로 묶은 긴 머리는 높은 신분을 상징하며 남성은 치마를 입고, 여성은 왼쪽 어깨를 드러내고 다닌다. 최근에는 옷의 가장자리에 장식, 주름이 있거나 어깨를 감싸는 옷이 서서히 나타나고 있다.

수메르인들의 주식은 누룩을 넣지 않은 빵이다. 그밖에 양파, 부추, 오이, 마늘 등도 널리 보급되어 있으며 염소와 소를 길러 우유, 버터, 치즈 등을 만들어 먹는다. 신전 주변에는 좁은 길을 따라 진흙으로 지은 집이 빽빽히 들어서 있으며 집안에는 낮은 탁자, 의자 외에는 별다른 가구가 없다. 보통 바닥에 매트를 깔고 잔다.

남녀 모두 진한 화장을 아름답게 여기는데 특히 눈을 강조한다. 눈에 선을 그리기 위해 파란 빛을 띤 안티몬을 사용하며 눈썹과 눈꺼풀도 검게 칠한다. 여자들과 일부 남자들은 얼굴에 하얀 납을 칠한다.

점토위에 철필로 쐐기문자 써

수메르 사람들은 산수체계를 처음으로 고안한 사람들이다. 덧셈, 뺄셈, 곱셈은 곡식 자루나 소들을 대량으로 다룰 때 매우 유용하게 사용된다.

뛰어난 발명품인 쐐기모양의 문자 역시 교역이나 세금 징수 목적을 위해 탄생했다.

필기도구에도 변화가 생겼다. 예전에는 부드러운 점토 위에 날카롭게 깎은 갈대를 사용했는데 최근에는 점토를 보다 깊이 눌러 선명한 자국을 남기기 위해 쐐기모양의 철필들이 대중화되고 있다.

기록을 담당하는 서기의 교육은 견습 서기들이 선배 서기들이 일하는 것을 옆에서 보는 가운데 이루어진다.

수메르인들이 점토판에 남긴 철필 기록

수메르인들이 찼던 금귀걸이와 머리장식

어부와 목동과 가축들이 행진하는 모습. 어부와 목동들은 귀족에게 고기와 생선을 바치고 가축을 돌보았다

(왼쪽부터) 이집트인들은 방아두레박을 이용, 밭 작물에 물을 주었다. /연회장에서 벌거벗은 두 명의 무희가 피리소리에 맞춰 춤을 추고 있다. /밀·보리 등의 농작물을 수확하는 장면.

이집트 · 나일
유프라테스강
메소포타미아
이집트문명
나일강

'파라오는 모든 법과 정의의 원천'

사람들은 도시에서 안락하게 살아가고 있다. 평평한 지붕을 가진 집들은 진흙벽돌로 지었으며, 집들이 빼곡히 들어서 있기 때문에 거리는 좁다. 궁전과 신전이 주요한 건축물로 자리잡고 있으며, 파라오의 무덤인 피라미드는 도시에서 멀리 떨어진 곳에 건설된다.

이집트에서도 왕은 절대권력자이다. 사람들은 왕을 직접 언급하는 것조차 불경스럽게 생각한다. 사람들은 "큰집이 결정한 바에 따르면…" 식으로 말을 한다. '큰집'에 해당하는 이집트 발음이 '페파오'인데, 이것이 이집트의 왕을 가리키는 '파라오'가 됐다. 파라오는 모든 땅의 소유자이며, 행정·군대의 우두머리이기도 하다. 파라오는 모든 법과 정의의 원천이며, 신들에 대한 의식의 주재자다.

큰집 뜻하는 페파오에서 파라오란 말 나와

깨끗하게 정리된 농토들은 나일강에 접해 있으며 농토 사이의 경계는 강물이 범람해도 지워지지 않도록 돌로 표시돼 있다. 매년 이집트 고원지대에서 녹는 눈이나 비로 나일강의 수위는 7월 중순까지 계속 높아지다가 범람한다. 나일강 물이 범람해 들판을 적시고 토양을 비옥하게 해주는 침니를 퇴적시키기 때문에 이집트의 농업이 유지될 수 있다. 홍수가 지나가면 농사가 시작되는데 소가 끄는 쟁기를 따라 파종하며 그뒤에서 양이나 염소가 땅을 밟아 씨를 흙으로 덮는다. 나일강 유역의 추수철인 3, 4월은 매우 바쁜 계절이다. 농부들은 부싯돌이 달린 나무낫으로 곡식을 거두어 바구니에 담아 당나귀를 이용하여 창고로 운반한 뒤, 그것을 빻아 밀가루를 만든다. 물론 곡물에서 일정 부분의 세금을 뺀 뒤의 일이다. 모든 무역, 세금, 거래는 곡물을 기반으로 해서 이루어진다. 추수를 끝낸 농부들은 다음 홍수를 대비하기 위해서 다시 제방을 쌓아야 한다.

동물지방 머리에 녹이며 더위 식혀

귀족들은 사냥이나 수영을 하며 여가를 보낸다. 하층계급은 레슬링이나 조정경기를 하기도 한다. 파티에서 음악은 거의 필수적인데 악사들 중에는 맹인들도 다수 있다.

연회 석상에서는 향기가 나는 원뿔모양의 동물 지방을 손님의 머리 위에 올려놓는데 시간이 지나면 동물 지방이 녹으면서 얼굴과 목으로 흘러내려 손님을 시원하게 만들어 준다.

이집트인들은 그들의 신들을 위하여 신전을 만들어 살아 있는 신인 파라오를 섬기고 있다.

파라오가 의식용 복장을 완전히 갖춘 채 왕좌에 앉으면, 호루스신의 영혼이 파라오에게 들어가 파라오는 지상에 나타난 신의 화신이 되며, 통치자로서 파라오의 말은 신의 모든 무게를 그대로 담아내는 권위를 가지게 된다. 따라서 파라오, 그리고 그보다 낮긴 하지만 파라오의 가족은 다른 인간과는 구별되며, 파라오들은 신의 혈통을 순수하게 보존하기 위해 누이나 배다른 누이와 결혼한다.

나체를 금기시 하지 않아

이집트인들의 의복은 아마포로 만들어지는데 남자들은 공식적인 행사에 주름 잡힌 튜닉 정장을 입으며 여자들은 주름 잡힌 드레스를 입는다. 대부분의 이집트인들은 나체를 금기시하지 않기 때문에 일할 때의 남자들과 아이들은 아무것도 입지 않는 경우가 흔하다.

부자에서 가난한 사람에 이르기까지 장신구 중독증에 걸려 있는 이집트인들은 쳐지에 따라 순금에서 조개껍데기에 이르기까지 다양한 장신구를 애용하며 때로는 사람 머리털로 만든 패션가발로 멋을 낸다.

이집트인들은 밀과 보리를 가지고 여러 가지 종류의 빵을 만들며, 맥주나 포도주 등의 술을 즐겨 마신다. 포도주는 부자들이 즐겨 마시는데 보통 발로 첫번째 압착한 포도주를 최상품으로 친다. 음식은 화로, 또는 불 위에 삼발이를 놓고 조리기구를 얹거나 아니면 나무를 때는 화덕에서 요리한다. 조리시설이 잘된 부엌에는 항아리, 국자, 숫가락, 칼뿐만 아니라, 숫돌, 팬, 여과기, 거품기 등이 모두 갖추어져 있다.

여가시간에는 주사위 놀이 즐겨

주택은 아주 단순한 재료로 만든다. 돌은 신전이나 무덤을 위해 아껴야 하기 때문에 보통 진흙과 짚을 섞어 햇볕에 말린 흙벽돌로 집을 짓는다. 집안의 가구들은 실용적이며, 창문과 문 위에는 발을 쳐서 공기를 순환시키면서 파리나 먼지를 막는 효과를 거두고 있다. 여유가 있는 사람들은 집에 세면대와 목욕탕 시설을 갖추고 있는데, 목욕한 물은 파이프를 통해 집 밖에 있는 항아리에 모아서 허드렛물로 쓴다. 부자들은 변기도 가지고 있는데 보통 변기는 벽돌 받침대에 나무의자를 놓고 그 밑에 도기그릇을 놓아둔 것이 대부분이다. 여가시간에는 주사위놀이를 즐기는 편이다. 아이들 사이에서는 줄 위에서 춤을 추는 도기 원숭이, 새처럼 생긴 점토 호각 장난감이 인기다. 고양이, 개, 원숭이나 새들이 애완동물로 길러지며, 소리를 내는 곤충들을 도기그릇 속에다 기르기도 한다.

피부건조 예방, 규칙적으로 몸에 기름발라

미용에 대한 이집트인들의 관심은 유별나다. 청결한 피부를 가꾸기 위해 기름, 석회, 향수로 만든 세척 크림을 사용하며 햇볕으로 인한 피부건조를 막기 위해 규칙적으로 몸에 기름을 바른다. 보기 싫은 털을 제거하고 역겨운 체취를 없애는 연고도 절찬리에 시판되고 있다. 목화를 재배하여 그것으로부터 직물을 만든 후, 갖가지 화려한 색깔로 염색하여 옷을 만들어 입기도 한다.

두 명의 여자 노예가 손님인 귀부인에게 선물을 바치고 있다.

인도 · 인더스

황하
스강
미아 문명
인더스 문명
인더스강

모헨조다로 시의 전경. 바둑판처럼 계획된 도시의 모습인데, 중앙에 요새화된 성이 있으며 곧게 뻗은 큰 길을 따라 상점들이 늘어서 있어 문명의 수준을 짐작할 수 있게 해준다.

태양의 도시 모헨조다로 건설

인더스강 유역의 모헨조다로는 도시의 정교한 설계로 유명하다. 도시의 중앙에는 성이 있고 흙으로 지은 집들이 방사선 모양으로 빽빽하게 들어서 있다. 성의 중앙에는 대중목욕탕이 있어 사람들은 정해진 시간에 목욕을 한다. 햇살을 피하기 위해 각각의 집들에는 창문이 없으며, 위층의 나무로 된 발코니는 그늘을 제공해준다. 집집마다 목욕탕과 화장실이 있으며 목욕탕과 화장실에서 나오는 생활하수는 토기 도관을 통해 거리 밑에 설치된 배수로를 따라 흘러가게 설계되어 있다.

전도시가 군대체제로 움직여 모든 벽돌의 크기가 똑같을 정도

이 지역은 찌는 듯이 더운 기후와 적은 강수량으로 인해 관개시설이 필수적이다. 그뿐만 아니라 매년 일정한 시기에 인더스강이 범람하고 히말라야 산맥의 눈 녹은 물이 가세할 경우 홍수가 엄청난 위력을 발휘하기 때문에 제방의 역할도 매우 중요하다. 홍수를 통제하고 물을 배급하는 제방과 운하에 대한 체계적인 관리가 요청되면서 강력한 중앙정부가 출현한 것으로 알려지고 있다. 모든 흙벽돌의 크기가 일정할 정도로 전도시가 군사적 규율과 편제로 움직인다.

밀, 보리, 콩, 겨자, 참깨, 목화 등이 재배되며 돼지, 낙타, 들소가 사육된다. 코끼리까지 가축으로 길들여서 상아를 확보하는 주민들도 있다. 비옥한 농지에서 생산되는 농작물을 기반으로 상인들은 멀리 메소포타미아 지방에 이르기까지 활발한 무역을 한다. 발루치스탄으로부터 구리, 라자스탄에서는 납과 은, 아프가니스탄으로부터는 금, 주석, 남인도로부터는 진귀한 조개껍데기, 이란으로부터는 터키석, 극동으로부터는 비취석을 수입한다. 항해에는 중앙 돛대와 긴 노가 있는 멋진 배를 사용하며 육로 여행에는 낙타와 말, 수레를 이용한다.

코끼리까지 길들여 상아 확보, 목화 재배, 화려한 옷 만들어 입어

남자들은 구리면도기와 광택을 낸 구리거울을 이용, 멋을 내며, 여자들은 정교한 헤어스타일로 꾸미고 다니면서 장식품으로 팔찌, 귀걸이, 발걸이, 반지 등을 착용한다. 목화를 재배하여 그것으로부터 직물을 만든 후 갖가지 화려한 색깔로 염색하여 옷을 만들어 입기도 한다.

중국 · 황하

황하
황하 문명

상당한 수준의 관료제도 발전

중국인들은 자신들을 '한인'이라고 부른다. 한족은 1만 내지 1만 2천 년전 비옥한 황하 유역에 최초로 정착했다. 주변에는 신체적 특징이나 언어가 다른 많은 부족들이 함께 살았다. 기원전 4700년경, 한인 사냥꾼과 어부들은 기장, 쌀을 비롯한 농작물을 경작하기 시작했다. 이들은 개를 가축으로 길들이고, 돼지, 닭, 양, 소를 길렀으며 그림과 줄무늬로 장식한 도기를 만들었다. 기원전 1500년경에는 청동제조 기술과 비단제조 방법을 배웠고, 수레를 발명했다.

무덤에 죽은 후 사용할 물건 넣어

부유한 사람들은 벽돌과 돌로 만든 무덤벽을 일상생활을 담은 그림으로 장식했으며, 옷감을 놓아 두었고, 항아리와 그릇에 음식을 넣어두었다. 이 모두가 이 세상을 떠난 사람들이 다음 세상에서 사용할 것들이었다. 중국인들은 사람과 동물, 물건들을 도기모형으로 만들어 죽은 자를 장사지내는 무덤에 함께 넣기도 하였다.

황하유역은 일찍부터 사람들이 많이 모여 살았으며 관개수로의 일을 총괄하기 위해 왕의 존재가 중요하게 부각됐다. 국왕 아래 민정과 생산·군대를 나누어 맡는 관료제도 역시 상당한 수준에 이르렀다. 주로 농업생산을 경제생활의 기반으로 삼고 있으므로 관개시설뿐만 아니라 생산 인력인 노예의 관리 또한 중요하다.

거북이 껍질 이용, 길흉 점쳐

생산되는 식량이 거의 곡물이므로 사람들은 곡물을 아주 귀중하게 여긴다. 귀족들의 화려한 생활도 풍부한 곡물생산을 기반으로 하고 있다. 귀족들은 자신들에게 필요한 물건을 보다 효율적으로 생산하기 위해 노예들을 이용한 수공업의 전문화, 분업화를 추진하고 있다. 방직·피혁·건축 부문에 할당된 노예들은 선배들의 지도 하에 전문기술을 익히게 된다. 소나 양과 같은 동물들은 제사지낼 때 필요하므로 목축도 산업에서 일정한 비중을 점하고 있다.

황하 유역의 사람들은 하늘 신을 믿고 있으며, 하늘 신을 인간의 창조주로 보고 있다. 매년 일정한 시기에 풍요를 비는 제사를 지내며, 길흉을 점치기도 한다. 점을 칠 때는 거북이의 딱딱한 껍질을 이용하며, 여기에 여러 가지 중요한 기록을 새겨두기도 하는데 이것을 갑골이라고 한다. 왕은 천자(天子), 즉 하늘의 아들 또는 대리인으로 여겨진다.

황족은 광대한 궁전에서 살았다. 이 궁전들은 일부는 벽돌과 돌로 지어졌다. 장식된 기와로 만들어진 지붕과 화려하게 채색된 벽돌은 높은 담장 벽 때문에 외부에서는 볼 수 없었다. 천자는 황후와 비빈들에 둘러싸여 있었으며, 하인, 노예, 내시들이 시중을 들고 관리, 군사들이 천자를 호위했다. 부유한 가문들은 몇 층 높이의 목제가옥을 짓고, 조각과 그림으로 장식했다. 그러나 대다수 평민들은 욋가지로 엮고 흙을 바른 방 하나짜리 오두막에 살았고, 오두막집에는 초가지붕이 덮여 있고 문을 대신해 올이 굵은 삼베만 하나 걸려 있었다.

왕은 천자, 하늘의 대리인

사람들은 거친 삼베옷을 입었으며, 신발을 신는 사람은 거의 없었다. 그리고 목제용기나 토기에 음식을 담아 먹었다. 부유한 사람들은 풍부하고 다양한 음식을 먹을 수 있었다. 그들은 돼지, 소, 양, 사슴, 닭 등의 고기를 먹기도 했다. 민물고기와 녹색야채는 풍부했다. 부유한 사람들은 음식에 소금, 설탕, 꿀로 양념을 했다. 이에 비해 가난한 사람들은 주로 귀리, 밀과 같은 곡물과 야채류, 소금에 절인 콩을 먹었다.

중국인들은 점의 기록을 거북껍질에 새겼는데, 이 때 그들이 사용한 문자가 한문의 최초의 형태였다.

요리사들이 화로에 불을 지펴 물고기, 새 등을 요리하고 있는 부엌 안의 모습

4대 문명지의 공통점

농사 잘 돼고 전제 군주 출현

근래 메소포타미나 지방이나 나일강 유역, 황하, 인더스강 유역에서 강력한 권력을 지닌 왕들이 속속 나타나고 있다. 전문가들에 따르면 이들 지역은 기후가 따뜻하고, 큰 강을 끼고 있어 홍수 때면 상류로부터 기름진 흙이 내려오기 때문에 농사가 잘 돼 식량이 풍부하다는 공통점을 갖고 있다는 것이다.

따라서 대규모의 수리사업을 필요로 하게 되었고, 이를 위해서 서로 간에 협동, 단결해야만 했다. 이런 상황은 대규모 수리사업을 감독하고 이것을 이끌 만한 강력한 권력을 필요로 했다. 여기에 덧붙여 풍부하고 윤택한 경제생활을 배경으로 해서 풍성한 문화가 다른 지역에 비해서 매우 발달하였던 것이라고 평가한다.

4대 문명지의 공통 문화

도시형성, 문명 발생, 법률 제정, 지배자 권위 과시 사업 활발

신석기 시대 농업혁명을 거치면서 인류의 생산력은 크게 증대하였다. 특히 관개농업이 행해진 큰 강 유역은 토지가 비옥하여 생산이 늘어나 많은 인구가 한 곳에 모여 살 수 있었다. 그리하여 큰 촌락이 형성되었으며 청동기가 제작되고 바퀴, 쟁기, 돛단배 등이 발명되어 생산이 늘어나고 교통도 발달하였다.

이리하여 촌락들이 뭉쳐 도시가 형성되었는데, 각 도시는 주변에 성을 쌓고, 제각기 독립하여 국가의 모습을 갖추었다. 그리고 이러한 도시국가에서는 각종 기록을 위하여 문자가 사용되기 시작하고, 마침내 문명단계에 들어서게 되었다.

메소포타미아, 이집트, 인더스 그리고 황하. 세계 4 대 문명이 발생한 도시국가의 중심에는 최고 지배자가 거주하는 거대한 왕궁이 있으며 국왕은 정치와 더불어 제사장의 기능을 동시에 수행하고 있다. 왕궁 안팎에는 수만의 병사들이 국왕을 호위하고 있으며, 국왕의 주변에는 수많은 신하들이 국왕을 보좌하고 있다. 한편 왕궁 주변 지배층이 거주하고 있는 도시에는 호화로운 저택이 늘어서 있으며 다양한 시설물들이 이들의 생활에 편리하게 이용되고 있다.

그러나 문명의 혜택을 한껏 누리고 있는 지배층의 호화로운 생활의 이면에는 수많은 사람들에 대한 가혹한 수탈이 행해지고 있었다. 이들은 거대한 소유 토지 경작에 수많은 노예를 혹사시켰으며, 자신이 지배하고 있는 백성으로부터 막대한 조세와 공물을 거두어들였다. 하지만 지배층의 욕심은 여기에 그치지 않았다. 더 많은 노예와 토지를 확보하기 위해 왕의 군대는 전쟁에 동원되었으며, 관리들은 정복지로부터 막대한 공물을 징수하였다.

그리고 지배층은 자신의 권위에 도전하는 세력을 처벌하기 위해 법률을 만들어놓았으며, 저항할 경우 곧바로 군대를 파견하여 무자비하게 진압하였다.

궁전과 무덤의 크기는 국왕의 권위에 비례한다. 지배층과 피지배층이 뚜렷하게 나뉜 사회에서 지배자들은 피지배층이 자신의 지배에 순순히 복종하도록 유도하기 위해 여러 가지 방법을 동원하였다.

그들은 자신의 몸을 값비싼 장신구로 휘감아서 위대해 보이도록 애를 썼다. 또 자신의 권위를 높이기 위해 자신이 사는 집을 거대하고 웅장하게 만들고, 죽은 후에도 살았을 때와 마찬가지로 거대한 무덤에 들어감으로써 지위의 영속성을 보장받으려 하였다.

은나라에서 왕이 죽었을 때 수십 명의 산 사람을 강제로 함께 묻는 순장제가 행해지고, 이집트에서 거대한 피라미드가 만들어지는 것은 다 지배자의 권위를 강화시키기 위해서였다.

농경의 발달, 계급의 발생 그리고 문명의 역할

인류는 도구를 사용하게 되면서 맹수의 위협이나 자연의 제약으로부터 벗어날 수 있게 되었다. 그후 지혜가 더욱 발달함에 따라 인류는 석기를 보다 세련되게 제작하였고 발달된 사냥술을 이용하여 자연계의 강자로 군림할 수 있었다. 또한 수렵과 더불어 고기잡이, 채집 등을 통하여 식량을 확보하면서 생산경제를 발전시켜 나갔다. 그러나 이러한 생산방식은 자연의 일부를 약탈하는 것이었고 진정한 의미에서 생산이라고 말할 수 없었다. 또한 자연에 의존하는 생산방식인 만큼 자연의 제약을 크게 받았다.

그러나 농경을 시작하면서 인류의 생활은 근본적으로 변화하였다. 농경은 자연의 일부를 약탈하는 방식이 아닌 진정한 의미에 있어서 생산이었으며, 다른 어떤 생산활동보다 발전의 가능성이 컸다. 인류는 보다 많은 수확을 거두기 위해 도구를 개선하고 농경기술을 발전시키면서 생산을 증대시켰다. 그리하여 생산력의 증대는 먹고 남는 잉여를 창출하게 되었으며, 이제 직접 노동에 종사하지 않고도 먹는 문제를 해결할 수 있는 계층이 나타날 수 있는 기반이 만들어졌다.

직접 노동에 종사하지 않을 수 있게 되자, 인류는 보다 다양한 문명을 창조하게 됐다. 농경의 발달은 수공업의 전문화를 촉진시켰으며, 분업의 발전은 상업의 발달을 가져오고 이는 다시 농경의 발달을 자극하는 등 생산력 발전의 연쇄 작용을 낳았다. 사람들 중에는 음악이나 그림 같은 예술을 통해 다른 사람을 즐겁게 해줄 수 있는 전문적인 기능을 가진 사람이 나타나기 시작했으며 이러한 영역은 예술뿐 아니라 건축, 공예 등 매우 넓고 다양했다.

그러나 한편으로 잉여의 발생은 계급의 발생을 가져왔다. 부족을 지도했던 족장 등은 직접 일하지 않고 다른 사람을 생산노동에 종사시키면서 이들이 생산해낸 수확물의 일부를 차지했다. 이들 지배자들은 다른 사람이 생산한 것을 최대한 수취하고 이들에게 생존에 필요한 최소한의 것만을 주기 위해 생산자들을 노예로 만들었다.

이로써 인류 역사상 처음으로 지배, 피지배 관계가 만들어진 것이다. 계급이 발생한 후 지배자들은 자신의 지배를 정당화시키기 위해 여러 가지 노력을 기울였으며, 이 과정에서 지배의 도구로 이용되는 문명의 특징이 나타나게 된 것이다.

그리하여 문명은 농경의 발전이 가져온 잉여로 인해 가능하게 된 인간의 창조적인 활동이면서, 동시에 지배자가 피지배층을 다스리는 데 이용되는 측면을 가지게 된 것이다.

'신정 정치의 비밀'

농사 중요시 되면서 제사기능 강화

중국 은나라에서는 왕이 제사를 담당하며 갑골문의 해석에 따라 국가 정치를 운영하는 '신정 정치'가 행해졌다. 이집트의 파라오는 자신이 태양의 아들이라고 주장하며 제사를 주관하였다. 메소포타미아에서는 '지구라트'라는 신전이 만들어졌으며 왕은 '신의 대리자'로 신전을 돌보았다. 그리고 고대 인도에서 최고 지배자는 제사장의 기능을 담당하고 있는 '브라만' 신분이었다. 4대 문명이 발생한 이 모든 곳에서 정치적 지배자가 종교적 권위에 의존하는 것은 무엇 때문인가.

문명이 발달하였으나 아직 인간은 자연의 제약에서 완전히 자유롭지 못하였다. 그리고 생산경제에서 농경이 차지하는 비중이 증대되면서 농사에 큰 영향을 미치는 자연환경에 더욱 민감할 수밖에 없었다. 이들에게 농사가 잘되고 못 되고는 하늘신의 처분에 달린 것이었으며 따라서 많은 사람들은 그 무엇보다도 하늘에 대한 숭배의식이 각별하였다. 그래서 이들은 하늘에 인간의 뜻을 전하는 제사를 다른 어떤 일보다도 경건하게 치루었다. 이때 제사를 주관하는 제사장은 하늘에 인간의 뜻을 전하는 자였으며 동시에 하늘의 명령을 인간에게 대신 전달하는 중개자였다. 따라서 사람들이 하늘을 숭배하는 것과 마찬가지로 제사장을 하늘처럼 받드는 것은 당연하였으며, 제사장의 말 한마디는 무한한 권위를 지니게 되었다. 그리하여 지배자들은 정치적 기능과 더불어 제사장의 기능을 동시에 수행하면서 자신의 권위를 강화시키려 했던 것이다.

◀ 중국인들은 청동을 사용하는데에도 능숙하여 인간의 얼굴 모습을 만들기도 했다.
▼ 용광로에서 철을 녹여 여러가지 연장과 무기를 만드는 모습.

페르시아 전쟁

이전까지 지중해의 해상권을 두고 아테네를 중심으로 한 그리스 도시국가들과 이를 빼앗으려는 페르시아 제국과의 전쟁이 3차례에 걸쳐서 벌어졌다. 1차는 페르시아 최전성기에 다리우스 1세가 그리스 북부로 진격하다가 폭풍우로 좌절됐고, 2차는 마라톤 평원에 상륙한 페르시아 군대를 테미스토클레스가 이끄는 아테네인들이 격퇴하였다. 그후 다리우스의 아들 크세륵세스에 의해서 3차전쟁이 벌어졌다.

이때는 목숨을 건 스파르타군의 항전으로 시간을 번 아테네가 살라미스에서 좁은 수로를 이용하여 페르시아 군대를 패배시켰다. 이 전쟁으로 아테네는 그리스 폴리스들의 맹주로서 지중해의 해상강국의 위치를 다시금 확인하였다.

'전쟁' 더 많은 토지와 인민을 획득하기 위한 수단

잉여의 발생은 인간과 인간 사이의 전쟁을 낳았다. 강한 부족은 더 많은 부를 차지하기 위해 주변의 다른 부족이 생산해 놓은 잉여를 약탈하기 시작하였다. 또한 그들은 정복지 주민을 포로로 붙잡아와 자신의 노예로 이용하게 되었다.

이들은 전쟁에서 승리를 보장받기 위해 날카로운 창과 칼을 그리고 그 어떤 공격도 막아낼 수 있는 강한 방패를 고안하기에 애를 썼으며, 이 시기 인간이 개발해낸 청동기는 살상력 강한 무기로 활용되면서 전쟁은 더욱 치열한 양상으로 전개되었다.

청동기 시대 토기

더욱 다양·견고해져

민무늬 토기

미사리 구멍 토기

가락동 민무늬 토기

양평리 붉은 간토기

청주 비하동 덧띠토기

검은 간토기

시루 - 곡식 찌는 그릇

"우리나라 청동기는 시베리아 계열"

유동성 높이는 아연 합금으로 주조 용이

구리는 지표면 가까이 묻혀 있고, 녹는 점이 낮아 토기를 구울 수 있는 정도의 온도에서 주조할 수 있어 인류가 가장 먼저 이용한 금속이 됐다. 구리에 다른 금속을 섞어 청동을 얻기까지 사람들은 순동을 사용하다가, 점점 단단한 금속을 만들 수 있는 기술을 배워 청동기를 만들기 시작했다.

청동은 구리에 비소나 주석, 그리고 납을 섞어 만든다. 주석의 합금 비율이 28%일 때 구리의 경도를 가장 굳게 하며, 납은 주조한 다음 표면의 마감 처리를 위하여 사용한다.

그런데 우리나라 청동기에는 유동성을 좋게 하여 주조하기 쉽게 하는 역할을 하는 '아연'이 포함되어 있어, 중국이 아닌 시베리아 지역의 청동기와 비슷한 점이 많다.

아연을 합금하기란 매우 어려운 기술을 요한다고 한다. 아연의 녹는점은 섭씨 4백여 도로 동이 녹는 점에 이르면 아연은 이미 증기가 되어 날아가기 때문이다. 정교한 과정을 거쳐 동과 나머지 금속의 주조물을 얻은 후 이들 청동기 제작자들은 한 쌍이나 외짝으로 된 거푸집에 청동 주물을 부어 원하는 형태를 만든다.

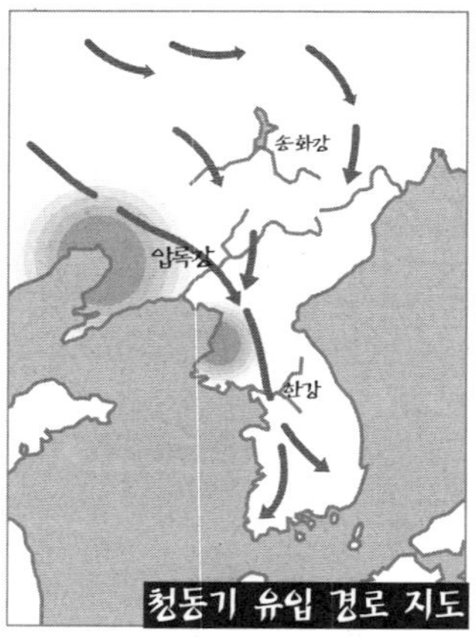
송화강
압록강
한강
청동기 유입 경로 지도

청동기 시대 제사장의 모습

부족의 군장은 정치적 지배권과 제사장의 기능을 함께 가지고 있어 부족 내에 중대한 일이 발생하거나 중요한 결정을 내려야 할 경우에는 꼭 하늘의 뜻을 묻는 제사를 거행한다.

청동농경문 방패
청동거울
청동 방울/
팔두령
청동 단추가 매달린
가죽 장화

청동거울 오목하게 되어 있어 태양광선을 한 초점에 모으고 반사시킬 수 있으며, 물체를 거꾸로 비추기도 한다.

제사장이 방울을 흔들면서 거울에 비춰진 태양빛을 반사시키면 모든 주민들은 그 광경에 놀라움을 금치 못한다.

간돌검

청동기 시대 무기

청동검 청동검은 날이 날카로울 뿐만 아니라 위에서 수직으로 보았을 때 '+'형을 띠고 있다. 이는 살상용 무기로서 검이 제 역할을 충분히 할 수 있도록 고안된 것이다. 청동검은 찌른 다음 그대로 돌려 네 개의 날이 돌아가면서 치명적인 상처를 내도록 되어 있다. 그리고 찔린 상대방이 피를 많이 흘려 죽도록 하기 위해 기다란 피 홈통을 만들어놓았다. 피 홈통은 이 목적 외에도 단단하지 않은 청동검의 날을 지탱해주는 버팀대의 기능을 동시에 하고 있다.

해외 소식

주 왕실, 낙읍으로 이동

후궁에 빠진 왕의 거듭된 실정으로 위기 맞아

기원전 770년 유목민 견융의 침입을 받은 주나라는 유왕이 여산 기슭에서 살해되고, 왕실은 도읍을 동쪽 낙읍으로 옮겨 겨우 명맥을 유지했다. 주왕실이 견융의 침입을 제대로 막지 못한 이유는 왕실이 분열됐기 때문이라고 하나, 유왕이 포사라는 후궁에게 빠져 나라가 망했다는 소문도 무성하다.

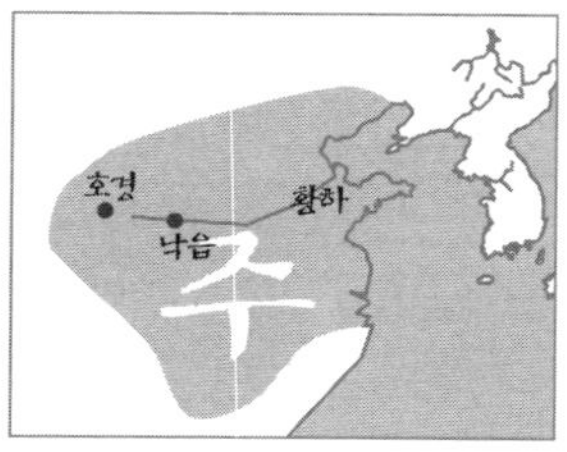
호경
낙읍
황하
주

유왕은 포사라는 후궁을 몹시 사랑했는데, 그녀는 이상하게도 웃음을 보이지 않았다. 그런데 어느 날 실수로 봉화가 올려졌다. 다급해진 제후들은 서둘러 군사를 이끌고 도읍으로 달려왔으나 오보라는 사실을 알고 모두 허탈한 모습이 됐다. 이때 포사는 처음으로 크게 웃는 것이 아닌가. 왕은 그녀의 아름다운 웃음을 보기를 원했고, 자꾸만 봉화를 올렸다. 거듭 속아온 제후들은 정작 견융의 침입으로 주왕실에 위기가 닥쳤을 때는 아무도 달려오지 않았다고 한다.

한반도에서 일본으로의 항해

중간의 섬들을 징검다리 삼아 교류 가능

한반도와 일본의 교류는 신석기 시대부터 시작되고 있었다. 한반도에서 가장 오래된 트기는 융기무늬 토기이며 신석기 시대를 대표하는 토기는 빗살무늬 토기이다. 이와 유사한 형태의 토기가 일본에서도 사용되는데 이는 두 지역 사이에 교류가 있었음을 보여주는 증거다.

두 지역을 왕래하기 위해선 바다를 건너야 한다. 항해술이 발달하지 않은 상황에서 약 2백80km에 달하는 바다를 건너기란 쉬운 일이 아니다.

그러나 '쓰시마'와 '이키섬' 등이 중간에 있어서 육안으로 목적지를 바라보며 항해하는 '지문 항법'이 가능하다. 지문 항법이란 지형 지물을 확인하면서 단순하게 항해하는 방법을 말한다. 신석기 시대 한반도의 인류는 몇 개의 섬을 징검다리로 이용하여 양쪽으로 지형 지물을 확인하면서 항해를 할 수 있었다.

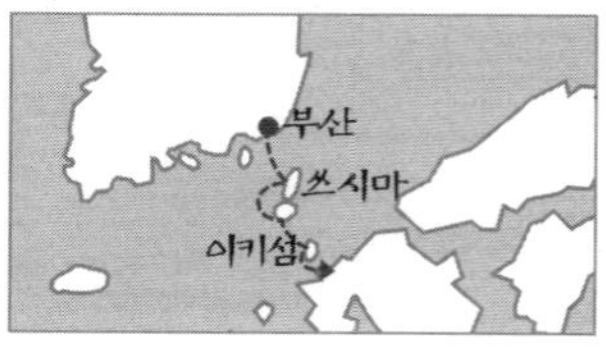
부산
쓰시마
이키섬

역사신문

3 고조선에 철기문화 도입 B.C 3C
포에니전쟁 시작 B.C 264
4 진, 중국 통일 B.C 221
4 진 멸망, 유방, 한 건국 B.C 206
1 위만, 고조선 점령하고 위만조선 세움 B.C 195
포에니전쟁 종결 B.C 146

고조선, 법률 시행 공포

8개 조항으로 구성 … 강력한 처벌 규정

고조선 주민의 일상생활 전반에 큰 영향 미칠 듯
"사회 계급간 갈등 증폭되면서 법 제정, 기득권 보호"

……

사람을 죽인 자는 즉시 사형에 처한다

남에게 상처를 입힌 자는 곡식으로써 보상하여야 한다

남의 물건을 도둑질한 자는 남자의 경우 도둑맞은 자의 奴로, 여자는 婢로 만든다

도둑질한 자가 죄를 벗으려면 50만 전의 돈을 내야 한다

……

<8조 법금>의 일부

고조선에서는 8조로 구성된 법을 발표하고 그 즉각적인 시행을 선포했다. 살인자는 사형에 처하며, 남에게 상처 입힌 자는 곡물로 보상하며, 도둑질을 하다가 붙잡힌 경우 노비가 되거나 50만 전을 배상해야 한다는 등의 강력한 처벌규정이 담긴 8조법은 고조선 주민 생활 일반에 큰 영향을 미칠 전망이다.

한편, 8조법이 발표되자 많은 사람들은 법 조항이 지배계급의 입장에서 만들어졌다고 분석하고 있다.

특히 도둑질한 자를 노비로 삼는다는 조항의 경우, 이전에 정복전쟁을 통해 노비를 조달해 오던 방식이 한계에 부딪히자 이제는 고조선 사회 내에서 자체적으로 노비 수요를 충당하려는 발상에서 처벌규정이 마련된 것이 아니냐는 지적을 받고 있다.

8조법에 따라 지배계급은 노예 충원을 위해 전쟁뿐만 아니라 형벌을 통한 이른바 '형벌 노비'를 만들어낼 수 있게 됐다.

고조선 사회의 8조법 시행과 관련, 주변 지역 집단에서는 "고조선에 사유재산제가 발달하고 빈부의 격차가 커지면서 지배계급과 피지배계급 간의 갈등이 커지더니 결국 지배층이 자신의 재산과 지위를 보호하기 위해 법을 만들게 됐다"고 논평했다.

위만, 망명 … 고조선 정권 장악

對 중국관계에서는 독자성 유지
쫓겨난 준왕은 진국(辰國)에서 '韓王' 자처

기원전 195년 1천 명의 무리를 이끌고 연나라에서 고조선에 망명해왔던 위만이 한나라와 고조선의 갈등관계를 교묘히 이용, 준왕을 몰아내고 새 왕조 '위만조선'을 세웠다. 왕위에서 쫓겨난 준왕은 일부 측근들과 뱃길로 남하하여 진국에 가서 '한왕'을 칭하고 있는 것으로 알려졌다. 위만은 준왕에게 "한나라의 군사가 침입하여 온다"고 허위 보고를 하고 수도를 지키겠다고 말한 후, 준왕의 의심을 받지 않고 왕검성에 입성하면서 손쉽게 성안의 주요기구를 장악하고 준왕의 군대를 유린했다. 수도를 방비하고 임금을 보위하려고 성에 들어온 위만의 군대가 갑작스럽게 반군으로 변하여 예기치 못한 기습을 하자, 준왕의 군사들은 이에 제대로 대응하지 못하고 패퇴했다.

새로운 왕조를 세운 위만은 고조선의 국호를 계속 유지하면서 대외적으로 한나라와 '외신(外臣)' 관계를 맺어 자신의 정권을 안정시키고 새로운 발전의 기틀을 마련하려 하고 있다. 위만 왕조는 한나라 왕실에 있는 신하들인 내신(內臣)과 대비되는 신하인 외신으로서 중국 중심의 질서에 편입하겠다고 발표했다. 위만조선은 조선의 전통적인 법률·문화·관습 전반에 걸친 독자적인 특색을 유지하고 있으며, 오히려 한나라와 외신관계를 맺는 대가로 우세한 병기와 재물을 얻어내어 계속 세력을 팽창시키는 데 이용하고 있는데, 현재 위만조선의 영역은 청천강 이남, 한강 이북의 땅과 동해안의

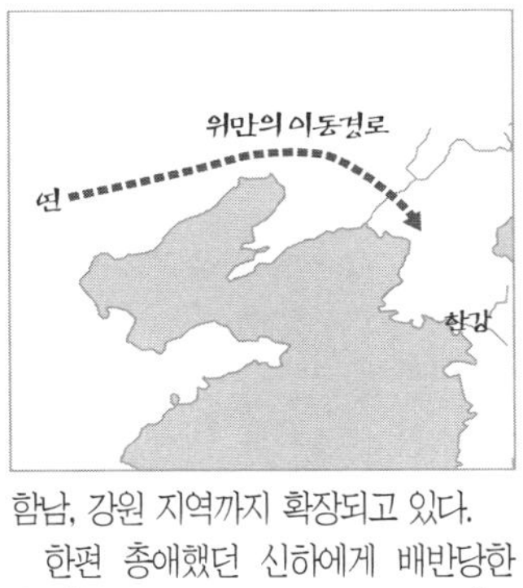
위만의 이동경로
연
한강

함남, 강원 지역까지 확장되고 있다.

한편 총애했던 신하에게 배반당한 후 "믿었던 도끼에 발등을 찍혔다"고 자신을 질책하면서 서해를 통해 남쪽으로 내려온 준왕은, 발전이 뒤처진 한강 이남 지역에 발달된 청동기와 철기 문화를 전파시키면서 자신의 세력 기반을 다지고 있다.

관련기사 2면

만개한 청동기 문화

한반도 전지역 청동기 문화의 세례받아
문화의 중심, 요동에서 평양으로 이동

고조선에 철기문화가 전래되어 발전하고 있는 요즘, 평안도 지역을 중심으로 하여 한반도 남단에 이르기까지 원숙한 청동기 문화가 꽃피고 있다. 청동기 문화의 발달이 고도화되고 청동기 문화 중심축이 한반도 중심부로 이동함에 따라 한반도 전지역이 청동기 문화의 세례를 받고 있는 것이다.

한때 고조선의 대표적인 청동기였던 비파형 동검이 요동과 만주 그리고 한반도 이북 지역을 중심으로 분포했던 것과는 달리, 최근의 청동기 문화를 대표하는 세형동검은 평안도 이남 지역에 주로 분포하고 있다. 이러한 현상은 기원전 300년을 전후한 시기에 있었던 연나라의 침략으로 고조선의 세력이 약화되면서 문화의 중심지가 요동 지역에서 평양으로 이동한 것과 깊은 관련이 있다.

전국 시대 전국 7웅의 하나였던 연나라와 어깨를 나란히 했던 고조선은 기원전 4세기말부터 3세기 초에 걸쳐 요동으로 침입하는 연의 세력에 밀리기 시작했는데, 연의 소왕 때 장수였던 진개는 기원전 300년을 전후한 시기에 고조선을 밀어내는 데 성공, 연은 요동 지방에 요동군을 설치하고 요새를 쌓았다. 고조선은 이때 서방의 2천여 리를 상실하고 만번한을 경계로 연나라와 대치하게 됐으며, 그 후 수도를 평양으로 옮긴 고조선 사회에서는 세형동검으로 대표되는 독자적인 청동기 문화가 발전하였다.

▶ 세형동검(오른쪽)과 비파형동검(왼쪽)

청동검 분포도

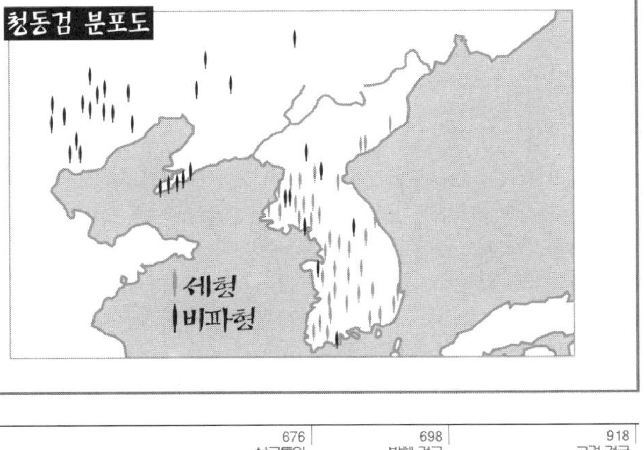
세형
비파형

역사신문

위만의 출신을 문제삼지 말라

고조선 역사 정통성엔 변함없어

위만은 중국 연나라에서 망명한 중국인이므로 위만이 고조선의 준왕을 몰아내고 고조선의 왕이 됐다는 사실은 중국이 조선을 지배하게 된 것으로 보아야 한다는 어처구니 없는 주장이 한나라 내에서 나오고 있다고 한다. 그러나 위만의 출신을 가지고 위만조선의 역사를 자국의 역사로 인식하는 중국의 태도는 옳지 못한 것이다.

기원전 195년 위만이 연나라에서 망명한 것은 인정하는 바이다. 그러나 이 사실을 가지고 위만이 연나라 사람이라고 단정할 수 없다고 본다. 위만이 살고 있는 지역은 한때 고조선의 세력권이었다가 연나라의 침략으로 빼앗긴 지역으로 이곳에 살고 있는 많은 사람들은 원래 고조선 주민일 가능성이 많다. 실제로 위만이 망명해 왔을 때, 고조선의 준왕이 그에게 망명을 허락하고 곧이어 박사 관직까지 내려줄 정도로 신뢰할 수 있었던 것도 위만이 연에 살고 있었던 고조선의 주민이었다는 사실 때문에 가능한 것이었다고 본다. 이 점은 망명할 당시 위만의 모습과 복장으로도 확인된다. 그때 그는 머리에 상투를 하였고 고조선의 옷을 입었다고 하는데, 이는 위만이 연나라에 살고 있는 조선인이었음을 증명해주는 것이다. 따라서 우리는 위만이 연나라에 살고 있었으나 원래는 고조선의 주민이었다고 추론하는 바이다.

위만의 국적에 대한 우리의 추론이 어디까지나 추론이고 가능성에 지나지 않는다고 반박한다면 백보 양보하여 위만은 조선 사람이 아니라 연나라 사람이라고 치자. 그런데 연나라 사람인 그는 새로 왕조를 세운 후에도 고조선이라는 국호를 계속 사용했다. 그리고 그의 정권에는 토착민 출신으로 높은 지위에 오른 사람이 매우 많다. 만일 그가 외래 통치자였다면 국호를 바꾸었을 것이고, 통치 계급을 중국인으로 구성하였을텐데 왜 그렇게 하지 않은 것인가? 고조선의 왕이 된 후에 그가 보여준 행적은 다른 토착 조선인이 정권을 잡아도 그렇게 했을 것처럼 정치를 운영했다. 우리는 이점에 주목하고자 한다. 그의 출신이 어찌 되었건 왕이 되기 이전에 그는 이미 고조선의 한 사람이 됐던 것이다. 이 상황에서 국적을 운운하는 것이 무슨 의미가 있겠는가. 따라서 우리는 위만이 설사 고조선의 토착민이 아니라 할지라도 위만의 출신을 가지고 고조선의 역사를 중국의 역사로 간주하는 행위는 옳지 않다고 주장하는 바이다.

위만은 누구인가?

연나라 망명객, 준왕의 신임받아 요직에 두루 등용돼
중국 유이민 통솔 책임자로 일하다가 이들 세력을 기반으로 거사

연나라에서 망명해온 유이민 출신. 연은 중국 전국 시대 7웅의 하나였는데 중국을 최초로 통일한 강력한 제국 진나라에 의해 멸망했다. 그후 진이 멸망하고 새로 세워진 한나라는 '노관'이라는 사람을 연나라 왕에 책봉했었는데, 한나라 왕실이 한신을 비롯 유씨가 아닌 제후를 하나씩 제거해 나가자 이에 위협을 느낀 노관은 흉노의 땅으로 망명했다. 이 때문에 연 지역은 한나라 군대에 의해 점령되고 말았는데, 이렇게 정국이 크게 뒤바뀌자 연나라 땅은 매우 소란해졌고, 그곳에 살던 사람들

가운데에는 고조선으로 망명해오는 자가 많았다. 그중 한사람이 바로 위만이었다.

이때 위만이 상투를 틀고 조선옷을 입고 있었다고 해서, 위만은 연나라에 살고 있었으나 연나라 사람이 아니라 원래부터 고조선인이라는 설도 있다. 위만은 처음 고조선의 준왕에게 국경지대인 서쪽 경계에 거주할 것을 신청하여 허락받았다. 그후, 점점 준왕의 신임과 총애를 받아 박사직에 임명되고 땅도 하사받았으며, 고조선의 서변을 수비하는 임무까지 맡게 되었다. 이때 위만은 공지에 거주하는 중국 유이민 세력을 통솔하는 책임을 부여받았다. 그는 이들 유이민들의 세력을 기반으로 점점 그 힘이 커지자 준왕을 몰아내고 스스로 왕이 될 야심을 품게 된 것이다.

부여

관리들, 흉년 책임 물어 국왕 처형

부여의 관리는 자기 지역 직접 통치하며 독자적 세력기반 갖고 있어
"관리들 가운데 가장 세력이 강한 자를 다음 왕으로 곧 추대하겠다"

장춘·농안 부근을 중심으로 성립된 부여라고 일컬어지는 국가에서 국왕 아래 소속된 여러 명의 관리들이 연합하여 국왕을 살해했다. 이들이 국왕을 살해한 이유는 올해 날씨가 고르지 못해 농사를 망치게 됐는데 그 원인이 모두 국왕의 잘못에 있다고 판단했기 때문이다. 부여에서 국왕은 주술적인 능력을 지닌 제사장의 역할을 수행하는 사람이 맡는다. 관리들이 국왕을 죽이는 일이 이번이 처음은 아니다.

부여에서는 국왕이 있고 마가(馬加), 우가(牛加), 저가(猪加), 구가(狗加) 등으로 불리우는 관리들이 국왕 아래 소속되어 있다. 그런데 이들 관리들은 국왕의 직접적인 지배를 받는 것이 아니라 자신의 지역을 스스로 다스리는 독자성을 유지하고 있어 국왕이 함부로 대할 수 없는 지위를 갖고 있다. 현재 이들 관리들은 죽은 왕을 대신해서 자신들 중에 세력이 가장 강한 인물을 왕으로 추대할 예정이라고 한다. 부여의 왕이 다른 대가들에 의해 때로 죽음을 당하기도 하나, 그래도 왕이 되려면 강력한 세력을 갖추고 있어야 한다. 보통 왕을 배출하는 부족은 세력이 매우 강해서 궁궐·성책·감옥·창고 등의 시설을 갖추고 있으며, 왕이 죽으면 부장품과 더불어 많은 사람을 함께 묻는 순장의 풍습이 거행되기도 한다.

'부여'라는 나라의 명칭의 기원에 대해서는 여러 가지 설이 있는데 사슴을 뜻하는 만주어인 'puhu'라는 말에서 비롯되었다는 설과 평야를 뜻하는 '벌'에서 유래하였다는 설이 있다.

그림마당

이은홍

고조선 8조
·도둑질한 자는 노비로……
·상처입힌 자는… 곡물로 배상….
·죄를 벗으려면 50만전의 돈……
고조선 8조법 이라 … 뭐죠?
'널리 귀족을 이롭게 하는 법'이라는거야!

부여 건국신화

'하늘이 돌본 아이, 해부루'

활로 물을 치니 물고기와 자라들이 떠올라 다리를 만들어…

북쪽에 있는 고리국의 왕이 출타중에 그의 시녀가 후궁에서 임신하게 되었다. 왕이 돌아와서 그녀를 죽이려 하자 시녀가 말하기를, "지난번 하늘에 크기가 달걀만한 기운이 있어 저에게로 떨어져 내려오는 것을 보았는데, 그대로 임신이 됐습니다"라고 하였다.

왕이 그녀를 옥에 가두었는데, 그 뒤에 마침내 아들을 낳았다.

왕이 그 아이를 돼지우리에 버리게 했으나, 돼지가 입김을 불어주어 죽지 않았다. 다시 마굿간에 옮겼으나 말도 역시 그와 같이 해주었다. 왕이 그 아이를 신기하게 생각하여 그 어머니가 거두어 기르도록 허락하고, 이름을 해부루라 하였다.

해부루가 장성하여 활을 잘 쏘니 왕이 그의 용맹함을 꺼리어 다시 죽이려고 했다.

이에 해부루가 남쪽으로 도망하여 송화강에 이르러 활로 물을 치니 고기와 자라들이 모두 모여 물 위에 떠올랐다. 해부루는 그것을 밟고 물을 건너 부여에 도착하여 왕이 됐다.

지금은 철기 시대, 새로운 문명이 열린다

'鐵學'의 핵심은 온도와 탄소 비율의 조절

기원전 3-4세기 경 고조선 사회에 유입된 철기는 위만조선의 성립을 계기로 보다 발달된 무기 및 농기구로 제작되어 사용이 확대되고 있다.

철기의 장점에 대해 철기 제작책임자는 "청동기보다 훨씬 강하고, 철광석 또한 여러 곳에 고르게 분포되어 있어 원료를 더 쉽게 얻을 수 있다. 청동기의 재료인 동은 국한된 일부 지역에만 매장되어 있어 광범한 전파가 어려웠다"고 설명한다. 그의 설명에 의하면 동을 녹이는 데 필요한 온도는 8백 도 가량이면 되지만 철기의 경우는 더욱 높은 고온이 필요해 이 문제의 해결이 가장 중요하다.

"철의 제작은 온도와의 싸움이라고 할 수 있다. 얼마나 온도를 높이 올릴 수 있느냐에 따라 철의 강도 또한 달라진다. 그리고 이때 탄소의 비율 또한 대단히 중요한 요소가 된다."

철기는 탄소의 비율에 따라 크게 연철, 강철, 선철로 나뉜다고 한다. 철을 함유하고 있는 철광석을 가열하여 철이 녹기 시작하는 것은 청동기 주물 제작에 필요한 8백 도 내외의 온도이다. 이보다 높아진 1천 도 내외 정도의 열로 뽑아낸 철이 '연철'이다. 탄소함유량이 0.01% 미만인 연철은 거의 환원철 상태로 불순물이 채 녹지 않은 상태로, 순도가 낮기 때문에 단단하고 실용적인 철기를 만드는 재료로는 미흡하다. 좋은 철을 얻기 위해선 좀더 높은 온도를 가해야 한다.

철을 녹이는 화로에서 1천2백 도 이상의 높은 열로 철을 녹이면, 액체 상태에서 탄소함량이 다시 높아져 탄소함량이 2% 이상이 되는데, 이것이 '선철'이다. 액체 상태의 선철은 도끼나 솥과 같은 주조품을 만들기에는 적당하지만 탄력성이 떨어져 칼과 같은 도구를 만들기에는 부적합하다.

칼을 만드는 데 적당한 철은 탄소가 0.01에서 2% 함유된 강철로서 이 철은 1천5백 도 정도의 높은 온도에서 연철에 탄소를 가하거나, 선철에서 탄소를 제거하는 일련의 공정을 거쳐 만들어진다.

철기 제작소에서 만들어내는 철기는 호미, 괭이, 낫, 반달칼 등의 농기구와 검, 창, 화살촉 등의 무기이다. 또한 철로 망치, 송곳, 끌, 자귀 등의 연모도 만들고 있다.

"철로 만들어진 연장을 이용, 다양한 재료들을 세밀히 가공하여 수준 높고 정교한 다른 재질의 수공업 제품들이 많이 나오고 있다"고 철기생산에 따른 문화생활의 진전에 대해서도 이곳에서는 강조하고 있다.

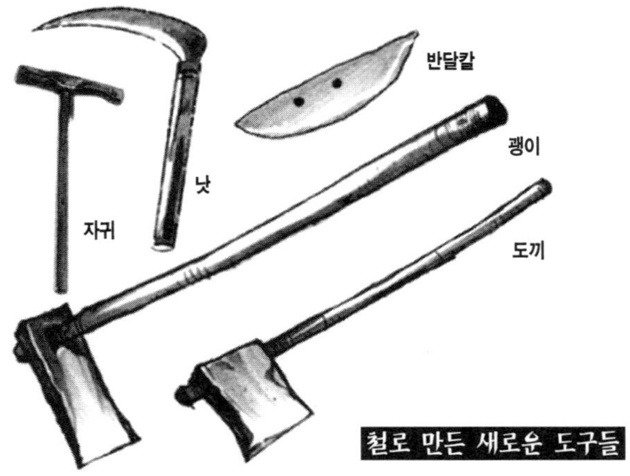
반달칼
괭이
낫
자귀
도끼
철로 만든 새로운 도구들

철제 농기구 사용 농민과의 인터뷰

적합한 형태여서 이용에 편리, 뛰어난 강도 … 많은 수확 올려 대만족

철제 농기구 이용이 일반화되면서 노동생산성이 크게 향상되고 있다. 철제 농기구를 사용하여 농사를 짓고 있는 농민을 만나보았다.

철제 농기구에는 어떤 종류가 있나.

도끼, 삽, 괭이 그리고 반달칼, 낫, 호미 등이 있다. 철제 삽날은 나무판대기로 된 삽에 끼워서 사용하는데 주로 밭을 가는 데 이용한다. 네모진 쇠 판대기의 구멍에 자루가 꽂혀진 철제 괭이는 김매기 작업에 이용하고 있다. 반달 돌칼의 모양을 그대로 본 딴 반달형 철도와 철제 낫은 수확용 도구다. 철제 낫은 수확할 때 벼이삭을 하나씩 자르는 것이 아니라, 여러 포기를 한꺼번에 벨 수 있어 대단히 편리하다.

기본적인 모양은 전에 사용하던 돌로된 농기구와 유사한 것 같은데.

철은 돌과 달리 원하는 형태를 만들어내는 데 유리해 농사일에 적합한 형태로 제작되어 이용하기에 편리하고 강도 또한 뛰어나다. 석기와는 비교가 안 된다. 토지를 개간하거나 깊이 땅을 경작할 때, 수확할 때 등에는 철기 농기구가 대단한 위력을 발휘하고 있다.

수확량은 늘었나.

다양한 철제 농기구가 개발 보급되면서 토지를 개간할 수 있게 되고 땅을 깊이 가는 것이 가능하게 돼 이전보다 넓은 경작지에서 보다 많은 수확을 올리고 있다.

움무덤·독무덤 유행

예전에는 주로 비정상적인 죽음에 이용되던 것

영암 내동리의 초분골 고분의 독무덤. 앞의 항아리는 부장품을 넣은 껴묻거리 항아리

철기 시대 들어오면서 움무덤과 독무덤이라는 새로운 무덤 형태가 나타나고 있다. 예전부터 사용되던 돌널무덤이 아직까지 계속 일반적으로 이용되고 있으나, 움무덤과 독무덤이 새로운 유행에 민감한 많은 사람들의 환영을 받고 있어 앞으로 널리 보급될 전망이다. 움무덤이라고 하는 것은 지하에 수직으로 장방형의 구덩이를 파고 직접 시체를 안치하거나 나무로 된 곽을 놓고 그 안에 시체를 묻는 무덤양식인데, 후자의 경우 덧널무덤(토광목곽묘)이 이용되고 있다.

한편 독무덤은 크고 작은 항아리나 독을 단독으로 또는 결합시켜 무덤을 쓴 것으로 독의 숫자에 따라 외독무덤과 이음독무덤 등으로 구분되는데 주로 이음독무덤이 쓰이고 있다. 이 독무덤은 선사 시대부터 세계 각지에서 대개 유아 사망이나 질병으로 인한 사망과 같은 비정상적인 죽음에 대한 무덤으로 사용되어 왔으며, 정상적인 성인의 무덤으로는 뼈만 추려 안치하는 세골장, 즉 2차장으로 사용되기도 했다.

달라진 토기 제작 방식, 다양해진 토기

녹로 이용 형체 만들고 밀폐 가마에서 구워
접시·단지·항아리 등 종류 다양

기원전 3세기 경 전국 시대 문화가 고조선 지역에 유입되면서 청천강 이북 지역에서 중국식 회도 기법의 토기가 등장하였다. 이 토기는 청동기 시대의 민무늬 토기와는 달리 돌림판을 이용하여 형태를 빚은 다음, 밀폐된 가마에서 숙불꽃(환원염)으로 구워낸 것으로, 토기를 굽는 온도가 민무늬토기 보다 높다. 따라서 토기의 단단하기가 기와와 비슷해 와질(瓦質)토기라 이름 붙여졌다. 그 종류를 보면 굽접시, 바리, 단지, 항아리, 뚝배기 등 다양하다.

여러가지 모양의 와질토기들

농경과 집짐승 기르기 증대

최근 사람들의 생활에서 농경과 집짐승 기르기의 비중이 증대되고 있다. 예전에 주요 경제수단이었던 수렵·어로·채집 등도 생업 경제에서 일정한 비중을 차지하고 있으나 농경과 집짐승 기르기가 확대되면서 상대적으로 그 역할이 줄어들고 있는 것이다.

농경은 철기 농기구의 사용으로 크게 발전했다. 철로 만든 괭이·보습·낫 등의 발달된 농구가 생산력을 향상시킨 것이다.

그리고 아래 짐승의 가축화 시기 표에 보이는 것처럼 소에 이어서 말을 가축화하는 데 성공하여 농토를 갈고 수레를 끄는 데 이들 동물들을 보다 편리하게 이용할 수 있게 됐다.

개	신석기 시대
집돼지	신석기 시대 말기
소	청동기 늦은 시기
말	철기 시대 이른 시기

돌에 새겨넣은 생산의 꿈

이 바위 그림들에는 덫에 걸려 뼈만 남아 있는 동물, 꼬리가 휜 고래 등 각종 동물들이 새겨져 있는데, 이는 짐승과 물고기를 잡을 수 있다는 청동기 시대 사람들의 자신감을 나타낸 것이다.

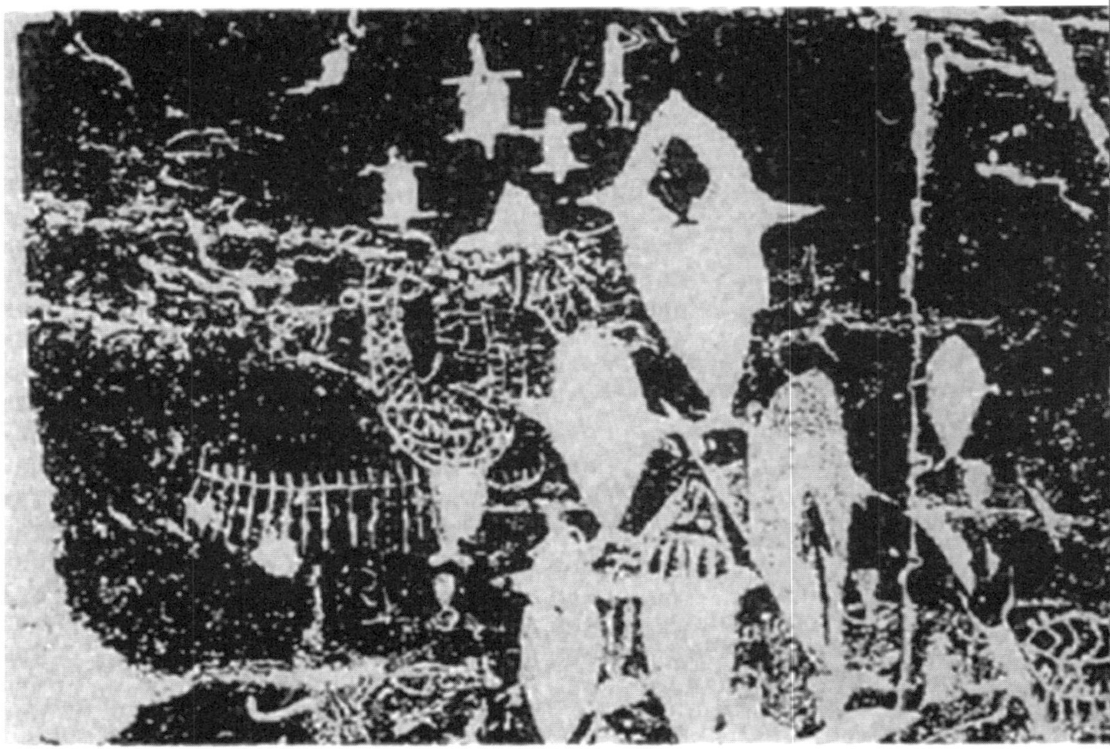

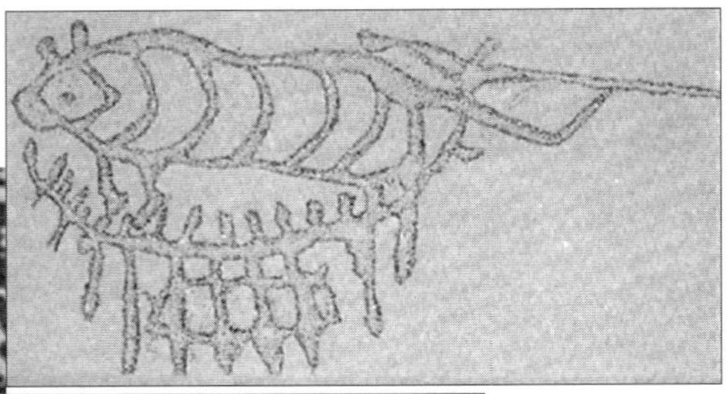

경남 울주군 대곡리 암각화

새로운 놀이, 윷놀이

부여의 관직명을 따서 말판 만들어

농한기에 남녀노소 누구나 즐겨

최근 새로운 놀이가 유행하고 있다. 이름하여 '윷놀이'. 이 놀이는 부여(夫餘)의 관직에서 유래된 것이다. 부여의 관직인 마가(馬加), 우가(牛加), 저가(猪加), 구가(狗加) 등이 윷판에서는 도·개·걸·윷·모로 명명된다.

특히 농한기인 겨울철이면 남녀노소, 귀천의 구별없이 많은 사람들이 윷놀이를 즐긴다.

해외 소식

무너진 진시황의 꿈

중국 최초의 통일 대제국 진나라 멸망

뒤이어 한나라 건국 … 민심수습에 적극 나서

중국 최초의 대제국 진(秦)(기원전 221-206)이 15년만에 멸망, 역사의 뒤안길로 사라졌다. 변방의 작은 제후국이었던 진이 전국 시대를 종식시키고 중국대륙의 통일을 이룰 수 있었던 것은 일률적인 법체계의 정비와 군현제를 통한 권력 집중에 성공했기 때문이다. 진국공이 마련한 제도를 토대로 통일을 이룩한 영정은 스스로를 '시황제(始皇帝)'라 칭하고 권위주의적인 정치를 실시했다.

진시황의 '통일정책'은 서체와 도량형의 통일, 도로의 정비뿐만 아니라 사상의 통일에까지 미쳐, 실용적인 서적을 제외한 모든 서적을 불사르고 학자를 탄압한 '분서갱유(焚書坑儒)'가 일어나기도 했다. 대규모 토목공사 또한 시도됐는데 기존의 여러 짧은 성을 이어 만든 만리장성과 거대한 궁전인 아방궁의 건설이 그것이다. 각종 토목공사와 전쟁비용에 충당하기 위한 세금 독촉으로 백성들의 생활은 피폐해졌고, 결국 시황제 사후 반란이 일어나 진은 멸망하고 말았다.

진의 뒤를 이어 중국의 패권을 차지한 한(漢)은 진의 획일적인 통제경제정책과 강력한 중앙집권, 사상탄압이 초래했던 불만을 고려, 일단 민심 수습에 주력하고 있다.

세기의 맞수 항우와 유방에 대한 인간학적 탐구

漢
유방
항우

냉철하고 타산적이고 음흉한 유방. 정열적이고 직선적이고, 그래서 빈 구석이 있는 성격의 소유자인 항우. 진의 시황제를 멀리서 바라보고 '저놈의 천하를 엎어놓고야 말겠다'고 내뿜은 것은 항우였고, '사내란 저쯤은 되어야지'하고 차갑게 내뱉은 것은 유방이었다.

진군에 맞서 총사령관으로 진의 수도 함양을 점령·약탈·파괴하고 난 다음, 우선 고향에 가서 오늘의 영광을 자랑하고 싶어하는 치기어린 항우의 행동에서 우리는 더욱 보통 사람과 통하는 '인정'을 발견하는 한편, 먼저 입성하여 그것을 마음껏 노략질하고 싶었으나 장량의 계략으로 그것을 참고 진나라 사람을 회유하는 데 성공한 유방에게서 우리는 보통 사람들을 넘어선 인간의 의지를 엿볼 수 있다.

자기에게 맞서고자 하는 자에게 한 번 눈을 흘기기만 해도 멀리 도망가게 만들었다는 항우는 유방에게 일대일의 대결을 호소하는 어리석은 자이기도 하다. 우리 두 사람 때문에 수많은 사람을 희생시킬 필요가 어디 있느냐고 말하는 항우에게 "난 지략으로 싸울지언정 힘으로는 싸우지 않겠다"고 차갑게 답하는 유방은, 부모를 가마에 끓여 죽이겠다는 항우의 협박에 그 국물이나 한 그릇 달라고 받아넘기는 위인이었고, 위급한 도망길에는 처자를 수레 밖으로 밀어내는 비정한 권력의 추구자이기도 했다.

항우는 사태가 불리함을 천명으로 돌리고, 고향으로 들아가기를 권하는 촌로의 따뜻한 권유를 '무슨 낯으로…'하고 사양했다. 그는 절대절명의 궁지에서도 "보라! 내가 싸움에서 진 것은 약해서 진 것이 아님을 보라! 나를 추격해오는 저들 수천 기병을 우리 이십여 명의 기병으로 부숴 놓겠다. 내가 진 것이 나의 약함에서 오는 것이 아니고 천명인 것을 보여 주마"라고 소리치며 미친 듯 적군을 파괴하는 약한 의지의 소유자였다.

그는 재기를 권하는 촌로에게 자기의 사랑하는 말을 내주며, 차마 그것까지 죽일 수 없다고 말했다. 그는 몸에 10여 군데의 상처를 입은 채 자기를 뒤쫓는 한나라 병사를 뒤돌아보고서는 "넌 내 부하였던 자가 아니냐. 이왕이면 너에게 덕을 입혀 주마"하고 자결하여 일생을 마쳤다.

역사신문 號外

고조선 멸망

한나라에 지배층 매수돼 … 왕검성 함락 … 내부 분열로 1년 항전 물거품

기원전 108년
약 1년간 치열한 격전을 벌여온 동북 아시아의 강자 고조선과 중국 대륙의 강력한 통일 제국 한 사이의 '조한 전쟁'은 결국 고조선의 패배로 막내렸다. 고조선은 한의 공격을 잘 막아내 초기 전황을 유리하게 이끌어 나갔으나, 이후 한의 분열책에 고조선의 지배층이 매수돼 고조선 내에 심각한 내부 분열이 일어남에 따라 결국 왕검성이 함락되고 고조선은 멸망하고 말았다.

한의 침략으로 시작된 두 나라 사이의 전쟁은 시종 고조선에 우세하게 전개되어 한의 고조선 공격은 실패로 돌아가는 것으로 관측되었다. 그러나 전쟁 후반기에 접어들면서 한나라가 고조선의 지배층을 매수, 조선상 노인, 상 한음, 니계상 삼 그리고 장군 왕협 등이 이에 동조하면서부터 전세는 역전되기 시작했다.

이들은 서로 모의하여 우거왕에게 "우리는 이 전쟁에서 승리할 수 없으니 항복할 것"을 청했으나 왕이 항복하기를 거절하자, 노인·한음·왕협은 한에 투항하는 한편, 기원전 108년 봄 음모에 가담했던 주모자 중의 한 사람인 참이 자객을 보내어 우거왕을 살해했다.

내부 분열로 우거왕이 살해되고 고조선의 고관들이 한나라와 내통하고 있음에도 불구하고 고조선의 대신 성기가 성안의 사람들을 끌어모아 끝까지 저항하여 고조선의 항전은 끈질기게 계속되었지만, 싸움을 이끌던 우거왕의 측근 신하 성기마저 내부 사람에 의해 살해됨에 따라 기원전 108년 여름, 한의 공세에 왕검성은 결국 함락됐다.

한의 고조선 분열 전술이 성공할 수 있었던 것에 대해 전문가들은 고조선의 국가 조직이 연맹체적 성격을 벗어나지 못하고 있었기 때문이라고 분석하고 있다.

한, 고조선 지역에 군현 설치

낙랑·진번·임둔·현도 등 4개 군 옛 고조선 지역 직접 통치에 나서

기원전 108년 고조선을 무너뜨린 한은 고조선의 일부 지역에 낙랑, 진번, 임둔군을 설치했다. 이어서 기원전 107년에는 현도군을 추가했다. 한 군현의 설치로 고조선이 통치했던 지역에 대한 한의 직접 통치체제가 마련된 것이다. 이에 따라 한나라가 점령지를 어떠한 방식으로 통치할 것인지에 사람들의 관심이 모아지고 있다.

한나라는 점령지 통치 방향에 대해 직접적인 언급을 회피하고 있어 한반도 지역에 대한 통치 방식이 구체적으로 어떤 모습을 띨 것인지 아직은 정확히 알 수 없다. 하지만 한나라가 고조선을 침략했던 배경을 생각해볼 때 통치의 방향을 예상할 수 있다. 정치면에서 한반도에서 어떠한 정치세력의 성장도 적극적으로 방해할 것으로 예측되며, 경제적으로는 고조선이 누리던 중계무역의 이익을 독차지하려 할 것으로 관측된다.

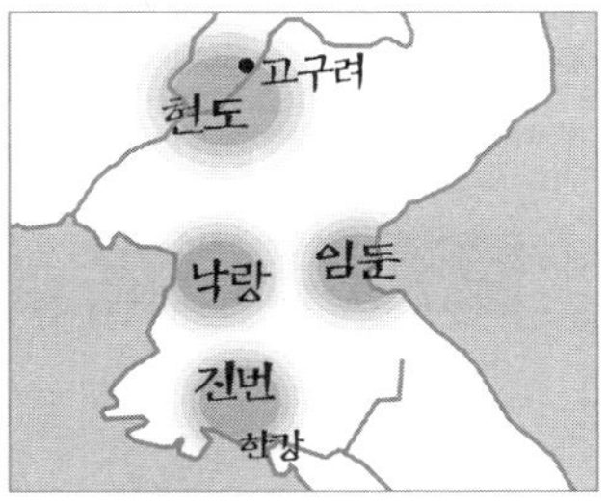
고구려
현도
낙랑
임둔
진번

그러나 이 지역 토착세력이 강력히 반발할 것으로 보여 한 4군을 통한 한의 조선 지배가 순탄하지만은 못할 것으로 예상된다.

기원전 109.
한 무제, 사신 섭하를 고조선에 파견하여 고조선에게 한의 속국이 될 것을 요구했으나 우거왕, 이를 거절
기원전 109.
사신 섭하, 돌아가는 길에 그의 귀로를 수행한 고조선 비왕 장을 살해
기원전 109.
무제, 사신 섭하를 요동 도위에 임명
기원전 109.
우거왕, 요동군에 군대를 보내어 섭하를 보복 살해
기원전 109. 가을
한 군사 원정 개시. 제독 양복의 지휘 아래 대군과 함대가 산동 지방의 제를 출발하여 발해만을 건너고, 좌장군 순체가 지휘하는 한의 육군은 요동으로 진격
기원전 109.
고조선, 졸다가 지휘하는 순체의 전위 부대 격파
기원전 109.
고조선, 제독 양복의 전위 부대 격퇴
기원전 108.
한의 무제가 직접 전쟁에 나서게 됐으나, 전세가 불리함을 보고 위산을 사자로 보내어 화평교섭 추진하나 실패. 한나라 원정군의 지휘관 양복과 순체의 불화 계속
기원전 108. 6월
니계상 삼, 우거왕 살해
기원전 108. 여름
고조선 멸망

역사신문

고조선 패배의 원인과 역사적 의미

강력한 집권국가로 성장하기 직전에 멸망의 비운 … 새로운 강력한 국가의 탄생을 기대

고조선의 멸망 원인은 군사적인 패배 때문이 아니라 지배층 내부의 분열로 보아야 한다. 첫 전투에서 고조선은 수륙양면으로 왕검성을 압박해 들어온 실전경험 풍부한 한의 강력한 군대를 궤멸시켰을 뿐만 아니라 불리한 전세를 역전시키기 위해 본국의 병력까지 동원한 한의 총공격도 거뜬히 막아내는 저력을 갖추고 있었다. 이러한 사실은 한이 고조선을 멸망시키는 데 있어 군사적인 정면대결을 포기했다는 사실에서도 입증되고 있다.

고조선이 이렇게 싸울 수 있었던 이유는 주민들의 불굴의 저항정신과 더불어 고조선이 발달된 철기문화를 바탕으로 하여 생산력이 상당 수준에 도달했기 때문이다. 고조선은 정치적, 경제적으로 지속적인 발전의 길을 밟아왔다. 멸망 당시 고조선은 그 지위가 세습되던 국왕 아래에 박사·비왕·상·경·대신·장군 등의 관직이 있었다. 발달된 통치제도 및 관료기구와 함께 강력한 군대를 갖추고 있었기에 고조선은 한의 공격을 막아낼 수 있었다.

그러나 고조선은 국가 조직면에서 취약한 점이 있었다. 고조선은 연맹왕국의 형태로서 국왕이 각 지방을 완전히 장악하여 지배하는 중앙집권적인 국가의 단계에 있지 못했다. 고조선의 중앙 지배층들은 자신의 근거지를 독자적으로 지배하면서 동시에 중앙 정부의 귀족과 같은 지위를 누리고 있는 존재였다. 고조선은 중앙집권세력이 한나라만큼 강력하지 못한 느슨한 결합체였기 때문에 한의 분열정책에 헛점을 드러낼 수밖에 없었다. 노련한 한 무제는 고조선의 이와 같은 약점을 알아채고 군사상의 패배에도 불구하고 전쟁을 승리로 이끌어낼 수 있었다.

고조선은 느슨한 연맹체적 국가 단계를 뛰어넘어 보다 강력한 집권국가로 도약하려는 시점에서 한에 멸망당하는 비운을 겪게 됐다. 고조선의 멸망에 뒤이은 한의 분열 정책은 우리 민족이 고대국가를 형성하는 시기를 상당기간 늦출 것으로 보인다. 그러나 만주 및 한반도 지역 곳곳에는 발달된 철기 문화를 기반으로 하면서 한의 세력에 맞설 만한 힘을 갖춘 정치세력이 성장하고 있다. 이들이 고조선의 뒤를 이어 강력한 국가로 탄생하기를 기대해본다.

전쟁 발발 원인

분명한 한나라의 침략전쟁

'조·한 전쟁'은 분명히 한의 대규모 침략으로 시작됐다. 그러나 한나라는 침략의 원인을 제공한 것은 고조선이라고 주장했다. 한나라 고위 관리는 "고조선은 황제가 파견한 관리를 살해, 황제의 권위에 도전했으며, 또한 진국을 비롯한 여러 나라가 한과 직접 교통하는 것을 막고 중계무역의 이익을 독점했기에 고조선을 정벌할 수밖에 없었다"고 말했다.

한, "고조선이 전쟁원인 제공" 주장

그러나 고조선이 자신의 주변 국가와 한나라와의 중계 무역을 허락했다면 그리고 한나라의 지방 관리를 살해하지 않았다면, 과연 한나라는 고조선 침략을 포기했을까. 전 고조선 관리의 답변은 이와는 정반대다. 그는 "한의 주장은 모두 침략을 위한 구실에 불과하다. 강력한 고조선의 존재는 한나라가 중국 동북 지역의 다른 민족을 예속시키는 데 장애물이 됐기 때문에 침략한 것이다. 또 한으로서는 자신의 적대국인 흉노와의 전쟁을 성공적으로 수행하기 위해 고조선의 위협을 없앨 필요가 있어 고조선에 쳐들어왔다"고 말했다.

위만이 집권한 이래 고조선의 성장은 괄목할 만한 것이었다. 위만조선은 발달된 철기 무기를 앞세워 주변 지역을 자신의 세력권으로 통합시켜나갔으며, 이러한 실력을 바탕으로 한 조정에 조회하는 것을 거부해왔다.

한, 침략명분 만들기 위해 관계 '악화'에 혈안

고조선의 세력을 꺾으려 했던 한의 의도는 침략 이전에 있었던 '창해군 설치'에서도 명백히 드러난다. 한의 통치자들은 고조선을 제거하기 위해 우선 고조선의 후방에서 자신의 동맹자를 찾아 고조선을 약화시키려고 했다. 한나라는 스파이 '팽우'를 예군(강원도 북부지역) 지역으로 파견하여 그곳의 지배자 '남려'로 하여금 고조선에 반란을 일으키도록 사주했다. 기원전 128년 반란을 일으킨 예군의 족장 남려는 중국의 요동군 태수와 관계를 맺고 자신의 동족 28만 명과 함께 중국 요동의 지배하로 투항했다. 한의 중앙 정부는 이 사실을 알고 서둘러 남려의 예군 지역에 '창해군'을 설치하여 고조선의 후방을 교란시키려 했으나 이 일은 얼마 지나지 않아 실패로 끝난 바 있었다.

한나라는 고조선이 흉노와 결합하게 될까 매우 염려했다. 따라서 기회만 생기면 고조선을 침략할 의도를 가지고 있었던 한나라는 침략의 명분을 만들기 위해 고심했으며, 이를 위해 한나라와 고조선 사이에 관계를 최대한 악화시키기 위해 노력했다. 한나라는 고조선이 요동군에 쳐들어가 섭하를 보복 살해하자 이를 빌미로 원정을 감행했던 것이다.

조한전쟁 전개 과정

한나라 사신 '섭하' 살해 … 한나라, 고조선 침략 구실로 이용

1 고조선은 요동에 군대를 파견, 한 나라 사신 섭하를 보복 살해. 섭하는 조선과 흉노가 연결되는 것을 막고 조선을 회유하려는 목적으로 파견됐던 인물. 그는 조선의 거부로 회담에 실패한 뒤 귀국 길에 배웅나온 조선인 장수를 살해한 바 있다. 섭하는 그 공을 인정받아 지방 장관직에 임명됨. 조선은 섭하가 임지에 부임하자 곧 군사를 내어 그를 제거. 조선 주민들은 "비열한 행동을 했던 섭하는 죽어 마땅한 인물"이라고 하면서 통쾌함을 표시. 한편 한은 "한나라 황제의 명을 받고 부임한 관리를 베어버린 행위는 한나라에 대한 정면 도전이자 군사적 도발"이라고 발표하고 고조선에 대한 침략을 단행.

한 침략 전쟁 개시, 대규모 군대 고조선으로 진격

2 한은 흉노와 남월 평정에서 활약한 장수들을 앞세우고 실전 경험이 풍부한 병사들을 주축으로 죄수까지 동원한 대규모 군대를 편성, 조선으로 진격. 한의 공격은 수륙 양면으로 전개돼 누선장군 양복은 수군을 이끌고 산동 반도로부터 조선의 심장인 왕검성을 향하고, 좌장군 순체는 5만의 정예 육군을 이끌고 공격.

고조선 첫 전투 승리 … 한군 조선의 강력한 저항에 매우 당황

3 초반 전세는 고조선에 유리. 고조선은 한의 육군을 대패시켰고, 양복이 이끄는 수군 7천 명도 상륙하자마자 기습하여 궤멸시킴으로써 첫 전투를 승리로 장식. 전황이 불리해지자 직접 전쟁에 가담한 무제는 사신을 보내 협상을 제시. 고조선도 이를 수락. 그리하여 조선의 협상 대표인 태자가 1만명의 무장한 군사와 함께 패수를 건너려 하자 기습 공격을 염려한 한나라 진영은 "군사를 두고 건널 것"을 요구. 그러나 조선 태자 역시 함정에 빠질 것을 우려, 군사를 되돌림으로써 협상은 결렬.

싸움은 다시 시작돼 왕검성을 포위한 한군은 고조선의 완강한 저항에 밀려 고전. 오랜 전쟁으로 사기가 크게 떨어진 한의 두 장군 사이에는 불화가 발생했고, 조선은 두 사람의 다툼을 교묘히 이용, 전황을 유리하게 이끌고 감. 한은 전선의 교착상태를 해결하기 위해 본국의 군대를 전선에 끌어들여 총공격을 시도했으나 고조선의 저항으로 실패.

한, 전술 전환 … 고조선 지배층 분열 기도

4 한군은 군사적 대결을 통해 고조선을 무너뜨릴 수 없다는 사실을 깨닫고 과감히 전술을 전환. 조선의 국가 체제가 연맹체적 특성을 가지고 있어 외부적 압력이 오히려 연맹체들의 결속을 강하게 하는 자극이 되었음을 간파한 한나라 지도부는 정면 대결을 중지하고 조선의 지배층을 매수 분열시켜 연맹 관계를 약화시키는 방법을 택함. 이러한 전술은 오랜 포위상태에서 전쟁에 지친 왕검성 내부의 의견 대립의 분위기와 맞물리면서 조선의 전력을 약화시키기 시작. 조선상 역계경은 화해를 주장하다가 우거왕에게 받아들여지지 않자 자신의 무리를 이끌고 남쪽의 진국으로 내려가 버림. 또한 조선상 노인, 니계상 삼, 장군 왕협 등도 서로 뜻을 모아 항복하기로 모의. 노인은 항복하러 가던 도중에 죽었으나 니계상 삼은 사람을 보내 우거왕을 살해하고 한군에게 항복. 그리하여 고조선의 군사력은 연맹체를 구성하고 있는 지배층의 이탈로 급격히 약화.

역사신문

유재수 「백두산 이야기」 중에서

주몽, 부여에서 탈출 … 압록강가에 고구려 건국

건국 후 말갈족과 토착세력들의 침입 격퇴하고 현재 국력강화에 박차

기원전 37년

정치적 박해를 피해 북부 만주 땅 부여로부터 남쪽으로 이주해온 주몽(22세)이 압록강 지류인 동가강 유역의 졸본 땅에 도읍을 정하고 새로운 나라 '고구려'를 건국했다.

주몽 일행은 부여 탈출 이후 부여군대의 맹추격을 받아 여러 차례 위기를 겪었다. 특히 주몽 일행이 배 한 척 없는 강을 앞에 두고 부여군과 대치했던 절대절명의 위기에서, 주몽이 "나는 천제(天帝)의 아들이라"고 외치자 물고기와 자라들이 떠올라 다리를 이루어 강을 건널 수 있었다는 소식도 전해지고 있다.

주몽과 생사고락을 함께해 온 친구 오리씨는 "주몽은 매우 뛰어난 영웅으로서 그의 지략과 용맹이 아니었다면 부여의 추격군에게 붙잡혀 죽었을 것"이라며 주몽에 대한 찬사를 아끼지 않았다.

주몽은 정치적 박해 때문에 부여를 떠난 것으로 전해지고 있다. 알에서 출생했다고 하는 신비스러운 탄생일화를 갖고 있는 주몽은 기골이 장대하고 생김새가 남달랐으며 뛰어난 무술과 지략을 갖추고 있다. 이 때문에 그는 어려서부터 다른 형제들의 시기를 받았고 부여왕의 큰아들 대소가 화근을 없애기 위해 주몽을 죽일 것을 아버지에게 간청하는 가운데, 주몽을 제거하려는 음모를 알아챈 어머니의 충고에 따라 부여를 떠나게 됐다.

현재 이들 주몽 집단은 고구려를 침입해 온 말갈족의 침략을 거뜬히 물리치고 있다. 또한 주몽은 그 지역 토착세력 비류국의 지배자 송양왕의 도전을 받았으나 뛰어난 활솜씨로 그를 누르고 마침내 주변 세력을 통합, 국력을 강화하고 있다. 관련기사 3면

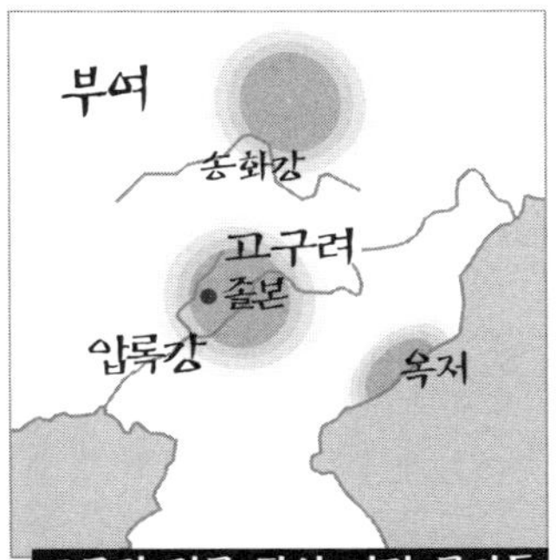
부여
송화강
고구려
졸본
압록강
옥저

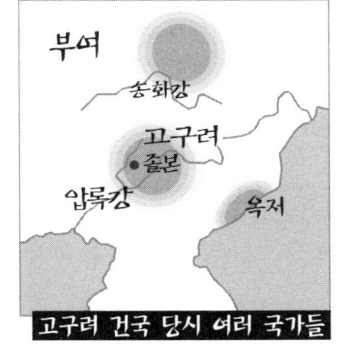

고구려 건국 당시 여러 국가들

고구려 對 한사군 공세 강화

한사군 소멸·축소 거듭 … 낙랑군만 건재

한사군이 고구려의 공격으로 낙랑군을 제외한 나머지 군현이 점차 소멸되고 있다.

고조선 멸망 후, 한나라는 점령지 일부에 군현을 설치하여 한반도에서 새로운 정치세력의 성장을 적극적으로 방해하려 했다. 그러나 고조선의 유민 및 이 지역에서 성장하고 있는 고구려족은 이민족의 통치에서 벗어나기 위한 투쟁을 거듭하여왔다.

이로 인해 낙랑을 제외한 한의 군현은 축출되었으며 현재는 낙랑군만이 남아 있는 실정이다. 평양에 자리잡은 낙랑군은 세력을 계속 유지하면서 한반도 북부뿐만 아니라 남쪽의 삼한사회에 이르기까지 분열정책을 여전히 수행하고 있다.

관련일지

기원전 108
고조선 멸망.
낙랑·진번·임둔군 설치

기원전 107
현도군 설치

기원전 82
고구려·임둔군 및 진번군을 공격하여 축출

기원전 75
고구려, 현도군 공격.
한, 요동 지역에 현도성을 쌓고 이곳으로 이동

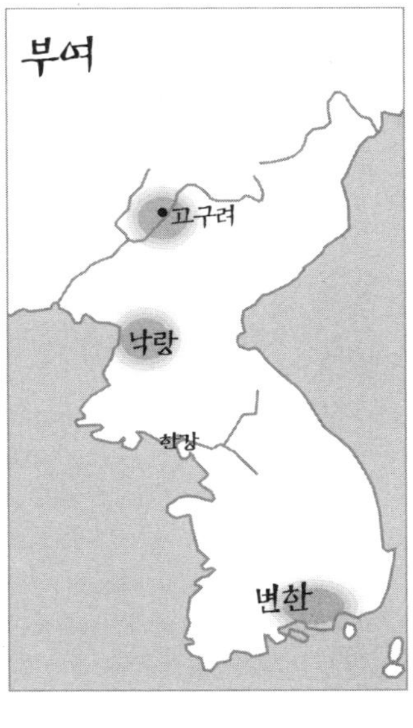
부여
고구려
낙랑
한강
변한

부여, 고구려 공격

5만 병력 동원했으나 악천후로 실패

기원후 6년 11월 부여는 5만의 병력을 동원, 고구려에 대규모 공격을 감행했다. 부여가 동원한 5만 병력은 고구려의 군사력을 압도하는 규모로, 부여는 이번 공격을 통해 성장하고 있는 고구려를 제압하고 중국 동북 지방에서 최강의 지위를 확고히 하려 했다. 더욱이 대군을 이끌고 내려온 부여왕 대소는 과거 주몽을 살해하고자 했던 인물이다. 주몽이 세운 고구려를 정벌하고자 애써온 부여왕 대소는 이번 원정에 심혈을 기울였던 것으로 알려졌다.

그러나 부여의 고구려 원정은 결국 실패로 끝나고 말았다. 마침 큰 눈이 내려 진군이 어렵게 되고, 추운 날씨에 병사들이 동상에 걸려 얼어죽는 사태가 발생한 것이다. 고구려를 정벌하고자 대규모 출정을 감행한 부여왕 대소였으나 악천후에 고전하다가 끝내 군대를 돌릴 수밖에 없었다.

비록 이번 공격에서 고구려를 정벌하는 데는 실패했지만 부여는 국력면에서 여전히 고구려보다 우위에 있다. 부여가 고구려를 다시 공격할 가능성은 아직도 매우 큰 것으로 보인다. 부여나 고구려 주변의 나라들은 두 나라 중 한 나라가 중국 동북부 지역의 패권을 쥘 것으로 내다보고 있다. 현재 부여가 국가의 기원이 유구하며 국력 또한 고구려보다 우세하다는 객관적 평가를 받고 있으나, 고구려의 국력 또한 계속된 상승세를 타고 있기 때문에 누가 최후의 승자가 될지는 예측하기 어렵다고 말하고 있다.

역사신문

고구려의 과제

정치체제 정비 통해 연맹체적 단계를 뛰어 넘어야

한(漢)은 동북 아시아의 강력한 국가였던 고조선을 패망시킨 후, 이 지역에서 새로운 국가가 성장하는 것을 철저히 봉쇄했다. 이를 위해 그들은 만주 및 한반도의 정치집단을 소규모로 분열, 개별화시키는 통치를 했다. 그리하여 북쪽 만주 일대뿐 아니라 한반도 남쪽의 삼한 사회 까지도 소국들의 분립이 두드러지게 됐다. 즉, 동북 아시아에서 취해지고 있는 한의 분열정책은 이 지역에서 새로운 국가건설을 가로막는 주된 요인이 되고 있다. 이러한 상황에서 만주 및 한반도 북부에서 새롭게 성장하고 있는 정치세력들은 안팎으로 두 가지 문제를 해결해 내야만 하는 과제를 안게 됐다.

새로운 국가의 과제는 안으로는 각처에서 성장하는 여러 작은 나라들을 한데 묶을 수 있는 지배체제를 만드는 것이고, 밖으로는 중국의 지배로부터 벗어나 다투어 일어나고 있는 북방민족과의 충돌에서 패하지 말아야 한다는 것이다. 즉 느슨한 연맹체가 아닌 보다 발전한 정치체제를 마련해야 하며, 중국 및 북방민족과 겨룰 수 있는 강력한 군사력 또한 갖추어야 한다.

우리는 압록강가에 위치한 고구려의 성장에 주목한다. 건국 이래 고구려는 선비족의 침략을 물리쳤으며 비류국·행인국·북옥저 등을 차례로 정복했다. 이는 고구려가 탄탄한 군사력을 보유하고 있음을 보여주는 것이다. 고구려가 가지고 있는 이러한 군사력은 앞으로 고구려의 발전에 주요한 밑거름이 되어 주리라 의심치 않는다.

그러나 고구려가 보다 강성한 국가로 발전하고자 한다면 자신이 정복 통합한 주위 집단을 한데 끌어 모으는 데 적절한 정치체제를 마련해야 한다. 이점은 고구려가 대적해야 할 궁극적인 상대가 중국세력임을 상정했을 때 더욱 그러하다. 과거 고조선이 한나라에 패배한 주된 이유 중의 하나가 군사력의 열세 때문이 아니라, 국가의 정치체제가 연맹체적 단계였기 때문이었음은 주지의 사실이다. 고조선의 멸망은 강력한 군사력도 중요하지만 중국과 대등한 국가 정치체제를 갖추는 것이 필요하다는 교훈을 우리에게 전해주고 있는 것이다. 고구려는 이 점을 명심하고 체제 정비에 관심과 노력을 기울이기 바란다.

그림마당

이은홍

전하, 주변 부족들의 축하전문 입니다!
고구려 동명왕 (주몽)
축하합니다 고구려의 앞날.. 무궁한
건국을 축하합니다 앞으로 잘 드리옵고 -흉노-
축하!
축! 개국 잘 부탁해요 -삼한-
축! 고구려개국 -말갈-
전하, 주변부족들의 항의전문 이옵니다!
부여왕 대소
당신이 죽이려고만 안했어도
주몽은 그저 부여에서
동북아 패권다툼은 치열할 판
괜히 긁어 부스럼…고구려는 다 당신 책임

인터뷰 십제 건국의 주역 '온조'를 만나보다

한강 주변에 위치, 발전 잠재력 높아 주변 소국들 하나씩 통합해나갈 계획

십제

기원전 16년 (온조 즉위 2년)

한반도 중부 지역의 '십제(이후 백제)'가 급부상하고 있다. 한강을 포함하고 있는 이 지역은 발전의 잠재성이 다른 어느 지역보다 큰 곳이기에 십제의 발전상에 주변국들의 비상한 관심이 쏠리고 있다.

원래 이 지역 출신이 아니라 이주민이라고 들었다. 고구려를 건국한 주몽과 비류국의 공주 사이에서 태어난 고구려 왕자라고 하던데 남하하게 된 이유는 무엇인가.

아버지 주몽이 부여에 계셨을 때 유리라는 아들이 있었는데, 그가 아버지를 찾아 고구려에 와 태자가 됐다. 나는 그에게 받아들여지지 않을까 두려워 형 비류와 함께 남쪽으로 내려오게 됐다.

먼 길을 왔는데 이동경로가 궁금하다. 기원전 2세기 초 고조선의 준왕은 망명 당시 해로를 택했다고 했는데 당신은 어떤 방법으로 왔는지 말해달라.

육로를 이용했다. 졸본 지역을 출발하여 강계에서 함흥으로 이르는 교통로를 따라 남하하여 다시 한강 상류를 타고 내려와 위례 지역에 정착했다.

처음 이곳에 왔을 때의 상황은 어떠했나.

알다시피 한강 유역은 구석기·신석기 시대부터 사람들이 살아온 곳으로 사회의 발전이 비교적 빠른 편이다. 북쪽에 위만조선이 있었을 때 이곳에는 이미 '진국'이라는 나라가 있었다. 그런데 내가 한강 유역에 왔을 때 이미 진국은 사라져버린 뒤였다. 고조선 멸망 후 남하한 유이민에 의해 진국은 무너지게 되었고, 그중 경상도 지역으로 이동한 진국 사람들이 진한을 세웠다고 전해 들었다. 내가 이곳에 왔을 때는 진국 시절의 토착민과 고조선의 유이민이 정착하고 있었다. 나는 그들을 통합해 나라를 세운 것이다.

한강 북쪽에 국가를 세웠는데 특별한 이유가 있는가.

함께 내려온 10명의 신하들이 간곡히 말하기를 "이 강 남쪽의 땅이 북으로 한강을 가까이 하고, 동으로 높은 산을 의지했으며, 남으로 기름진 땅을 바라보고, 서로는 큰 바다로 막혀 있어 그 자연이 방어하기에 좋은 곳이니 도읍을 이에 두는 것이 좋다"고 하여 한강 북쪽 위례성에 도읍을 정했다.

나라 이름을 '십제'라고 한 이유는.

신하 열 명의 도움을 받아 나라를 운영했기에 그렇게 정한 것이다.

앞으로의 국가운영 계획을 말해달라.

우리가 자리잡은 이 지역은 마한이라 일컬어지고 있다. 이곳 역시 많은 소국으로 나뉘어져 있다. 나는 국가의 체제를 정비하면서 주변의 소국들을 하나씩 통합해나갈 생각이다. 물론 쉽지 않으리라는 예상은 하고 있다. 이들 모두 철기문화를 기반으로 하고 있어 굴복시키기 어려울 것이며, 한의 분열책으로 서로간에 분열 상태가 심한데 이 역시 통합의 방해요소로 작용하리라 생각한다.

고조선 유이민들, "남쪽이 좋다"

고조선 유민들 남하로 진국 멸망, 진국 유민들은 낙동강 유역으로 이동

철기문화 유입으로 삼한 지역사회 큰 변동

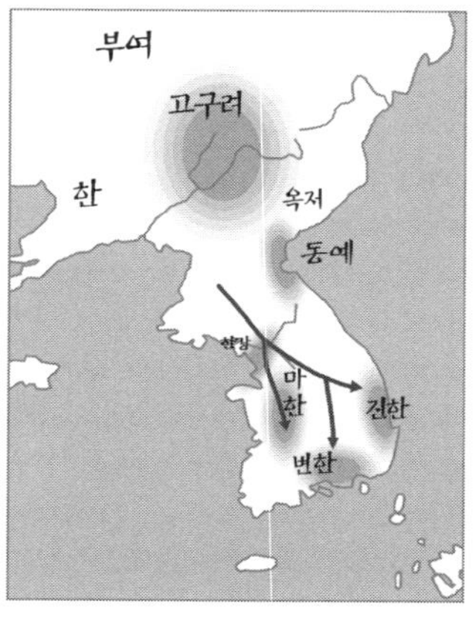
부여
고구려
한
옥저
동예
마한
진한
변한

고조선 사회의 변동에 따라 대거 남하해 오는 유이민에 의해 삼한사회에 새로운 문화가 보급되면서 삼한사회는 커다란 변동을 겪고 있다.

위만조선이 한나라와 대립할 때, 역계경이라는 인물은 자신을 따르는 무리 2천을 거느리고 진국으로 남하했으며, 위만 조선이 한나라에 멸망한 이후 발생한 대규모 유이민들 대부분도 남쪽으로 내려왔다. 이들 유이민의 사회 유입은 이들이 가지고 있었던 발달된 문화를 자연스럽게 삼한사회로 전파·확산시키는 계기가 되고 있다. 특히 이들은 철기를 잘 다룰 줄 아는 사람들로서 이들의 이주에 따라 삼한 사회에 널리 철기가 확산되고 있는 실정이다. 고조선 유민의 이동은 기존의 국가를 무너뜨리고 새로운 국가가 건국되는 등 삼한사회의 정치세력에 큰 변화를 초래하고 있다. 한강 유역에 자리잡고 있었던 진국의 변동은 이러한 양상의 적절한 예가 된다. 위만조선이 성립될 당시 진국은 중국과 직접적인 교섭을 추진하는 등 활발한 외교활동을 전개하고 있었지만 고조선 멸망 이후 한강 유역으로 내려오는 유이민 세력에 의해 진국은 결국 무너지게 되었다. 그후 진국을 형성했던 세력들은 경상도 지역으로 이주하여 진한을 성립시켰다. 이동이 이동을 낳으면서 새로운 문화가 확산되고 있다. 이러한 현상은 그후에도 계속되어 현재 한강 유역에 고구려에서 내려온 부여계 유이민이 십제를 세웠다고 한다.

고구려 건국의 주인공 "주몽"은 누구인가?

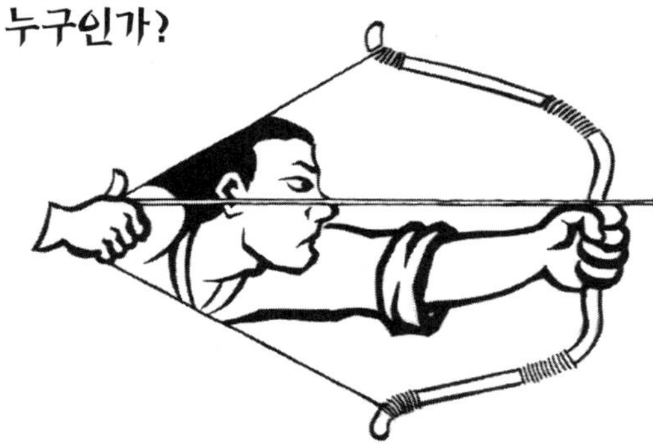

부여 출신. 기원전 58년생. 고구려 건국 당시 나이 22세. 아버지 알 수 없음. 스스로 "하늘 신"이라고 주장. 어머니 유화(하백의 딸). 스스로 활을 만들어 쏘는데 백발백중이라 부여의 속어로 '활 잘 쏘는 사람'을 주몽이라 하니 여기서 이름이 유래함. 활쏘기, 말 다루기, 사냥 등이 특기

주몽은 신비스런 전설을 가진 인물이다.

부여를 건국한 해부루의 수양아들로 개구리 형상을 한 금와는 태백산 남쪽 길가에서 한 여인을 만났다. 그녀는 하백의 딸로서 부모 허락없이 남자와 정분을 가졌다고 집에서 내쫓겨 갈 곳 없는 처지였다. 금와는 그녀를 데리고 와 방에 가두어 두었다. 햇빛이 방에 들어오자 그녀는 몸을 피했으나 햇빛이 따라와 기어이 그녀의 몸을 비추었다. 이로 인하여 그녀는 아이를 가지게 되었고 이어 큰 알을 낳았다.

왕은 좋지 않은 일이라 여겨 그 알을 개와 돼지에게 주었으나 먹지 않았고 길바닥에 버렸는데 소·말이 피해 갔다. 들에 버렸더니 새가 날개로 덮어 안았다. 왕이 알을 깨뜨리려 했으나 도저히 깰 수 없었다. 마침내 그 어머니에게 돌려주었다. 그 어머니가 이것을 보자기에 싸고 따뜻한 곳에 두었더니 한 사내 아이가 껍데기를 깨고 나왔는데 그가 주몽이다.

주몽은 매우 뛰어난 재능과 지략 그리고 위기 관리 능력을 갖춘 인물로 평가되고 있다. 나이 일곱 살에 활을 만들어 쏘는데 그 솜씨가 일품이었다. 금와에게 일곱 아들이 있었으나 모두 주몽에 미치지 못했다. 한번은 금와의 큰아들인 대소가 주몽을 일찍 없애지 않으면 후환이 두렵다고 하면서 아버지에게 죽일 것을 청했다. 그러나 왕은 차마 죽이지 못하고 말 키우는 일을 맡겼다. 이때 그는 가장 뛰어난 말의 혀에 바늘을 꽂아 음식물을 제대로 못 먹어 바싹 마르게 하여 자신이 그 말을 차지하는 지략을 발휘하기도 했다.

졸본에 자리잡은 이후, 그는 인근의 말갈족을 공격, 나라의 안정을 도모하며 뛰어난 활솜씨를 바탕으로 주변국을 통합하는 능력을 과시하고 있다.

사람이 정말 알에서 태어날 수 있는가?

건국자를 신성시하기 위한 수단

건국자 주몽은 알에서 태어났다고 한다. 그러나 사람이 알에서 태어난다는 것은 상식적으로 이해될 수 없는 일이다. 따라서 많은 사람들은 이 이야기에 의구심을 표하고 있다. 전문가들은 주몽의 탄생 이야기가 건국세력에 의해 만들어진 것으로 파악하고 있다.

주몽이 고구려를 세운 시대는 고조선이 성립될 때와는 다른 시대였다. 한나라의 침입으로 고조선이 멸망한 후, 그 주변 지역은 한의 영향력 아래 놓이거나 작은 나라들로 해체됐다. 이 과정에서 부여·고구려 등 몇몇 세력은 고조선보다 강력한 권력기구와 지배체제를 갖춘 새로운 연맹국가를 세우려 했다. 새로운 형태의 연맹국가는 강력한 권력을 행사하기에 합당한 영웅적 능력을 지닌 왕을 필요로 했다.

고구려의 건국자 주몽은 자신의 권위를 높이고 건국을 신성시하기 위해 자신이 하늘신과 물신의 결합에 의해 탄생한 것으로 선전했다. 주몽이 하늘신과 물신을 아버지·어머니로 선택한 것은 이 두 가지가 농사를 짓는 데 없어서는 안될 요소로 오래전부터 백성들의 외경의 대상이 되어왔기 때문이다. 이러한 배경에서 주몽은 자신이 하늘의 아들이고 하백(물의 신)의 손자임을 내세우게 된 것이다. 알에서 태어났다는 주장 역시 자신의 탄생이 남과 다르다는 것을 강조하여 출생의 신비를 극대화하려는 이유에서 비롯된 것으로 이해된다.

고구려 도읍지 '졸본'을 가다

100여 m 높이의 가파른 절벽 위에 있는 흘승골성의 모습

주몽이 고구려의 발상지로 삼은 압록강 중류 지역의 혼강 유역은 높은 산과 계곡이 많고, 평야는 계곡을 따라 흐르는 하천가에 좁게 형성되어 있다. 땅이 기름지기는 하나 산하가 매우 험하다.

이곳은 지리적으로 요동에서 함흥 방면으로 이어지는 교통로의 중간 지대이다. 서남쪽으로는 압록강 하류 쪽으로 해서 서해안에 이르며 청천강 상류방면으로 해서 평양방면으로 나갈 수 있고, 북으로는 압록강을 거슬러 송화강 유역과 통할 수 있다. 이러한 위치는 전략적인 면에서 고구려의 정복활동과 팽창에 좋은 조건이다.

졸본천 내에는 흘승골성이 축조되어 있다. 성의 동서 길이는 3백m 정도이고 남북은 1천m 정도다. 성 안은 넓고 평탄하며 중간에 샘이 있다. 성의 식수원으로 이용되는 곳이다. 샘 주위에는 석판으로 네 벽을 쌓아 긴 네모형의 연못을 만들었다.

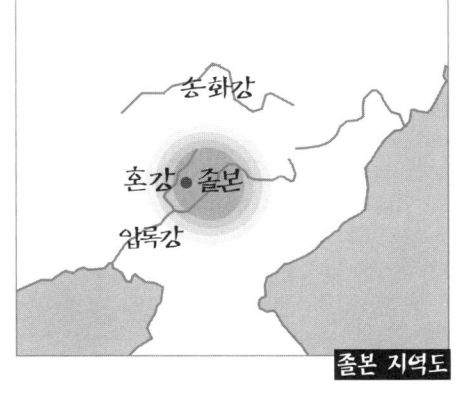

송화강
혼강
졸본
압록강

졸본 지역도

유리, 고구려 태자 책봉 秘話

'부러진 칼이 찾아준 嫡子'

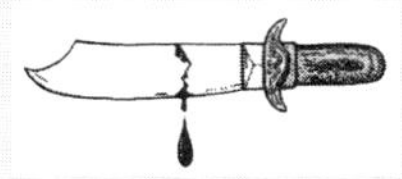

주몽의 또 다른 아들 비류와 온조 남쪽으로 떠나

주몽은 부여에서 내려온 아들 유리를 태자로 책봉했다. 유리는 주몽이 부여에 있을 때 낳은 자식으로 아버지를 찾아 고구려에 온 것으로 알려졌다. 주몽은 졸본에 와서 다시 결혼을 해 두 아들을 두었다. 큰아들이 비류, 작은아들이 온조다. 유리가 나타남에 따라 하루아침에 적자에서 서자의 지위로 떨어진 비류와 온조는 유리가 태자가 되자 고구려를 떠났다.

유리는 부여에 있을 때 아비없는 자식이라고 주위의 업신여김을 받았다. 하루는 유리가 물동이를 이고 가는 어떤 아주머니를 보고 활로 물동이를 쏘아서 구멍을 뚫었다. 그 여자는 "애비없는 자식"이라고 화를 냈다. 유리는 부끄러워하면서 화살에 진흙덩이를 꽂고 다시 물동이를 쏘아 구멍을 메워 물이 더 이상 흐르지 않게 했다.

집에 돌아온 유리는 어머니에게 자신의 아버지가 누구인지 물었다. 그는 아버지가 남쪽으로 내려가 나라를 세웠다는 얘기를 듣고 아버지를 찾아가기로 결심했다. 주몽이 유리를 자신의 친아들임을 확인하는 데 결정적인 단서가 되었던 부러진 칼 조각은 부여를 떠나기 전 주몽이 남겨두고 온 것이었다. 주몽은 아내에게 "뱃속의 아이가 자라서 나를 찾아 오려하거든 일곱 고개·일곱 골짜기 돌 위의 소나무에 감추어 둔 물건이 있으니 그것을 찾아가지고 오도록 하시오. 그러면 내 자식인 줄 알겠노라"고 했다는 것이다.

숨겨진 칼을 찾기 위해 유리는 산골짜기마다 헤매고 다녔다. 그러나 며칠이 가도 찾을 수 없었다. 그만 지쳐버린 유리는 집에서 쉬고 있는데 기둥에서 이상한 소리가 났다. 그래서 그 기둥을 가만히 보니 소나무였고 일곱 모서리로 되어 있었다. 또 일곱 모가 난 주춧돌이 기둥을 받치고 있었다. 정신이 번쩍 든 유리가 기둥을 살펴보니 과연 기둥에 구멍이 있었다. 조심조심 손을 넣어보니 무언가 잡히는 것이 있었다. 그것은 부러진 칼 조각이었다.

오회분 4호묘 '해신과 달신의 만남' 벽화

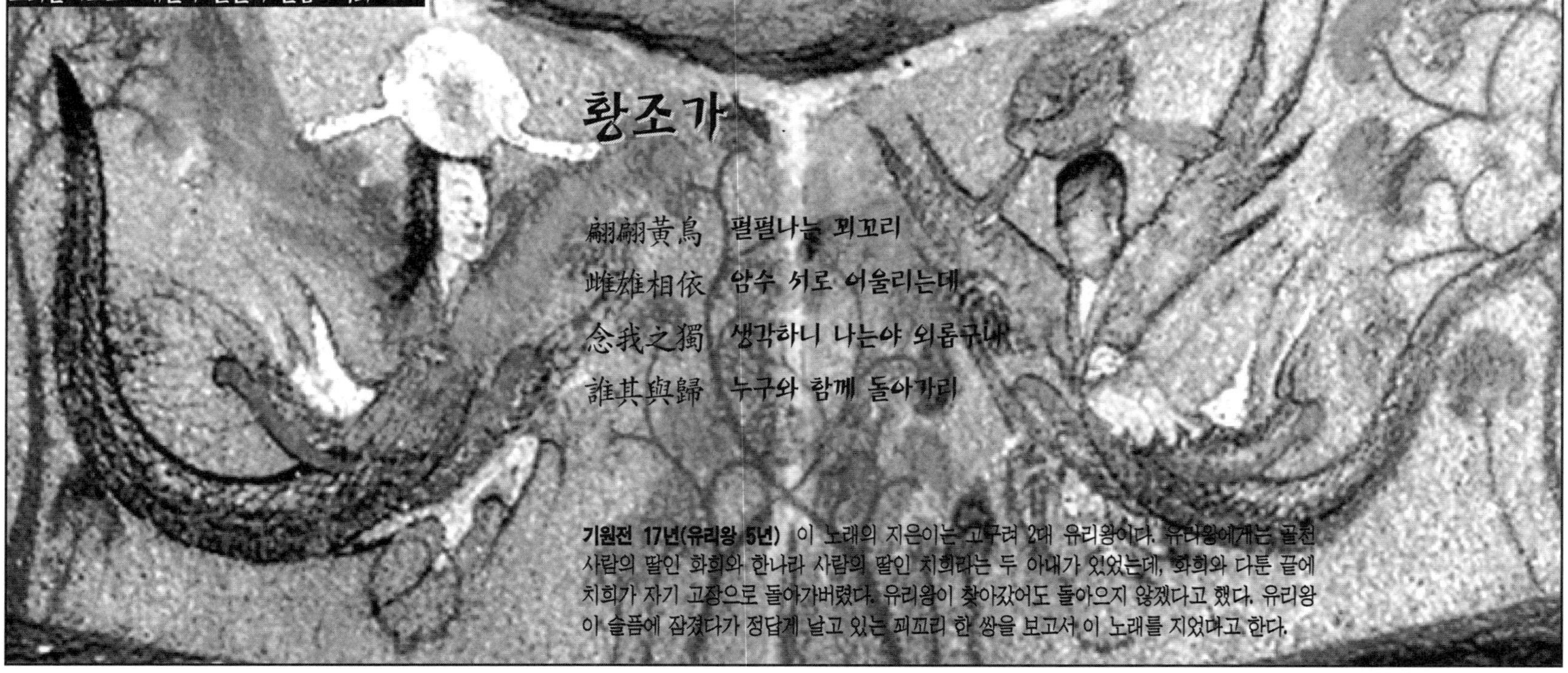

황조가

翩翩黃鳥 펄펄나는 꾀꼬리
雌雄相依 암수 서로 어울리는데
念我之獨 생각하니 나는야 외롭구나
誰其與歸 누구와 함께 돌아가리

기원전 17년(유리왕 5년) 이 노래의 지은이는 고구려 2대 유리왕이다. 유리왕에게는 골천 사람의 딸인 화희와 한나라 사람의 딸인 치희라는 두 아내가 있었는데, 화희와 다툰 끝에 치희가 자기 고장으로 돌아가버렸다. 유리왕이 찾아갔어도 돌아오지 않겠다고 했다. 유리왕이 슬픔에 잠겼다가 정답게 날고 있는 꾀꼬리 한 쌍을 보고서 이 노래를 지었다고 한다.

해외 소식

"자유를 위해 죽을지언정 귀족을 위해 죽진 않겠다"

로마 노예 검투사 스팔타쿠스 봉기
2년여만에 진압
노예주의 통치에 타격

기원전 73년 스팔타쿠스의 노예봉기가 2년여만에 로마군에 의해 진압됐다. 검투사 출신으로 봉기를 이끌었던 영웅 스팔타쿠스는 크랏수스가 이끄는 로마 군대의 공격에 맞서 용감히 싸웠으나 온몸에 수십 군데나 칼에 찔려 장렬히 전사했다. 사로잡힌 6천 명의 봉기노예들은 카푸아로부터 로마 성에 이르는 길에 십자가에 매달려 못박혀 죽었다.

봉기의 주요세력이었던 검술 노예들은 가장 비참한 노예들이라고 한다. 이들은 귀족들의 오락을 위해 서로 싸움을 했다. 귀족들은 정복지에서 잡아온 노예들 중 건장한 노예들을 사들여 무술을 연마시킨 후 로마의 원형경기장 등에서 싸움을 시켰다. 검투사들은 상대가 쓰러질 때까지 싸움을 계속해야 했으며, 심판은 쓰러진 자가 완전히 죽었는지 확인하기 위해 시뻘겋게 달군 쇠몽둥이로 몸을 지져 근육이 조금도 움직이지 않은 것을 확인하고 죽은 투사의 시체를 끌어내갔다.

스팔타쿠스는 노예 검투사 출신으로 훈련소의 노예들을 조직하여 탈출에 성공한 봉기군의 지도자였다. 그는 "자유를 위하여 싸우다가 죽을지언정 절대로 로마 귀족의 오락을 위하여 죽지는 않겠다!"고 외치며 로마 군대와 맞서 싸웠던 것이다.

그의 봉기는 실패로 끝났으나 로마 노예주의 통치에 깊은 타격을 준 것으로 평가받고 있다. 또한 스팔타쿠스는 두려움을 모르는 투쟁정신, 탁월한 조직능력과 숭고한 희생정신으로 피지배 노예들 가슴 속에 영웅으로 영원히 살아남을 것으로 생각된다.

부여를 가다

호민이 하호를 지배 · 부인의 정절 중요시 · 순장제도 풍습

부여의 건국 시기가 정확히 언제인지는 알 수 없다. 기원전 2-3세기 경으로 추정하고 있는데, 고조선이 멸망하기 이전에 등장한 것으로 보여진다. 고조선이 멸망한 이후 만주 및 한반도에 수많은 나라들이 흩어져 있는데 그중 부여의 국력이 전체를 통틀어 가장 강한 것으로 평가되고 있다. 압록강가를 중심으로 성장하고 있는 고구려 역시 부여에서 흘러나온 세력이 건국했으며, 한반도의 한강 유역에 자리 잡은 백제 역시 부여족의 한갈래임이 확인되고 있는 실정이다. 「역사신문」에서는 만주 및 한반도에서 가장 선진적인 국가인 부여를 찾아 나섰다.

부여의 중심지는 송화강 유역이다. 이 지역은 만주에서도 가장 넓은 평야지대에 속한다. 사람들은 농업과 목축으로 생활하고 있다. 오곡이 잘 자란다고 하며 돼지를 많이 키우고 있었다.

사람 사는 곳은 어디나 그렇듯 이곳 부여에도 사회계층의 차별이 심했다. 각 읍락에는 호민(豪民)이 있는데 이들은 하호(下戶)라고 불리는 사람들에게 일을 시키며 자신은 안락한 생활을 하고 있었다. 생산노동에 종사하는 하호의 처지는 매우 비참했다. 이들은 보잘것없는 음식을 먹었으며 힘든 일에 종사했고 전쟁이 터지면 물자를 날라야 했다.

남녀관계에 있어 남자의 지위가 매우 높았다. 부인에 대한 정절을 매우 중요시하여 간음할 경우 가차없이 사형에 처했다. 남자는 여러 명의 부인을 거느릴 수 있었는데, 질투가 심한 부인은 사형에 처하여 시체를 수도 남쪽의 산에 버리기도 했다. 부인의 가족은 시체를 찾아가려면 소나 말을 바쳐야 하는 것으로 되어 있다.

부여에서도 다른 국가들과 마찬가지로 하늘에 제사지내는 의식이 있었다. 정월 보름에 온 나라가 대회를 열고 연일 먹고 마시며 노래 하고 춤추니 이를 '영고'라고 한다. 이때에는 감옥을 열고 죄인을 풀어주기도 했다.

풍습으로 '순장제도'가 있어 죽은 사람을 매장할 때 산 사람을 함께 매장하기도 했다.

기원전2 · 3세기 경의 부여

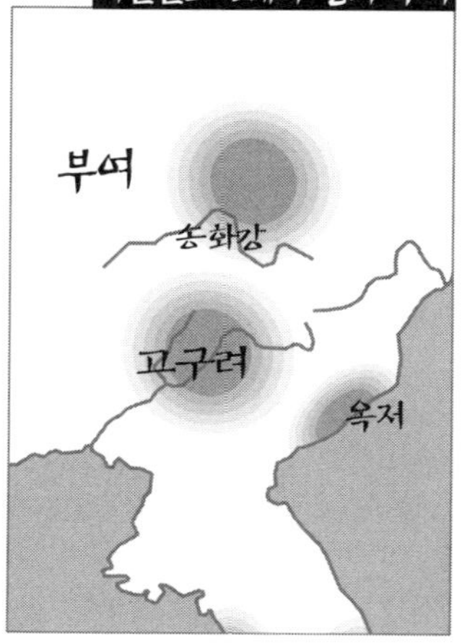
부여
송화강
고구려
옥저

제가회의란?

부여에는 여러 부족장들이 중요한 사안이 있을 때 모여서 회의를 하는 오랜 관행이 있다.

부족장들은 그 세력에 따라 수천 가(家) 혹은 수백 가를 거느리는데 '가(加)'라고 불리며, 이들은 보통 한꺼번에 '제가(諸加)'라고 통칭된다. 제가들은 휘하에 '사자 · 조의 · 선인'과 같은 관리를 두고 부족을 통치하는 등 나름의 독자적 세력권을 형성하고 있다.

제가회의에서는 왕의 선출, 죄인의 처벌, 전쟁의 결의 등이 논의되는데 얼마전 왕이 된 마여(麻餘) 역시 제가회의에서 왕으로 뽑혔다.

선출된 왕은 '부족연맹의 대표'의 성격을 가지기 때문에 제가들이 지지를 철회할 경우, 얼마든지 교체될 수 있으며 심한 경우 사형에 처해질 수도 있다. 제가회의에 붙여지는 범죄는 죄질이 무거운 경우가 많아서 재판 결과 역시 본인을 사형에 처하고 처자를 노비로 삼는 중형이 선고되는 것이 대부분이다.

제가회의에서 전쟁이 결의되면 부족민들은 제가의 지휘하에 갑옷과 병기로 무장하고 전쟁터로 나가게 된다.

역사신문

고구려, 부여와의 맞대결서 대세 장악

부여, 전투 중 국왕 전사 이후 전열 급격히 흐트러져 … 중국 후한과 협조, 외교적 대응 모색

오랫동안 지속되어 온 고구려와 부여의 대결은 고구려 쪽의 승리로 점차 가닥이 잡혀가고 있다.

고구려가 국내성으로 도읍을 옮긴 후, 통하·백두산 북쪽·해란강·개마고원의 경로를 거치면서 부여의 지배기반을 잠식해오자 부여는 그간 이를 저지시키기 위해 노력해왔다. 부여왕 대소는 권력을 집중, 국내 정치를 정비해나가면서 고구려에 대한 군사적·외교적 압력을 가해왔다.

고구려가 부여를 군사적으로 압도하기 시작한 것은 13년에 있었던 '학반령(鶴盤嶺)' 전투다. 당시 부여는 왕망이 세운 신나라와 고구려 사이에 군사적 긴장관계가 지속되는 상황을 호기로 파악하고 고구려를 공격했지만, 결국 학반령에서 고구려의 기병 전술에 빠져 대패했다. 이 학반령 전투 이후, 고구려는 군사력에서 부여를 압도하기 시작했으며, 반면 부여는 수비에 의존하면서 자국의 생존 기반을 지키기에 급급한 수동적 입장으로 일관하게 됐다.

양국간에 긴장관계가 지속되는 가운데 21년 12월 고구려는 부여 국가를 멸망시키기 위한 총공세를 단행했다. 하지만, 고구려는 겨울철 군사행동을 뒷받침해줄 병참 지원 역량을 충분히 확보하지 못한 상태에서 무리한 출정을 감행한 까닭에 시종 군량이 떨어지고, 병사들이 굶주리는 상황에 시달리다가 부여왕의 머리를 베는 전과에 지족하고 철수해야 했다.

부여는 21년도의 전투에서 국왕의 전사라는 참담한 상황에서도 오히려 분전하여 고구려군을 격퇴하는 데 성공했지만, 전투의 후유증에 시달리게 됐다. 부여 고위층 내부에 정치적 갈등이 발생해 22년에 부여왕 대소의 동생 등 부여 핵심 지배 집단 구성원들은 잇달아 고구려에 조직적으로 투항하기 시작한 것이다.

이러한 고위층의 이탈 사태로 부여의 총체적 역량은 심각하게 위축돼 있는 상태이다. 현재 부여는 중국에서 왕망의 신나라를 무너뜨리고 성립된 후한(後漢)과 밀접한 관계를 맺으면서 고구려의 공세에 외교적 대응을 모색하고 있지만, 대세는 이미 고구려 측으로 기울었다는 것이 주변국 국제관계 전문가들 대다수의 분석이다.

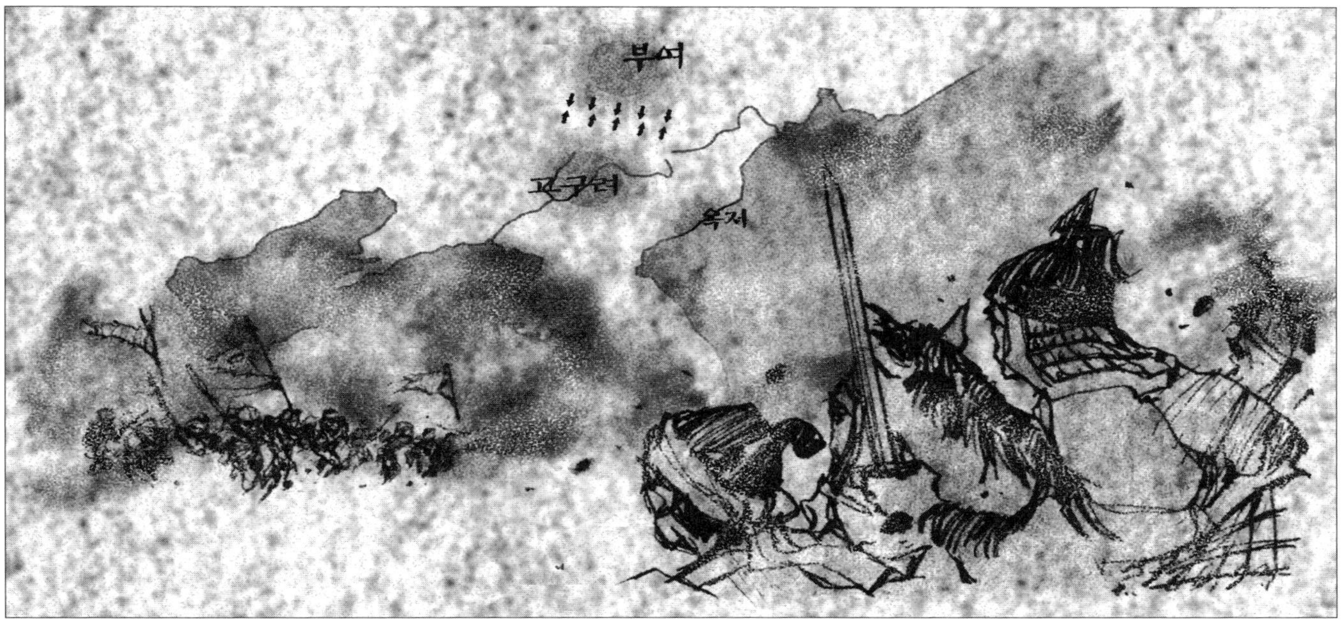
부여
고구려
옥저

관련 일지

6년 부여, 5만 병력 동원 고구려 공격, 대설로 실패.
9년 부여왕, 고구려에 항복 권고
20년 고구려, 부여에 대한 종속적 외교 관계 설정 거부.
13년 부여, 학반령에서 대패.
21년 고구려, 총공세, 부여왕을 살해.
22년 부여 정치적 분열. 왕 대소의 동생과 왕의 종제들이 고구려로 투항.
28년 고구려, 후한의 고구려 침공 극복. 부여에 대한 공세 강화.
49년 후한, 고구려의 화북 기습작전에 부여와 적극적인 상호제휴관계 모색.

신라, 낙동강 전투에서 가야에 승리

77년(탈해왕 21년) 6월 아찬 길문이 이끄는 신라군은 김해와 양산 사이의 낙동강에서 변한 군대와 대결하여 가야 병사 일천여 명을 살해하는 커다란 전과를 올렸다. 신라 조정은 승리에 공이 큰 여러 장군들에게 상을 내렸는데, 장군 길문은 관등이 아찬에서 파진찬으로 승격되어 한번에 2관등이 오르는 영광을 안았다

고구려, 최리의 낙랑국 정벌

32년(대무신왕 15년) 4월 고구려는 최리가 지배하고 있던 낙랑의 일부지역을 급습, 정복하는 데 성공했다.

이번의 정복전쟁에는 고구려의 왕자 호동이 큰 활약을 한 것으로 알려지고 있다. 최리의 낙랑국에는 적병이 오면 저절로 울리는 북이 있어 주변국들의 공격이 여의치 않았는데, 호동이 낙랑국의 공주와 결혼을 약속하며 공주를 시켜 북을 찢게 했다는 것이다.

낙랑왕 최리는 자명고가 울지 않으므로 방비를 하지 않고 있다가 고구려 병사들이 성 아래까지 닥친 후에야 비로소 사태를 파악한 것으로 알려지고 있다. 낙랑왕 최리는 자신의 딸을 죽이고 고구려 측에 항복했다.

석탈해, 신라 네번째 왕으로 즉위

박씨 왕위 독점 깨져 … 최초의 석씨 왕 탄생

57년 석탈해(62세)가 신라의 네번째 왕으로 즉위했다. 이로써 6촌이 연합해 형성된 국가인 신라에서 제4대만에 박씨 성이 아닌 '석씨' 군왕이 출현하게 됐다. 관련기사 2면

왕위가 유리왕의 아들도 아니며 더군다나 정치적으로 박씨 집단도 아닌 석씨 집단에게 넘어갔으나, 그 과정은 표면상 매우 순조로웠던 것으로 전해진다. 왕위 계승은 유리왕의 유언을 따른 것으로 유리왕은 "탈해는 전대 왕의 사위이며 그 지위가 대신의 자리에 있고 여러 번 공명을 나타냈다. 나의 두 아들은 재주가 탈해에게 훨씬 미치지 못하니, 나 죽은 뒤에는 탈해로 즉위케 하여 나의 유언을 저버리지 말도록 하라"고 당부한 바 있었다.

그러나 한편에서는 유리왕이 석탈해에게 왕위를 넘겨주는 것을 못 마땅해 했다는 주장도 제기되고 있다. 이름을 밝히기를 거부하는 한 관리는 "자신의 아들에게 왕 자리를 넘겨주고자 하는 게 사람의 한결 같은 마음이 아니겠느냐"면서 "아들이 아닌 석탈해에게 왕위를 넘겨주는 유리왕의 표정은 자못 착잡해보였다"고 말하기도 했다.

석탈해는 이주민 집단 출신으로 쇠를 다루는 능력이 매우 뛰어난 인물이다. 그는 뛰어난 재주를 바탕으로 신라의 제2대 왕이었던 남해 차차웅의 사위가 됐으며, 재상에 해당하는 대보 벼슬을 받아 나라 일을 훌륭히 수행하는 정치적 수완을 발휘하기도 했다. 그는 이러한 정치적 성장을 바탕으로 남해왕의 후계자 자리를 놓고 태자인 유리왕과 정치적 대결을 벌인 일도 있었다. 당시 그는 박씨 세력에 밀려 왕의 계승에 패배하는 좌절을 겪기도 했으나 유리이사금 체제하에서도 자신의 세력을 계속 강하게 유지하여 마침내 박씨 집단이 아닌 석씨 집단에서 왕위를 차지한 최초의 인물이 됐다.

신라 왕위 계승 계보

1대 박혁거세 (신라의 시조)
2대 남해왕 (박혁거세의 아들)
3대 유리왕 (박혁거세의 손자)
4대 석탈해 (남해왕의 사위)

역사신문

신라의 정치현실과 왕위계승방식

6개부족의 경쟁 속에 국왕 결정

현재 진행되고 있는 신라 왕위계승의 가장 큰 특징은 자신의 자식이 있다할지라도 그보다 덕이 많고 지혜로운 사람이 있을 경우, 자식이 아닌 그 사람에게 왕위를 물려준다는 것이다. 남해차차웅이 물러날 때 그는 자신의 아들이나 사위를 막론하고 나이 많고 어진 사람에게 왕위를 물려주겠다고 유언하여 이에 따라 왕위가 계승됐고, 왕위를 승계받은 유리왕 역시 자신의 아들이 있음에도 불구하고 석탈해에게 임금 자리를 선양했다. 왕위 계승에 있어 자식이 아니라, 능력있고 어진 사람에게 왕위를 넘겨주는 이러한 계승 방식은 신라가 처해 있는 정치 현실을 그대로 보여주고 있는 것이다.

권력을 잡은 이들은 당연히 자신의 아들에게 세습하기를 원하기 마련이다. 그것은 아들이 가장 믿을 수 있으며, 자신이 물러나고 난 다음에도 자신의 정책 등 모든 것에 계속성을 보장받을 수 있기 때문이다. 신라의 군왕들 역시 예외는 아니라고 본다. 그들도 자신의 권력을 자신의 아들에게 세습하기를 원했을 것이다.

하지만 이는 신라의 정치 현실상 받아들여지기 어려운 실정이다. 그것은 신라의 정치가 대등한 세력을 갖춘 6개 부족의 연맹체로 운영되고 있기 때문이다. 만일 어느 한 부족이 왕권을 독점하려고 한다면 당연히 뒤따를 다른 5개 집단의 반발을 막아내고 견제를 물리칠 수 있는 월등한 힘을 갖추고 있어야 한다. 그러나 현단계 신라의 6개 부족중에서 다른 부족에 비해 세력이 다소 우세한 부족이 있다할지라도 왕권을 독점할 만큼 월등한 실력을 갖추고 있지는 못한 상황이다. 따라서 신라에서는 부족회의를 개최하여 연맹체간의 합의에 따라 그 중 가장 강력한 부족이 왕위를 차지하는 식으로 왕위가 결정될 수밖에 없는 상황이다.

그러므로 신라에서 왕위를 하나의 부족이 독점하지 않고 유력한 정치집단의 합의에 따라 계승자를 결정하여 현자에게 물려주는 방식은 대등한 세력의 6부족이 하나의 국가를 형성하고 있는 신라의 정치 현실에서 비롯된 것이라 할 수 있다.

지금의 정치현실이 바뀌어져 하나의 강력한 세력이 王이 되었을 때에는 그에 걸맞는 왕위 계승방식이 새롭게 대두될 것이다.

신라의 왕위 결정 방식

6개 부족 합의로 국왕 선출 … 왕위 계승 때마다 부족간 치열한 대립

원래 신라는 삼한을 형성했던 마한, 진한, 변한 중에서 진한에 속한 작은 나라이다. 처음에는 나라 이름을 서라벌이라고 했고 경주 지방에 자리잡았다. 지역 토착세력 6개 부족이 연맹하여 성립된 소국가인 서라벌은 북방으로부터 이주해오는 집단들과 교류하면서 국가로 성장했다.

신라 정치의 중심이 된 6부 세력은 서로의 필요에 의해 하나의 국가를 이루고 있었으며, 외부적으로 연맹국가를 대표하고 내적으로는 6개 부족을 이끌어 나갈 군왕을 선출했다. 그러나 연맹체의 군왕은 6부를 앞장서서 이끌어나가는 지도자이기는 했으나 다른 부족을 통제하고 다스리는 지배자가 되지는 못했다.

그것은 이들 연맹 구성체들이 서로 대등한 크기의 세력을 가지고 있기 때문이다. 만일 어느 한 부족 출신의 군장이 왕위를 독점하기 위해서는 다른 부족들의 반발을 억누를 만한 힘을 갖추고 있어야만 가능한데 아직 신라 사회에서 그만큼 강력한 세력을 보유하고 있는 집단은 6부 가운데 존재하지 않았다.

따라서 왕위 계승은 6부 합의에 따라 그중 가장 유력한 정치집단이 차지하는 식으로 결정되었다. 이러한 상황 속에서 처음에 신라의 왕권을 차지한 집단은 박씨 집단이다. 그러나 박씨 집단의 왕위는 박씨보다 강력한 집단이 나올 경우, 그 집단에 내주어야 하는 불안정한 것이었다. 이러한 불안정성은 왕위 계승 때마다 왕위를 둘러싼 갈등을 초래할 수밖에 없는 요인이 된다.

이번 왕위 계승에 있어서도 유력한 집단간의 힘겨루기가 진행됐다고 본다. 유리 이사금이 기반하고 있는 박씨 집단들은 당연히 자신의 집단이 6촌으로 구성된 신라에서 영도자의 지위를 계속 유지할 수 있도록 노력했을 것임이 분명하고, 이에 반해 석씨 집단 역시 왕권을 확보하여 자신들의 정치적 지위를 더욱 높이려고 했기에, 두 집단 사이에는 실제로 일반인의 상상을 뛰어넘는 치열한 대립이 전개되었을 것으로 짐작된다.

'이사금'이란 명칭의 유래

"지혜의 상징, 이빨자국 많은 사람이 왕"

이사금은 우리말로 원래 '잇금'을 의미하는 말이다. 옛적에 남해 차차웅이 서거하기 조전 아들 유리와 사위 탈해에게 말하기를, "내가 죽은 후 너희 둘 중에 연장자로 왕위를 이으라"고 했더니 연령의 많음에 따라 서로 왕위를 잇게 됐다. 여기서 연령이 많다는 것은 그만큼 지혜가 많다는 것과 같은 의미이다. 남해왕의 뒤를 이어 유리왕과 석탈해가 왕의 자리를 논할 때 석탈해가 "지혜있는 사람은 이가 많다고 하니 떡을 물어 그 자국을 헤아리자"고 제의했다. 그래서 떡에 물린 이의 금을 헤아려 많은 쪽이 왕이 되었는데 여기서 유래하여 왕을 부르는 칭호를 '잇금'(= 이사금)이라고 하게 됐다.

왕을 부르는 칭호로서 이사금이 사용되었다는 것은 정치적으로 신라를 구성하고 있는 6개의 연맹 세력이 대등한 관계를 유지했음을 의미한다. 왕의 지위는 하나의 부족에게 독점되지 못하고 부족의 세력 변동에 따라 그때그때 강한 부족 출신이 왕위를 차지하는 식으로 돌아가면서 계승됐다.

이러한 상황에서 신라의 정치 참여 집단들은 명분상으로나마 왕위가 계승되는 원칙을 정해놓아야 했으며, 덕이 많은 사람이 왕위의 적임자라는 식의 주장을 내놓게 된 것이고, 또 그렇게 하는 과정에서 이사금이라는 왕호가 출현하게 된 것이다. 따라서 이사금이 왕호로 사용되는 동안의 신라의 왕권은 그다지 강력하지 못한 것이라고 할 수 있다.

호동왕자 이야기

낙랑공주 시켜 자명고 찢게 해

예전에 고구려 왕자 호동이 옥저 지역을 유람하던 중, 마침 그곳을 돌아보고 있던 낙랑왕 최리는 호동을 보고 "군의 얼굴을 보니 보통 사람이 아닌 듯하니 혹 대무신왕의 아들이 아니냐"라고 말하며 호동을 데리고 돌아와 사위로 삼았었다.

그후 호동은 귀국하여 비밀리에 사람을 보내 최씨 딸에게 "네가 너의 나라 무기고에 들어가 군사에 쓰이는 악기인 자명고를 부수면 내가 예로써 너를 맞이할 것이요, 그렇지 않으면 맞지 않겠다"고 전갈을 보낸 것으로 알려졌다. 낙랑에는 적병이 오면 저절로 울리는 이상한 북이 있어 주변국들의 공격을 번번히 좌절시켜왔었다.

이에 낙랑공주는 잘 드는 칼을 가지고 몰래 군기고에 들어가 북을 찢은 후 호동에게 알렸고, 호동은 대무신왕에게 권하여 낙랑을 급습했다.

왕의 오해 … 왕자 호동 스스로 죽음을 선택

32년 11월

고구려 왕자 호동이 자살했다.

그는 왕의 둘째 부인의 소생이었는데 본부인인 원비는 왕이 호동으로 태자를 삼을까 염려하여 왕에게 "호동이 나를 예로써 대접하지 않으니 아마 나를 음해하려 함이 아닌가 합니다"라고 모함했다.

왕은 "호동이 친자식이 아닌 까닭으로 해서 네가 미워하느냐"며 왕비를 질책했으나, 비는 왕이 자기 말을 믿지 아니함을 알고 화가 미칠까 두려워 울면서, "청컨대 대왕은 가만히 엿보셔서 만일 이러한 일이 없으면 내가 스스로 죄를 받겠습니다"고 말했다고 한다. 이에 대왕이 호동을 의심하지 않을 수 없어 호동에게 벌을 내렸다.

주위 사람들은 호동에게 "왜 스스로 변명하지 않느냐"고 말했지만, 호동은 "내가 만일 변명하면 이는 어머니의 악함을 드러내어 왕에게 걱정을 끼쳐줌이니 어찌 효라 할 수 있는가"라고 답했다고 한다. 호동은 왕의 명령에 따라 칼에 엎드려 죽었다.

그림마당

이은홍

저기~ 우리도 알을 하나 낳고 싶은데, 어떻게 해야 하는지 좀……
!

건국의 뒷 이야기들, 난생 신화

고구려에 이어 가야·신라 지역에서 잇달아 난생신화 출현

지난 호 「역사신문」에서 우리는 고구려의 시조 주몽이 알에서 태어났다는 신비스런 설화를 다루었다. 이번에 다시 신라의 건국신화를 실으면서 우리는 주몽의 탄생과 유사한 점을 신라의 건국에서도 발견했다. 그것은 사람이 알에서 태어났다는 것이다. 이 점은 가야의 수로왕 신화에서도 마찬가지로 보여진다.

그러나 여기서 사실 여부를 왈가왈부하는 것은 큰 의미가 없다고 본다. 중요한 것은 이 설화가 사회에 미치는 영향력이다. 알에서 태어났다는 이런 이야기는 보편적인 출생방법과 다른 과정을 제시하여, 그것이 하늘의 뜻에 따른 출생임을 상징함으로써 왕권의 신성함을 강조하기 위한 목적에서 만들어진 것으로 볼 수 있다. 실제 신라의 가장 강력한 지배세력으로 손꼽히는 박씨 세력의 이와 같은 시조 신화는 지배층을 신성시하는 데 커다란 효과를 발휘하고 있다. 난생 설화가 갖는 이러한 효력은 다른 지배세력들 사이에서도 이 설화가 널리 이용되는 요인이 되고 있다.

구야국(본가야) 건국 시조 수로왕

하늘에서 내려온 상자에 황금 알이

42년 변한(가야) 지역에서 가장 강한 나라는 낙동강 유역에 자리잡은 구야국(김해)이다. 가야에는 하늘에서 알이 내려오고 그 알에서 태어난 사람이 나라를 세웠다는 건국 설화가 내려오고 있다.

하늘과 땅이 열리고 난 후, 아직 나라 이름도 없고 왕과 신하의 칭호도 없었을 때, 아홉 명의 간(干)이 각기 마을 사람을 통솔하고 있었다. 그때 사람들은 무리를 지어 산과 들에 모여서 우물을 파고 밭을 갈아서 먹고 살았다.

어느 날, 북쪽에 있는 구지봉에서 이상한 소리가 들렸다. 9간과 마을 사람들이 구지봉에 모이니 사람의 모습은 보이지 않고 소리만 들렸다.

"하늘이 나에게 명하여 이곳에 와서 나라를 세우고 임금이 되라 하셨다. 너희들은 이 산꼭대기를 파며 '수로를 내놓아라, 내놓지 않으면 구워서 먹겠다'고 노래하고 춤을 추어라. 그러면 하늘에서 온 임금을 맞게 될 것이다."

그 말에 따라 아홉 간과 마을 사람들은 모두 함께 춤추고 노래했다. 얼마 후 하늘에서 자주색 줄이 내려와 땅에 닿는 것이었다. 그 줄 끝을 찾아보니 붉은 색의 보자기에 금으로 만든 상자가 싸여 있었다.

상자를 열어보니 황금색 알이 여섯 개가 있었다. 사람들이 모두 놀라고 기뻐하면서 절을 하고는 다시 보자기에 싸서 아홉 간 중의 한사람인 아도간의 집에 가져다 두었다.

그후 12일이 지난 아침에 마을 사람들이 다시 모여서 상자를 열어보니 모두 어린아이가 되어 있었다. 이 아이들은 모두 용모가 빼어났고 10여 일이 지나자 키가 아홉자나 되어 있었다. 사람들이 모두 이들을 극진히 공경하고 받들어 왕으로 세웠다.

그중 가장 처음에 알에서 나온 아이가 김수로였고 구야국(본가야=금관가야)의 왕이 되었다. 나머지 다섯 사람도 가야의 임금이 됐다.

신라시조 박혁거세

말이 하늘로 올라간 자리에 푸르스름한 커다란 알

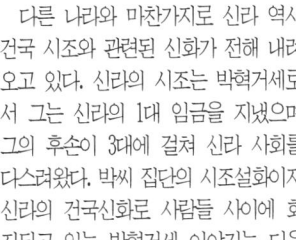

다른 나라와 마찬가지로 신라 역시 건국 시조와 관련된 신화가 전해 내려오고 있다. 신라의 시조는 박혁거세로서 그는 신라의 1대 임금을 지냈으며 그의 후손이 3대에 걸쳐 신라 사회를 다스려왔다. 박씨 집단의 시조설화이자 신라의 건국신화로 사람들 사이에 회자되고 있는 박혁거세 이야기는 다음과 같다.

진한 땅에는 일찍이 여섯 개의 마을이 있었다. 어느 날, 6개 마을 중 하나인 고허촌장이 나정이라는 우물 옆의 숲을 바라보니 말이 무릎을 꿇고 있었다. 이상히 여겨 가까이 가보니 말은 긴 울음소리와 함께 하늘로 올라가버리고, 다만 있는 것은 푸르스름한 빛이 도는 큰 알뿐이었다.

그 알을 쪼개었더니 생김새가 단정하고 아름다운 사내 아이가 나왔다. 고허촌장은 이 아이를 데려다 정성을 다해 길렀다. 여섯 마을 사람들은 그 아이의 출생이 이상했던 까닭에 높이 받들어 그 아이가 열세 살이 되자 그를 임금으로 세웠다. 임금은 자신이 나온 알이 박처럼 생겼다 하여 성을 박씨, 세상을 빛으로 다스린다 하여 이름을 혁거세라고 했고 국호는 신라라 했다.

혁거세가 태어날 무렵, 알영이라고 하는 우물에 용이 나타나 오른쪽 갈빗대에서 한 계집아이를 낳았다. 태어난 우물에서 이름을 딴 알영이 자라매 성품이 어질고 인물 또한 곱다하여 혁거세는 알영을 왕비로 맞이했다.

석탈해 난생신화

수태한 지 7년만에 낳은 알

탈해는 본래 다파나국 출생이다. 다파나국 왕이 여국왕의 딸을 데려다 아내를 삼았더니 수태한 지 7년만에 큰 알을 낳았다. 이에 왕이 말하기를 "사람으로서 알을 낳는 것은 좋지 못한 일이니 갖다 버려라"라고 했다. 그리하여 사람들이 알을 큰 궤짝에 넣어 바다에 띄워 보내 이 궤짝이 신라에 이르게 된 것이다. 이때 해변의 노모가 궤를 발견하고 아이를 키웠는데 그가 바로 석탈해이다. 박혁거세가 재위한 지 39년 되던 해의 일이었다.

신라 바닷가에 처음 궤짝이 와 닿을 때 까치 한 마리가 따라다녔으니 까치 작(鵲)자의 한 쪽을 취하여 석(昔)씨로 성을 삼고, 또 아이가 궤를 풀고 나왔으니 이름을 탈해(脫解)라 지었다고 한다.

처음에는 고기잡이로 업을 삼아 노모를 봉양했는데, "너는 보통 사람이 아니니 학문을 배워 이름을 떨치도록 하라"는 어머니의 말씀에 따라 학문에 힘썼으며 여러 가지 재주를 익혔다. 그리하여 자신이 배운 학문을 이용해 꾀를 내어 다른 사람의 집을 자기 것으로 만들어 사회적 진출의 발판을 마련하기도 했다.

진한에서 노예생활 하던 漢人포로 1천명, 낙랑으로 귀환

진한 관리 염사치 낙랑 망명길에 함께 투항

20년대 초 진한의 우거수 '염사치'가 진한에 억류되어 노예 생활을 하고 있던 한나라 포로 1천 명을 데리고 낙랑에 투항했다. 염사치는 낙랑의 토지가 비옥하고 사람들의 생활이 풍요하고 안락하다는 소식을 듣고, 낙랑으로 도망가서 항복하기로 작정, 길을 떠나던 중에 한나라 포로들을 우연히 만났다고 낙랑에 투항하면서 말했다.

망명길에 만난 한나라 사람의 이름은 호래였는데 그는 "우리들 1천5백 명은 나무를 벌채하다가 진한의 습격을 받아 포로가 되어 모두 머리를 깎이고 노예가 된지 3년이 됐다"고 말했으며. 염사치는 그들에게 낙랑에 항복하러 같이 갈 것을 제의, 한나라 포로들이 이에 동의함에 따라 이번의 대규모 낙랑 귀환이 이루졌다고 염사치는 설명했다. 염사치와 호래 일행은 함자현에 도착하여 낙랑에 연락을 취했으며, 낙랑군은 큰 배를 타고 진한으로 들어와 이들이 기다리고 있는 곳으로 와서 호래 등을 맞이하여 데려갔다. 낙랑군 포로는 원래 1천5백 명이었는데 이미 5백 명은 사망한 뒤였다.

염사치는 이 문제로 진한에게 나머지 5백 명을 돌려보내지 않으면 낙랑이 만 명의 군사를 파견하여 공격할 것이라고 협박했으며, 진한은 "5백 명은 이미 죽었으니 그에 대한 보상을 하겠다"고 하면서 노예와 포를 바치는 것으로 이번 사태를 마무리 했다.

고구려의 새 도읍지 집안(集安)

온난한 기후와 풍부한 자원… 국력 성장에 따라 산성에서 벗어나

집안은 압록강 중류 만포 건너편에 있는 도시이다. 북쪽으로 장백 산맥의 지맥인 노령 산맥의 준봉들이 북풍을 막아주고, 남쪽으로는 압록강이 온대 계절풍을 실어다주어 같은 위도의 다른 지역에 비해 살기 좋은 곳이다. 북방이지만 연평균 섭씨 기온 6.5도의 온난한 기후와 풍부한 물산은 집안이 갖고 있는 천혜의 조건이다. 금, 은, 철 등 광산 자원을 비롯하여 벼, 콩, 고량, 포도, 잣, 인삼 등 농산 자원, 그리고 산짐승과 물고기 등이 풍족하여 다른 지방의 부러움을 사고 있다. 인삼, 산삼, 뱀 그리고 식용 개구리와 압록강 붕어 등은 이곳의 자랑이다.

고구려가 이곳으로 도읍을 옮긴 것은 유리왕 22년(서기 3년)의 일이다. 처음에 고구려는 졸본의 흘승골성에 나라를 세웠다. 그러나 해발 820m나 되는 이 험한 산성은 방어에는 유리하지만, 정치·경제·문화 측면에서는 부적합했다. 특히 북옥저·선비 등을 정복하여 고구려의 국력이 강해짐에 따라 도읍으로서 졸본은 더욱 걸맞지 않게 되었다.

고구려 2대 유리왕 21년 설지라는 관리가 이 곳을 와 보고 "산수가 심히 험하고 땅이 오곡에 알맞으며, 사슴·물고기·자라 등이 많아 이곳으로 국도를 옮기면 백성이 윤택하고 병란을 면할 수 있을 것이다" 라고 말했다. 이에 유리왕 22년 졸본에서 집안으로 도읍을 옮긴 것이다.

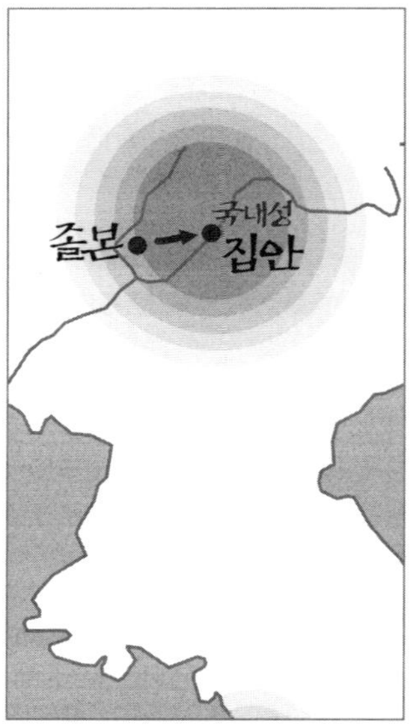
졸본
국내성
집안

술과 장, 발효 저장법 널리 보급

각종 식품 저장법이 고안되어 음식의 부패를 방지하고 독특한 맛 또한 선보이고 있다. 최근 급속한 보급을 보이고 있는 술과 장은, 띄우는 방식, 즉 일종의 발효법에 의해 만들어지는 음식이다. 술은 각종 제천의식의 필수품인데 특히 고구려에서는 술을 빚어 저장하는 방식이 상당한 수준에 이른 것으로 알려지고 있다. 장은 대두(大豆)가 경작되기 시작한 기원전 4~5세기 무렵부터 민간에서 담그기 시작했는데 주로 호리병모양의 토기가 저장용으로 선호되고 있다.

신라의 풍속 가배

부녀자들의 길쌈시합이 그 기원

유리왕이 6부를 정한 후, 이를 둘로 나누어 왕녀 두 사람으로 하여금 각각 부에 있는 여자를 거느려 편을 짜서 음력 7월 16일부터 날마다 아침 일찍 마당에 모여 길쌈을 시작, 오후 10시경에 파하도록 했다. 그리하여 8월 15일에 이르러 어느 편이 많이 짜고 적게 짰는지를 조사하여 지는 편은 술과 음식을 장만하여 사례하고 이에 노래와 춤, 그리고 온갖 유희가 일어나니 이를 가배라 한다. 이때 진편의 여자가 일어나 춤추며 탄식하기를, "회소, 회소"라 하여 그 음조가 슬프고 아름답거늘, 후대 사람이 그 소리로써 노래를 지어 이름을 회소곡이라 했다.

해외 소식

로마에 대화재 발생

폭군 네로는 그리스도교도들에게 방화의 책임을 돌려

64년 로마에 대화재가 발생하여 시가지의 절반 정도가 타버렸다. 때마침 교외의 별장에 가 있던 로마의 황제 네로는 급히 로마로 돌아와 소방 작업과 사태수습을 했으나, 시민들 사이에는 네로가 로마의 화재를 구경하면서 트로이 함락의 시를 읊었다는 소문이 퍼지고, 네로가 방화했다는 이야기까지 돌게 되었다. 이에 네로는 시민들의 마음을 진정시키기 위하여 크리스트 교도들을 방화범으로 꾸며 투기장 등에서 대학살을 하게 되었다.

화재의 원인이 무엇인지 알 수는 없으나 누군가 저질렀다면 그것은 크리스트 교도라기보다는 네로의 행위라는 것이 이곳 로마 사람들의 생각이다. 그것은 그동안 보여준 네로의 행적이 방화를 저지르고도 남음이 충분하기 때문이다. 그의 어머니 아그리피나는 자신의 아들 네로를 황제에 앉히기 위해 늙은 황제를 독살했다고 한다. 권세욕이 강한 그녀는 네로를 즉위시킨 이후 섭정을 행하게 되는데, 이로 인해 모자간의 갈등이 커져간다. 마침내 네로는 자신의 이혼을 반대하는 어머니를 죽여버렸다. 그 후 그는 이혼한 아내마저 살해하며 새로 결혼한 부인도 임신하자 죽이는 등 잔혹한 행위를 서슴지 않았다. 그리고 그는 아무의 구속도 받지 않으면서 제 마음대로 연극을 보고 돈을 마구 쓰며 방탕한 생활을 계속해온 것이다.

네로의 통치는 얼마 못 갈 것으로 전망된다. 현재 로마에서는 많은 사람들이 네로의 통치에 불만을 품고 있다. 근위대와 원로원 내에서도 반발의 조짐이 보이고 있는 실정이다.

반초(班超), 서역 원정 시도

전한(前漢)의 장건에 이어 후한에서도 반초(32년생)에 의해 서역 원정이 시도되었다. 『한서(漢書)』를 쓴 유명한 역사학자 반고(班固)의 동생이기도 한 반초는 형과 달리 일찍이 학문을 포기하고 장군의 길로 나선 것으로 알려지고 있다.

73년에는 북쪽 국경 지역을 침략하는 흉노족을 평정하기 위해 소규모 군대를 이끌고 출병하여 흉노족 내부에 분란을 일으킴으로써 신속히 임무를 완수했다. 현재는 일단 황제의 소환으로 귀국해 있으나 중앙아시아 원정이 재개될 경우 그 임무는 역시 반초가 맡게 될 것으로 보인다.

반초는 "만약 서역 도호로 임명된다면 파미르 고원을 가로질러 카스피해 연안까지 정복, 로마 제국과도 접촉을 시도하겠다"고 포부를 밝혔다.

역사신문

1 고구려 태조왕, 동옥저 정복 56
4 후한 채륜, 종이제작 성공 105
3 부여, 한군현 공격 162
고구려, 고국천왕 즉위 179
후한, 황건적의 난 일어남 184
1 고구려 고국천왕, 진대법 시행 194

고구려, 5개 부족 통합 연맹 체제 성립

"모든 대외관계는 계루부를 통하라!" 한의 5부족 분열책 종식
한사군, 현도군에 對 고구려 교섭창구 책구루 설치

고구려의 5부족이 계루부를 중심으로 통합되고, 현도군 동쪽에 '책구루'가 설치되어 대외창구가 일원화됨에 따라, 그동안 고구려 여러 부족들과 개별적으로 외교 관계를 맺고서 고구려의 통합을 저지해온 한의 분열책은 막을 내리게 됐다.

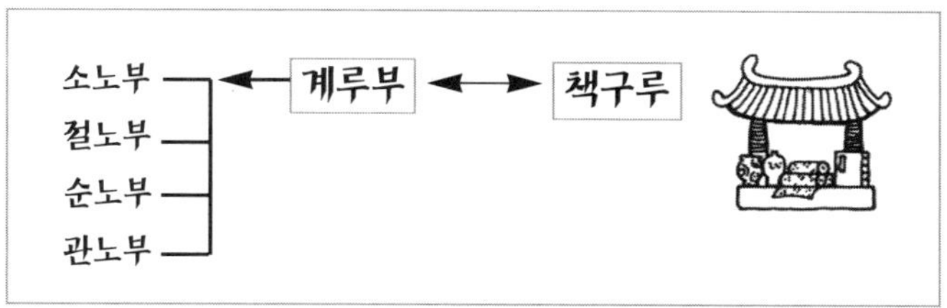
소노부
절노부
순노부
관노부
계루부
책구루

그동안 한나라는 압록강 중류 일대에서 성장하고 있는 고구려의 여러 부족들이 하나로 통합되어 강력한 세력을 형성하는 것을 막기 위해 이들 부족들과 개별적으로 외교 관계를 맺으며 분열을 유도해왔다. 한은 이들 부족 하나하나에게 의복과 책을 전해주고 물자교류를 하면서 분열을 조장해왔던 것이다.

그러나 계루부 중심의 '5부 연맹체제'가 성립되면서 사정은 바뀌게 됐다. 계루부의 태조왕은 네 부족을 통합하면서 이들 부족에게 부족 내부의 일은 스스로 결정하도록 허용했으나 외교권·무역권은 박탈하여 이들이 자유롭게 한 군현과 교섭하는 것을 막았다. 이러한 대외교섭 창구의 단일화는 계루부와 다른 부족과의 관계가 수평적 관계에서 수직적 관계로 변화했음을 의미한다. 계루부의 한 실력자는 "이제 우리 부족이 모든 고구려족에 대해 통제력을 행사할 수 있는 초부족적인 힘을 가지게 됐다"고 말했다. 이번 조치는 고구려 사회에 계루부를 중심으로 국가가 형성되고 있음을 의미하는 것으로 풀이된다.

한편 고구려의 대외교섭 창구 일원화로 고구려의 부족들이 과거처럼 제때 한군현에 나타나지 않자 한나라는 "고구려가 건방져졌다"고 불만을 토로하면서도 고구려의 강화된 세력을 의식, 현도군 동쪽에 작은 성을 쌓고 '책구루'를 설치하여 고구려가 가져갈 의복과 책을 놓아두고 이곳을 통하여 물자교류를 하도록 조치했다.

관련기사 2면

고구려, 진대법 시행

국상 을파소 건의, 귀족 세력 약화와 농민 보호 동시에 노려

194년 고국천왕은 국상 을파소의 건의를 수용하여 곤궁한 백성들에게 3월에서 7월 사이에 나라의 곡식을 대여했다가 10월에 갚게 하는 '진대법'을 시행키로 했다.

이번 조치는 심각해져가는 농촌문제를 더이상 방치할 수 없다는 국왕의 강력한 의지에서 비롯된 것이다. 그동안 고구려 사회는 잦은 전쟁과 지배층의 수탈로 일반 농민들이 몰락하는 추세가 일반화되어 있었다. 농민들은 가뭄이나 홍수 등으로 흉년이 들게 되면 별수 없이 귀족의 고리대를 빌려 연명할 수밖에 없었는데 제때 이를 갚지 못하면 귀족의 노비가 되기까지 했다.

이번 조치에 대해 가난한 농민들은 크게 환영하고 있다. 한 고구려 주민은 "지난해 흉년에는 먹을 것이 하나도 없어 자식이라도 팔아야 할 절박한 상황이었는데 진대법이 시행되니 참 다행이다"라고 말했다. 그동안 귀족들은 농민에게 양식을 빌려주었다가 갚지 못할 경우 자신의 노비로 삼곤 했는데 이번 조치로 이와 같은 채무 노비의 발생도 다소 누그러질 것으로 전망된다. 또한 진대법 실시로 국가 재정의 기반이 되는 조세부담층이 안정될 수 있을 것으로 예견돼, 진대법의 시행은 국가재정 확보에도 유리한 조치로 평가되고 있다.

▲ 고구려의 강력한 기병과 옥저의 보병과의 대결. 창 잘 다루기로 소문났던 옥저의 군사들도 결국 고구려의 기병 앞엔 무릎을 꿇었다. 기병의 기동력을 보병이 따라갈 수는 없는 노릇.

세력 기상도

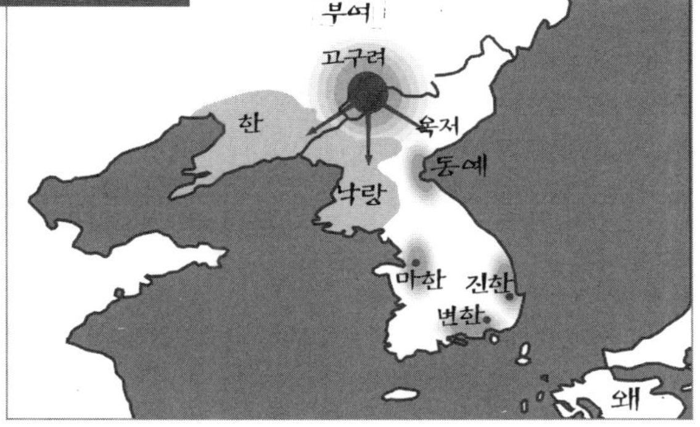
부여
고구려
한
옥저
동예
낙랑
마한
진한
변한
왜

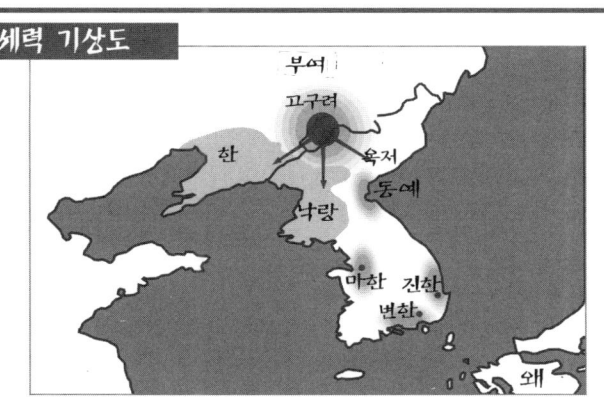

고구려 고대국가체제 완성 단계, 중앙집권 강화·관료체제 정비. **옥저** 고구려에 정복당함. **부여** 집권 국가 성장에 고충을 겪고 있음. **삼한** 한강 이남의 여러 소국들 중 마한의 '백제', 진한의 '사로국', 변한의 '가야' 등의 성장이 주목됨. **중국** 후한의 집권기. 한사군을 통해 우리 민족의 성장을 방해. **왜** 30여 국의 작은 국가가 '히메꼬'라는 남편 없는 여자 무당을 세워 '아마대국'이라는 연맹체 구성.

고구려, 주변국 공략에 적극 나서

태조왕, 동옥저 정복

해산물·소금·미녀 등 공납받고, 옥저 주민 노비 부리듯

56년 (태조왕 4년) 7월 고구려는 기미병사를 앞세운 강력한 무력으로 소국 동옥저를 정벌했다. 이번 전쟁에서의 승리로 고구려의 영토는 동으로 동해안까지, 남으로 청천강까지 확장됐다. 또한 함흥지방의 비옥한 농토에서 생산되는 농산물을 차지할 수 있게 되었을 뿐만 아니라 물고기와 소금 등 해산물 또한 공급받을 수 있게 됐다.

동옥저는 여러 정치집단들이 하나로 결합되어 있는 것이 아니라, 여러 개의 소부족으로 분리되어 있기 때문에 고구려의 공격 앞에 쉽게 무너지고 말았다. 고구려는 점령지 옥저지역을 다스리기 위해 현지인 가운데 책임자를 뽑아 그를 '사자(使者)'로 임명했다.

한편 옥저 주민들은 고구려가 이 지역 특산물인 담비의 가죽, 물고기, 소금, 해초류 등 공물을 한꺼번에 모아 천 리나 되는 거리를 져나르게 하고 있어 심한 고생을 겪고 있다. 점령지 옥저에 대한 고구려의 지배는 여기에 그치지 않고 미녀를 고구려로 보내게 하여 종이나 첩으로 삼고 있으며, 옥저의 사람들을 노비와 같이 취급한다고 소식통은 전하고 있다.

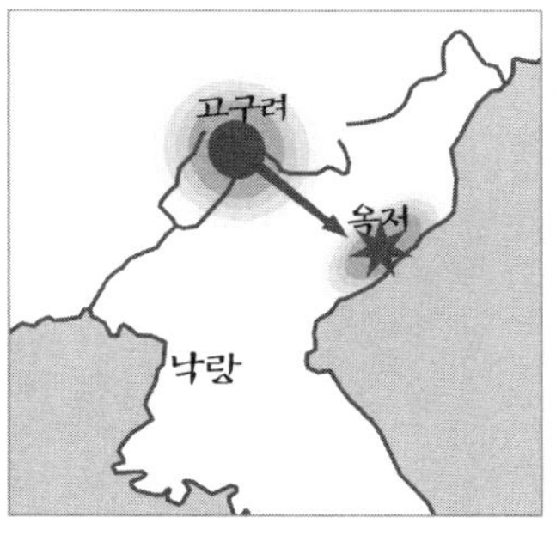
고구려
옥저
낙랑

태조왕, 한 군현 정벌에도 나서

74년 '주나' 지역 정벌을 마지막으로 압록강 중류 일대 소국 통합을 완료한 계루부 출신의 태조왕은 5부 연맹체를 이끌면서 한 군현에 대한 정벌에 나섰다.

북서쪽으로 요동, 현도군을 공격하고 남으로 낙랑에 대해서도 자주 공격을 가하고 있다.

105년	요동군 현도군 공략, 요동지역 6개현을 빼앗는 승리.
118년	예맥과 연합 현도군 침입, 화려성 공격.
121년	현도, 요동의 2군 공격. 2천여명 살해, 요동 태수를 전사시킴.
146년	요동군의 서안평 습격. 대방현 책임자 죽이고 낙랑군 태자의 처자 생포.

역사신문

진대법 시행을 환영한다

채무노비 발생 막는데 기여할 듯

고구려가 빈민 구제를 목적으로 진대법을 시행한 것을 환영한다. 이는 고구려 사회에서 발생하고 있는 빈부 격차의 증대, 이로 인한 '채무노비' 발생 등 고구려 사회가 안고 있는 사회 문제를 해소할 수 있는 적극적인 조치로 평가할 수 있기 때문이다.

그동안 고구려 사회는 대내외적으로 눈부신 발전을 거듭해왔다. 특히 태조왕 때 본격화된 대외 정복활동은 고구려 사회에 막대한 부를 가져다 주었으며 이로 인하여 지배집단의 경제력은 더욱 증대되었다. 그러나 이는 고구려 사회의 계층분화를 더욱 진전시켜 부자는 더욱 부유해지지만 많은 사람들이 빈민으로 몰락해가는 사회문제를 낳았다.

이러한 상황을 악이용하는 귀족들의 작태로 인해 사회문제는 더욱 심각해졌다. 귀족들은 농민의 어려운 처지를 이용하여 더 많은 노비를 확보하는 데 혈안이 됐다. 그들은 봄철에 배고파 굶주리는 농민에게 비싼 이자를 조건으로 곡식을 빌려 주었다가, 가을에 이를 갚지 못할 경우 농민의 땅과 재산을 헐값으로 빼앗다시피 매입하거나, 아무것도 가진 것이 없는 빈민일 때에는 그 농민의 자식을 노비로 삼아버렸다. 특히 흉년이 들어 농사가 제대로 안되었을 때 이러한 양상은 더욱 심각해졌다.

나라의 근본이 되는 농민을 보호하여 무슨 일이 있어도 그들의 몰락을 막아야 하는 것이 집권자의 책무이자 도리이다. 더군다나 농민이 귀족의 노비로 전락하는 것은 농민의 몰락으로 그치는 문제가 아니라, 국가의 공민이 줄어드는 결과를 낳으며, 이는 곧 국가 재정을 압박하는 요인이 된다. 국가 재정의 안정적 확보 차원에서도 농민의 몰락을 막아야 하는 필요성이 제기되는 것이다. 따라서 고국천왕이 귀족세력과는 출신이 다른 개혁 인사 을파소를 전격 기용했을 때, 우리는 고리대로 인한 '채무 노비' 발생이라는 고구려의 가장 심각한 사회 문제를 막아주는 조치가 단행되기를 내심 기대하였다.

이번에 을파소의 건의에 따라 시행된 진대법은 많은 백성에게 기쁨을 가져다 준 획기적인 법안이다. 우리는 진대법이 관리의 부정없이 원래 의도대로 성실히 이행되어 고구려 백성들의 생활을 안정시켜 주며, 나아가 가난한 백성이 귀족의 고리대로 인해 채무 노비로 전락하는 것을 철저히 막아 주기를 기대한다.

그림마당

이은홍

을파소 절묘한 패스, 고국천왕 잡아서…슛~골인!
백성들, 환호가 대~단합니다!!!
와
진대법
귀족
와
귀족

고구려

계루부 중심 5부 연맹체 운영의 의미

더욱 강화되고 있는 고구려의 집권력

계루부 고씨 왕위 세습, 각 부 독자성 대폭 축소

고구려가 태조왕 후반기 들어 활발하고 조직적인 대외 정복활동을 전개하고 있다. 4차례에 걸친 한 군현 정벌은 계루부 중심의 '5부 연맹체제'가 성립됐기 때문에 가능했던 것으로 분석된다. 이는 곧 고구려의 집권력이 왕을 중심으로 강화되고 있다는 사실을 보여주는 것이다.

그동안 압록강 중류 일대에는 크고 작은 여러 나라들이 자리잡고 있었는데, 점차 5개의 부족을 중심으로 통합됐고, 그 후 이 5개 부족은 연맹체를 형성, 그 중 가장 강력했던 계루부 집단이 나머지 네 부족을 통제하면서 5부족 연맹국가가 성립됐다.

5부 연맹체제의 성립으로 각 부족이 힘을 한데 모을 수 있게 됨에 따라, 보다 많은 병력을 조직적으로 동원하면서 한나라의 군현과 싸울 수 있었다. 고구려 부족이 이처럼 하나로 통합되는 과정에서 한나라의 분열공작과 맞서야 했음은 말할 것도 없다.

한편, 정복전쟁을 통한 영토확장 및 노동력 자원의 증대는 지배 집단 내에서 특히 계루부의 지위를 더욱 강화시키고 있다. 계루부의 태조왕은 자신이 쌓아올린 권한을 바탕으로 다른 부(部)의 반대를 이겨내고 '계루부 고씨'에 의한 왕의 독점적 세습권을 확보했으며, 이와 더불어 각 부의 내부 동향을 계루부 왕에게 보고하도록 하는 조치를 시행했다.

또한 대외적으로 각 부의 무역권, 외교권, 전쟁권 등을 박탈하고 중국 군현과의 교섭은 중앙정부에서만 취급하여 대외 교섭창구를 일원화하였다.

인터뷰 진대법 시행의 주역 명재상 을파소

"귀족들의 반발이 가장 큰 장애물이었다"

진대법 시행에 가장 어려웠던 점은.

귀족들의 불만이 가장 큰 걸림돌이었다. 그간 귀족들은 자신의 재산을 증식시킬 수 있는 손쉬운 방법으로 고리대를 이용해왔다. 그런데 이번 조치로 고리대를 통한 재산증식의 기회는 줄어든 셈이다.

진대법 실시가 가난한 백성들을 구제하기 위한 것만은 아니고 또다른 의도가 있다는 분석도 있다.

진대법 입안의 핵심은 국왕께서 직접 백성들의 어려움을 보살피겠다는 것이다. 진대법을 시행함으로써 귀족들의 세력 확장도 방지할 수 있고, 백성들에게 빌려준 곡식의 이자를 받으면 나라 살림에도 보탬이 될 것이다.

3년 전 국상으로 기용될 당시 귀족들의 반발이 거셌는데 왜 그랬다고 생각하는가.

귀족들의 눈에는 나라의 최고 관직인 국상에 당시 아무런 정치적 기반이 없던 내가 등용되는 것이 못 마땅했을 것이다. 그 때 국왕은 "귀하고 천하고 상관없이 국상 을파소에게 복종하지 않는 자가 있으면 족(族)을 멸할 것"이라고 엄명을 내리면서 반발을 억눌렀다.

귀족들의 반발을 무릅쓰면서까지 당신을 국상으로 기용한 국왕의 의도는 무엇인가.

고구려의 집권력을 강화시키기 위해서는 귀족들의 권한을 제압할 필요가 있는데, 그 일을 귀족들에게 맡길 수는 없다고 생각했을 것이다.

앞으로 고구려가 더욱 성장해나가는 데 있어 해결해야 할 과제는 무엇이라고 생각하는가.

각 부(部)에 대한 중앙의 통제력을 강화시킬 필요가 있다. 현재도 고구려에는 중대한 문제의 해결을 위해 제가회의가 소집되는 등 부족장들의 힘이 왕권을 견제하고 있는 실정이다.

또한 귀족들의 세력을 보다 약화시키고 이들을 대신하여 정치와 행정을 담당할 관료를 양성해야 한다.

을파소 등용 秘話

왕의 요청에 최고 관직 요구

국상 을파소. 그는 바로 고국천왕이 나라의 발전을 위해 숨은 인재를 찾는 과정에서 발굴된 인물이다.

현명한 인물을 추천하라는 국왕의 명령에 처음 천거된 사람은 '안류'였다. 그러나 안류는 "나는 큰 정치에 참여할 인물이 못된다"며 을파소를 추천했다. "을파소는 성질이 강직 과감하고 지혜가 깊어, 국왕이 나라를 다스리려면 이 사람이 아니고서는 안된다"는 것이 을파소 추천의 이유였다.

고국천왕은 을파소를 불러 "내가 임금의 자리에 처하였으나 재주가 모자라고 정치에도 능란치 못하다. 청컨대 조용히 가르침을 받으려 하니 공은 진심으로 도와주기 바란다"고 말하며 국정에 참여해 줄 것을 부탁했다.

을파소는 이에 "노둔한 신(臣)으로서는 감히 어명을 받들기 힘드니 원컨대 대왕은 현명한 사람을 발탁하여 그에게 '최고의 관직'을 주어 대업을 이루게 하소서"라고 대답했다. 국왕은 이 대답에서 '최고의 관직'이 의미하는 바를 깨닫고 을파소에게 나라의 재상 자리를 주어 정사를 맡게 했다.

왕위계승, 형제상속에서 부자상속으로

고국천왕 일방적 발표, 계루부 고씨들 강력하게 반발

고국천왕은 현재 형제상속으로 되어 있는 왕위계승 방식을 부자상속으로 개편할 방침이라고 발표했다.

고국천왕이 이번에 왕위를 같은 집단 내의 형제에게 상속하는 것이 아니라 아들에게 상속하는 '부자상속'의 원칙을 마련한 것은 형제상속에 비해 왕권을 보다 안정시킬 수 있으며 정책의 계속성에서도 형제상속보다 유리한 이점이 있기 때문이다. 그러나 왕권이 현 국왕 개인의 상속물이 된다는 점에서 왕위계승에서 소외된 계루부 고씨들의 거센 반발이 예상된다.

고구려 국왕 자격 변천

왕권강화, 권력집중 현상 뚜렷

고구려의 국왕 자격이 '5부 대표 → 계루부 고씨 형제 → 국왕 직계'로 점점 강화되고 있다.

고구려 초기에는 연맹체를 구성한 5부 중 세력이 강한 집단의 대표가 왕위에 올랐는데, 각 부족은 서로 대등한 관계였기에 누구나 세력 크기에 따라 왕위를 차지할 수 있는 권한이 있었다. 그러던 것이 태조왕 때, 5부중 계루부의 세력이 강력해지면서 계루부 고씨가 왕위를 독점하게 됐다. 이때의 형제상속 원칙이 이번 발표로 부자상속으로 바뀌게 됐다. 여러 반발이 예상됨에도 불구하고 이번에 부자상속의 원칙이 발표됐다는 것은 그만큼 왕권이 강화됐음을 보여주는 지표이다.

부자상속
형제
상속

부여

한사군에 대규모 공격 단행, 주변국 긴장

중국과 평화적인 관계를 유지해왔던 부여가 중국 군현에 대한 공격을 감행하고 있다. 111년 부여왕은 보병과 기병 7천5백명을 거느리고 한 군현을 공격했었고, 162년 경에는 2만의 군사로 현도군을 공격했으나 현도 태수의 반격과 부여의 성장을 견제하려는 고구려의 지원군에 부딪쳐 1천여 명의 전사자를 내는데 그치고 말았다.

부여의 한 군현에 대한 이같은 공격은 부여가 강한 군사력을 기반으로 하여 보다 집권화된 국가로 성장할 수 있는가의 여부를 판가름 짓는 중요한 사건으로 평가되어 주변국가들의 관심을 집중시켰다. 162년에 고구려가 전쟁에 적극 가담한 것도 이러한 관심의 반영이라고 할 수 있다.

전쟁 결과를 놓고 볼 때 부여의 전망은 그리 밝지 못하다고 할 수 있다. 2차례 전쟁을 통해 부여는 별반 소득을 얻지 못했기 때문이다. 부여는 이후 강력한 집권국가로 성장하는데 많은 어려움을 겪을 것이라는 것이 전문가들의 공통된 의견이다.

"고구려, 부여-한사군 전쟁에 참전"

제가회의, "부여의 군사대국화 고구려에 해롭다"

부여왕이 현도군을 공격한다는 소식을 전해듣고 고구려 정부는 긴급 제가회의를 소집했다. 회의 결과 고구려는 현도군을 돕기 위해 참전하기로 결정했다. 이날 회의에는 5부족 대표 등 모든 구성원이 대거 참여하여 고구려의 적대국 부여의 군사적 움직임에 대한 고구려인의 높은 관심을 보여주었다. 회의에 참여한 연나부 출신의 부족장은 "부여가 현도군을 물리치고 군사적으로 강성해질 경우 고구려에 이익 될 게 하나도 없다"고 하면서 "그때 가서 부여를 상대하는 것보다는 지금 현도를 도와 부여를 물리치는 게 더 유리하다"고 말했다. 나머지 네 부족의 대표들도 현도를 돕는다는 의미보다는 부여의 성장을 억제한다는 차원에서 전쟁 참여를 동의하고 자신이 지배권을 행사하고 있는 부에서도 군사력 동원에 적극 협조할 것을 약속했다.

제가회의란?

부족 문제나 대외적인 문제가 발생했을 때 연맹 부족들이 의견을 조정하기 위해 부족장 회의를 소집하는 합좌(合座)제도가 그 원형. 대외 선전포고, 불교 승인과 같은 사상정책, 국가의 통치체계와 수취관계에 관한 중대사 등을 결정. 국가 동원력과 통합력을 최대한으로 하여 미약한 지배질서와 행정 조직을 보완하는 것이 주된 기능. 또 왕권 전제화에 맞서 고대국가의 연맹체적 성격을 지속시켜 귀족들의 권익을 옹호하는 기능을 행하기도 한다.

백제

주변세력 통합하고 지속 성장

마한 지역 패권 놓고 목지국과 격돌 예상

마한지역의 연맹체들 사이에서 고구려에서 이주해왔다고 전해지는 온조가 건국한 십제(十濟)가 한강 유역에서 소국 연맹체의 맹주로 성장하고 있다.

이들 집단은 처음에는 한강 북쪽에 도읍하고 국명을 '십제'라 일컬었는데, 중국의 군현세력과 동예의 침입을 효과적으로 방어하기 위해 천혜의 요새인 하남위례성으로 중심지를 옮겼다.

그후 이들은 한강 유역의 여러 세력 집단을 자신의 지배하에 통합하면서 연맹체의 영역을 확대해나가, 국가의 명칭도 성장한 국력에 걸맞게 십제에서 '백제(百濟)'로 바꾸었다.

이러한 백제의 성장은 자연스럽게 목지국의 영도권을 위협하고 있어 목지국을 중심으로 하고 있는 마한지역의 세력 판도에 큰 변화를 불러올 것으로 보여 많은 관심이 쏟아지고 있다. 앞으로 마한지역의 지배권을 다투는 한판 승부가 백제와 목지국 사이에서 벌어질 것으로 예상된다.

신라

동해안 주변 정복 박차

100년을 전후 경주지역을 근거지로 하고 있는 진한 12개국 중 하나인 사로국은 동해안 주변세력의 정복에 힘쓰고 있다. 사로국이 진출하고 있는 지역은 형산강 물줄기를 따라 형성되어 있는 작은 나라들이다. 이 지역은 낮은 평지가 형성되어 있는 등 옛날부터 교통이 발달한 곳이다.

가야

금관가야, 연맹체 형성 추진

최근 변한지역의 금관가야는 소국 연맹체인 '가야연맹' 형성을 목표로 활발한 활동을 전개하고 있다.

금관가야는 해외 진출에 유리한 지리 조건을 이용, 바다 길로 낙랑에서 선진 문물을 수입, 문화를 축적하고 있으며, 그중 일부를 주변 지역과 일본에 공급, 중개무역의 이익과 그 지역에 대한 통제력을 키우고 있다.

백제
신라
성산가야
대가야
금관가야
고령가야
아라가야
소가야
왜
낙랑

변한의 소국들은 벼농사와 조개채취 등 어업생산을 바탕으로 철 생산과 무역을 통해 성장을 거듭하고 있다.

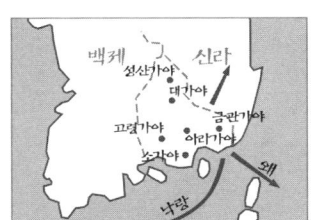

잇달아 살해된 두 명의 고구려 왕

'신하가 임금을 시해할 수도 있다'

민심!
=
천심!
王
王

고구려에서 신하가 임금을 죽이는 사건이 벌써 두 차례나 발생. 제 5대 모본왕이 '두로'에게 살해됐으며, 제 7대 차대왕 역시 '명림답부'에 의해 목숨을 잃었다.

이에 대해 "임금을 제거하는 일은 신하로서 도저히 있을 수 없는 일"이라고 말하는 명분론자들도 있지만, "백성의 원수가 된 임금은 더이상 임금이라고 할 수 없으며 따라서 이들을 죽인 것은 다만 폭군을 없애버린 것"으로 보아야 한다는 주장도 있다.

차대왕을 살해한 명림답부는 "민심은 곧 천심"이라며 "하늘의 명은 백성을 통해 나타나는 것이어늘 이미 백성이 임금으로부터 등을 돌렸다면 하늘의 명은 그 임금을 떠난 것이니 그는 더이상 임금이 아닌 것"이라고 주장하고 있다.

고구려 祝祭

東盟

▲고구려인들의 생활풍속을 알 수 있는 벽화(장천1호분)

한나라 사신 동맹제 참관기

150년 경 내가 고구려를 찾아갔을 때 가장 인상 깊었던 것은 10월에 열린 국중대회였다. 그 곳 사람들은 하늘에 제사지내는 그 행사를 '동맹(東盟)'이라고 불렀다.

그 행사가 열릴 때 고구려의 온 백성들은 나라 동쪽에 위치한 수혈(隧穴)이라 불리는 큰 동굴에 가서 나무로 만든 수신(隧神 지모신)을 맞이하고 이 수신을 나라 동쪽 강에 모시고 신의 자리에 앉혀 놓은 뒤 제사를 지냈다.

평소에도 고구려 백성들은 노래와 춤을 좋아하여, 나라 안의 촌락마다 저물어 밤이 되면 남녀가 떼지어 모여서 서로 노래하며 유희를 즐기는 모습을 흔히 볼 수 있었는데, 동맹제 기간 동안에는 노래와 춤은 물론이거니와 갖가지 놀이와 사냥이 벌어졌다. 제천이 열리는 기간 동안 사람들은 오현금을 연주하고 흥겹게 춤을 추고 놀았으며, '원숭이 가면 놀이', 흥미진진한 '마술'과 아슬아슬한 '곡예' 등을 보고 즐겼다. 또한 씨름판도 벌어지고, '놀랜 말 달래기'라는 경기가 열리기도 했는데 나는 이를 지켜 보면서 말로만 듣던 고구려인의 강인한 기상과 말 다루는 능숙한 솜씨를 엿볼 수 있었다.

재미있는 고구려의 결혼 관습

하나,데릴사위제

아이 자랄 때까지 처가살이

고구려에서는 양가 부모의 승낙을 받아 약혼이 성립되면 다른 나라와는 달리, 신부 집의 본채 뒤에 작은 별채 '사위의 집'을 지어두고 기다린다.

드디어 결혼 날이 되면 해질 무렵에 신랑은 신부 집 문 앞에 이르러 자기의 이름을 밝히고 절을 한 후, 아무쪼록 신부와 더불어 잘 수 있게 해달라고 청한다. 이때 동네 사람들은 재미있는 구경거리라도 되는듯 신부 집 앞에 모여든다. 마을 사람들에 둘러싸인 신랑이 이렇게 두 번 세 번 신부와 잠자게 해달라는 청을 거듭하면, 신부의 부모는 신랑의 요청을 허락하고 마침내 신랑은 신부 집에서 마련해둔 '사위의 집'에 들어가 신부와 첫날밤을 지내게 된다. 신랑이 가져온 돈과 폐백은 '사위의 집' 곁에 쌓아둔다. 결혼한 부부는 이 '사위의 집'에서 아이를 낳고 그 아이가 다 자란 후에야 함께 남편의 집으로 돌아갈 수 있다.

사위의집

…형님,
나…여깄소!

둘,형사취수제

형이 죽으면 동생이 형수를 아내로 삼아

한편 고구려 사회에서는 형이 죽으면 형수를 동생이 취하여 아내로 삼는 '형사취수혼'이 널리 행해지고 있다. 이러한 결혼 형식은 고구려뿐만 아니라 부여, 흉노 등 북방민족 사이에서도 널리 나타나고 있다.

이 제도는 씨족사회에서 다른 씨족원이었던 여자가 자기 남편의 죽음과 함께 다른 씨족의 남자와 재혼하여 전 남편의 재산을 가지고 갈 경우, 씨족의 재산과 인적 손실이 생기는 것을 방지하기 위해 생겨난 것으로 보인다.

이젠 사라진 나라 옥저의 풍속

함경도 동해안에 위치한 옥저는 선진 문화의 수용이 늦었으며, 각 읍락에는 읍군(邑君)이나 삼로(三老)라는 군장이 있어서 자기 부족을 다스렸으나 통합된 더 큰 정치 세력을 형성하지 못하고 고구려에 의해 멸망했다.

옥저는 비옥한 토지에 산을 등지고 바다를 향해 있어 오곡이 잘 자라고 농사짓기에 적합하여, 사람들의 성질은 질박하고 정직하며 굳세고 용감하다.

▲민며느리제 먼저 혼인 풍습을 보면 고구려와 정반대이다. 여자의 나이가 열살이 되기 전에 혼인을 약속하고, 신랑 집에서는 그 여자를 맞이하여 장성하도록 길러 아내로 삼는다. 여자가 성인이 되면 다시 친정으로 돌아가게 한다. 이 때 여자의 친정에서는 돈을 요구하는데, 신랑 집에서 돈을 지불한 후에 다시 신랑 집으로 돌아와 살게 된다. 이는 노동을 담당하게 될 여자에 대한 대가라고 한다.

▲골장제 시체를 임시 매장하여 가죽과 살이 모두 썩게 했다가, 그 후에 뼈만 추려 곽 속에 안치한다. 온 집안 식구의 뼈를 모두 하나의 곽 속에 넣어두며, 살아 있을 때와 같은 모습으로 목상을 새기는데 죽은 사람 숫자대로 만든다. 가족이 죽으면 시체를 가매장했다가 나중에 그 뼈를 추려서 가족 공동의 무덤인 커다란 목곽에 안치한다. 또 죽은 자의 양식으로 쌀을 담은 항아리를 매달아놓기도 한다.

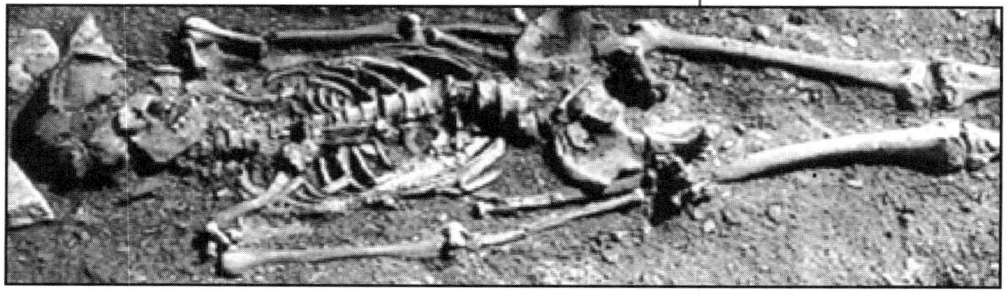
▲시체를 가매장한 후 다시 안치하기 위해 추려낸 사람의 뼈

해외 소식

後漢의 채륜,종이 제작에 성공

문화 보급 및 발달, 지식의 대중화에 큰 기여할 듯

종이 제작 과정

105년 좀더 값싸고 편리하게 기록할 수 있는 재료가 요청되고 있는 상황에서 후한의 채륜이 세계 최초로 종이를 제작하는 데 성공했다. 환관이기도 한 그는 수공업 분야의 권위자로 능력을 인정받아 궁중의 수공업제품을 조달하는 일을 담당하고 있었는데 이번에 민간의 종이 제법을 실용화한 것이다.

채륜은 민간의 종이제조가 비싼 재료를 이용하는 단점을 보완, 나무껍질, 헌 옷, 넝마, 폐기된 어망 등 폐품이나 저렴한 원료들을 활용하여 가볍고 얇고 튼튼하며, 값싸고 대량생산이 가능한 종이를 만드는 데 성공했다.

종이가 실용화되기 이전 중국에서는 은대 이래 갑골이나 청동기, 나무를 이용한 죽간이나 목간이 널리 이용되었으며, 붓이 발명된 이후에는 비단 위에 기록을 남기는 백서(帛書)가 널리 이용되었다. 하지만 이는 사용에 불편할 뿐 아니라 경제적 부담도 커, 소수의 지배층만이 문화를 독점하는 결과를 낳았다. 그러나 이제 편리하고 값싼 종이의 발명으로 문화의 보급, 발달이 더욱 촉진될 것으로 전망된다.

로마, 오현제 시대

능력자에게 왕위계승

근 2백년에 걸쳐 로마에서는 다섯명의 현명한 황제가 나라를 다스려 평화를 구가하고 있다. 네르바-크라야누스-하드리아누스-안토니우스 피우스-마르쿠스 아우렐리우스로 이어지는 다섯명의 현명한 황제들의 통치시대를 '오현제(五賢帝)' 시대라 부른다. 이들은 자신의 자식이 아닌 덕망있는 사람에게 제위를 계승하고 있다. 군대 통솔이나 원로원과의 협조에 능한 사람이 황제가 됐다.

역사신문

고구려, 낙랑을 정복하다

한사군 완전 소멸, 옛 고조선의 중심지 4백년만에 탈환

313년(미천왕 14년) 10월

고구려가 드디어 낙랑군을 멸망시켰다. 이번의 쾌거로 지난 4백여 년간 한반도 중심지에 설치되어 있던 한사군은 완전 소멸됐으며, 고구려는 국가발전의 경제적 기반을 마련하게 됐다.

고구려 정부는 낙랑군의 완전한 소멸을 확인한 직후 "고조선 멸망 이후 한반도에서 4백여 년간 우리나라뿐만 아니라 주변국가들을 지배해온 중국의 낙랑군을 몰아내는 숙원을 우리 고구려인이 이룩해냈다는 것이 무척 자랑스럽다"는 성명을 발표했으며, 그간 낙랑과 치열한 대립을 벌여온 백제도 환영의 뜻을 나타냈다.

이번 고구려의 낙랑 정복은 동천왕 시기의 국가적 위기를 극복하고 진대법 실시 및 권력의 중앙집중화 등 꾸준한 국가체제 정비의 노력으로 이루어낸 일이라는 점에서 더욱 값진 일로 평가되고 있다.

또한 그간 낙랑에 영향력을 행사하면서 낙랑을 지원해 온 중국 본토의 진(晋)나라가 흉노족의 침입으로 수도가 함락되는 위기에 처함에 따라 고구려의 낙랑정벌에 아무런 영향력을 행사할 수 없었던 상황도 고구려 승리의 한 배경이 된 것으로 분석되고 있다.

고구려는 한반도의 중심지역을 장악하게 됨에 따라 이후 요동지역으로 영향력을 확대해나갈 것으로 전망된다. 관련기사 2면

한사군과 낙랑군

기원전 108년
중국의 한나라는 한반도를 침략, 고조선을 무너뜨리고 점령지역에 진번, 임둔, 현도, 낙랑이라는 네개의 군을 설치했는데 이것이 한사군(漢四郡)이다. 이 가운데 진번과 임둔군은 일찍이 소멸되었고, 현도군 역시 고구려에 의해 요동지역으로 축출되었다. 다만 고조선의 중심지에 설치된 낙랑만이 한나라 멸망 이후에도 명맥을 유지하면서 고구려, 백제와 대립해왔다.

관련 일지

기원전 108년
한, 고조선을 멸망시킨 후 낙랑·임둔·진번·현도 설치
기원전 82년
진번군, 임둔군을 폐지하고 낙랑군, 현도군에 통합
기원전 75년
현도군 치소 (治所: 다스리는 곳) 흥경 노성으로 이동
107년
현도군 치소 무순 지방으로 재이동
206년
낙랑군 남부에 대방군 신설
313년
낙랑군 멸망

세력 기상도

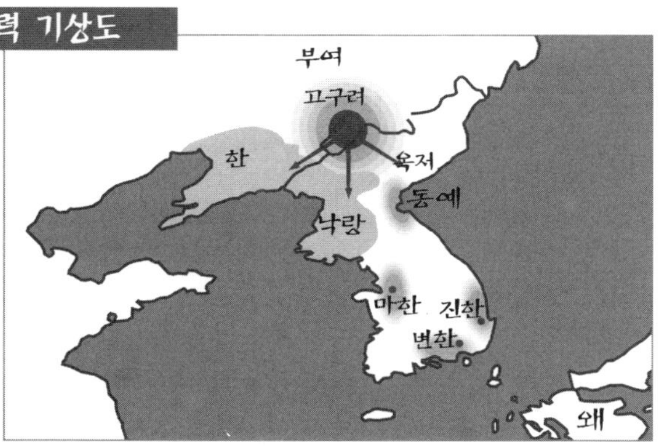
부여
고구려
한
옥저
동예
낙랑
마한
진한
변한
왜

고구려 미천왕 이후 낙랑을 멸망시키고 요동지역에 공세 강화. **부여** 북방민족의 흥기에 따라 국가 위기 심화. **백제** 고이왕 때 마한의 목지국을 병합. **진한** 소국간의 병합 활발히 전개, '서라벌'이 주목됨. **가야** 낙랑 멸망 후 무역 위축. **중국** 삼국시대 진의 통일로 마감됨. 이후 북방민족의 침략으로 5호 16국의 시대가 열림. 한편 진의 사마씨는 화남으로 이주, 동진을 건국.

가야, 낙랑 멸망 이후 대책 마련 부심

철 수출 판로와 선진 문물 수입 경로 막혀

낙랑 멸망 소식이 전해짐에 따라 가야의 지배층들은 이번 사건이 국내에 미치게 될 경제적·문화적 타격에 대한 우려를 감추지 못하고 있다.

그간 가야는 금관가야를 중심으로 낙랑에 철을 수출하면서 경제적 번영을 누려왔고 문화적으로도 낙랑을 통해 중국의 선진적인 문물을 받아들여 온 바 있다. 이와 관련 금관가야의 한 관리는 "한반도 최남단에 위치했다는 불리한 지정학적 조건에도 불구하고 그동안 낙랑과의 교역을 통해 선진 문물을 수입하면서 성장해올 수 있었는데 이제는 다른 방도를 찾아야겠다"고 말했다.

마한 지역 백제의 聲明

우리 백제는 그동안 낙랑과 치열한 항쟁을 거듭해왔다. 298년 한의 침략으로 책계왕이 전사하고 304년에는 낙랑 태수가 보낸 자객에 분서왕이 살해되는 비극을 겪기도 했다. 이러한 연유로 낙랑에 대한 백제인의 분노가 하늘을 찌를 듯했는데 이웃 나라인 고구려가 대신해서 원한을 풀어주니 고맙기 한이 없다.

역사신문

무너지는 형사취수제

변화하는 사회에 알맞는 정책을 기대한다

고구려 주민들은 지금 커다란 혼란에 빠져 있다. 오랫동안 내려온 고구려의 전통적인 결혼제도의 하나인 '형사취수제'가 무너지고 있기 때문이다. 사람들은 기존의 가치관이 무너졌으나, 새로운 윤리체계가 세워지지 않은 상황에서 심한 정신적 분열을 겪고 있는 것이다.

원래 고구려에서는 형이 죽으면 형수를 동생이 취하여 아내로 삼는 취수혼이 행해져 왔으며, 시동생에게 시집간 여인이 죽어서 묻힐 때에는 반드시 전 남편 옆에 묻혀야 한다는 원칙이 세워져 있었다. 그런데 이러한 풍습이 점차 무너지면서 문제가 발생하고 있는 것이다. 이번에 죽은 고국천왕의 왕비였던 우씨가 그녀의 유언에 따라 고국천왕 곁에 묻히지 않고 둘째 남편인 산상왕 곁에 묻힌 것도 형사취수의 원칙이 무너지고 있는 대표적 사례로 꼽을 만하다.

하지만 이 과정에서 당사자가 겪는 고통은 말할 것도 없고, 여론의 분열 역시 매우 심각한 실정이다. 우씨가 죽은 이후 우씨의 결정에 대해 "고난에 찬 어려운 결정이었다"며 동정의 시선을 보내는 사람도 있으나, "지도층에 있는 사람이 어떻게 전통을 무시할 수 있느냐"고 맹비난을 퍼붓는 사람도 적지 않다는 사실은 현재 고구려 사회가 처해 있는 심한 가치관의 혼란상을 말해주는 단적인 증거이다. 이러한 가치관의 대립 속에서 어느 한쪽으로 결정을 내려야 하는 딱한 입장에 처해 있는 당사자들은 우씨의 경우처럼 적지 않은 고통을 받고 있는 실정이다.

이러한 상황에서 정부가 해야 할 일은 나라의 입장을 분명히 밝혀 사회의 혼란상을 바로 잡는 것이다. 그러기 위해 정부는 형사취수제가 무너지는 이유를 분명히 인식해야 하겠다. 일부에서는 형사취수제의 붕괴가 사람들의 사고방식이 잘못된 방향으로 나가기 때문이라고 보고 있으나 이는 옳지 못하다. 사람들의 사고방식이 바뀌고 형사 취수제가 무너지는 진정한 이유는 고구려 사회가 발달하는 데서 비롯된 것이다. 즉, 사적 소유제도가 점차 발달하면서 친족공동체적 유대나 공동체적 소유형태가 분해되어 권위나 재산이 형제상속에서 부자상속으로 바뀌어가고 있으며, 이러한 변화가 결혼제도에도 영향을 주어 형사취수제가 무너지게 된 것이다.

우리는 고구려 정부가 이번 문제의 원인을 분명히 인식하고 사회 발전의 방향에 따르는 정책을 내놓아 가치관의 혼돈상황에 놓여 있는 고구려 사회를 안정시켜주기 바란다.

그림마당

이은홍

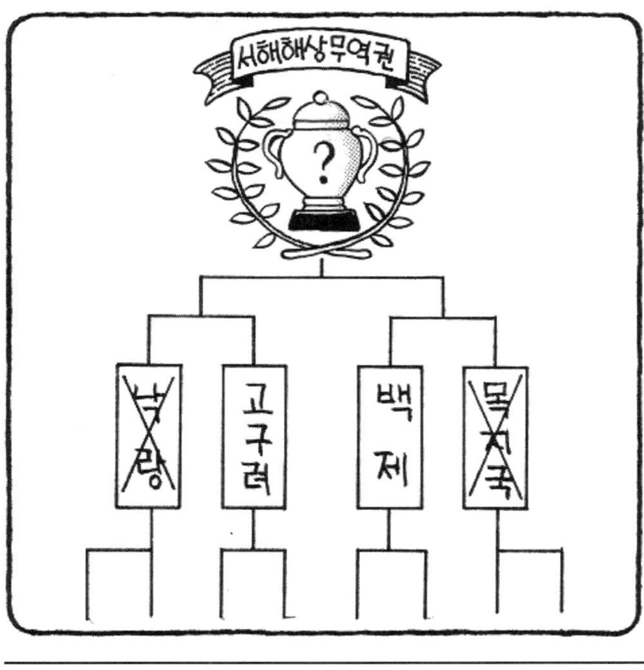
서해해상무역권
?
낙랑
고구려
백제
목지국

고구려 낙랑 정복 이후 한반도 정세 분석

국경 접한 고구려·백제, 무력 충돌 초읽기

황해지역 패권 향배 관심… 한반도 내 국가간 무역 활성화될 듯

4백 년이 넘도록 한반도의 중심지를 차지하고서 한반도 일대 국가의 성장을 지연시켜왔던 낙랑군의 멸망은 한반도 국가들의 세력 관계에 정치적·경제적으로 많은 변화를 가져올 것으로 예상된다.

정치적으로는 고구려와 백제의 대결이 피할 수 없는 현실이 될 것이다. 주몽이 나라를 세운 이래 고구려는 강력한 군사력으로 영토를 확장시켜왔으며, 백제 역시 정복 활동을 꾸준히 전개해왔다. 다만 두 나라의 군사적 대결은 낙랑군이 고구려와 백제를 지리적으로 갈라놓고 있어서 아직까지 이루어지지 않았을 따름이다. 그러나 이제 두 나라의 국경선이 가까워짐에 따라 두 나라의 군사적 대결은 임박한 실정이다. 게다가 황해도의 영유권과 낙랑이 행사해왔던 서해의 '해상무역권'을 둘러싼 각축은 더욱 치열하게 전개될 것으로 보인다.

경제적으로는 한반도 내 여러 국가간의 무역이 보다 활기차게 전개될 것으로 전망된다. 그동안 낙랑은 동북아시아의 중심이라는 지정학적 위치를 이용, 여러 국가들의 무역을 방해하고 자신의 이익을 챙겨왔었다.

백제

고이왕, 초부족적 지배자로 부상

군사권은 좌장, 귀족회의 운영은 좌평이 맡도록 조치

백제의 국가체제가 강화되고 있다. 집권 초반기 '좌장(佐將)'을 설치했던 고이왕은 목지국 점령 이후 '좌평'을 신설하고 262년 '금령(禁令)'을 내리는 등 연맹체의 수장으로서 국왕의 권위를 더욱 강화시켰다.

고이왕의 조치 중에서 가장 주목되는 것은 '좌평'의 신설로, '좌평'이란 백제 지배귀족이 참여하여 국사를 논의하는 기구인 '남당(南堂)'회의에서 주재자의 역할을 맡게 된다. 좌평의 신설에 대해 전문가들은 백제 지배체제에서 한 획을 긋는 사건이라고 평가하고 있다.

고이왕은 즉위 7년 '좌장'이라는 관직을 설치하는 등 이미 집권 초기부터 국왕권 강화를 위해 노력해왔다. 연맹체의 군사통제권을 행사하는 관직인 좌장의 설치는 각 부족세력의 권한을 축소시키고 대신 중앙이 연맹체를 통제할 수 있는 힘을 증대시킨 것으로 이는 결국 연맹장(국왕)의 통제권을 강화하기 위한 조치라고 할 수 있다.

이밖에도 고이왕은 262년(고이왕 29년) 정월 "관리로서 재물을 받은 자와, 도적질한 자는 범죄행위를 통해 얻은 재물의 3배를 징수하고, 종신토록 금고형에 처하여 평생 벼슬에 쓰지 않는다"는 내용의 금령을 발표했는데 이 또한 집권체제 강화의 일면으로 볼 수 있는 조치이다.

좌평 설치와 국왕의 권력 강화

이전의 최고 정치기구는 연맹체의 족장들이 모여 회의하는 족장회의였으며, 왕 역시 연맹체의 일원으로 족장회의에 참여하여야 했다. 그러나 왕의 권한이 강화되어 다른 연맹장들을 능가하게 되자, 왕은 정치기구로 '남당'을 설치하고 또 남당회의의 주재도 왕을 대신하여 '좌평'이 맡도록 했다. 이제 왕은 연맹의 지배 세력들이 함께 모여 회의하는 기구에서 벗어나게 되었는데 이는 국왕 자신이 연맹을 구성하는 부족세력의 우두머리가 아니라, 여러 부족을 초월하는 지위로 승격됐음을 의미하는 것이다.

목지국 병합, 마한의 맹주국으로 등장

고이왕, 마한 내 여러 세력 제치고 목지국 점령

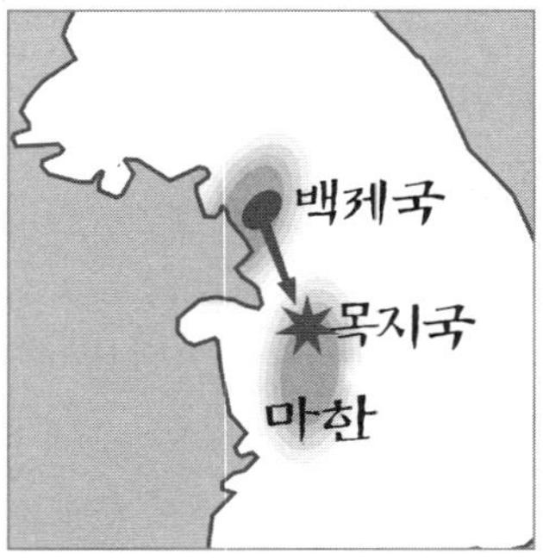
백제국
목지국
마한

백제의 고이왕이 세력이 약화되고 있던 마한의 영도세력 목지국을 병합하는 데 성공함으로써 목지국을 대신해 마한지역의 맹주로 등장했다.

그간 마한을 이끌어온 목지국의 세력은 3세기 들어와 자신을 추종하던 지지세력들 및 소국들이 이탈함에 따라 점차 약화됐다.

게다가 247년 대방군을 공격하여 태수 궁준(弓遵)을 살해하기도 했으나 끝내 전쟁에서 패배함으로써 목지국은 결정적인 타격을 받은 바 있다.

이와 같이 소국의 이탈과 중국 군현과의 전쟁 패배로 목지국의 세력이 급격히 약화되자 백제를 비롯한 마한내 여러 세력들이 목지국의 영도권에 도전하게 됐는데 결국 고이왕이 목지국의 국읍(國邑)을 점령하는 데 성공한 것이다.

고구려

동천왕 어머니 于氏, 관례 깨고 산상왕 곁에 묻혀

전(前) 남편 곁에 묻히길 거부… "형사취수제 전통 깨진다" 큰 논란

왕권 부자상속 등 왕권 강화 노력과 연관된다는 분석도

동천왕의 어머니 우씨가 죽은 뒤, 자신의 유언에 의해 산상왕 곁에 묻힘에 따라 고구려 사회에 적지 않은 논란이 벌어지고 있다. 원래 고구려 형사취수제의 전통에 따르면, 남편이 죽은 뒤 여자가 동생에게 다시 시집을 가더라도 죽은 후에는 전(前) 남편의 곁에 묻히는 것이 불변의 관례였으나, 이번에 우씨가 전 남편인 고국천왕의 곁이 아닌 동생 산상왕 곁에 묻히게 됨에 따라 고구려 사회에 파문을 던진 것.

이에 대해 고구려인들은 "그간의 관례를 왕실이 앞장서서 깨다니 이해할 수 없다"는 반응을 보이고 있는데, 이번 사건이 왕권의 부자상속 등 고구려 내의 왕권강화 노력과 연관돼 있다는 것이 전문가들의 분석이다.

우씨는 고국천왕 사후 바로 손아래 동생인 발기에게 밤에 찾아가 왕위에 오를 것을 권했다가 발기로부터 "여자가 밤에 나다닌다"고 핀잔을 듣자, 이에 격분 발기의 아래 동생인 연우를 찾아가 고국천왕의 명령서를 조작, 그와 결혼하여 연우를 산상왕에 즉위시킨 인물로, 당시의 행적으로 많은 화제를 남겼었다.

고국천왕 무덤가에 소나무 식수 공사 한창

한편, 죽은 지 수십 년이 지난 고국천왕의 무덤 주변에 소나무를 일곱 줄이나 심는 공사가 지금 한창 진행 중인데 이는 "이승 사람들을 볼 면목이 없다"는 고국천왕의 입장 때문이라고 한다.

고국천왕은 죽어서 당연히 제 곁으로 와야 할 우씨가 동생 곁에 묻히자 아내를 빼앗겼다는 생각에 분이 받쳐 동생 산상왕과 싸우기도 했는데, 이러저러한 상황과 동생과 다툰 자신의 행동이 부끄러워, 무덤을 가려달라는 부탁을 저승에서 무당을 통해 조정에 알린 것으로 전해지고 있다.

신라

미추 이사금 13대 군왕에 즉위

최초로 '김'씨 임금 탄생

김알지의 7대손 미추 이사금이 석씨 성을 가진 임금 첨해 이사금의 뒤를 이어 262년 서라벌 13대 군왕이 됐다.

미추 이사금은 첨해 이사금이 아들을 남기지 않은 채 죽은 후 후계자를 정하기 위해 소집된 '남당 회의'에서 치열한 토론 끝에 왕으로 선정됐다.

그동안 서라벌의 군왕 자리는 초창기에 '박'씨가 그 다음으로 '석'씨가 차지한 바 있다. 그런데 이번에 김알지의 7대손인 미추 이사금이 13대 왕위에 오름으로써 최초로 '김'씨 성을 가진 왕이 등장하게 된 것이다.

해설

서라벌의 왕위 계승 방식

박씨, 석씨, 김씨의 세 성씨가 왕위를 돌아가면서 차지하는 서라벌의 정치 현실은 고구려의 왕위 계승 방식에 비해 상당히 후진적이라고 할 수 있다.

고구려는 이미 약 백 년전 태조왕 때 계루부가 다른 부족을 통제하면서 왕위를 독점하는 단계에 이르렀으며, 2세기 후반에는 계루부내에서 왕위의 부자상속이 왕위 계승의 원칙으로 자리를 잡았다.

현재 서라벌은 연맹에 참여하고 있는 6부 중 유력한 집단이 왕위를 차지하는 방식을 고수하고 있으며, 그때 그때 세력 크기에 따라 왕권을 차지하는 집단이 달라지고 있는 상황이다.

인터뷰

미천왕을 왕좌에 앉힌 국상 창조리

"민심을 돌보지 않고 사치 일삼는 왕은 필요 없어"

그동안 갖은 폭정과 악행으로 백성들로부터 원성이 자자하던 봉상왕이 국상 창조리에 의해 축출되고 봉상왕의 조카인 을불이 왕으로 등극하였다. 그가 곧 미천왕이다. 「역사신문」에서 이번 사건의 주역 창조리를 만나 그간의 경위를 들어보았다.

봉상왕이 몰아내야 할 만큼 나쁜 왕이었는가.

봉상왕은 백성의 신망을 받던 인물들을 차례차례 제거했다. 그는 왕이 되지마자 숙부인 '달가'를 죽였다. 숙부가 큰 공을 세워 백성들에게 추앙받았기 때문이다. 즉위한 지 2년째 되어서는 아우 '돌고'가 자신을 몰아내고 왕이 되려 한다는 반역 혐의를 씌워 그를 죽였다. 이때 돌고의 아들 '을불(미천왕)'은 달아나 목숨을 건지고 훗날을 기약하게 된 것이다.

임금이 자신의 정치적 반대세력을 제거했다는 이유로 신하가 임금을 내몰 수 있는가.

봉상왕은 사치와 향락을 일삼으며 기근으로 백성이 굶주리는데도 궁실을 더 크고 화려하게 짓겠다고 나섰던 인물이다. 특히 봉상왕 9년 정월에 지진이 발생하고 2월부터 7월 사이에 비가 오지 아니하여 농사가 흉년이 들고 먹을 것이 없어 사람들은 서로 잡아먹을 지경이었다. 그런데도 왕은 남녀 15세 이상을 징발하여 궁실을 수리, 백성들 가운데 해먹을 것이 없고 노역이 괴로워 도망하는 자가 속출했다.

하지만 신하된 도리로서 왕이 잘못을 하면 몰아내는 것이 아니라 왕의 허물을 간해야 하는 것이 아닌가.

물론 국상인 나는 여러 차례 간했었다.

그러나 왕은 노하여 "임금이란 백성이 우러러보는 바이다. 궁실이 장대하고 화려하지 못하면 위엄을 보일 수 없다"며 "지금 국상이 과인을 나무라는 것은 백성의 인기를 구하려 함"이라며 듣지 않았다.

정변은 어떻게 진행 되었는가.

국왕과의 대화를 마친 후, 왕의 허물이 고쳐지지 않을 것을 알았다. 게다가 가만히 앉아 있다가는 피해가 나에게도 미칠까 두려워 다른 신하들과 왕의 폐립을 논의하기 위해 '제가회의'를 소집했다. 어질지 못한 국왕, 그리고 신하의 간언을 충성의 발로로 받아들이지 못하는 국왕은 자격이 없다고 생각했다. 그리하여 우리들은 왕을 폐하여 별실에 가두고 군사로 그 주위를 호위케 한 후 피신 생활을 하고 있던 왕손 '을불(미천왕)'을 모셔다 옥새를 바쳐 즉위케 했던 것이다.

인물 탐구

낙랑 정복의 주역 '미천왕' 소금장수 출신의 정복왕

미천왕은 봉상왕이 폐위되자 창조리에 의해 고구려 제15대 임금으로 300년에 즉위했다. 성은 고씨, 이름은 '을불', 고추가 '돌고'의 아들이다. 왕이 되기 전에는 봉상왕의 살해 위협을 피해 머슴살이와 소금장수를 하기도.

즉위 후 그는 고구려의 강화된 집권체제와 중국의 대외적 혼란을 이용, 정복전쟁을 활발히 전개했다. 302년 군사 3만을 이끌고 현도군을 공격하여 8천명의 포로를 사로잡았으며, 311년에는 장수를 보내 요동의 서안평을 공격, 압록강 하류에 진출했다.

또 314년에는 대방군을 공격하기도 했다.

부여

건국 후 최대의 시련기

선비족 모용씨 공격 국왕 자살

부여가 지난 285년 선비족 모용씨의 공격을 받아 왕이 자살하고 왕족들은 북옥저지역으로 망명하는 등 어려움을 겪고 있다. 그동안 부여는 중국과 기본적으로 평화적인 관계를 유지해왔으나 후한의 힘이 약해지고 북방 유목민족의 활동이 활발해짐에 따라 이같은 위기에 봉착하게 됐다.

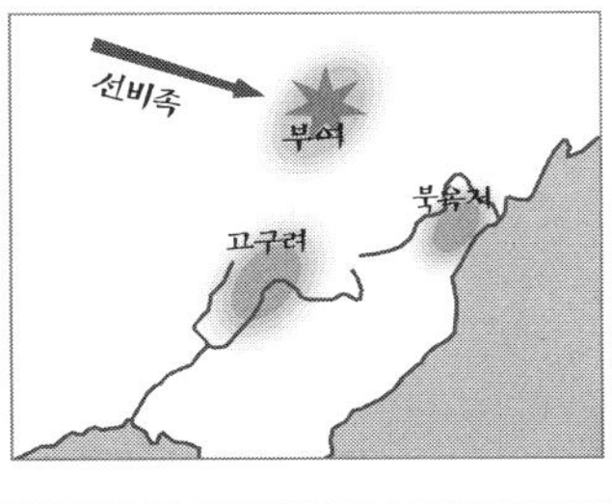
선비족
부여
모용씨
고구려

철을 이용 더욱 강력해진 고구려 군사

철예부대 철기 동천왕 때 등장한 새로운 기병은 길이 3-4cm 너비 2-3cm의 철편 1백여 개로 만든 갑옷을 병사와 말 모두가 입고 있어 특색. 넓은 대륙에서 기동성을 발휘하려면 말이 필수적인데 적의 화살로부터 말을 보호하기 위해 말에게도 갑옷을 입혔다는 설명.

등자의 이용 인간이 말을 탄 역사는 장구했으나 인간은 그 대부분의 시간 동안 발을 받칠 수 있는 방법을 몰랐다. 이집트, 바빌로니아, 그리스, 페르시아, 로마 등의 군대가 그러하였다. 알렉산더 대왕의 기병들은 중앙 아시아를 횡단하던 도중에는 안장에 앉아 있을 수밖에 없었으나 다리를 쉴 수가 없었다. 기병은 질주하거나 말이 뛰어오를 때 낙마하지 않도록 말의 갈기를 단단히 붙들고 있어야만 했다. 또한 등자 없이 말에 오르기란 쉬운 일이 아니었다.

5세기 이전에 고구려는 이러한 불편을 해결하였다. 이들은 진보된 야금 기술을 이용하여 주조한 청동이나 철로 등자를 만들기 시작하였다. 고구려인이 말 위에서 자유자재로 활을 쏠 수 있는 것은 등자를 이용해 자세를 최대한 안정시킨 덕택이다.

등자에 대한 최초의 착상은 가죽끈으로 된 고리를 만들어 말등에 오르는 보조 기구로 사용한 데서 비롯되었다고 여겨진다. 물론 그와 같은 고리는 승마중에는 사용할 수 없었다. 낙마했을 때에는 가죽끈에 휘감긴 발을 빼지 못한 채 말에게 끌려가는 불행한 결과가 일어날 수 있기 때문이다. 등자의 원형은 스텝 지대를 발상지로 하며, 말과 함께 생활하는 사람들의 창의적인 산물이었을 것이다.

▲ 갑옷을 입은 고구려 기병과 말

▼ 고구려에서는 말이 중요한 재산이었으므로 말에게도 몸의 각 부분에 맞게 갑옷을 만들어 입혔다.

등자

고구려를 구한 두 명의 용사 밀우와 뉴유

동천왕(227-248) 시기 고구려는 위나라의 공격으로 최대의 위기에 처한 바 있다. 이때 자신의 목숨을 돌보지 않고 나라를 구했던 두 명의 용사가 있었다. 그 주인공들인 '밀우'와 '뉴유'를 소개한다. 편집자 註

밀우 … 단기 필마로 적진 돌파 왕을 도망시켜

뉴유 … 계략을 써 적진에 잠입 적장과 함께 죽음

246년 8월 위나라는 유주자사 관구검을 시켜 병사 1만명을 거느리고 고구려를 침입케 하였다. 당시 고구려의 국왕 동천왕(227-248)은 보병·기병 2만을 거느리고 첫번째 전투에서 적군 3천여 명을 살해하였으며, 또 다시 교전하여 3천여 명을 살해하였다. 왕은 승리에 도취하여 "위의 대군이 도리어 우리의 소군만 같지 못하다. 관구검은 명장이나 그의 목숨은 우리 손아귀에 있다"고 하고 이에 정예 기병 5천을 거느리고 공격하였다. 그러나 관구검이 결사적으로 싸워 결국 고구려군은 1만 8천여 명에 이르는 전사자를 내며 대패하고 왕은 겨우 1천여 명의 병사를 거느린 채 피신하게 됐다.

10월, 고구려의 수도 환도성을 함락한 관구검은 장군 왕기를 보내어 왕을 추격하게 하였다. 이때 '밀우'라는 사람이 곁에 있다가 왕에게 "지금 추격이 가까이 닥쳐 이대로 가다가는 죽음을 면하기 어렵다고 봅니다. 신이 죽기를 작정하고 적을 막겠으니 왕은 그 틈을 타서 도망하소서"라고 말하고는 곧 결사대를 모집하여 함께 적군에 달려가 힘써 싸웠다. 왕은 군사들에게 "밀우를 데려오는 자가 있으면 큰상을 내리리라" 하였다. 이에 유옥구라는 자가 자청하여 전지로 가서 땅에 쓰러져 있는 밀우를 업고 돌아왔다. 왕이 그를 무릎 위에 눕히자 밀우는 한참 후 깨어났다.

왕은 샛길로 전진하여 남옥저에 이르렀으나 위군의 추격은 그칠 줄을 몰랐다. 이때 동부인 뉴유가 "제가 음식을 가지고 적진에 가서 위군을 대접하다가 기회를 엿보아 적장을 찔러 죽이겠습니다. 만일 신의 계책이 성공하거든 왕은 적을 공격하여 승리를 얻어내기 바랍니다"라고 했다.

뉴유는 위군측에 가서 거짓으로 항복하면서 "우리 임금이 더이상 몸을 둘 곳이 없어 장차 위나라 진영에 와서 항복을 청하고 죽음을 맡기려 하고 있습니다. 그래서 먼저 소신을 보내어 장군을 따르는 병사들에게 음식을 대접하도록 하였습니다"라고 말했다. 위장이 듣고 그의 항복을 받으려 할 때 뉴유는 그릇 속에 칼을 감추어 가지고 앞으로 나아가 칼을 빼어 위장의 가슴을 찌르고 그와 함께 죽었다.

고구려인들의 결혼준비물

수의

척박한 토양… 전투 생활화, "죽음도 일상의 문제일 뿐"

고구려인들은 결혼할 때 무엇을 준비해갈까?

고구려인들이 결혼 준비물로 빼놓지 않는 것은 죽을 때 입는 옷인 수의이다.

고구려인들은 자신의 척박한 토양에서 삶에 필요한 모든 것을 얻을 수 없기 때문에 많은 것들을 죽음이 수반되는 '전투'를 통해 얻고 있다. 생산활동이면서 일상생활이기도 한 '전투'가 일상화된 고구려인들에게 수의가 혼수품인 것도 그 때문이다.

새로운 삶을 출발하며 죽음을 생각하는 것은 다른 나라 사람들에게는 이상하게 받아들여지지만 고구려인들에게는 자연스러운 일이다.

해외 소식

로마, 그리스도敎 공인

콘스탄티누스 '밀라노 칙령' 발표

근래 들어 점차 쇠락해가고 있는 로마 제국의 황제 콘스탄티누스가 313년 밀라노에서 그리스도교를 공인한다는 칙령을 발표하였다. 이로써 그리스도 교도들은 수백년간 지속된 박해에서 벗어나 종교의 자유를 얻게 됐다.

정가의 소식통들에 의하면 이번에 발표된 밀라노 칙령은 황제의 자리를 두고 경쟁을 벌이던 콘스탄티누스가 자신의 정적들을 제압하기 위해 그리스도교도와 손을 잡으려는 의도 하에 발표된 것으로 분석되고 있다.

예수가 죽은 이후 성립된 그리스도교의 역사는 이번에 공인되기까지 한마디로 '박해'의 역사였다. 바울, 베드로에 의해 유대교의 테두리를 벗어나 보편적인 종교로 교세를 확장해온 그리스도교는 황제 예배를 거부하고 병역을 거부하는 이유로 박해를 받기 시작했다. 그러나 탄압이 거셀수록 그리스도교의 교세는 더욱 확장돼왔으며 결국 이번 밀라노 칙령으로 공인되기에 이르렀다.

중국 대륙 정세 혼란… 진 멸망, 5호 16국시대로

중국의 삼국시대(220-280)를 통일하고 이 지역을 다스려온 진(晉) 나라가 이민족의 침입으로 316년 멸망한 이래 중국의 화북 지역에는 한족을 몰아낸 흉노족, 갈족, 선비족, 강족, 저족의 다섯 이민족(5호)이 세운 13개국과 한인이 세운 3개의 나라가 들어서면서 '5호 16국'의 시대에 돌입하였다.

한편 진나라가 멸망하자 사마씨는 난징으로 옮겨와 동진을 건설했다. 이로 인해 화북의 귀족, 호족, 농민이 대거 남으로 이주해 강남지역의 개발이 촉진되고 있다. 이러한 중국의 혼란은 동북아시아에 위치한 고구려, 백제 등의 발전에 유리한 국면을 조성할 것으로 전망되고 있다.

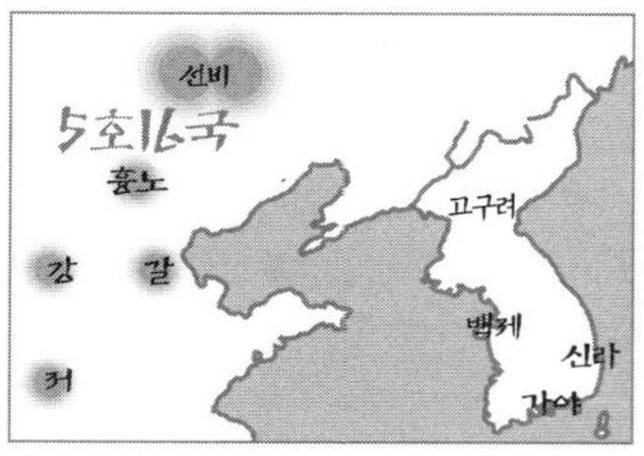
5호16국
선비
흉노
강
갈
저
고구려
백제
신라
가야

역사신문

백제, 한반도 정세 주도권 장악

고구려와의 맞대결에서 승리
마한, 가야 지역까지 지배권 행사
백제 역사상 최대 영토 확보

고구려
평양성
백제
신라

371년 겨울 군사 3만을 거느리고 고구려에 침입한 백제의 근초고왕은 평양성을 공격, 고구려 임금 고국원왕을 전사시키는 커다란 승리를 거뒀다. 이번 전쟁의 승리로 백제는 황해도지역을 장악했으며 낙랑을 대신해 황해 해상권을 장악할 것으로 전망된다.

백제의 원정으로 전개된 이번 평양성 전투에서 고구려군은 어렵게 평양성을 지켜낼 수는 있었으나 왕이 전사하는 커다란 손실을 입었다. 고구려는 342년 전연의 침략으로 수도가 함락되고 왕릉이 파헤쳐지는 큰 위기를 겪은데 이어 이번에 또다시 백제에 패배함에 따라 매우 큰 충격에 빠져 있다.

369년 황해도 백천에서 벌어진 백제와 고구려간의 역사상 최초의 전투에서 백제가 승리를 거둔 이래 양국은 황해도 지역을 놓고 끊임없이 치열한 대결을 펼쳐왔다.

당시 전투에서 패배한 고구려는 2년 후에 백제에 대한 원정에 나섰으나 예성강에 매복해 있는 백제군에 의해 또다시 패배하고 말았었다.

이번 전쟁의 승리로 백제는 황해도 유역을 장악하고 한반도의 패자로 자임하게 됐다. 백제의 근초고왕은 이번의 고구려 원정이 있기 전 남쪽으로 마한의 남은 영역을 정벌하여 지배권역을 전라도 남해안까지 확장시켰으며 낙동강 유역의 가야세력에 대해서도 지배권을 행사했는데, 이번의 고구려 원정 성공으로 백제는 역사상 최대의 영토를 차지하게 되었다.

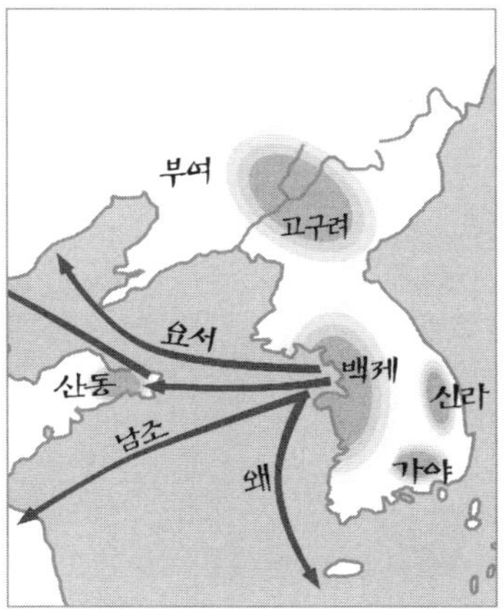
부여
고구려
요서
산동
백제
신라
남조
가야
왜

동아시아 해상 무역권 독점
요서, 산동, 화북, 왜까지 진출
요서에 무역전진기지 건설

낙랑 멸망 이후 많은 관심이 집중되어온 서해 해상권이 이번 전쟁에 승리한 백제의 몫으로 돌아가게 됨에 따라 백제는 국가 발전의 결정적 계기를 맞게 됐다.

황해의 해상권 다툼은 일찌감치 백제와 고구려의 대결로 좁혀졌었다. 4세기 중국은 뱃길에 서투른 유목민족인 5호 16국이 흥기하여 진을 남방으로 몰아내고 중국 북부 지역을 차지했기 때문이다. 그리하여 황해도 지역을 차지한 백제가 자연스럽게 해상무역권을 장악하게 됐다.

더욱이 백제는 당시 무역 중계지로서 매우 중요한 가야 지역을 자기 세력권 안에 두게 됐으며 이미 일본 열도에도 일정 정도 세력을 뻗치고 있었기 때문에 동아시아의 해상무역권을 손쉽게 차지할 수 있게 됐다.

현재 백제는 수군을 증강하여 요서 지방을 점령하고 이곳에 해상무역의 전진기지 역할을 담당할 백제군을 설치, 양자·황하의 하류 지방으로부터 산동·발해만 일대의 화북 지방과 요서까지 그 세력권을 확대시켜 이 일대의 상업을 독점하고 있는 것으로 전해지고 있다. 또한 왜에 진출하는 등 활발한 대외활동을 전개하고 있다.

그러나 이번 전쟁에서 이겼다고 백제 역시 마냥 마음을 놓을 수는 없는 실정이다. 백제는 언제 닥칠지 모를 고구려의 공격에 대비해 수도를 산으로 당분간 이동하는 조치를 취하는 등 만전의 준비를 갖추고 있다.

고구려·백제 왕실, 불교 공인

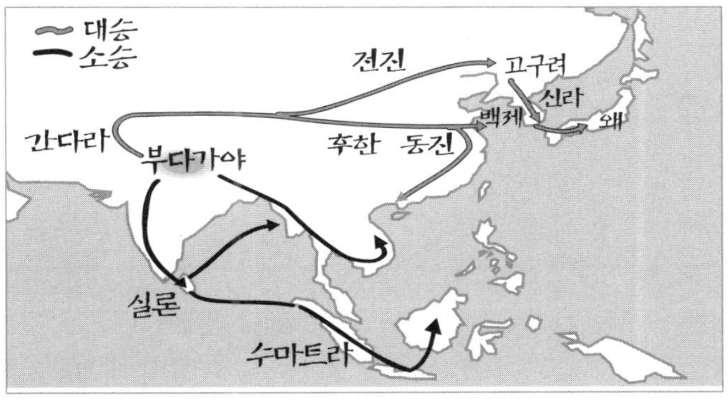
대승
소승
전진
고구려
신라
백제
왜
간다라
부다가야
후한
동진
실론
수마트라

375년

고구려는 소수림왕 2년 전진왕 부견이 보낸 '순도'가 와서 불상과 불경을 전한 지 3년만에 불교를 공인했다. 374년에는 승려 '아도'가 왔다. 이에 고구려는 375년 성문사와 이불란사를 지어 각기 순도와 아도를 그곳에 머무르게 했고 392년에 고국양왕은 불교를 믿어 복을 구하라는 교서를 발표했다.

384년

백제에는 동진의 승려 마라난타가 와서 불교를 전했다. 왕은 그를 맞아 궁내에 모시고 예로서 존경했으며 다음해에는 한산에 불사를 이룩하여 승려 10명을 거처하게 했다.

신라, 김씨 왕위 세습

왕의 칭호, 마립간으로

356년

종래 박·석·김, 세 성씨가 번갈아 맡던 신라의 왕위계승 방식이 김씨에 의해 독점되었다. 또 왕의 칭호도 이사금에서 마립간으로 높여부르기로 했다. **관련기사 2면**

고구려, 계속되는 전쟁에 큰 어려움

소수림왕 즉위 이전 고구려는 북방으로는 전연의 침입으로 수도가 함락되고 남으로는 백제와의 교전에서 임금이 전사하는 등 매우 심각한 위기를 맞이했었다.

이러한 고구려의 위기는 고국원왕의 뒤를 이어 즉위한 소수림왕이 전면적인 개혁을 단행하게 된 배경이 되기도 했다.

현재 고구려는 잇따른 외침으로 인해 큰 어려움을 겪고 있는 상태다.

관련 일지

342년 전연, 4만 병사 동원 고구려 침략. 고구려 수도 환도성까지 침략. 고국원왕의 아버지인 미천왕의 시신을 파헤쳐 싣고 살아 있는 고국원왕의 어머니를 사로잡아 인질로 데려감. 뿐만 아니라 고구려의 보물을 약탈하고 남녀 5만여 명을 포로로 사로잡음. 궁실은 불지르고 환도성을 헐어버림.
343년 연나라에 사신을 보내 미천왕의 시신을 돌려받음.
355년 연나라에 사신을 보내 볼모로 잡혀 있는 임금의 어머니를 귀환시킴.
369년 고국원왕은 군사 2만을 거느리고 남으로 진격하여 황해도 지역을 점령했으나, 이 지역에 관심을 가지고 있던 백제 군대와의 맞대결에서 대패.
371년 백제 원정군의 평양성 공격에 고국원왕 전사

세력 기상도

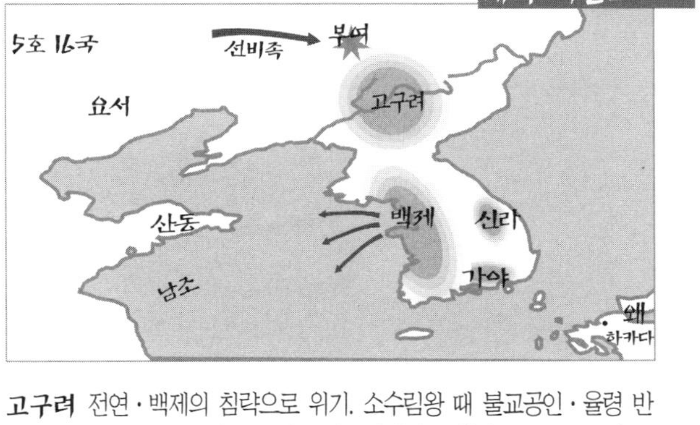
5호 16국
선비족
부여
요서
고구려
산동
백제
신라
남조
가야
왜
하카다

고구려 전연·백제의 침략으로 위기. 소수림왕 때 불교공인·율령 반포·태학설립 등의 조치를 통해 고대국가체제를 완성. **부여** 348년 모용씨의 침입으로 결정적 타격. **백제** 고구려와의 대결에서 승리, 한반도의 최강자로 부상. 요하·산동·왜로 연결되는 해상제국으로 성장. **가야** 백제의 영향력 아래 놓임. **신라** 고구려 영향력하에 국가로의 성장을 도모. **중국** 5호 16국 시대. 漢族국가 晉은 화남으로 내려가 동진을 건국. **왜** 분열 시기.

3면 국내성과 환도성

역사신문

백제 전성기 언제까지 지속될까

벼농사 중심의 농업생산력 강화에 힘써야

4세기 후반 백제의 성장은 실로 눈부시고 화려하다. 육지에서 바다에서 백제는 종횡무진으로 국력을 떨치고 있다. 지금이 백제의 최전성기임을 그 누구도 부정할 수 없다. 하지만 고구려의 국내의 상황이 예전과 달라지고 있다는 사실은 백제가 주도권을 쥐고 있는 현 정세에 있어 커다란 변수로 작용할 수 있다. 따라서 백제는 현재의 우세를 유지하기 위해 꾸준히 국력을 강화시켜야 할 것이다.

백제는 고구려와 대결할 때 백제에 유리하게 작용하였던 고구려의 대외 정세가 이전과 다름에 주목해야 할 것이다. 전연을 견제하기 위해 북중국의 전진과 외교 관계를 강화해온 고구려는 전연이 전진과의 전쟁에서 패배한 후 고구려에 구원을 요청하며 망명하자 이들 망명객을 전진에게 넘겨주는 호의를 보였으며, 전진의 국왕 부견은 이에 화답이나 하듯 승려를 파견하여 고구려에 불교를 전래하였다. 이로써 고구려는 자신을 압박했던 전연의 위협으로부터 벗어났을 뿐만 아니라 북중국의 새로운 강자 전진과 평화관계를 맺음으로써 국가체제를 보다 효율적으로 정비해나갈 수 있는 좋은 여건을 마련한 것이다. 이러한 분위기에서 전개되고 있는 고구려 소수림왕의 개혁은 매우 획기적인 내용들로서 고구려를 한 단계 더 발전시킬 것으로 기대된다.

물론 4세기 후반 백제의 성장이 모두 외적인 조건이 유리해서 이루어진 것은 결코 아니다. 오히려 그만한 성장을 뒷받침할 수 있는 국내의 정치·경제적 발전이 있었기에 가능한 것이었다. 근초고왕 시기에 백제는 정치체계가 상당 정도 갖추어지고 이에 따라 국가체제의 완비를 뜻하는 율령이 반포되었을 정도로 정치적으로 성숙되어 있었다고 한다. 또한 경제적으로도 벼농사기술 개발·관개시설 확충·농기구 혁신을 통해 한반도 최대의 농업국으로 성장할 수 있었다.

따라서 우리는 백제가 4세기 후반의 성장을 가능하게 하였던 내적 조건들을 더욱 강화시켜나가면 현재의 상승세를 계속 유지할 수 있으리라 전망한다. 특히 백제는 자신이 현재 차지하고 있는 경기·황해·강원·충청·전라 일대가 한반도에서 벼농사가 가능한 지역의 대부분임을 명심하고 농업생산력 강화에 더욱 박차를 가해야 할 것임을 당부하는 바이다.

그림마당
이은홍

아~어느새!!
백제

신라

신라, 국가 면모 일신

고구려 영향하에 왕권 확립, 국제무대 진출

서라벌을 중심으로 일어난 신라는 주변의 여러 나라를 정복하여 낙동강 유역 일대의 큰 나라로 성장하였으며 4세기 후반 '내물 마립간'에 이르러서는 중앙집권국가로 발전하고 있다.

현재 신라의 영토는 낙동강 유역까지 확장되었으며, 박·석·김의 3성이 번갈아 왕위에 오르는 대신, 김씨에 의한 왕위 계승권이 확립되었다.

또 대외적으로 신라는 377년(내물 마립간 22) 고구려의 주선 하에 전진에 사신을 파견함으로써 국제무대에 얼굴을 내밀고 있기도 하다. 신라의 이러한 성장은 고구려의 영향력하에 이루어진 것이다. 고구려가 한반도 서북지방의 낙랑군·대방군을 소멸시킨후 그 영향력은 죽령을 넘어 신라에까지 미치게 됐다.

그 결과 신라는 진한 지역에 있는 여러 소국들의 맹주 역할을 계속 유지하면서 한편으로는 고구려의 지배 하에 그 문물을 수입하며 자기 지역에 대한 통솔력을 더욱 공고히 해나가고 있다.

해설 내물왕의 집권체제 강화 조치

김씨, 他 부족대표 제압하고 왕위독점
왕의 칭호도 통치자 의미하는 '마립간'으로 바뀌

실제로 이 시기 신라의 집권체제 강화를 대표적으로 보여주는 지표는 왕위 계승이 박·석·김 세 성이 번갈아 하는 방식에서 김씨에 의해 독점된 것이다.

잘 알다시피 신라는 6부족 연맹체로서 하나의 부족이 왕위를 독점하기 위해서는 나머지 다섯 부족의 반발을 억누를 만한 힘이 필요한데 4세기에 들어 김씨 집단이 그러한 권력을 행사할 수 있는 집단으로 성장하여 다른 부족을 제압할 수 있게 된 것이다.

다른 부족의 대표와 크게 차이 나지 않는 대등한 지위에 불과했던 왕권이 이제 이들 부족장들을 초월하는 지위로 상승한 것이다. 신라의 내물왕은 이러한 세력강화에 부응하여 왕의 칭호를 그전까지의 연맹체의 대표를 의미하는 '이사금'에서 지배자, 통치자를 뜻하는 '마립간'으로 격상시키고 있다.

물론 신라의 이와 같은 성장이 눈부신 것이기는 하지만 고구려나 백제는 이미 이러한 단계를 넘어선 국가들이기에 4세기 현재로서는 신라의 국가발달 단계가 3국 중 가장 낮은 단계라고 평가할 수 있겠다.

김
박
석

특파원 통신

전진과의 첫 외교, 성공작

고구려 사절을 따라 처음으로 국제무대에 나서게 된 신라 대표단은 전진왕 부견에게 보내는 선물에도 상당한 신경을 쓰는 등 긴장된 모습. 전진왕과의 만남을 앞두고 신라 외교단들은 예상되는 질문들을 다른 나라 외교관들에게 물어보는 등 당황하는 모습을 보이기도. 한편 전진측에서는 신라 대표단의 숙소배정과 음식과 같은 세세한 점까지도 배려를 아끼지 않는 모습. 전진왕 부견은 신라 사신과 대담하는 자리에서 "해동(신라)의 일이 예전과 같지 않다고 하니 무엇을 말함인가"라고 물으며, 최근 신라의 발전상에 대해 깊은 관심을 나타냈는데, 신라 사신은 연맹체를 극복하고 집권국가로 성장하는 신라의 정치적 발전상을 중심으로 답변. 이곳의 외교관계자들은 신라 대표단이 자국의 발전상에 대해 당당히 설명하는 모습이 대단히 인상적이었다고 評.

가야

낙랑 멸망 이후
백제와의 교역으로 활로 개척

낙랑과의 교역단절 이후 가야는 자신의 주요 산물인 철·토기 등을 백제와 교역하면서 활로를 개척하고 있다.

가야가 백제와 교역하게 된 것은 4세기 중엽 황해도 지역을 점령할 정도로 세력이 성장한 백제가 낙랑의 역할을 대신하여 한반도 남단의 가야까지 영향력을 미치게 되었기 때문이다.

한반도 남단에 위치하고 있다는 지리적으로 불리한 조건에도 불구하고 가야가 발전을 도모할 수 있었던 것은 낙랑과의 원격지 무역을 통해 수용한 선진문물을 자기 것으로 소화해냈기 때문이다.

그러나 낙랑의 멸망으로 교역대상이 사라진 이후 가야는 낙랑을 대신하는 다른 세력과 교역을 재개해야 할 처지였다.

부여

선비족 모용씨 침입
해체위기 직면

고조선 다음으로 성립한 국가이며 고구려와 백제 건국 세력의 근원이 되기도 했던 부여가 북방 유목 민족의 틈바구니에서 위축되더니 끝내 346년 선비족의 나라인 전연 '모용씨'의 침입을 받아 해체위기에 직면해 있다.

고구려

소수림왕, 국가체제 정비 박차

전진과 외교 · 태학설립 · 불교공인 · 율령반포
대대적인 개혁작업에 나서

371년 고국원왕의 뒤를 이어 침통한 분위기 속에 즉위한 고구려의 소수림왕은 위기극복과 재도약을 위하여 활발한 외교활동을 펼치고 있으며 태학설립·불교공인·율령반포 등 대대적인 국내 개혁을 단행하고 있다.

대외관계에 있어 소수림왕은 전진과 적극적인 교류를 추진하고 있다. 이미 소수림왕 이전부터 고구려는 전진과의 관계를 긴밀히 하기 위해 370년 전진에 의해 멸망하고 고구려로 망명해온 전연의 장수 모용평을 잡아 전진왕에게 압송하여 호의를 표시했다.

대내정책에 있어서 소수림왕은 372년에 국립 학교인 태학을 설립했다. 태학의 설립을 맡고 있는 정부의 담당 관료는 이미 전국에 방을 보내 "중앙 집권화된 국가를 운영하기 위해 충성심과 실무 능력을 갖춘 관료를 체계적으로 양성하고자 이번에 국립 교육기관을 설립하였으니, 뜻있는 학생들의 많은 참여를 원한다"는 사실을 널리 알린 바 있다. 또한 이 해에는 불교를 공인했는데, 이러한 조치는 국왕의 권위를 높여줄 것이며 고구려 백성의 사상을 하나로 통일하여 집권화에 도움을 줄 것으로 예상된다.

373년에는 율령을 반포했다. 율령이란 죄를 지었을 때 벌을 주는 내용을 규정한 '형법'과 중앙의 관등제도 및 관직체계·지방행정 조직 등의 내용을 담고 있는 '행정법'을 말하는 것이다. 이에 따라 국가 운영이 보다 체계화 될 것으로 예상된다.

고국원왕의 아들 소수림왕이 355년 태자로 책봉되고 371년 국왕으로 즉위하던 시기는 고구려가 남북으로 혹된 시련을 겪고 있는 때이다. 4세기 후반 들어와 고구려는 남북 양 방향으로 공격을 받으면서 팽팽한 위기의식이 감돌고 있었다. 소수림왕은 이런 분위기 속에 즉위했다.

즉위 이후 소수림왕은 "정복전쟁을 통해 넓혀진 지역을 다스릴 만한 국가체제의 정비가 이루어져야 하는데 고구려는 내부적인 체제 정비를 게을리했다"면서 현 난국의 원인을 정확히 진단한 바 있다.

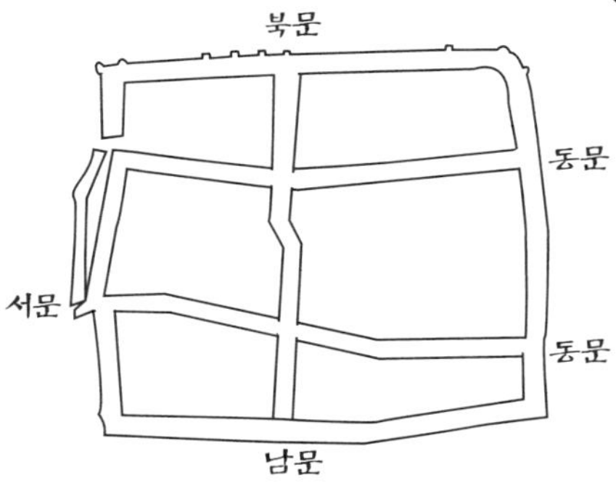
북문
동문
서문
동문
남문
국내성 평면도

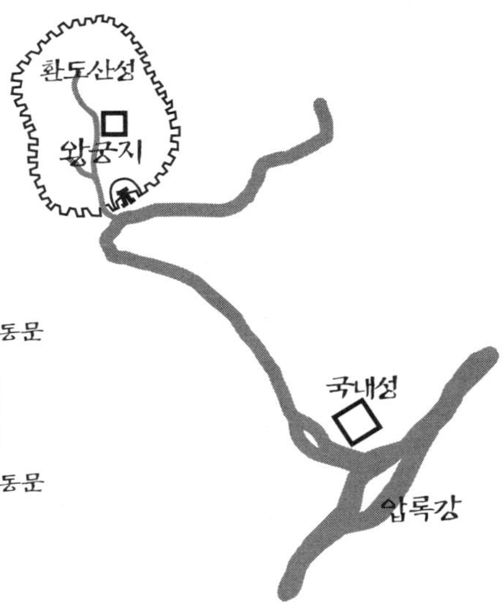
환도산성
왕궁지
국내성
압록강
국내성과 환도산성 지역도

'국내성과 환도성'을 가다

국내성 성벽

고구려의 도읍에는 임금이 평상시에 거주하는 왕궁과 전쟁시에 거주하는 성이 나누어져 있다. 국내성은 국왕이 평시에 거주하는 성으로 유리왕 22년(기원 3년) 천도한 고구려의 2번째 도성이다. 원래는 토성(土城)이었는데 고국원왕 12년(342)에 석성(石城)으로 개수했다.

전쟁 시기에 사용되는 성은 환도성이다. 이 성은 국내성 북쪽 2.5km 되는 지점에 위치해 있다. 원래 명칭은 위나암성인데 산상왕 때부터 환도성이라고 불렀다. 성담은 산봉우리의 등성을 따라 쌓았는데 총 길이는 7km 가량 된다.

성 안에는 연못과 샘이 있는데 연못에는 잉어가 놀고 있었다. 한때 이곳에 놀던 잉어들이 고구려를 한나라의 공격으로부터 구한 일이 있다고 한다. 대무신왕 11년(28)에 한의 요동태수가 성을 에워싸고 장기전으로 나오자 왕은 신하의 방책에 따라 연못의 잉어를 가져다 물풀에 싸서 한나라 진영에 보내 성안에 물이 많은 것처럼 위장하여 적군을 퇴각하게 하였다는 것이다.

산성 바깥에는 농사 지을 수 있는 넓은 땅이 있다. 그러나 천혜의 요새 환도성도 외적의 공격에 유린된 일이 두 번 있었다. 3세기 동천왕 시기에는 위장 관구검의 침략으로 함락되었고, 4세기 고국원왕 시기에는 전연의 침입으로 불타고 파괴되기까지 하였다. 중국과의 전쟁이 많았던 고구려인만큼 환도성은 많은 애환의 역사를 간직하고 있는 셈이다.

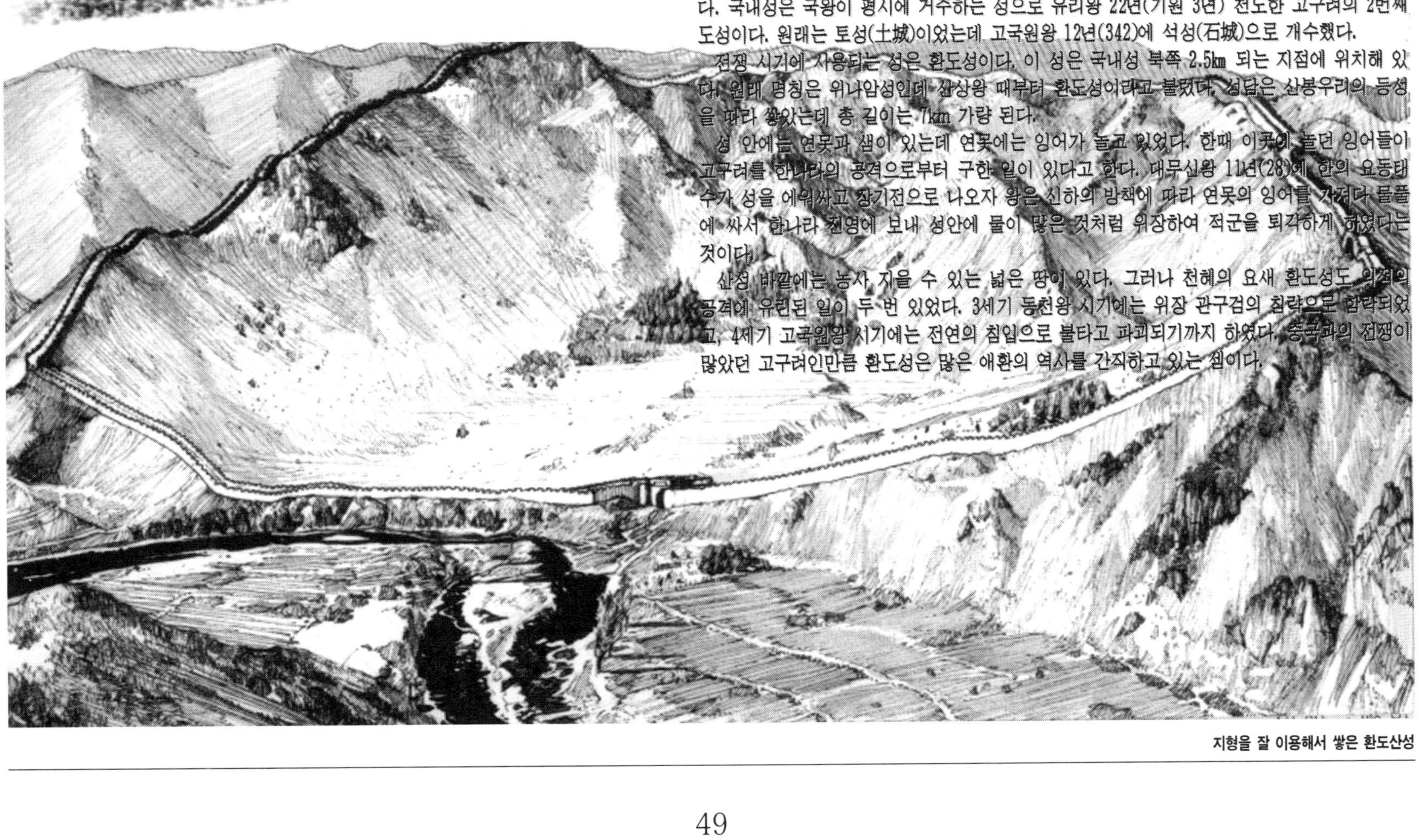
지형을 잘 이용해서 쌓은 환도산성

백제, '칠지도(七支刀)' 왜왕에게 하사

왜왕에게 하사한 칠지도

칼 표면에 금으로 글자 새겨,
전문가들 "상감기법이 금속공예에 이용된 것은 놀라운 일"

"先世 이래로
아직 이 칼이 없었던 바
백제의 왕세자 기생성음(奇生聖音)이
왜왕 지(旨)를 위하여
만들었으니
후세에 전하여라"

백제의 근초고왕은 국내에서 제작되어 최고의 금속공예품으로 일컬어지는 칼 '칠지도'를 왜왕에게 하사했다.

칠지도는 길이 약 75㎝에 여섯 개의 가지가 달려 있는 칼로서 이러한 모양에서 명칭이 유래됐는데 그 생김새도 특이하지만 검신의 양면에 금상감으로 총 61자의 글자가 새겨져 있는 상감기법이 많은 사람들로 하여금 탄성을 불러일으키고 있다.

금속공예 전문가들은 "쇠를 가지고 이만큼 복잡하고 큰 칼을 만든다는 일은 기술적으로 높이 평가될 일이지만, 무엇보다도 상감기법이 금속공예에 이용되고 있다는 사실이 주목될 만하다"고 말하고 있다.

백제, 고흥 역사서 『서기』 편찬

근초고왕, 왕실권위 높이기 위해 지시

375년 백제의 정복군주이자 고대 국가 체제의 완성자이기도 한 백제의 근초고왕은 자신의 정치체제정비를 통해 전제화된 왕권의 권위를 높이고 자신의 업적을 드높이기 위한 방안의 하나로서 역사편찬을 단행, 박사 고흥에 의해 백제의 역사서 『서기』가 편찬되었다.

이 책에는 백제왕실의 신성함을 강조하는 초창기 기사로부터 근초고왕 때 이루어진 영토확장의 기록이 상세히 담겨져 있다.

왕인, 왜에서 유교 경전 강학

왜의 문자사용 세련화에 큰 기여

근초고왕 시기 왜왕의 요구에 따라 왜로 건너간 백제의 박사 왕인이 경학을 왜에 전수했다. 이때 왕인이 가져간 서적은 『논어』와 『천자문』이었다. 이로써 왜에 문자의 사용이 세련되어지고 유교사상이 도입되기 시작했다.

왜에는 왕인 이전에도 '아직기'라는 사람이 활약하고 있었다. 아직기는 백제왕이 보낸 사람으로 왜왕은 그가 경전을 잘 읽으므로 쇼토쿠 태자의 스승으로 삼았다.

이번에 왕인이 왜에 들어간 것도 아직기의 소개에 의해서라고 한다. 왜왕은 "백제에는 그대보다 더 나은 박사가 있는가" 하고 물으니 "왕인이라는 사람이 훌륭합니다"라고 답했다. 이에 왜왕이 사신을 보내 그를 데려오게 한 것이다.

한반도 · 일본간 문물 교류도

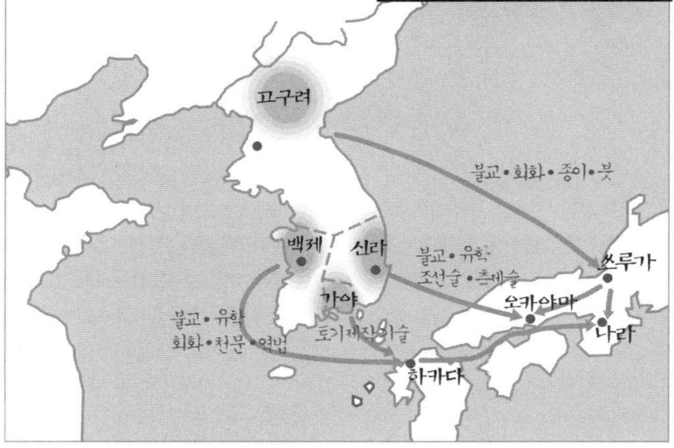
고구려
불교•회화•종이•붓
백제
신라
가야
불교•유학
조선술•축제술
쓰루가
오카야마
나라
불교•유학
회화•천문•역법
토기제작기술
하카다

해외 소식

게르만족 대이동 시작

앵글로색슨족
프랑크족
훈족
반달족
동고트족
롬바르드족
서고트족

게르만의 일파인 서고트족의 이동을 시작으로 게르만족의 이동이 본격화되고 있다. 이들 서고트족은 비잔틴제국으로 침입하여 비잔틴 제국의 군대를 대파한 후, 발칸 반도를 거쳐 이탈리아에 들어와 로마시를 약탈하고 있는 중이라고 한다.

게르만족의 대이동을 유발시킨 계기가 된 것은 훈족의 침입임에 틀림없으나 그 이전부터 게르만족은 인구과잉으로 말미암아 이미 이동 중에 있었는데다가, 때마침 로마제국의 정치가 어지러워지고 변방의 수비가 소홀해지자 로마 영내로의 침입이 용이해져서 대규모적인 이동이 일어난 것으로 파악되고 있다.

타키투스가 말하는 게르만족

게르만인들은 공적이든 사적이든 무슨 일에서나 반드시 무장을 했다. 공동체에 의하여 자격이 있다고 인정되는 시기가 오면 누구든 무장하는 것이 관습이었다. 그때가 되면 집회에서 지도자들 중 한 사람이든 아버지이든 친척이든 누군가가 창과 방패로써 청년을 치장시켜주었다. 그것은 제복과 같은 것이었으며, 청년에게 주어진 첫 번째 명예였다. 그들은 가정에 먼저 속했으며 그 다음으로 국가에 속했다. 조상의 위대한 공적이나 고귀한 신분은 소수의 젊은이들에게만 지도자가 되는데 도움을 주었다. 젊은이들은 자신보다 강하거나 경륜이 많은 사람에게 자신을 의탁했다. 그리고 그것을 결코 부끄러워하지 않았다.

타키투스의 『게르마니아』 중에서

로마제국의 속주운영

자유농 몰락, 소작인 증가

기원전 2세기부터 기원후 1세기에 걸친 정복전쟁으로 지중해 연안의 국가들을 차지한 로마가 그들 지역을 어떤 식으로 다스릴까 하는 고민에 빠졌다. 이제 로마는 지중해를 중심으로 그 주변 지역을 모두 하나로 통합하였으니 강력하게 자신의 지역을 다스릴 필요가 있었다. 따라서 각 정복 지역에 속주를 설치하고 그 중심이 되는 도시를 건설하여 그곳에 총독을 파견하는 방법을 취하였다. 각 속주의 도시는 교역이나 산업의 중심지 역할을 하고 있다. 특히 도로망으로 연결되는 도시들은 광장을 중심으로 건설되었다. 이들 도시에서 핵심적인 건물은 신전, 로마와 아우구스투스에게 바친 제단이다.

각 속주에는 그 속주를 정복한 장군이 10명의 원로원 의원으로 이루어진 의원회와 협의해 제정한 헌법이 있었는데, 거기에는 각 도시의 지위와 세금에 대한 규정이 들어 있었다. 이 속주를 다스리는 총독은 명칭을 '프라이토르'라고 했는데, 로마의 법무관와 비슷한 일을 했다. 로마의 경제는 이 속주들을 획득한 결과 빠르게 성장했으나, 속주에서 무더기로 흘러들어오는 값싼 곡물들은 이탈리아 농업에 큰 타격을 주었다. 그리하여 자유농이 몰락하고 소작인(coloni)이 증가하게 되었다.

역사신문

2 고구려 광개토대왕 즉위 391
4 로마제국, 동서로 분열 395
1 고구려 장수왕, 평양성으로 천도 427
1 백제와 신라 동맹체결 433
4 북위, 윈강 석굴사원 완공 450
3 고구려 장수왕, 백제 도읍 한성 함락시킴 475

고구려, 평양성을 새 도읍지로

영토확장에 따라 요구된 체제정비의 신호탄
왕과 귀족들의 정치적 대결 속에서 전격 단행

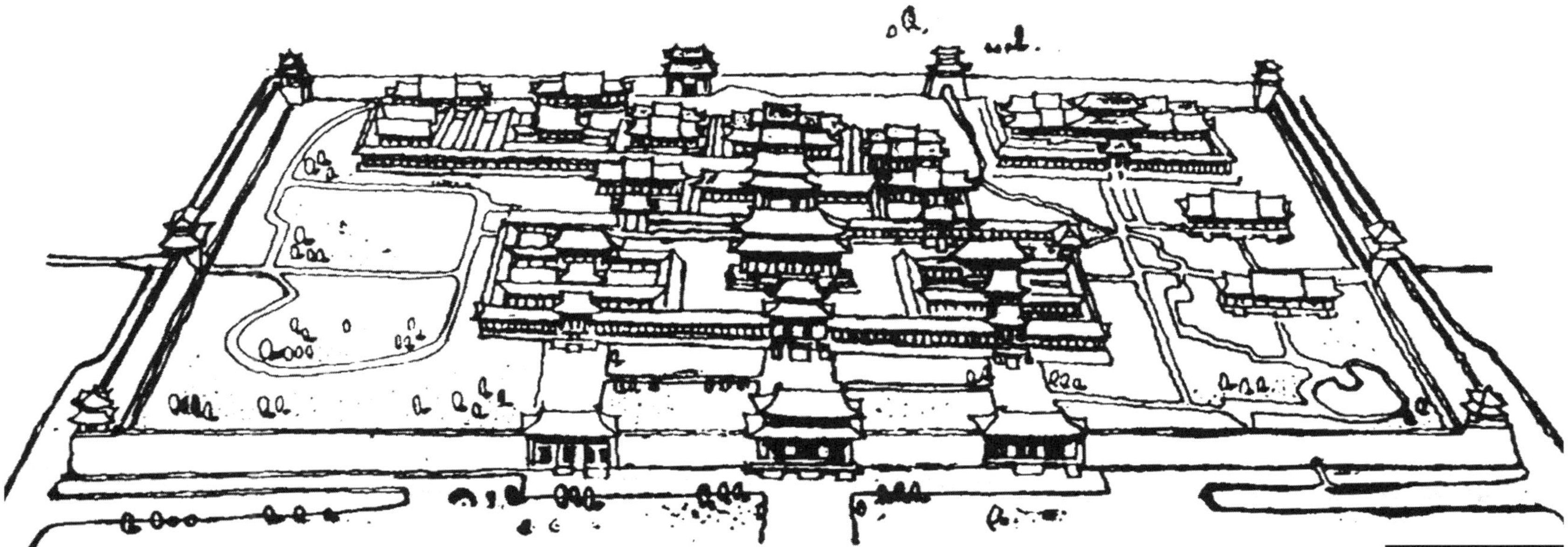

평양의 안학궁 전경

427년 장수왕은 국내성에서 평양성으로 도읍을 옮겼다. 과거 고조선 이래 한반도 문화의 중심지가 되어온 평양은, 대동강 주변에 비옥한 토지가 발달되어 있어 경제적으로 윤택하며, 황해를 통한 중국 진출이 용이해 본격적으로 삼국통합을 전개하는 데 유리한 조건을 두루 갖추고 있다.

고구려의 고위관리는 이번 천도에 대해 "그동안 정치적으로 혼란하던 중국북방이 북위에 의해 통일되어 서북방으로의 영토확장이 현실적으로 어려운 상황이어서 진출 방향을 남쪽으로 전환하게 됨에 따라 평양을 새도읍지로 삼은 것"이라고 밝혔다.

고구려가 평양천도와 더불어 본격적인 남하정책을 실행할 것으로 알려지자 백제·신라 등의 국가들은 그 대책 마련에 부심하고 있다.

이번 천도는 영토확장에 따라 요구되던 체제정비의 시작을 알리는 신호로도 해석되는데, 귀족세력의 반대를 무릅쓰고 국내성으로부터 평양으로의 천도가 단행된 사실은 장수왕의 권력기반이 확고해졌음을 보여준다.

도읍을 옮기는 일은 단순히 수도가 '국내성'에서 '평양성'으로 바뀌는 문제가 아니라 왕과 귀족의 정치적 대결의 문제였던 것으로, 국내성에 자신의 세력기반을 둔 귀족들은 자신의 근거지로부터 멀리 떨어진 곳으로 수도를 옮기게 되면 세력이 약화되기에 심하게 반발했다. 천도에 반대했던 많은 귀족들이 숙청됨으로써 귀족의 권한은 지금 상당히 위축된 상태라고 전해지고 있어 향후 귀추가 주목되고 있다.

고구려는 이번 천도를 통해 왕권을 중심으로 한 집권체제를 더욱 강화시킬 수 있는 전기를 마련할 것으로 보인다.

관련기사 3면·4면

백제와 신라, "우리는 동지"

적대관계 청산 합의, 나·제동맹에 가야도 참여할 듯

"고구려 무력 침공 時 다른 국가는 군사 원조의 의무를 진다"

433년 백제와 신라 두 국가는 그 동안의 적대관계를 청산하며 "둘 중 어느 한 국가가 고구려의 공격을 받을 때 다른 한 나라는 즉시 도와주기로 했다"며 나제동맹이 체결됐다고 발표했다.

고구려의 평양천도와 남하정책에 대한 백제·신라의 가장 적극적이고도 효과적인 대응책이라 할 수 있는 이번 동맹에는 가야연맹도 참여할 것으로 알려지고 있다.

이번 동맹은 고구려를 공동의 적으로 하는 양측의 이해관계에 의해 체결된 것이니만큼 상당한 효력을 발휘할 것으로 관측된다.

이 동맹은 백제 비류왕이 신라에 먼저 제의한 것으로 알려지고 있는데, 그간 고구려의 공세로 많은 피해를 입은 백제의 입장으로서는 신라와 힘을 합칠 필요를 절감하고 있었고, 신라 역시 고구려의 영향력에서 벗어나 독자적인 세력으로 자립하기 위해서는 백제의 힘이 필요했기에 신라의 눌지왕이 백제의 제의를 쾌히 수락함으로써 이번 동맹이 성립된 것으로 보인다.

세력 기상도

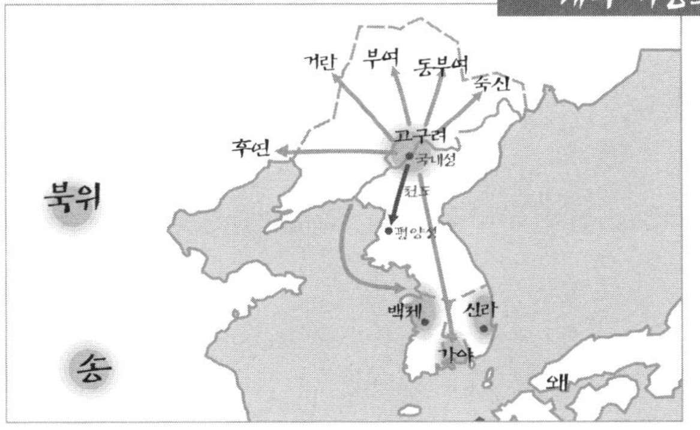
거란
부여
동부여
숙신
후연
고구려
국내성
천도
평양성
북위
백제
신라
가야
송
왜

고구려 광개토왕, 삼국항쟁의 주도권 확보. 장수왕은 본격적인 삼국통합 감행. **백제** 신라와 연합전선 취함. 그러나 고구려의 공격에 국가적 비운을 겪게 됨. 가야에 대한 영향력도 약화. **신라** 고구려의 정치적 간섭을 받기도 하나 차츰 고구려의 지배를 벗어나면서 성장 도모. **가야** 전기가야연맹 와해. 고대국가로의 성장에 타격. 5세기 후반 후기가야연맹 형성하여 발전 도모. **중국** 남북조의 대립기. **왜** 통일이 이루어지지 않음.

역사신문

발전의 정점에 서 있는 고구려

중국과 대등한 관계, 독자적인 중심으로 생각

최근 들어 고구려인들은 고구려 중심의 천하관을 여러 곳에서 수시로 표방하고 있다.

광개토대왕 비문에서는 주몽을 '천제(天帝)의 아들'이라 운운하는가 하면 고구려인 모루루라는 사람의 묘지에는 "천하사방 고구려가 최고의 성스러운 곳임을 알 것이니…"라고 기록하여 공공연히 자신들이 천하의 독자적 중심임을 강조하고 있다. 신라를 '동쪽 오랑캐'라고 표현한 것 역시 이와 연속선상에 놓여 있다. 어찌 보면 근거 없고 허황된 패기에 지나지 않는다고 일축해버릴 수도 있겠으나 그렇게 잘라 단정지어 버리기엔 재차 살펴보아야 할 것이 있다. 제 자랑을 공공연히 해대는 것만큼 우스꽝스런 일도 없지만 이를 모르지 않음에도 그리하는 연유를 한번쯤 살펴보아야 할 것이다.

5세기 중엽 이후 동아시아의 국제질서는 동북아의 고구려·유연·중국의 북위·남조 등 4국이 독자적인 세력을 형성하여 세력균형을 이루면서 비교적 안정된 상태를 이루었다. 또한 이 시기 고구려는 북위의 외국사신 접대 서열에서 남조에 이어 2위를 차지하고 있다. 이는 고구려의 세력이 그만큼 강력함을 객관적으로 보여주는 것이다. 즉 5세기 고구려는 중국 중심의 세계에 속하는 일부가 아니라 중국과 대등한 관계에 놓여 있음을 의미한다.

또한 그들은 문화적으로 동북아의 전통적인 문화기반 위에다 중국·유목 민족 및 서역의 여러 문화요소를 복합시켜 다양하고 풍부하며 강건한 독창적 예술을 창조해내기도 했다.

이러한 사실들을 고려해볼 때 고구려의 독자적 천하관을 단순히 허황된 무엇으로 매도할 수 없을 뿐 아니라 더 나아가 그들의 그러한 자부심은 충분히 근거있는 것으로 사려될 수 있을 것이다.

다만 염려할 점이 있다면, 고구려의 천하관이 균형감각을 잃고 파행적으로 치닫는 사태가 발생할 수도 있다는 점이다. 고구려가 대외적으로 독자적인 세력을 가진 하나의 국가로 성장하는 과정에서 이를 토대로 자기 세력을 키우려는 권력층이 존재할 수 있다는 점을 경계하여야 할 것이다. 꽃은 가장 화려하게 필 때가 바로 꽃잎이 막 떨어지기 시작하는 시점이다. 탄탄대로를 달리고 있는 고구려이지만 내적으로 점검을 반듯하게 하지 못하면, 이 시점이 바로 퇴각의 출발점이 될 수도 있음을 알아야 한다.

고구려

광개토대왕 기념비 건립

"고구려를 천하사방에서 가장 성스러운 곳으로 만든 인물"

우리의 땅 요동을 5백 년만에 되찾아, 고구려 발전의 초석 마련

광개토대왕은 391년 18세의 어린 나이로 왕위에 올라 고구려를 '천하사방에서 최고로 성스러운 곳'으로 만든 인물이다. 39세라는 아까운 나이로 세상을 떠나긴 했지만 일찍이 고조선이 한에 빼앗겼던 우리의 영토(요동)를 5백 년만에 되찾은 위업을 남겼다.

광개토대왕비

…… 은혜로운 혜택은 하늘에 미치고 위엄이 사방에 떨쳤노라. 불의를 쓸어버리니 백성들이 편안하도다. 나라는 부유하고 백성들도 풍요롭고 오곡은 풍성하게 익었도다.……

「광개토대왕비문」 中

광개토왕의 정복활동 일지

395년 친히 병력을 이끌고 거란 정벌.

396년 수군을 이끌고 백제를 쳐서 58성과 7백촌을 정벌. 백제의 수도 한성을 공격하여 아신왕으로부터 "영원히 노객(老客)이 되겠다"는 항복을 받아 냄. 왕의 동생과 대신 10인을 포함한 포로 1천명을 이끌고 개선. 이로써 임진강 유역 일대를 완전히 장악.

398년 숙신 정벌.

400년 백제·가야·왜의 연합군이 신라를 침략하자 동맹관계에 있던 신라를 구하기 위해 기병과 보병 5만을 파병. 가야와 왜의 연합군 토벌.

404년 옛 대방군의 땅으로 진출한 백제와 왜의 연합군 섬멸.

407년 후연을 정벌하여 요동을 완전히 차지. 요동 지역은 철이 많이 날 뿐만 아니라 농경 지대이기 때문에 이 지역의 확보가 고구려 국가발전에 중요한 밑바탕이 됨.

410년 동부여 정벌.

광개토대왕비
국내성
압록강
대동강

그림마당
이은홍

추락하는 것은 날개가 있다드만…
가자! 요동으로…!!
고구려
백제

장수왕, 고구려비 건립

중원고구려비

신라에 대한 세력우위 확인의 의미

5세기 말엽 고구려의 장수왕은 충북 중원 지방에 광개토대왕비를 축소해놓은 듯한 척경비를 세웠다. 이는 신라와의 관계에서 고구려의 주도권을 다시 한번 강조하기 위한 것으로 보인다.

4세기 후반 이래 고구려의 지배 하에 있던 신라는 나제동맹을 결성하는 등 고구려의 간섭에서 벗어나기 위한 노력을 해왔다. 이러한 노력이 결실을 거두어 5세기 중반 이후에는 고구려의 지배로부터 벗어날 만큼 성장하고 있었다. 그러나 이것이 오히려 화근이 되어 468년 장수왕은 신라를 정벌하여 재차 고구려의 우위를 확보하여 중원고구려비를 세우게 된 것이다. 당분간 신라로서는 중원 일대에서 휴전하여 현상유지를 하는 방도 외에 별다른 조치를 취하기 힘들 것으로 예상된다.

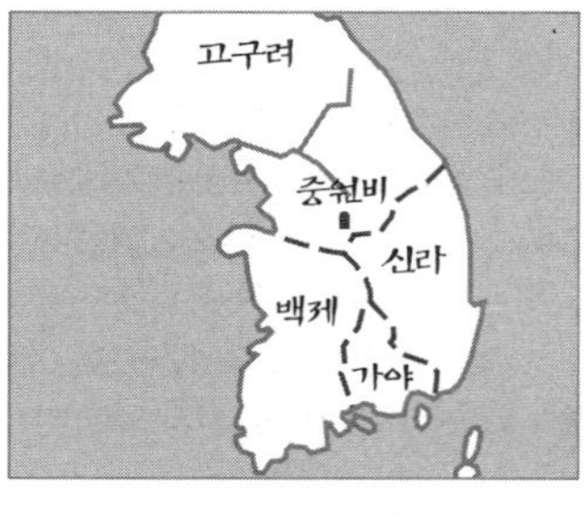
고구려
중원비
신라
백제
가야

백제

고구려 공격으로 도읍 한성 함락

장수왕 3만 대군 앞에 속수무책, 신라 원군 도착도 늦어

개로왕 등 수많은 왕족 살해 당해, 문주왕 천혜의 요새 웅진성으로 천도

475년 9월 백제의 도읍 한성이 고구려의 공격에 의해 함락됐다. 고구려 장수왕은 3만의 군사를 이끌고 북성을 공격하여 7일만에 함락시키고 한성을 포위했다. 나·제동맹 체결에 따라 개로왕은 왕자 문주를 신라에 보내어 원군을 요청하고 군사적 열세에 지레 겁을 먹어 성문을 꼭 닫은 채 버티고 있었다. 그러나 고구려군의 사면협공과 불공격에 대부분의 사람이 항복하고 궁지에 몰린 개로왕은 수십 명의 기병을 거느리고 달아나다 아차성 아래에서 살해당했다. 뿐만 아니라 왕도함락으로 무수한 왕족이 피살되는 인적피해를 입었다.

한편 문주왕의 요청에 따라 파견된 군사 1만 명은 기한내 도착하지 못하여 백제는 대패하고 말았다. 왕자 문주는 개로왕의 뒤를 이어 왕위에 즉위한 후 산성으로 둘러싸인 천혜의 요소 웅진으로 천도를 단행했다.

백제 정국 혼돈 상태 …

웅진 천도 후 귀족 반란 잇달아, 문주왕 피살
고구려에 의해 해상교통로 봉쇄, 對 가야 영향력 상실

웅진 천도 직후부터 지금까지도 백제는 정치적 불안을 겪고 있다. 내부적으로 귀족의 득세, 귀족의 반란 등 전쟁이 끊이지 않고 정부의 권한도 매우 취약하여 급기야 병관좌평 해구의 반란으로 문주왕이 피살되고 말았다. 백제는 현재 극도의 시련에 봉착했다.

외적 상황도 더욱 악화되고 있다. 웅진으로 천도한 이후 고구려 수군에 의해 중국으로의 교통로를 차단당함으로써 황해의 해상권마저 고구려에게 빼앗기고 말았다. 대중국 교통로의 차단은 국제적 고립이라는 정치적 부담뿐 아니라 해상무역활동의 위축에 따른 경제적인 손실도 적지 않음을 의미한다.

이처럼 수도함락과 귀족세력간의 갈등으로 정국이 혼미를 거듭하고 있는 사이 가야에 대한 백제의 영향력도 현저히 줄어들고 있다.

백제의 敗因

외교 실패
정치적 분열
민심 이탈

우선 대외적으로 백제는 북위에 대한 외교에 실패했다. 개로왕은 이미 472년에 북위에 편지를 보내 고구려가 북위에 조공하는 길을 가로막고 있으며 북위의 사신을 살해한 바도 있어 이 상태로 고구려를 내버려두었다가는 북위를 공격할 지도 모르니 고구려를 공격해 줄 것을 간절히 요청했다. 그러나 북위는 아직 그와 같은 문제점을 느끼지 못한다며 이를 거절했다.

대내적 상황도 상당히 불리했다. 정치적으로 분열되어 있었고 대토목공사로 민심이 이탈하고 있었다. 개로왕은 고구려의 압력에 대항하면서 안으로 왕권을 강화하고자 했으나 결과적으로 귀족들 사이에서 반발을 초래하고 왕실의 권위를 높이기 위한 토목공사는 국력의 피폐와 민심의 이탈을 가져오게 됐다.

신라

고구려 지배에 묶여 있는 신라

고구려, 신라에 군대 주둔, 내정에 깊숙히 개입

내물왕 시기 신라는 비약적인 발전을 이룩했으나 정치적으로 여전히 고구려의 영향력 하에 있어 대내적 통합을 이루지 못해 고대국가로의 성장이 지연되고 있다. 근래 있었던 실성왕의 실각과 눌지왕의 옹립은 이를 뒷받침하고 있다.

392년 신라는 실성을 고구려에 볼모로 보내야 하는 처지였으며 백제·왜·가야 연합군이 침공했을 때 고구려의 도움을 받아야 할 만큼 그 힘이 미약했다. 고구려는 신라에 군대를 주둔시키고 정치에 깊이 관여하여 신라의 왕위에 親고구려적 인물을 앉히기도 했다. 내물왕 이후 볼모로 있던 실성이 왕위에 오른 것이 그 단적인 예이며, 최근 실성의 세력이 강해지자 고구려는 다시 눌지를 지원하는 등 신라정치에 깊숙히 개입하고 있다.

눌지왕 이후 자주화운동 전개

고구려 백제 침공 때 원군 파견, 백제와 연합 고구려에 대항
고구려 영향력에서 벗어나 집권체제 강화에 박차

신라는 최근 들어 장수왕이 백제를 유린할 때(475) 1만의 구원군을 파병하는가 하면 고구려의 직접적인 침공에 대항하여 백제와 연합, 이를 물리침으로써 대외적으로 두드러진 성장을 보이고 있다. 역으로 그만큼 고구려와의 충돌이 심해졌다고도 볼 수 있어 앞으로의 양국관계가 주목된다.

이러한 신라의 성장과 자주적 움직임은 눌지왕 때부터 시작된 것으로 당시 신라는 고대국가로 성장하기 위해 내부적으로 집권체제를 강화하기 시작했는데 이는 곧 내적통합을 가로막는 고구려의 간섭으로부터 벗어나는 것을 의미했다.

눌지왕 자신은 비록 고구려 세력에 의해 즉위했지만 인질로 잡혀 있던 동생 복호를 고구려에서 탈출시키고 왜에 볼모로 가 있던 왕자 미사흔을 귀환시키는 등 고구려 세력의 영향력을 배제하는 데 주력했다. 또한 433년 백제와 우호관계를 맺어 고구려의 영향력에서 벗어나려 애쓰는 등 신라의 대외적 독자성 확보에 꾸준한 노력을 기울여왔다.

가야

금관가야 소국연맹체 와해
고구려 광개토대왕의 토벌로

김해의 금관가야를 중심으로 한 가야 지역 소국연맹체가 와해됐다.

백제·왜·가야 연합군이 신라에 대한 공격을 감행했을 때 광개토대왕의 군대가 한강 하류 지역까지 내려와 가야를 토벌하게 된 것이다. 고구려에 비해 전반적인 문화수준이 떨어지는 전기 가야연맹은 결정적인 타격을 입고 와해될 수밖에 없었으며 특히 김해를 비롯한 경남해안 지역에 있는 소국들은 막대한 피해를 입었다.

후기 가야연맹 건설 위한 움직임 활발

대가야 중심

백제 약화, 신라 성장 등
주변 정세 변화에 위기 의식

5세기 후반 백제가 약화되고 신라가 성장해가는 주변정세의 변화에 위기의식을 느낀 가야의 소국들 사이에 재결속의 기운이 일고 있다.

이 재결속의 주도세력인 고령의 대가야는 최상의 농업입지 조건을 가지고 있으며 예로부터 철생산량이 높아 급속히 발전해온 지역이다.

고구려 고분벽화의 세계

진취적 기상의 아름다움

예전의 수도였던 국내성 주변(집안 지역)에 있는 고위층의 무덤은 그 장대한 규모면에서뿐만 아니라 내부의 화려한 벽화 장식으로 인해 세인의 관심이 주목되고 있다. 3년(유리왕 22년)부터 427년 장수왕이 평양으로 수도를 옮기기까지 고구려의 수도였던 국내성은 연평균 6.5도의 온난한 기후와 풍부한 자원을 자랑한다. 금·은·철 등의 광물은 물론 벼·콩·포도·인삼 등의 농산물, 산짐승과 물고기까지 풍부하여 이곳 귀족들은 다른 지역보다 월등한 경제적 여유를 누려왔고 이러한 여유는 사후의 집이라고 할 수 있는 무덤의 장식으로 나타났다.

화려한 무덤의 주인공은 왕족이나 귀족들인데 현세에서의 부귀영화가 내세에서도 이어지기를 바라는 마음에서 벽화에까지 일상에서 누리던 부유한 생활을 자세히 묘사했다. 평소 입는 옷은 물론, 예절, 화장법, 실내장식까지 구체적으로 그려냈으며 종교관과 우주관까지 담아내려는 시도도 나타나 있다. 고분 벽화 제작 초기(4-5세기)에는 무덤 주인공의 초상화와 생활도가 주종을 이루더니 최근에는 주인공과 관련된 인물풍속도와 사신도가 각광을 받고 있다.

안악 3호분의 경우에서 보이듯이 초기에는 많은 인물들이 등장하는 기마행렬도나 수렵도와 같은 과시적인 주제가 인기를 끌었다. 특히 전투, 수렵, 씨름과 같이 '힘'과 연관 깊은 주제들이 많은 것은 무덤 주인공들의 생애 자체가 북방민족과의 투쟁 속에서 '전투적'일 수밖에 없는 상황을 반영하는 듯하다. 삼실총에는 매를 이용해서 사냥을 하는 모습이 그려져 있는데 사냥 자체가 생활화되어 있는 모습을 보여주고 있으며 다른 무덤들에서는 평소 체력단련을 위해 즐기는 씨름·수박 그림 역시 자주 볼 수 있다.

복잡하고 인물이 많은 그림에 대한 선호도가 떨어지면서 대신 등장한 것이 사신도인데 이는 도가사상과 음양오행설의 유행과 관련이 깊다. 예전에는 천장에 그려지던 사신(청룡, 백호, 주작, 현무)이 이제는 당당히 네 벽을 장식하고 있다. 종교적인 분위기가 짙어가고 있는 가운데에서도 인물이 등장하던 시기, 벽화의 동적이고 긴박한 느낌은 사신도에 이어지고 있다. 일례로 벽면에 그려진 용들이 새끼처럼 꼬인 몸체의 용틀임은 대단히 격렬하다.

불교적 색채 또한 무시할 수 없다. 장천 1호분의 경우 벽면은 물론 천장까지 온통 연꽃으로 도배를 했고 예불도와 보살도, 연화화생도를 통해 서방정토에 왕생하고자 하는 염원을 표현하고 있다. 무용총에는 무덤 주인이 승려를 맞아 설법에 귀를 귀울이는 모습을 설명적으로 구성, 상징뿐만 아니라 서사의 세계에서도 종교가 살아 있음을 형상화했다.

벽화에 쓰이는 안료의 색깔은 갈수록 강렬해지고 있는데 오랜 시간이 지나도 변색되지 않는 안료 제조법이 발전을 거듭하고 있으며 벽면에는 주인공과 관련된 현실세계, 천장에는 산신.일월성신과 같은 천상세계를 표현, 일종의 완벽한 소우주를 구축하려는 경향이 대두하고 있다.

각저총의 다리 셋 달린 까마귀

**5세기 무렵은 벽화고분이
고구려적인 것으로 온전히 정착되는 시기이다
이 시기의 벽화에서는
고구려인 특유의 천하관에서 보이는
'진취적 기상과 힘'이 잘 나타나 있다
무용총의 수렵도는 그 대표적 예로
생동감 넘치는 솜씨로 유명하다
무용총의 빈객접대도는
묘의 주인과 시녀의 신분에 따라
사람의 크기도 달리한 점이 눈에 띈다
이는 신분제 사회의 특징이
회화에 반영된 것이라 할 수 있다**

각저총

중국 길림성 집안시 우산(集安市 禹山) 고분군 소재.

방대형의 무덤으로 한변의 길이는 15m이며 장방형의 앞방과 방형의 널방으로 이루어져 있다. 앞방과 통로에는 나무와 맹견이, 널방 네 벽 가운데 북벽에는 주인의 실내생활도가, 동벽에는 씨름 그림과 부엌 그림이, 서벽에는 수레와 나무, 남벽에는 나무가 그려져 있다.

무덤 주인공의 생전 생활이 생생한 필치로 묘사되어 있으며 실제 목조가옥처럼 보이게 하기 위해 널방 네 벽 모서리에 나무기둥을 그리는 세심함 또한 보여준다.

5세기 말경의 무덤.

각저총의 씨름도. 큰 눈에 매부리 코가 인상적

쌍영총

널길(길이 2.72m), 앞방(동서 2.35m, 남북 2.72m), 널방(동서 2.77m,남북 2.78m)으로 이루어진 두방무덤으로 통로 좌우에 8각 돌기둥이 하나씩 세워져 있어서 쌍영총이라는 이름이 붙었다.

널길 동벽에는 수레, 무사, 남녀 30명과 북을 치는 사람의 모습이, 서벽에는 창을 쥐고 춤추는 인물 등이 그려져 있다. 앞방의 동·서 벽에는 청룡과 백호, 천장의 굄돌에는 봉황과 구름무늬, 뚜껑돌에는 연화문이 그려져 있다. 널방의 북벽에는 시종들의 시중을 받고 있는 주인공 부부의 실내 생활이 비교적 자세하게 묘사되어 있다.

평안남도 용강군 용강면 안성리 소재.

강서대묘

비교적 규모가 큰 무덤으로 지름은 약 51.6m, 높이는 8.86m에 이른다. 널방 남벽의 중앙에 달린 널길과 평면이 방형인 널방으로 된 외방 무덤이다.

벽화의 내용은 사신도 및 장식무늬인데 회칠을 하지 않은 잘 다듬어진 널방 돌벽면에 직접 그려져 있다. 동서남북 면에 각각 청룡·백호·주작·현무가 그려져 있으며 천장에는 인동무늬를 감싼 초롱무늬, 비천(飛天)·산악·신선 그림이 있다.

널방 네벽과 천장이 각각 큰 화강암 판석 한장으로 이루어진 6, 7세기 경의 무덤으로 강서군 강서면 삼묘리 소재.

강서대묘의 사신도 중 일부

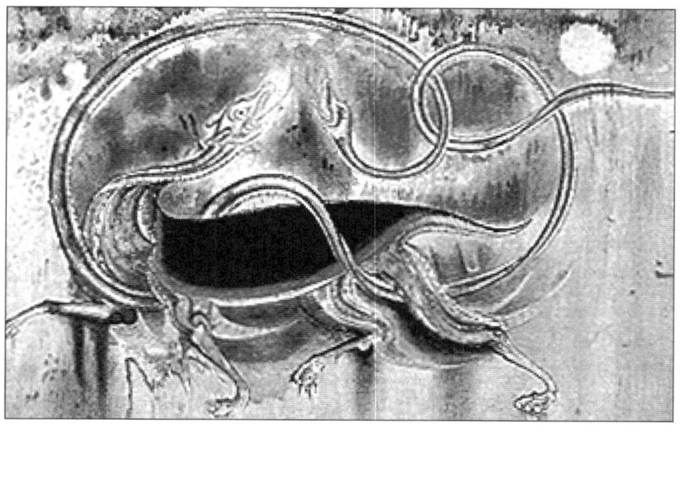

무용총 수렵도

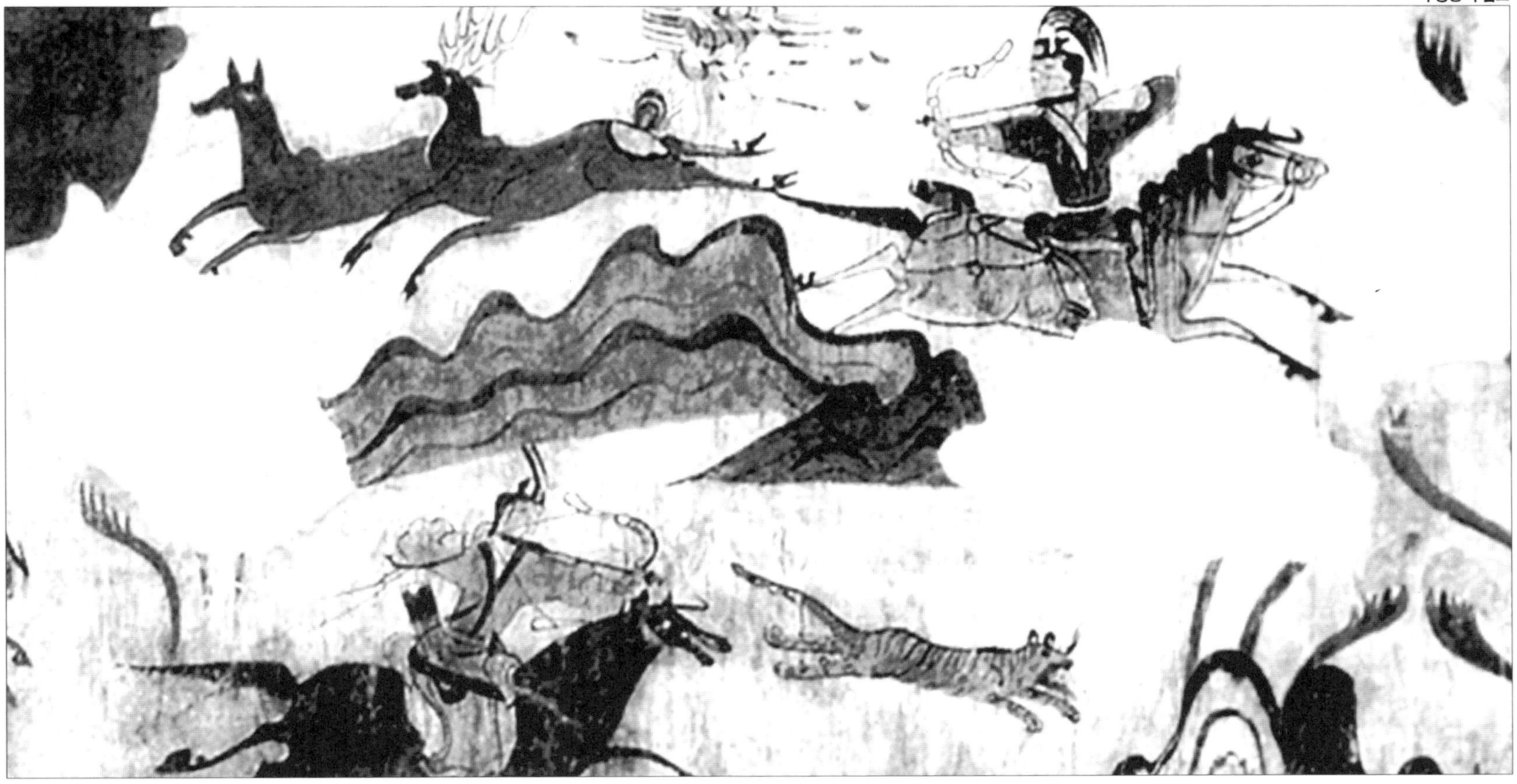

무용총

중국 길림성 집안시 우산 고분군에 있는 방대형의 무덤.

널방은 크고 작은 석재로 되어 있으며 널방의 바닥에는 관받침 용 돌을 놓았다. 앞방의 벽에는 한 쌍의 안장과 인물·건물이 그려져 있고 통로와 널방이 접하는 곳에는 나무문을 달았다.

널방의 북벽에는 주인의 접객도, 동벽에는 14명의 남녀가 대열을 짓고 노래하며 춤추는 모습, 서벽에는 4명의 기마무사가 사냥을 하는 모습이 사실적으로 그려져 있다.

천장은 해·달·별·청룡·백호·신선·기린·이상한 짐승과 구름무늬·연꽃무늬로 장식되어 있다.

무용총 무용도

악기를 연주하는 선인. 무용총

무용총 빈객 접대도. 상하 신분관계를 잘 표현해 주고 있다

수레를 끌고 있는 소의 모습. 무용총

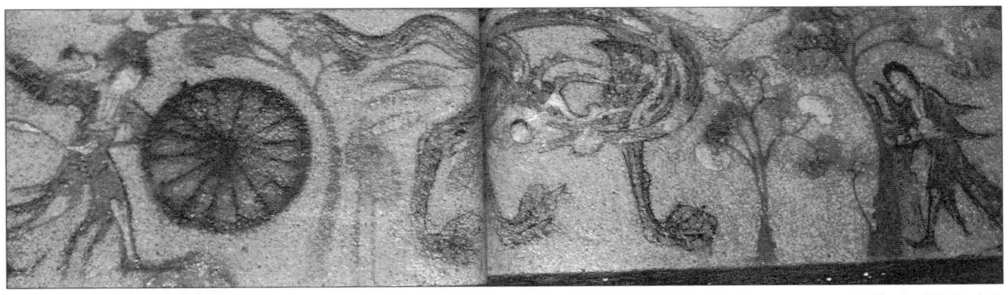

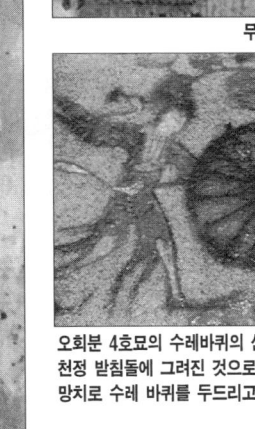

오회분 4호묘의 수레바퀴의 신.
천정 받침돌에 그려진 것으로,
망치로 수레 바퀴를 두드리고 있는 모습

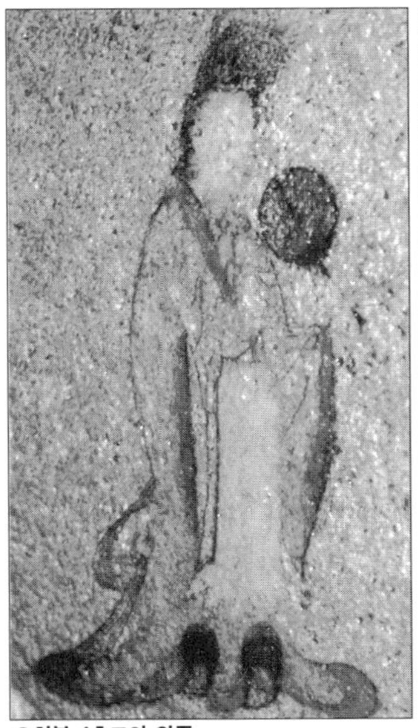

오회분 4호묘의 왕족

각저총의 붉은 연지 찍은 여인

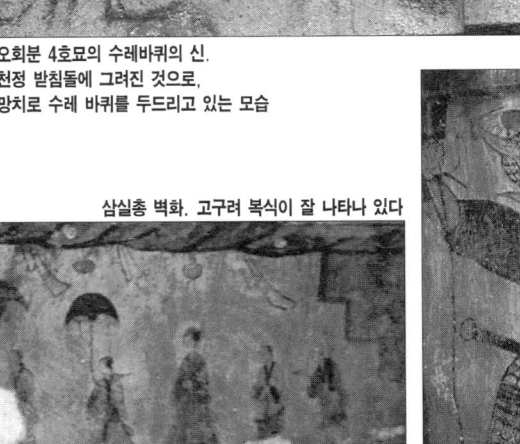

삼실총 벽화. 고구려 복식이 잘 나타나 있다

삼실총의 무사도

삼실총의 상투 튼 力士

고구려의 새 궁전 안학궁

정삼각형의 정점에 주요 건물 배치, 웅장하면서도 아름다운 조화미

고구려의 국력 보여주는 상징적인 건물

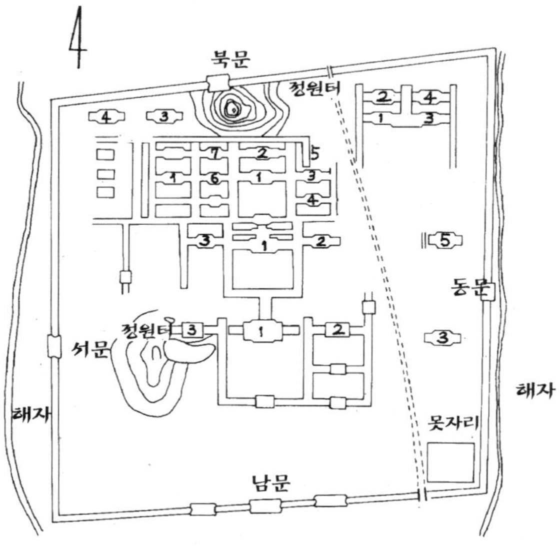
북문
청원터
동문
서문
청원터
해자
해자
못자리
남문
안학궁성 평면도

고구려가 새로 도읍을 옮긴 평양지역은 대동강을 끼고 수륙교통이 편리할 뿐만 아니라 일찍부터 농업이 발달한 곳이다. 또 지형적으로 남쪽과 동쪽으로 넓게 대동강이 굽이쳐 흐르며 서쪽으로 합장강이 있고, 북쪽에는 대성산을 통해 산줄기와 연결되어 있어 천연의 요새지를 이루고 있다. 그래서 오래 전부터 한반도 문화 발전의 중심지 역할을 해 온 곳이다.

고구려는 이곳에 안학궁을 지어 궁성으로 사용하는 한편, 전통적인 방위체계에 따라 북쪽 대성산에 산성을 쌓아 유사시에 대비하고 있다. 또 장차 도읍지터를 더욱 넓히는 한편, 이를 튼튼한 둘레성으로 쌓아 어떤 외적의 침입에 대해서도 방어할 수 있는 요새화된 도성을 건설할 계획이라고 한다.

안학궁

안학궁은 고구려가 평양으로 도읍을 옮긴 후 지은 궁전으로 5세기 초에 건설됐다. 관계자에 의하면 안학궁은 고구려의 강력한 국력을 그대로 보여주는 상징적인 건물이 될 것이라고 한다. 궁성안의 총 면적은 약 38만㎡이며 그 안에 총건평 3만 1,458㎡나 되는 건축물이 지어졌다고 한다. 특히 내전의 앞면 길이는 86.9m나 되며 거기에서 지붕의 치미 높이는 2.1m, 암키와 중에 큰 것은 65-70cm나 된다. 건물배치계획도 치밀했는데, 총평면계획에 대각선 전개비를 도입했고, 정삼각형의 정점에 주요건물을 배치하는 방법을 사용해 웅장하면서도 아름다운 조화미를 보여주고 있다. 안학궁의 주변에는 한 변의 길이가 약 622m나 되는 네모난 성벽이 둘러져 있다. 남쪽 궁성벽의 높이는 대개 6-12m나 된다. 궁성은 동북·서남 방향으로 약간 쏠린 구릉형으로 되어 있는데 이것은 동북쪽으로 치우친 동서방향의 등고선을 따라 성벽을 쌓음으로써 높이를 가능한 한 일정하게 보장하기 위하여 지형을 합리적으로 이용한 것이다. 성 밖에는 해자를 파서 외부의 공격을 차단했는데 해자에서 파낸 흙은 궁성벽을 쌓는 재료로 이용됐다.

대성산성

대성산성은 을지봉을 주봉으로 하여 둘레 길이가 7,076m나 되는 큰 산성이다. 평상시에는 이 성안에 사람들이 살지 않고 있으며 유사시에만 성 안에 들어가 적과 맞서 싸우게 되어 있다.

도미 부부 이야기

도미 부부 고구려땅에서 재회의 눈물

백제 개로왕이 도미부인을 탐하면서 시작된 비극

백제의 도미와 그의 아내가 개로왕의 박해를 피해 고구려로 도피하여 살고 있음이 뒤늦게 알려져 세간에 충격을 주고 있다.

도미는 백제의 농민으로 의리에 밝은 사람이었으며 그의 아내는 아름답고 예절바른 사람이었다. 때문에 마을에서도 칭찬이 자자했는데 이 칭찬이 개로왕의 귀에까지 전해지게 되자 개로왕이 도미를 불러 "사실 부인의 덕은 정조가 제일이지만 몰래 좋은 말로 꼬이면 마음이 흔들리지 않는 사람이 드물지 않느냐"고 말했다. 그러나 도미가 "제 아내는 죽더라도 마음을 고치지 않을 것입니다"라고 하자 왕은 도미를 가두어 두고 그 아내를 유혹하였다. 도미의 아내는 기지를 발휘하여 여종을 단장시켜 왕을 모시게 하였고 뒤늦게 이를 안 왕은 크게 노하여 도미의 두 눈을 뽑고 작은 배에 실어 강물에 띄워 보내버렸다.

그리고 그의 아내를 불러 자신의 시중을 들도록 하였다. 이에 도미 부인은 "남편을 잃었으니 어찌 대왕의 명을 어길 수 있겠습니까? 며칠 말미를 주시면 몸을 깨끗이 단장하고 오겠습니다"라고 말하고 왕의 허락을 받아냈다. 도미의 아내는 궁전을 나오는 즉시 도망쳐서 강어귀에 이르렀으나 배가 없어 하늘을 우러러 통곡하고 말았다. 그러자 하늘도 감동하였는지 배 한 척이 물결을 따라왔고 도미의 아내는 그 배를 타고 외딴 섬에 도착하여 마침내 남편과 상봉했다.

섬에서 풀뿌리를 캐어먹고 살던 도미 부부는 언제 닥칠지 모르는 개로왕의 박해를 피해 결국 고구려땅에 가 살기로 결정하고 오늘에 이르른 것이다.

해외 소식

북위, 윈강에 웅장한 석굴 사원 조성

지난 날 불교탄압을 속죄하는 의미 지닌 사업

윈강 제6석굴 내부의 웅장한 모습.

북위의 산서성 북부와 만리장성의 접경 부근에 위치한 낭떠러지에 석굴 사원 조성 사업이 한창이다. 종교장관 담요의 주관으로 460년부터 시작된 이번 사업은 지난 446년부터 4년간 계속된 불교탄압에 대한 속죄의 의미를 가지고 있는 것으로 알려지고 있다.

부드러운 사암(砂岩)으로 이루어진 낮은 낭떠러지를 파서 대굴 21개, 중굴 20개 외에 무수한 소굴을 만들어 불상을 안치하는 식으로 작업이 진행되고 있는데 불상조각들에서는 인도의 불교예술을 비롯한 각종 외래 예술의 영향력이 엿보인다.

한 가지 특이한 점은 석굴마다 들어선 거대한 불상이 북위 초기의 다섯 황제의 모습을 하고 있다는 것. 북위 조정이 불교탄압을 중지하고 불교지원으로 정책을 선회한 것은 불교를 정치적으로 이용할 수 있다는 판단이 섰기 때문인 것으로 분석된다.

현재 북위 정부는 제2의 석굴사원 후보지를 물색중인데, 용문이 유력한 후보지로 떠오르고 있다. 제2의 석굴사원은 윈강에서의 경험을 살려 보다 '중국적인 양식'이 시도될 것으로 보인다.

로마제국 분열, 동서 로마로

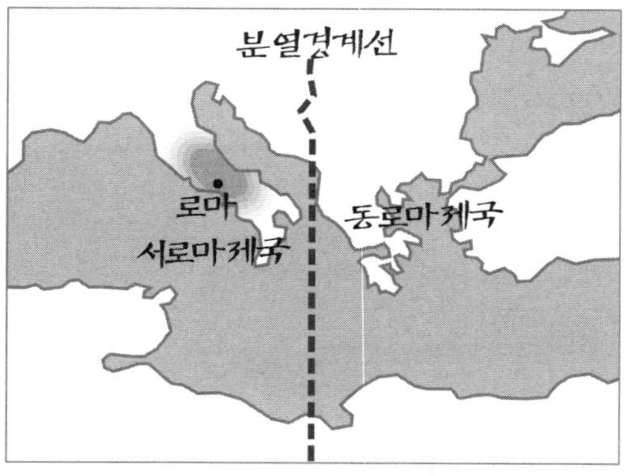
분열경계선
로마
서로마제국
동로마제국
395년 테오도시우스 황제 사후 로마 제국은 동서로 분열됐다. '세계제국'의 위업을 달성했던 로마는 이제 분열과 몰락의 길을 걷게 될 것 같다.

은자 시인 도연명, 중국 문단에 잔잔한 파문

'말을 잊은' 시인의 자연스런 '읊조림'

남조의 시인 도연명(365~427)이 은둔생활 중에 쓴 시와 산문들이 중국 문단에 잔잔한 파문을 일으키고 있다. 북조 귀족이 실권을 장악하고 있는 상황에서 소외계층이 될 수밖에 없었던 남방 사족 출신의 도연명은 41세 되던 해 10여년 간의 관료생활을 청산하고 죽을 때까지 남촌에서 은둔생활을 했다. 이때 쓴 산문이 바로 유명한 「귀거래사(歸去來辭)」. 최근 애송되고 있는 것은 세속의 티끌을 넘어서서 맑고 깊은 운치를 칭송하는 그의 5언시들이다. 도연명의 5언시는 화려한 기교없이 감회를 자연스럽게 '읊조림'으로써 오히려 특별한 조명을 받고 있다. 안연지는 "만년에 도연명은 술을 좋아한 나머지 빈궁한 생활을 했다"며 "그의 시 『음주이십수(飮酒二十首)』에 나오는 '진(眞)'의 경지는 개인의 완전한 자유를 의미한다"며 도연명의 시 한 구절을 읊었다. "…동쪽 울타리 밑에서 국화를 꺾어 드니 그윽이 보이는 것은 남산 산기운이 석양에 아름답고 나는 새들도 무리지어 돌아가누나! 이 가운데 있는 '참뜻', 설명하려고 하나 이미 말을 잊었도다."

역사신문

3 신라, 3년산성 완공 470
1 부여, 고구려에 항복 494
3 백제, 탐라국 정벌 498
1 신라 지증왕, 순장금지 발표 502
2 한반도에 이상 난동 503
3 신라, 우산국 정복 512

한반도 본격적인 삼국 경쟁시대 개막

고구려 부여까지 점령, 건국 후 최대 영토를 자랑

장수왕이 죽은 뒤 즉위한 그의 손자 문자명왕은 할아버지의 정복사업을 계승하여 백제와 신라에 대한 공세의 고삐를 늦추지 않고 있다.

현재 남부 전선에서의 전쟁이 나·제 양국의 선방으로 일진일퇴를 거듭하고 있는 양상이지만 공격의 주도권은 여전히 고구려가 행사하고 있는 실정이다. 또한 494년에 부여의 왕실이 항복함으로써 고구려는 건국 후 최대 판도를 자랑하고 있다. 따라서 고구려는 한반도내에서 5세기에 확립된 우위를 여전히 고수하고 있는 것으로 보여진다.

이 점은 대외적으로도 마찬가지다. 대외관계에 있어서 기존의 정책대로 남북조의 분열을 잘 이용하여 국제 질서 속에서 안정된 위치를 유지하고 있다. 중국의 전통적 강국인 북위와 조공을 통한 외교관계를 지속적으로 유지하는 한편, 송나라의 멸망 후 잇달아 건국한 제(齊)·양(梁)과 같은 남조의 국가와도 조공을 통한 외교관계를 수립하고 있다.

백제 정치적 혼란 극복, 국력 회복세 뚜렷해

백제의 국력 회복은 눈부신 것으로 평가된다.

고구려의 계속된 공격으로 수도 한성과 한반도의 최고 전략지 한강 유역을 빼앗겼던 백제는 동성왕과 무령왕 때 웅진 천도 초기의 정치적 혼란을 극복했고, 농업생산을 장려하여 경제적 기반을 튼튼히 했다.

백제는 이전보다 좁아진 국토에서 더 많은 농업생산을 이루기 위해 호남평야 개발에 전력을 기울이며, 황무지를 개간하고 유망 농민을 토지에 정착시키는 사업을 꾸준히 전개하여 한반도 최고의 농업국가로 성장하고 있다.

현재 백제는 회복된 국력을 바탕으로 고구려에 빼앗긴 한강 유역을 되찾기 위해 기회를 노리고 있다고 한다. 때마침 신라도 소백산 넘어 북방으로 진출할 틈을 엿보고 있어 양국 간의 동맹은 더욱 강화될 전망이다.

신라 눈부신 약진, 경제발전 가속화

신라는 소백산맥과 낙동강으로 가로막혀 문물을 받아들이는 데 불리했던 지리적 여건을 극복, 빠르게 성장하고 있다.

발전의 양상이 두드러지게 나타난 것은 5세기 후반 들어서이다. 고구려의 침략에 대응하여 백제와 동맹을 체결했던 신라는 백제의 지원을 받으면서 고구려와 맞설 정도의 정치적 성장을 거두었다.

신라의 이러한 성장은 그동안 꾸준히 전개되어온 '경제발전'의 산물이라는 것이 일반적인 평가이다.

5세기 후반 신라는 국가의 적극적인 정책과 지도 하에 농업생산력이 비약적으로 발전해왔다. 특히 지증왕 때에 이르러 농업기술 향상, 농기구개량으로 경제발전이 가속화되고 있을 뿐만 아니라 정치 문화도 성숙하고 있어 한반도의 새로운 주자로 등장할 것으로 보인다. **관련기사 2, 3면**

백제와 신라, 고구려 공세 저지 성공

나·제 양국, 혼인 통해 동맹 결속 더욱 강화

삼국관계에서 주도권을 장악해온 고구려의 공세가 백제와 신라의 공동방어로 번번이 좌절되고 있다(전쟁일지 참조). 백제와 신라 양국은 서로가 고구려의 공격으로 어려움에 처해 있을 때 군사적 지원을 아끼지 않고 있으며 493년에는 백제의 제의에 신라가 동의하여 백제 동성왕의 왕자와 신라의 최고 관직 이벌찬의 딸 사이의 결혼이 이루어졌다. 이와 같은 혼인동맹을 통하여 양국의 결속은 더욱 굳건해지고 있다.

신라 지증왕, 순장금지 발표

502년 3월 지증왕은 국왕이나 귀족의 장례시 살아 있는 사람을 함께 묻던 순장풍습을 금지하라는 명령을 내렸다. 이 조치로 국왕이 죽으면 남녀 각각 5인씩을 순장하는 풍습은 이제 사라지게 될 것으로 보이며 귀족들이 죽을 때 시녀나 호위 무사를 함께 묻던 오랜 관행도 사라질 것으로 전망된다.

전쟁 일지

479년 3월 (소지 마립간 1) 고구려가 말갈과 더불어 신라 북변을 침입하여 7개 성을 취하고 계속 진군해올 때 신라는 백제, 가야의 구원병과 함께 진격을 저지하고 패퇴해 물러가는 고구려군을 추격하여 1천명의 목을 베었다.

484년 7월 (소지 마립간 6) 고구려가 신라 북변을 침범하자 신라는 백제와 협력하여 모산성에서 이를 크게 격파.

494년 7월 (소지 마립간 16, 동성왕 16) 신라군이 고구려와 싸워 이기지 못하고 물러나 견아성을 지키자, 고구려 병사가 이를 포위했다. 이때 백제 동성왕이 병력 3천명을 보내 신라군을 도와 고구려군의 포위를 풀어주었다.

495년 7월(소지 마립간 17, 동성왕 17) 고구려에 치양성을 포위 당한 백제가 신라에 구원을 요청하자, 소지마립간은 장군 덕지를 파견하여 구원케 하니 고구려군이 물러갔다.

503년 10월 (무령왕 3) 백제, 고구려 공격 격퇴

512년 9월 (무령왕 12) 백제, 고구려 군대 대파

세력 기상도

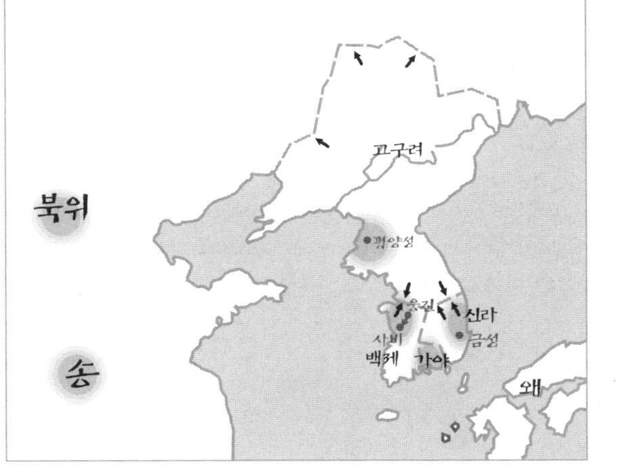

고구려
북위
평양성
웅진
신라
사비
금성
백제
가야
송
왜

고구려 백제, 신라에 대한 군사적 공세는 번번히 좌절되나 부여를 완전히 흡수하는 등 건국 이후 최대 영토를 자랑하면서 삼국 중 가장 강력한 국가로서의 지위를 여전히 유지하고 있다. **백제** 웅진 천도 초기의 혼란이 극복되고 정치적 안정을 이룩하였다. 뚜렷한 국력 회복세를 보이고 있다. **신라** 국왕의 권한 강화, 집권체제 정비 속에 정치적 안정을 이룩하고 있다.

역사신문

순장 금지령을 환영한다

피지배층의 산 목숨까지 데려갈 수는 없는 일
노동력의 상실이라는 점에서도 시대착오

순장을 금지하는 지증왕의 발표는 매우 때늦은 감이 있으나 환영하는 바이다. 그동안 신라 사회에는 왕이나 지배층이 죽으면 산 사람을 죽은 사람의 무덤이나 그 옆에 함께 묻는 순장제가 장례 풍습으로 오랫동안 지속되어 왔으며 지배층 내부에서는 이러한 제도가 하등의 문제가 없는 것으로 받아들여졌다. 순장제가 발생하고 지속된 데에는 죽고 난 다음에도 현실의 생활이 지속된다고 여긴 지배층들의 사후관념과 밀접한 관련을 가지고 있었다. 이들은 죽은 후의 생활에서도 자신을 위해 봉사할 시종이나 무사를 거느리고 있어야 한다는 생각에서 순장제를 당연하게 받아들였다.

그러나 죽은 사람을 위해 산 사람을 매장시키는 순장제는 인간으로서 차마 하지 못할 반인륜적인 행위이다. 물론 순장을 당하는 노비는 주인에게 절대적으로 봉사해야 할 위치에 있으며, 또한 그 주인이 마음만 먹으면 언제라도 생명을 빼앗을 수 있는 가엾은 처지에 있다는 것은 사실이다. 그러나 그렇다 할지라도 살아 있는 사람을 죽은 사람을 위해 저 세상에서까지 종으로 부리고자 생명을 앗아간다는 것은 너무나 심한 소행이다.

또한 산 사람의 목숨마저도 지배자의 마음대로 처분하는 모습을 보여주어서 죽은 자의 권위를 내세우고자 순장이 행해지기도 하는데 이 역시 올바른 권위확립 방법이 아니라고 여겨진다. 오히려 지배자가 너그러운 성인 군자의 모습을 보여줌으로써 피지배층의 자연스러운 복종을 유도해내는 것이 지배력을 강화시킬 수 있는 효율적인 방법이 될 수 있기 때문이다.

또 순장은 노동력을 쓸데없이 낭비한다는 점에서도 옳지 못한 일이다. 특히나 삼국간의 항쟁이 나날이 치열해지면서 인간의 노동력이 더욱 중요시되고 있는 요즈음과 같은 시대에 순장으로 노동력을 상실한다는 것은 시대착오적인 것이다.

이제 남은 일은 이번 조치로 순장이 사라질 수 있도록 왕실이 모범을 보이고 귀족들도 이를 적극적으로 따라주는 것이다. 다만 아직도 사후생활을 위해 순장을 고집할 생각을 가지고 있다면 인간이 아닌 흙인형 등과 같은 대용물을 이용해주기 바란다. 그리고 신라보다 선진적인 고구려의 경우 순장이 이미 자취를 감춘 지 오래이며 사후생활의 안정을 위해 무덤에 벽화가 그려지고 있다는 사실도 한번 고려해보기 바란다.

그림마당
이은홍

백제
신라
양곡증산
고구려

백제

무령왕, 귀족 반란 제압하고 농업발전 정책 강력 추진

호남, 한반도 최대의 곡창지대로 성장 … 정치안정 이룩
고구려와의 전쟁에서 승리 … 백제, 제 2의 전성기 구가

동성왕의 아들로 왕위에 오른 무령왕은 501년 자신의 아버지를 살해했던 귀족백가를 제거하고 왕권을 강화했다.

백가는 무령왕이 즉위하자마자 가림성에 진주하고 반란을 일으켰으나 무령왕이 파견한 신하 해명의 군사력에 굴복하고 말았다. 왕은 항복한 그를 목베어 강물에 던져버렸다.

백가 제거를 계기로 귀족에 대한 왕권의 우위를 확보한 무령왕은 510년 농업발전을 위한 조치를 단행했다.

왕명으로 제방을 수리할 것을 명하여 농사에 필요한 물을 풍부히 저장할 수 있도록 하였고, 떠돌아다니는 사람들을 모아 농사를 짓게 했다.

이에 따라 호남 일대는 한반도 최대의 곡창지대로 성장했고 백제는 최고의 농업국가로 부상하고 있다.

무령왕이 이룩한 정치안정과 농업생산력의 발전은 고구려와의 전쟁에서 백제에게 승리를 안겨주는 요인으로 해석되고 있다.

백제 농업, 비약적인 발전

철제 농기구 보편화, 관개시설 확충, 벼농사 기술 혁신

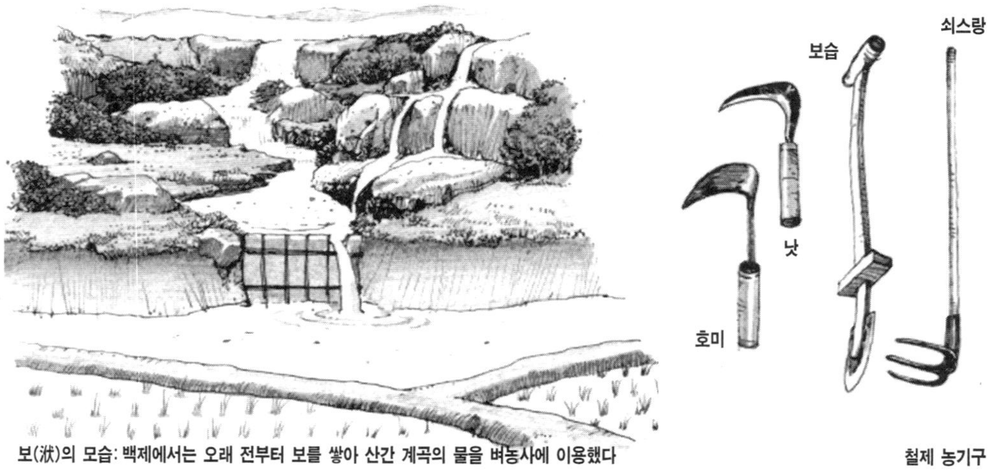
보습
쇠스랑
낫
호미

보(洑)의 모습: 백제에서는 오래 전부터 보를 쌓아 산간 계곡의 물을 벼농사에 이용했다

철제 농기구

벼농사 기술 발달

백제 사람들은 그들 나름의 벼농사 기술을 이룩하였다. 벼농사를 짓는 기술은 중국의 화남 지방이 제일 앞서 있었다. 그래서 중국 화남 지방의 벼농사 기술은 대륙과 이어진 다른 나라들에서도 그대로 행해지고 있었다.

그런데 백제에서는 중국 화북의 발달된 밭농사 기술을 화남의 벼농사법에 도입하였고, 더불어 농기구도 한반도 남부의 논에 적합한 철제 농기구로 개량하였다.

철제 농기구 개량

쇠로 만든 농기구 개량도 백제의 농업생산력 발전에 크게 한몫을 하고 있다. 백제 사람들은 중국의 철제 농기구를 그들의 흙에 알맞은 효율 높은 모양으로 발전시켰다.

호미·보습·낫이나 쇠스랑 등을 자기네 것으로 만들었으며, 쇠로 만든 쟁기의 보습 고양을 U자 형으로 개량했다.

관개시설의 확충

벼농사에서 가장 중요한 것의 하나는 물이다. 물을 제때에 제대로 알맞게 댈 수 있느냐에 따라서 벼농사가 결판이 난다고 해도 과언이 아니다. 백제 사람들은 이를 위해 일찍부터 보와 저수지를 축조해왔는데 이번에 축조된 백제 최대 규모의 저수지 벽골지는 농업진흥을 위한 국가적 관심을 배경으로 출현한 것이다. 현재 백제 사람들은 이 저수지를 이용해 벼농사를 크게 발전시키고 있다.

계속되는 이상 난동

왕실, 얼음 못 구해 발만 동동
농민들, 이듬해 병충해 걱정

503년 이상 난동 현상으로 얼음이 얼지 않고 눈도 내리지 않고 있다. 이처럼 따뜻한 날씨가 계속될 경우 이듬해 병충해가 극성을 부려 농사를 망치기 쉽기 때문에 농민들은 발만 동동 구르고 있는 실정이다.

한편 조정에서는 왕실에서 사용할 얼음을 구하지 못해 전전긍긍하고 있다. 조정에서는 여름에 사용할 얼음을 겨울에 미리 보관해두어야 하는데 얼음을 구경조차 할 수 없어 낭패를 보고 있다. 얼음은 여름철에 제사를 지내거나 장사를 치를 때 없어서는 안 될 왕실의 필수품이기 때문이다.

신라

북쪽 국경 방어 위해 '삼년산성' 축성

성 안팎 모두 돌로 끼워맞춰, 요소 요소에 반원형 치성 설치

470년(자비 마립간 13년) 북변 방어를 위하여 축조한 산성이 공사 시작 3년만에 완성됐다. 이 산성은 축성기간이 3년이라 해서 '삼년산성'이라고 불리고 있다. 산성은 둘레 1.6km의 기다란 네모형을 이루고 있는데 성벽의 높이는 4~5m, 폭은 6~7m에 이르며, 특히 동쪽 골짜기에 쌓은 성벽은 높이가 13m나 되어 사다리를 걸치고도 오르기 어렵게 되어 있다. 수직으로 된 성벽은 잡석을 층층이 교묘하게 쌓아올리고 틈새를 작은 돌로 끼워맞추었다. 안팎이 모두 돌로 축조된 것이 특징이며 성벽 요소요소에 반원형의 치성이 설치됐고 모서리에 망루를 설치했다.

단오 제치고 팔월 추석, 최대 명절되다

벼농사 중요성 강조되면서

요즘 들어 8월 한가위가 5월 단오를 제치고 신라 최대의 명절로 부상하고 있다.

지금까지 신라에서 가장 큰 명절은 5월 단오였으나, 사람들은 이제 5월 단오뿐만 아니라 8월 추석에도 큰 잔치를 벌이고 있다. 이처럼 8월 추석의 비중이 높아진 것은 벼농사가 차지하는 몫이 증대하고 있기 때문으로 풀이된다.

이전에는 주로 보리 농사를 많이 지었기 때문에 보리를 거두는 5월달에 하늘에 감사드리고 큰 잔치를 벌였고, 따라서 5월 단오가 가장 큰 명절이 될 수밖에 없었다.

그러나 점차 벼농사가 확대되면서 벼를 수확하는 가을에도 하늘이나 조상에 제사드리는 풍속이 민간에 뿌리를 내려가면서 8월 추석이 큰 명절로 부상하고 있다.

삼국, 주변 약소국 정벌에 박차

백제, 탐라국 속국화

신라, 우산국 정복

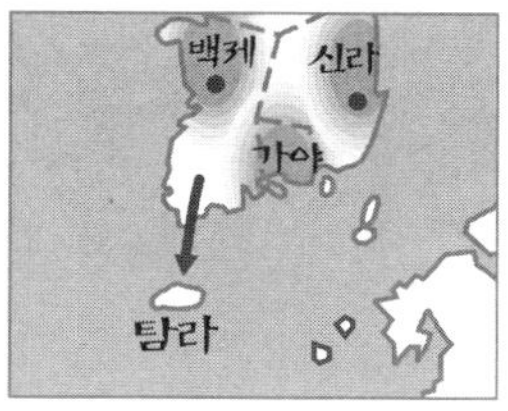
백제
신라
가야
탐라

백제와 신라가 주변 약소국 정벌에 박차를 가하고 있다.

498년 8월 (동성왕 20년) 백제는 그동안 공납 바치는 것을 거부하던 탐라국에 군사적 위협을 가해 탐라를 백제의 지배 하에 두는 데 성공했다.

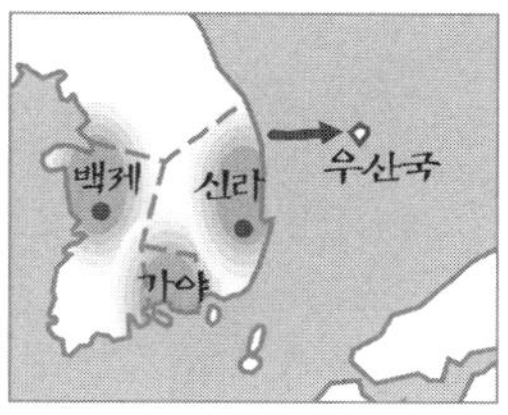
백제
신라
우산국
가야

512년(지증왕 13년) 6월 신라도 우산국을 정복하여 해마다 토산물을 바치도록 했다. 정벌에 나선 이사부는 나무사자를 진짜 맹수인 것처럼 꾸며 배에 싣고 섬사람들을 위협, 항복을 받아냈다.

고구려, 부여로부터 항복 받아내

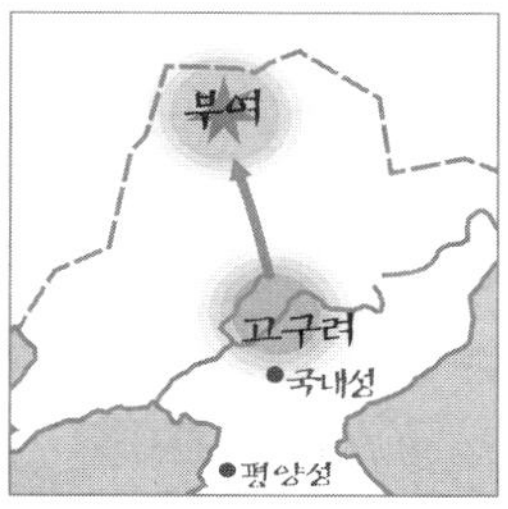
부여
고구려
국내성
평양성

494년 부여의 왕실이 고구려에 항복했다. 부여는 기원전 1세기 경에 세워져 초반에는 고구려와 대결하고 한과 전쟁을 벌이기도 했으나 정복전쟁에서 큰 성과를 얻지는 못했다. 부여는 3세기 후반 이후 북방 민족의 활동이 활발해지면서 커다란 시련을 겪었다. 285년에 선비족 모용외에게 공격을 받아 왕이 자살하고 그 자제는 옥저로 도망가는 등 멸망의 위기를 맞았으나 왕자 의라(依羅)가 진나라 동부 교위의 도움을 받아 나라를 회복했다. 그러나 서기 346년 마침내 연왕 모용황의 공격에 치명적인 타격을 받은 후에는 결국 고구려에 항복하기에 이르렀다.

변모하는 신라사회를 찾아

"후진국 이미지 훌훌 ~"

농업발달이 여타 산업까지 자극

신라는 소지 마립간·지증왕대를 걸쳐 경제적으로 급속한 발전을 이룩하여 고구려·백제에 비해 후진 지역이라는 이미지를 씻어버리고 경제력 측면에서 선진적인 두 나라와 대등한 국가로 발돋움하고 있다.

약 한 달 동안 신라사회를 돌아보면서 우선 눈에 띈 것은 이전에 비해 교통로가 체계화되고 편리해진 점이다. 알아보니 소지 마립간 9년 전령의 신속한 전달을 위해 '우편 역마제도'를 개선했다고 한다. 아울러 정부에서 소·수레의 사용을 널리 알려서인지 소를 이용해 물자를 보다 편리하게 수송하고 있는 모습도 눈에 들어왔다. 도읍에는 시장이 개설되어 운영되고 있었는데 490년 신라 최초로 개장된 것이라고 한다. 교통·통신의 정비, 수송 수단의 발달, 시장의 개설 등으로 문물의 교류와 교역이 증대되고 있는 신라의 변화상을 보면서 기자는 당연히 이러한 변화의 원동력이 무엇인지 궁금하였다. 이에 대해 한 신라인은 다음과 같이 답한다. "농업의 발달에 힘입었다고 할 수 있습니다. 국가가 정책적으로 추진한 농업기술발달 및 농사 도구의 개선은 농업생산의 증대를 가져왔으며 이는 곧 다른 산업으로 파급되어 수공업이나 상업의 발전을 자극했습니다."

신라 정부는 지금도 계속해서 농업을 장려하고 있다. 농사를 짓지 않고 떠돌아 다니는 사람들을 농촌으로 돌려 보내고 있으며, 503년에는 우경의 실시를 명령하여 우경을 더욱 확대시켜 생산력의 비약적인 발전을 가능하게 하고 있으며, 농사에 꼭 필요한 요소인 '물'의 보다 원활한 공급을 위해 저수지를 수리, 확대하고 있다.

인터뷰 일찍 우경을 도입해 큰 성과를 거둔 한 농부

"소가 쟁기질 쉽게 해주니 정말 좋네요"

지증왕이 전국에 우경(牛耕)을 실시하도록 명령함에 따라 신라 전역에 우경이 널리 보급될 것으로 예상된다. 우경이란 소를 이용해 밭을 간다는 뜻인데 소가 어떻게 밭을 가는가.

농사에서 가장 기본이 되는 것은 종자를 심을 밭을 가는 것이다. 이때 소를 이용한다는 것은 밭을 가는 데 사용하는 농기구인 쟁기를 소의 힘으로 끌도록 하는 것이다.

그렇다면 소를 이용하기 전에는 어떻게 쟁기를 끌었는가.

당연히 사람이 끌었다. 한 사람이 쟁기술을 붙잡고 다른 사람이 앞에서 끌어 보습이 땅을 깊이 파도록 했다.

그동안 소가 할 일을 사람이 했으니 쟁기질은 대단히 힘든 일이었다. 따라서 여자가 농사짓는 일은 상상도 할 수 없는 일이었다.

소 대신 말을 사용할 수는 없는가.

그 생각을 안 해본 것도 아니다.

말은 발목이 가늘어서 흙밭에서 제대로 힘을 쓰지 못한다. 더구나 땅이 질퍽할 경우 가느다란 발목이 흙 속에 박혀 꼼짝을 못한다.

그러나 소는 다르다. 우직한 게 힘이 있다.

우경은 사람이 가는 것에 비해 얼마나 많은 면적을 경작할 수 있나.

사람이 하는 것보다 수십 배의 위력을 발휘한다. 그러나 우경의 이점은 양적인 비교에만 그치는 것이 아니다.

땅을 깊이 갈 수 있어 이미 영양분이 고갈된 흙을 아래로 보내고 반대로 비옥한 흙을 위로 뒤바꾸어 줄 수 있어 그만큼 작물이 잘 자랄 수 있다.

또한 땅을 갈아엎을 때 쓸데없는 잡초를 땅 속으로 쳐박아버려 나중에 잡초를 제거하는 김매기 작업이 훨씬 수월해진다. 이 점이 우경이 가져온 가장 혁신적인 성과다.

소로 밭을 갈게 되면 노동력은 줄어들고 생산량은 늘어난다는 말인가.

그렇다. 또 땅을 깊이 갈 수 있게 되어 땅을 놀리는 햇수도 이전에 비해 현격히 줄어들었다.

소로 갈기 전에는 한 번 농사 지은 땅에서 다시 농사를 지으려면 지력이 회복되기까지 한 5~6년을 꼬박 기다려야 했는데 이제는 2년이나 3년이 지나면 농사를 지을 수 있게 되었으니 그전에 비해 생산력이 크게 늘었다고 할 수 있다.

무령왕릉 내부 전경

보는 이 압도하는 웅장, 화려의 극치

백제 무령왕릉

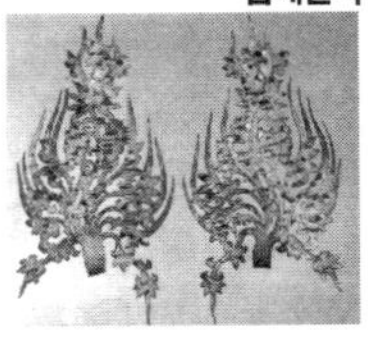
금제관식

무령왕은 백제의 재도약을 도모했던 임금답게 무덤 역시 웅장하고 화려하다. 무덤을 본 사람들은 "광개토대왕비에서 느끼듯 다시 한번 권력의 크기와 무덤과의 비례관계를 확인했다"고 입을 모은다. 특히 무덤의 양식은 이전의 무덤과는 확연히 다른 형식을 취하고 있어 더욱 이채를 띠는데, 왕릉 공사 책임자는 "백제가 활발히 문화교류를 하였던 남조의 무덤인 벽돌식 무덤을 본 뜬 것"이라고 한다.

돌짐승

항아리

거울

지석에 새겨진 매지권(買地券). 지신에게서 묘지로 쓸 땅을 매입하는 형식을 밟아 묘지에 대한 신의 가호를 빌었던 옛날 풍습이 나타나 있다.

대보름의 기원

거문고 집을 쏘아라 !

신라에는 매년 정월 첫째 돼지날과 쥐날 그리고 말날에는 모든 일을 조심하며 함부로 출입하지 않는 풍속이 있다. 또 정월 보름날을 까마귀 제사날이라 하여 찰밥을 지어 제사지내는 특이한 풍습도 전해지고 있다. 이는 소지 마립간 때에 궁중에 불상사가 있어 왕의 생명이 위태로워졌으나 새·쥐·돼지 등 세 동물의 도움에 힘입어 구출된 일이 있어 이를 기념하고 그 덕을 갚기 위한 것이라고 한다.

488년 소지 마립간이 천천정이라는 정자에서 쉬고 있는데 갑자기 까마귀와 쥐가 와서 울었다. 그때 놀랍게도 쥐가 사람의 말로 지껄였다.

"이 까마귀가 가는 곳으로 따라가 보소서" 왕은 심상치 않은 일이라 여겨 옆에 있던 군사에게 말을 타고 까마귀를 쫓게 했다. 쫓아가던 군사가 경주 남산 기슭에 있는 피촌에 이르렀을 때였다. 돼지 두 마리가 씩씩거리며 싸움을 하는데 자못 볼 만하였다. 군사는 돼지 싸움에 정신이 팔려 한참 구경을 하다가 그만 까마귀 간데를 놓치고 말았다. 그때 길가 연못 한가운데서 웬 노인이 나타나 편지 한 통을 건네주었다. 편지 겉봉에는 이렇게 쓰여 있었다.

'이 편지를 뜯어보면 두 사람이 죽고, 뜯어보지 않으면 한 사람이 죽는다.' 그때 점치는 관리가 옆에 있다가 아뢰었다. "두 사람이란 보통 서민을 가리키는 것이요, 한 사람이란 임금님을 말함이니 뜯어보심이 좋을 줄 압니다."

편지를 뜯어보니 그 안에는 '거문고를 담아둔 거문고 집을 쏘아라' 라는 한 마디가 적혀 있을 뿐이었다. 대궐로 돌아온 왕은 즉시 화살을 쏘았는데 거문고 집 안에서 사람의 비명 소리가 들리는 것이 아닌가! 놀라 열어보니 내전의 불공을 맡고 있는 중이 왕비와 간통을 하고 있었다. 왕은 둘을 그 자리에서 당장 처형해 버렸다.

지증왕 음경 이야기

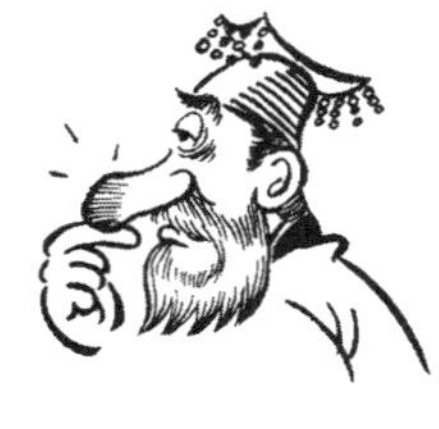

신라 제22대 지증왕에게는 남에게 말하기 어려운 고민이 있었다. 왕의 음경이 그 길이가 무려 한 자 다섯 치나 될 만큼 컸던 것이다. 왕비로 간택된 처녀들마다 첫날 밤을 넘기지 못하고 울며불며 돌아가니 나중에는 이 사실이 신하들에게도 알려지게 되었다. 마침내 전국 방방곡곡에 사람을 보내어 왕후가 될 처녀를 구해오도록 했는데, 왕비감을 찾아 돌아다니던 사자가 모량부 지방에 이르렀을 때였다. 커다란 나무 아래서 개 두 마리가 크기가 북만한 똥덩이를 놓고는 서로 잡아당기며 으르렁거리고 있는 것이었다. 사자가 마을 사람들에게 그 똥의 임자를 물어보니 여자아이가 나서서 일러주었다. "이 마을 재상 댁 따님이 여기 와서 빨래를 하다가 숲 속에 들어가 눈 것이랍니다" 사자가 재상의 집을 찾아가자 키가 일곱 자 다섯 치나 되는 처녀가 나타났다. 이 사실을 보고 받은 왕은 손수 수레를 보내 그 재상의 딸을 궁중으로 맞아들여 혼례를 올리니 모든 신하들이 오랜 근심에서 벗어나 왕의 경사를 기뻐하였다고 전한다.

해외 소식

몰려내려온 게르만족

여기저기서 국가 세우느라 **북적북적**

375년 맨 처음 이동을 시작한 서고트족은 비잔틴 제국을 대파한 후, 발칸 반도를 거쳐 이탈리아에 진입하여 로마시를 약탈한 뒤 다시 알프스를 넘어 갈리아로, 다시 피레네 산맥을 넘어 에스파냐를 정복하여 서고트 왕국을 세웠다.

뒤를 이어 동부 독일 지방에 거주하고 있던 반달족은 라인강을 건너고 갈리아를 거쳐 에스파냐 남쪽에 정착하였다. 그후 다시 이들은 북부 아프리카를 건너가 카르타고를 정복하여 반달 왕국을 세우고 이를 근거지로 하여 지중해로 진출하여 시칠리아·남부 이탈리아 등지를 약탈하고 있다.

브리튼 섬에는 북부 독일과 덴마크 지방에 거주하고 있던 앵글족·색슨족 등이 들어와 왕국을 세우고 있으며, 동고트족은 이탈리아에 들어와 동고트 왕국을 세웠다.

게르만족의 이동은 아직도 끝나지 않고 계속되고 있어 유럽사회의 혼란은 당분간 지속될 것으로 전망된다.

앵글로·색슨 왕국
프랑크 왕국
부르군드 왕국
동고트 왕국
서고트 왕국
반달 왕국

역사신문

이차돈 순교…신라 법흥왕, 불교 공인

귀족세력과 타협 성공, 불교 국교화

신라에 불교를 일으키려던 법흥왕은 귀족들의 반발에 밀려 정치적으로 매우 어려운 상황에 처하기도 하였으나 이차돈의 순교로 위기를 모면하고, 그후 불교 공인에 반대해왔던 귀족들과 타협에 성공하여 불교를 신라의 공식 종교로서 인정했다. 이로써 불교는 단순한 종교사상이라기보다는 왕권을 뒷받침해주는 정치이념으로 자리잡게 됐다. 관련기사 2면

신라, 국왕의 권력강화 상대등제도 설치

국왕 칭호 바뀌고 초월적 지위획득

법흥왕 시기에 들어 최고 지배자에 대한 칭호가 달라지고 있으며 이러한 변화는 국왕의 위상이 높아지는 것에 따른 것으로 분석되고 있다.

법흥왕의 전대 임금인 지증왕 시기에는 지증왕뿐만 아니라 힘이 있는 귀족들도 자신을 '王'으로 칭하는 등 국왕의 위상이 아직 6부의 다른 지배층들을 초월하지 못했었다.

법흥왕 즉위 이후 울진봉평비가 세워지는 524년 경에도 왕을 칭할 때 '훼부 모즉지 매금왕' 식으로 '훼부'라고 하는 출신부의 명칭이 항상 앞에 나오고 있으며 이와 더불어 이사금 또는 마립간과 같은 의미의 '매금'이 붙어다니는 것도 왕이 6부를 통괄하는 국왕 이기는 하지만 한편으로 최고 유력부의 우두머리 지위에 머물러 있는 한계를 보여주는 것이다.

그러나 이러한 상황은 531년 상대등의 설치를 통해 극복되어가고 있다. 535년과 539년 제작된 울주 천전리의 돌에 대왕(大王)이라는 칭호가 등장하기 시작한 것이다.

또 531년 4월 상대등제도를 처음으로 마련한 법흥왕은 이찬 철부로 상대등을 삼아 국사를 총리케 하였다.

화백회의에 참여하는 귀족 대표를 '대등'이라고 하는데, 상대등은 그 용어에서 보이듯이 이들 귀족들의 최고 우두머리로서 귀족회의를 주재하는 직책으로 파악할 수 있겠다.

상대등제도의 마련은 법흥왕 시기에 들어와 왕권이 그만큼 강화되었음을 의미한다. 그 이전까지는 왕도 화백회의에 참여하였는데 이 사실은 국왕 역시 귀족의 한 일원이라는 뜻으로 해석되었다. 그런데 이제 상대등제도가 마련되어 귀족회의에서 국왕이 제외되고 상대등을 자신이 임명할 수 있게 됨으로써 이전과는 다른 초월적 지위를 획득했다고 할 수 있겠다.

백제, 중흥의 기치 내걸다

'사비' 천도 단행
'남부여'로 국호 개정
대대적 관제정비

538년 백제26 대 임금 성왕은 웅진에서 '사비'로 도읍을 옮기고 동시에 국호를 백제에서 '남부여'로 개정했다. 이 과정에서 귀족세력의 상당수는 국왕의 천도 단행에 대해 심하게 반발한 것으로 전해지고 있다. 그러나 백제 중흥의 기치를 내건 성왕은 24대 동성왕과 25대 무령왕 시기를 거치면서 강화되어온 왕권과 신진세력으로 등장하고 있는 사씨 집단의 지원에 힘입어 귀족세력의 반발을 물리쳤다.

천도 이후 성왕은 관제정비에 박차를 가하고 있다. 중앙 관제로서 16관등제와 22부제, 수도 조직으로 5부제와 지방 조직으로 5방제 체제를 정비하고 있다. 16관등제는 1품 좌평에서 16품 극우에 이르기까지 16등급으로 이루어

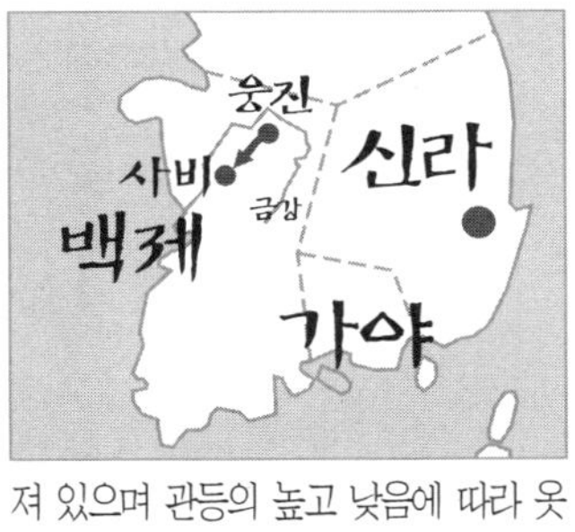
웅진
사비
금강
신라
백제
가야

져 있으며 관등의 높고 낮음에 따라 옷색깔을 달리하도록 하여 자색·비색·청색으로 구분하였다. 22부제는 나라일을 나누어 맡는 행정 관서제도인데 궁중 업무를 맡는 내관 12부와 일반 업무를 관장하는 외관 10부로 구성되어 있다. 지방은 5방으로 나누고 그 아래 군과 성을 두었으며 그 장관을 '방령'이라 부르고 있다.

세력 기상도

고구려
국내성
북위
양
웅진
사비
신라
백제
가야

고구려 정치권 내부에서 정치적 갈등 심각해져감. **백제** 사비천도후 중흥의 기치 내걸고 대대적으로 관제정비. **신라** 상대등 설치, 불교 공인 등을 통해 내적 체제 안정기로 돌입.

금관가야, 신라에 항복

532년 금관가야의 국왕 김구해는 국고의 보물을 가지고 신라에 항복했다. 신라의 국왕 법흥왕은 이들을 예로써 대접하여 높은 등위의 지위를 주고 그 본국을 식읍(食邑)으로 삼게 했다.

고령의 대가야를 중심으로 연맹을 이루고 있던 가야 제국은 6세기 들어와 주위의 강국 신라·백제에 투항하거나 점령되고 있는 실정이었다.

역사신문

한반도 정세에 변화 조짐

불안한 고구려의 앞날

고구려 주도의 한반도 정세에 커다란 변화가 예상된다.

법흥왕 시기 단행된 신라의 여러 개혁조치들은 신라의 중앙집권 체제를 한층 강화시켰다. 이로써 신라는 그동안의 후진성을 완전히 탈피하여 고구려·백제와 대등한 국력을 갖춘 국가로 성장했다. 백제 또한 성왕의 통치 아래 새롭게 도약하고 있다. 이에 반해 고구려는 극심한 정치 혼란을 겪고 있는 상태로, 나·제 연합군의 공세가 단행될 경우 고구려는 커다란 피해를 입을 것이며 이는 한반도 정세변화로 이어질 가능성이 매우 크다.

신라·백제 양국은 고구려의 압력에 수세적 입장을 청산하고 공세로 전환할 수 있을 만큼 국력을 강화했다. 법흥왕 시기 신라가 취한 일련의 조치들은 신라의 중앙집권 체제를 대폭 강화시켰다. 법흥왕은 517년 병부를 설치하여 삼국항쟁을 효율적으로 전개할 수 있는 기구를 마련함과 동시에 군사권을 국왕이 행사할 수 있는 장치를 마련했다. 그로부터 3년 후 520년에는 율령을 반포했다. 율령의 반포는 고대국가 체제정비를 일단락 짓는 중대한 의미를 지닌 조치로서, 법흥왕 시기 신라는 4세기 후반 이후 착실히 성장해온 국력을 체계적으로 정비한 것이다. 그리고 535년 어려움을 헤치고 역사적인 불교 공인이 이루어졌다.

주지하듯이 고대국가에서 불교는 중앙집권체제가 어느 정도 정비된 후에 수용 가능한 것이다. 또한 불교의 수용 과정에서 보여진 왕실의 적극적인 태도에서 알 수 있듯이, 앞으로 불교는 왕권 강화에 적지 않은 기여를 할 것으로 전망된다. 또한 법흥왕은 상대등 설치로 귀족과의 관계를 재정립하면서 국정을 운영할 수 있게 됐다. 이러한 성장에 힘입어 신라는 처음으로 나라의 연호를 정했다.

이 시기 백제 또한 중흥의 기틀을 마련했다. 성왕은 도읍을 '사비'로 옮기고 국호 또한 새롭게 '남부여'로 고쳤다. 이러한 일련의 조치들로 백제는 새 기운이 넘치고 있다. 그러나 고구려는 극도로 혼란한 정치상황 속에서 국력이 오히려 약화되고 있는 실정이다. 현재 고구려는 왕이 피살되고, 외척의 세력이 대두되는 등 왕권이 날로 쇠퇴하고 있으며 귀족들은 치열한 싸움을 벌이고 있다. 이러한 때 주변 국가의 침략을 받는다면 고구려가 제대로 대응하지 못할 것은 당연하다.

이러한 상황에서 백제는 한강 유역을 되찾기 위한 전쟁을 계획하고 있으며 이는 신라와 연합 작전으로 전개될 공산이 매우 크다. 백제·신라 연합군의 고구려 공격이 감행된다면 고구려는 치명적인 피해를 입을 것으로 예상되며, 이는 한반도 정세를 크게 변화시킬 것이다.

그림마당

이은홍

부처가 왕실로 간 까닭은……

신라

신라에서 불교가 공인되기까지

왕권강화 위해 불교 수용 추진
반대세력, '귀족불교' 강조하며 한발 양보

법흥왕은 군주로 즉위한 이래 백제·고구려에 비해 국가발전 단계가 뒤떨어져 있는 신라를 발전시켜 보다 중앙집권화된 국가로 만들기 위해 노력해왔다. 그가 즉위 4년 병부를 설치하고, 즉위 7년에 율령을 반포하고, 관리의 공복을 제정한 것 등은 이러한 노력의 일환이었다. 그 결과 신라는 이전에 비해 많은 발전을 이룩하였다. 그러나 법흥왕은 여기에 만족하지 않고 보다 강력한 군주의 권한을 확립하기 위해 '불교 수용'을 고려해왔다. 그리하여 법흥왕은 '이차돈'을 기용하여 그에게 신라에서 불교가 공인될 수 있도록 하는 큰 일을 맡기었다.

그러나 이 일에는 커다란 장애가 따랐는데 그것은 다름 아닌 자신의 세력 기반을 독자적으로 가지고 있는 귀족들의 반발이었다. 계속 되고 있는 왕권 강화 추세에 불안을 느끼고 있던 귀족들은 왕실에 의해 불교가 수용되어 백성들이 임금을 부처처럼 생각할 경우 왕의 권위는 그만큼 올라갈 것이고 상대적으로 귀족의 힘은 약화될 것이 불을 보듯 뻔한 일이기에 불교의 수용을 반대한 것이다. 이에 따라 왕실은 커다란 어려움을 맞게 된 것이다.

이차돈의 순교로 정치적 위기를 가까스로 모면한 왕실은 그후에도 불교 공인을 위해 귀족과의 계속적인 타협을 전개하였다. 이 과정에서 귀족들은 '미륵신앙'을 강조하여 공인된 불교에 귀족불교의 성격을 가미시켰으며, 불교 교리에서 자신에게 유리한 부분인 '윤회전생' 사상을 발견해냈기에 불교를 수용하는 데 합의할 수 있었다.

"이차돈은 정치적 희생양", 법흥왕의 귀족 반발 무마용

'목에서 흰 피 솟았다' 기적 논란, 불교 전파 기폭제
불교세 확장 막으려는 귀족들의 거센 반발 잠재워

신라에 불교가 공인되는 데 있어 큰 역할을 한 인물 '이차돈'은 527년 왕명을 어긴 혐의로 처형당했다. 그로부터 8년이 지난 지금도 그가 죽을 때 발생했다고 하는 '기적'의 사실 여부를 둘러싸고 논란이 그치지 않고 있다. 그러나 그의 죽음이 정치적으로 궁지에 몰린 법흥왕을 구제해주었으며, 처형 당시 보여준 그의 굳건한 믿음은 불교 신도는 물론이거니와 비신도에게도 커다란 충격과 감명을 주어 신라사회에 불교가 널리 전파되는 데 큰 기여를 했다는 사실에 의문을 제기하는 사람은 없다고 본다.

8년 전 불교를 융성시키기 위하여 이차돈을 기용한 인물은 법흥왕이었다. 당시 신라사회에 불교를 일으키려 했던 법흥왕은 자신의 뜻을 강력하게 추진할 수 있는 관료가 필요했는데 마침 불교에 대한 이해가 깊고 믿음이 굳건한 인물 '이차돈'을 만나는 행운을 얻게 되며 그에게 신라 최초의 절인 '흥륜사' 창건의 과업을 맡기게 된다.

그러나 불교를 공인하려는 국왕에 맞서는 귀족들의 저항은 매우 강력했다. 이차돈이 자신들의 성지로 여기는 천경림의 나무를 베어다가 절의 공사에 사용하며 이곳에 절을 창건하려 하자 더이상 물러설 수 없다고 생각한 귀족들은 법흥왕에게 "어떻게 이런 일이 있을 수 있느냐"고 따지면서 "당장 절을 세우는 일을 그만두라"고 하면서 매우 강도 높게 반발했다. 불교를 일으키려다 귀족들의 완강한 반발로 왕 자신이 쫓겨날지도 모를 궁지에 몰린 법흥왕은 하는 수 없이 이차돈을 제거하는 것으로 사태를 수습하려고 했다. 그래서 이차돈을 희생양으로 삼아 그에게 사형을 선고한 것이다.

이차돈 처형장 스케치

기적 여부 놓고 격렬한 논쟁

이차돈에게 참형을 내리는 사형장에는 많은 사람들이 구름처럼 모여 있었다. 그 중에는 불교 신도도 있었으며 또 불교에 반발하는 사람들도 있었다. 이차돈은 죽기에 앞서 "내가 불법을 위해 죽으니 만약 부처가 신통력이 있다면 내가 죽을 때 반드시 이상한 일이 있을 것"이라고 했다. 처형장의 사람들은 죽음을 눈앞에 두고도 한치의 흔들림도 없이 자신의 신앙에 대한 믿음을 잃지 않는 이차돈의 의연한 모습을 보면서 정말 무슨 일이 벌어질까 하고 사태의 추이를 예의주시했다.

이윽고 이차돈이 처형되는 순간 그의 말대로 기적이 일어났다. 형리가 내리치는 칼에 이차돈의 목이 잘리는 순간 그의 목에서 흰 피가 솟아 처형장에 모인 사람들을 놀라게 했다. 그러나 일부 사람들은 "그의 목에서는 붉은 피가 나왔을 따름이다. 흰 피가 솟는 것을 보았다고 말하는 사람들은 아마 강한 햇빛에 반사되어 핏빛이 순간적으로 희게 보이는 착시 현상에 속은 것"이라고 말하면서 "결코 기적은 일어나지 않았다"고 증언했다. 어쨌든 이차돈의 순교는 불교의 경이로움에 대한 놀라움과 더불어 신라에 불교가 공인될 수 있는 계기로 작용했다.

법령위반 경고, 울진봉평비 건립

거벌모라 남미지 촌 반란 진압 후

거벌모라 남미지(居伐牟羅 男彌只) 촌(울진 봉평)에서 발생한 반란을 진압하고 관련자를 율령에 따라 처벌한 신라 법흥왕은, 신라 내 유력 귀족 13인과 함께 이번과 같은 사태가 발생하지 않도록 경고하기 위해 경건한 의식 속에 비석을 세웠다.

거벌모라 남미지 촌은 원래 고구려의 영역이었다가 지증왕 때 신라로 편입된 지역이다. 신라의 지배에 항거한 이번 봉기를 처리하면서 신라는 520년 반포한 율령에 따라 봉기 가담자의 죄를 분류하고 이들에게 60에서 1백 대에 이르는 곤장을 때렸다. 그리고 이곳에 율령 박사를 파견하여 신라의 율령을 알리고 주지시키고 있다.

신라의 법흥왕은 이번과 같은 사태가 재발하지 않고 다른 지역에 파급되지 않도록 엄중히 경고하는 의미에서 엄숙한 의식을 치루고 비를 세웠다. 이 의식에는 신라 6부 중 가장 세력이 큰 탁부 출신의 법흥왕을 비롯하여 신라의 유력 지배층 13인이 참가하여 얼룩소를 잡아 죽이고 그 피를 서로 나누어 마셨으며, 이번 사태의 내용과 처벌 사실 등이 기록된 비를 세워 이번과 같은 일이 다시는 발생하지 않도록 기원했다.

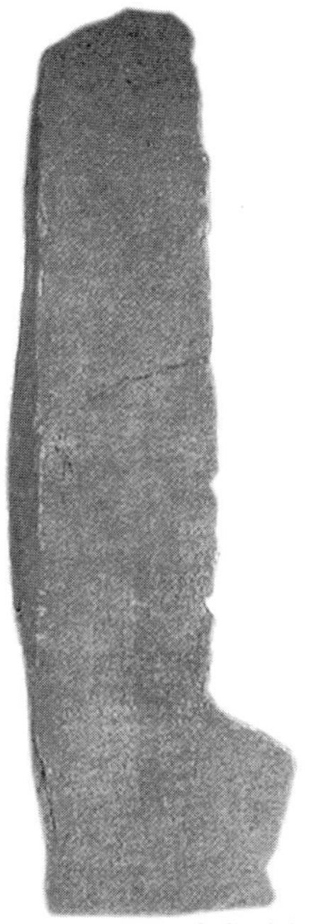
울진봉평비

신라의 가야 분열 전략

혼인정책으로 대가야 고립시켜 연맹 해체 유도

신라의 법흥왕이 구사한 가야 분열 전략은 매우 인상적이었다. 법흥왕은 552년 3월 신라와의 혼인을 통해 자신의 지위를 높이고자 했던 대가야 국왕의 요청을 받아들여 양국간에 혼인이 맺어지게 된다. 이때 법흥왕은 신부와 더불어 수많은 시녀를 딸려 보내게 되는데 신부를 맞이한 대가야의 국왕은 가야 연맹체 내에서 자신의 권위를 과시하고자 그 시녀들을 가야 연맹 여러 나라들에 나누어주었다. 그런데 어느 날 갑자기 여러 나라에 흩어져 있던 신라 출신 궁녀들이 약속이나 한듯 신라의 의복을 입은 것이다. 이 사태를 목격한 가야의 여러 나라들은 매우 놀라면서 대가야의 국왕이 신라와 내통한 것이 아닌가 하는 의심을 품게 되고 하사받은 궁녀들을 모두 대가야에 되돌려 보냈다. 결국 가야 연맹은 이 사건을 겪으면서 연맹관계가 더욱 약화되고 있으며 신라·백제에게 계속 분할 점령되고 있는 실정이다.

백제

성왕, 사비 천도의 배경과 의미

왕권강화 도모하며 체제정비도 병행

역사적으로 보았을 때 천도는 대체로 국왕권의 강화 의도가 그 요인으로 작용하기 마련인데, 이번 백제의 천도 역시 이러한 측면에서 그 배경을 살펴볼 수 있겠다.

사비 지역에 기반을 가지고 있으며 왕실의 측근 세력이기도 한 고위층 인물은 이번 천도의 배경에 대해 "실추된 왕실의 권위를 회복하고 왕권의 강화를 도모하고자 천도를 단행하게 되었다"고 말하고 있다. 또한 천도 과정에서 웅진 지역에 기반을 가지고 있던 귀족세력의 적지 않은 반발이 있었다는 사실 역시 천도가 국왕권한의 강화와 밀접한 관련을 가지고 있음을 반증하는 것이다.

이번 천도가 왕권강화를 위한 조치였다는 것은 천도 이후 성왕의 구체적인 관제정비 조치를 살펴볼 때 더욱 분명해진다. 성왕이 여러 귀족들을 16관등제라고 하는 정비된 관등체계로 새롭게 편재하고 관등에 따라 옷 색깔과 허리 띠의 색깔을 구분한 것은 신분의 귀하고 천함과 관등의 높고 낮음을 분명히 하여 위계질서를 확립함에 그 목적이 있다고 여겨지며, 22부제라고 하는 행정관서의 정비는 국가의 일을 나누어 맡게 함으로써 중앙집권적 통치를 보다 원활히 운영하려는 데서 취해진 조치로 볼 수 있다.

새 도읍지 '사비성'

넓은 입지 갖춘 천혜의 요새

백제의 새로운 수도 사비 지역은 이미 동성왕 시기부터 천도 후보지로 백제 왕실이 관심을 가져온 곳이었다고 한다. 사비성에 도착한 취재팀에게도 이곳 사비가 현재 융성하고 있는 백제의 국력을 펼치기에 적합한 곳으로 보였다. 사실 이전의 도읍 웅진은 천혜의 요새로서 외적을 방어하는 데 더없이 적합한 곳일지라도 위축된 느낌을 주는 것은 사실이었다.

백제의 사비성은 수도를 방어하기 위한 나성이 반달 모양으로 축조되어 있으며, 도성 안에 다시 부소산(扶蘇山) 산정을 중심으로 부소산성을 쌓은 이중 구조로 되어 있다. 도읍을 둘러싸고 있는 성을 '도성'이라고 하는데 흙으로 축조되어 있으며 부소산성 동문에서 시작하여 동쪽으로 청산산성으로 이어지고 다시 남쪽으로 석목리 필서봉 상봉을 지나 금강변으로 빠지도록 되어 있다. 또한 도성 안에는 '부소산성'이라는 테뫼식 산성이 있는데 금강을 끼고 서쪽이 절벽으로 되어 있어 천혜의 요새를 이루고 있다.

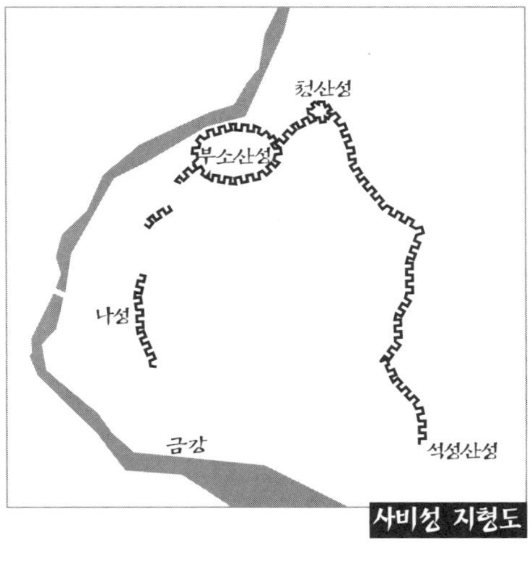
청산성
부소산성
나성
금강
석성산성
사비성 지형도

고구려

고구려, 정치 불안 심각

안장왕 피살설 파다

고구려 22대 안장왕이 죽고 그의 동생 안원왕이 고구려 23대 왕으로 즉위했다. 안장왕은 문자명왕의 뒤를 이어 왕위에 오른 임금으로 백제에 대한 공세를 강화하여 경기 지역 일대를 백제로부터 빼앗은 바 있다.

그런데 현재 고구려의 정치정세는 상당히 불안한 것으로 관측되고 있다. 소식통에 의하면 안장왕이 왕위를 노리는 음모에 의해 희생돼 아들이 있음에도 불구하고 왕위가 동생에게 계승됐다는 이야기가 강력하게 나돌고 있다.

이러한 소문의 사실 여부는 아직 정확히 확인되고 있지 않으나 분명한 것은 고구려 내부에서 정치적 갈등이 심화되고 있다는 점이다.

안장왕과 한주의 사랑

태자 시절 안장왕은 백제에 빼앗긴 한강 일대의 잃어버린 땅에 몰래 들어와 정탐을 하고 있었다. 그때 마침 '한주'라는 여인이 산책을 하고 있었다. 우연히 그녀의 아름다운 자태와 마주친 안장왕은 용기를 내어 사랑을 고백하면서 자신의 신분을 밝혔다. 안장왕은 "고구려로 돌아가는 즉시 군사를 동원하여 이곳을 정복하고 낭자를 아내로 맞이할테니 기다려주길 바란다"고 한주에게 말하고 돌아갔다.

고구려 임금에 오른 안장왕은 한주에게 약속한 대로 여러 차례 군사를 동원, 백제를 공격했으나 번번이 실패했다.

그러던 중 한주의 아름다움을 전해들은 그 지방의 태수는 사람을 보내 한주에게 청혼했다. 한주가 이를 거절하자 화가 난 태수는 "네가 장래를 약속한 사람을 밝히지 않는 것을 보니 적의 첩자와 내통한 것이 틀림없다"면서 한주를 옥에 가두었다.

이 소식을 전해들은 안장왕은 크게 낙심, 부하들에게 큰 상을 걸어 한주를 구해오도록 했다. 이에 왕의 여동생 안학을 사모하던 '을밀'이 한주를 구해올 테니 안학공주와 결혼을 허락해달라고 했다. 왕이 이를 허락하자 을밀은 광대놀이를 하는 무객으로 변장, 백제에 잠입하여 사형 직전의 한주를 구해내고 백제에 잃었던 지역까지 탈환했다. 왕은 결국 한주와 결합하고 한주를 구한 을밀도 안학공주와 결혼했다.

특집

이 땅에 찾아 온 불교

1. 불교 이전의 신앙들
2. 불교의 세계
3. 사찰의 이모저모

신라를 마지막으로 삼국이 공식 종교로 불교를 공인하였다. 「역사 신문」에서는 사상계에 있어 커다란 변혁 및 발전을 가져온 불교에 대해 체계적으로 알아보기 위한 기회를 마련하였다. 불교 이해에 보탬이 되었으면 하는 바람이다. 편집자

삼국의 불교 수용 배경

중앙집권체제 확립 위한 새로운 지배 이념 필요

불교가 전래되기 이전에 삼국 사회에는 무교(巫敎) 신앙이 퍼져 있었다. 과거 소국의 지배자들은 무교 신앙을 통하여 스스로 하늘의 자손임을 자처하여 지배의 권위를 내세우고 있었다. 이들은 국가의 체제가 정비되고 소국의 지배자들이 귀족세력이 된 이후에도 여전히 자기 부족 중심의 신앙 체계를 유지하면서 정치적으로 국왕과 별 차이가 나지 않는 정도의 권력을 지속시켜왔다.

그러나 사회가 발전하고 정복 전쟁이 활발해지면서 삼국은 중앙집권적인 지배 체제를 갖추어갔으며, 이에 따라 이제는 무교 신앙을 넘어서서 왕과 귀족들을 차별적으로 조직할 수 있는 새로운 사상이 필요하게 됐다. 또 사회가 분화 발전함에 따라 백성을 지배하는 데에도 더욱 체계적이고 합리적인 지배이념이 필요하게 됐다.

불교와 고대신앙

전통적 무속신앙이 미신에 흐르기 쉬운데, 업설(業說)의 철저한 합리주의적인 사유는 문명발전에 필수불가결한 정신적 요소이다. 불교의 선진성은 인간 중심의 세계관과 평등한 인간관을 제시하면서도 중세사회에 존재하는 차별적인 인간관계를 수용했다는 데 있다.

무교적 신앙에서는 자연이 인간을 지배한다는 것이 기초가 되어 있다. 그러나 불교의 업설의 형성에는 그와 정반대로 인간이 자연을 지배한다는 것이 기초가 되고 있다. 인간에게 자유로운 의지가 있지만 자연에는 그것이 없다. 따라서 인간을 의지적 존재로 파악하고, 자연의 속성을 법으로 규정하고 있는 것이다. 인간에겐 의지가 있고 자연에게 그것이 없으므로 인간이 자연을 향해 의지적 작용을 가하면 자연은 그에 대한 필연적 반응을 보이지 않을 수 없다.

불교에서는 인간의 그러한 작용을 업(業)이라 부르고, 그에 대한 자연의 필연적인 반응을 보(報)라고 부른다. 업인(業因)에는 과보(果報)가 따른다는 업설의 기본 원리가 이렇게 해서 성립하는데, 이것은 세계를 지배하는 것은 인간의 주체적 의지라는 입장의 표명인 것이다.

인간의 힘으로 어쩔 수 없는 괴로움에 부딪쳤을 때 무교에서는 신령의 힘을 빌리려는 점복, 주술, 기도, 제사와 같은 종교적 행위를 한다. 그러나 불교에서는 그러한 재난도 중생들이 지은 업력의 소치라고 보기 때문에, 악업을 참회하고 선업을 행하려는 참회·수계·시여·수행 등의 종교의례를 하는 것이다.

몇 가지 고대신앙 체계

조상신 신앙 조상신 숭배는 고대인들의 가장 두드러진 신앙형태이다.

하늘신 신앙 늘 머리 위에 있으며 변화무쌍한 날씨로 다가서는 하늘은 공경과 두려움의 대상일 수밖에 없었다. 그 하늘을 주관하는 위대한 신은 모든 신 위에 있는 초월적 존재로 숭앙되었다. 고대사회는 지배와 피지배관계가 발생하여 그것이 더욱 강화된 상태의 사회였다. 지배와 피지배관계가 형성되고 유지되기 위해서는 구성원간에 그 지배가 정당한 것이라고 받아들여질 수 있는 근거가 있어야 했다.

그런데 모든 사람에게 경외로운 존재인 하늘은 인간사회를 지배하는 자들이 다른 사람을 지배할 수 있는 정당성을 제공하는 원천이었다. 모든 사람들에게 막강한 영향력을 가진 하늘의 신으로부터 지배자의 자격을 부여받았다면 그의 존립은 보장될 수 있었던 것이다.

산천신 신앙 고대인들이 살고 있는 산천은 자신들을 있게 한 바탕이며 근원이었다. 추운 바람을 막아주고 철에 따라 색깔을 달리하며 자연의 운동과 변화를 실감케 하는 산에는 자신들의 산신이 있었다. 쉬지 않고 흐르며 농사나 교통 등에 큰 도움을 주고 있던 강이나 시내에도 신은 있었다. 조상신을 가지고 있지 못한 대다수의 지방 주민들은 자신들이 조상 대대로 살고 있는 터전인 산천에 존재하고 있는 신에게서 자신들의 연원을 생각했을 가능성이 크다.

샤머니즘 신들의 세계와 인간의 세계를 연결하여 이 땅의 각종 갈등을 해소하는 기능을 한 종교현상이 샤머니즘이었다.

이데올로기로서의 고대신앙과 불교

불교의 공인은 사유의 중심이 자연과 신에서 인간으로 전환했음을 의미

신화적 이념

지배층은 자신의 지배가 강압에 의한 일시적인 행위가 아니라 필연적이고 영속적인 것임을 알리기 위하여 지배층 중심의 이념을 만들었다. 그 가운데 가장 중요한 것이 신화이다.

신화적 권위에 바탕을 둔 지배이데올로기(신화의 주인공은 천제 자신이나 그 자손 또는 하늘에서 떨어져나온 신비한 인물로 신격화되고 있다. 고대의 지배자들은 신비스런 능력을 가진 자로 인식)는 사회제도적으로는 혈연에 근거한 폐쇄적 신분의 형성과 계승을 뒷받침했다. 지배자는 자기 혈통의 우월성을 주장하는 신화를 바탕으로 피지배층과의 신분적 차이를 강조하였을 뿐 아니라 지배층 내의 다른 세력들과도 차등을 두었다.

지배자가 신비스런 능력을 갖춘 존재라는 인식은 곧 그들이 천제의 자손이라는 인식과 밀접한 관련을 맺고 있다. 따라서 그들은 시조신이나 천신을 모시는 국가적 제의를 주관하는 제사장이기도 하였다.

신화적 이념의 변화

지배층 대부분이 이제 신화적 권위의 뒷받침을 받지 못하게 되고, 더욱이 생산력 발전에 따른 사회분화가 심화되면서 새로이 분화된 여러 사회세력간의 갈등이 커져갔다. 이제 국왕은 신화적 권위에 의한 지배보다는 여러 사회세력간의 갈등을 조절할 수 있는 정치적인 능력을 갖추어야 했다. 이에 따라 초기 국왕이 공통적으로 가졌던 제사장의 기능은 이를 전담하는 특정의 인물에게 넘기고, 왕 자신은 탁월한 정치적 지도자로서만 행세하려는 경향이 나타났다.

신화적 세계관의 한계와 불교의 수용

생산력 발전에 따라 개별 가호의 경제적 자립도가 높아지면서 인간 개개인의 인격적 자립과 지위가 상대적으로 높아졌다. 또 읍락사회의 변화와 함께 지배체제의 변화가 진행되면서 지배이데올로기로서의 신화적 세계관이 한계를 드러냈다.

하늘이나 해·달·산 등 우주와 자연에 신이 있다고 믿었던 예전의 신앙은 자연 환경에 대한 관찰이 많아지고, 새로운 사상을 받아들이면서 점차 바뀌게 되었다. 불교는 4세기경 중국에서 들어왔는데, 모든 현상은 원인이 있음으로 그렇게 되었다는 논리로 설명해 낸 당시의 새로운 사상이자 종교였다.

불교 공인 즉 무교에서 불교로의 교체는 자연과 신 중심에서 인간 중심으로 사유방식이 일대 전환하였음을 의미한다. 그러나 신라의 불교 수용 방식은 초기에는 신화적인 차원을 크게 벗어나지 못했다. 불교는 무교를 일방적으로 배척한 것이 아니라, 무교의 사회적 기능을 대신 담당하고 무교적 요소를 흡수했다.

기존의 제의, 불교 신앙에 흡수

삼국이 불교를 수용할 때의 사회는 이미 중앙집권적 왕국이 성립되어 씨족공동체 안의 폐쇄적인 것이 아니라 초부족적인 상태로 변화하고 있었다. 그러므로 씨족사회 당시에 성립되었던 샤머니즘이나 조상숭배 신앙만으로써는 새로운 국가의 사회생활을 이끌어 갈 수 없게 되었다.

사회가 발전하고 정복전쟁이 활발해지면서 삼국은 중앙집권적인 지배 체제를 갖추어갔으며, 이에 따라 이제는 무교 신앙을 넘어서서 왕과 귀족들을 차별적으로 조직할 수 있는 새로운 사상이 필요하게 되었다. 또 사회가 분화 발전함에 따라 민을 지배하는 데에도 더욱 체계적이고 합리적인 지배이념이 필요하게 되었다.

이러한 배경하에서 왕실에 의해 적극적으로 수용된 것이 불교이다. 수용 과정에서 삼국의 불교는 귀족불교적인 성격을 띠게 되고 기존 신앙과의 타협 속에 샤머니즘적인 성격을 갖게 됐다.

불교 성립 당시의 인도 사회

브라만 중심의 불평등한 사회

불교가 성립될 당시 인도에서는 인간을 계급에 따라 차별하는 브라만교가 사회를 지배하고 있었다. 브라만교에 따르면 인간은 네개의 계급으로 분류되었는데, 그 중에서 '브라만'이 가장 높고 존경받는 대상이었으며, '수드라'는 접촉해서는 안될 천민으로 간주되었다. 최고 계급 브라만은 자신의 지위를 이용하여 피지배층을 수탈하고 업신여겼으며 심할 경우에는 천민 수드라의 생명을 함부로 빼앗기도 하였다.

따라서 이와 같은 차별적인 신분제도 하에서 인도의 민중들이 브라만의 횡포와 천대에 커다란 불만을 느끼고 있었다.

불교에서 설명하는 현실사회에 불평등이 존재하는 이유

전생의 공덕에 따라 현재의 생이 달라진다

현실사회에는 분명한 불평등이 존재한다. 누구는 높은 벼슬과 많은 재산을 차지하여 호화로운 생활을 누리고 있으며 누구는 헐벗고 먹을 게 없어 당장이라도 굶어죽을 지경이다. 현실세계에서 신분의 차이, 계급의 차이와 같은 엄연한 차별성이 존재하는 것은 무엇 때문인가?

불교는 이와 같은 현실사회의 차별성은 전생에서 그 사람이 불교적 공덕을 얼마만큼 쌓았느냐에 따라 나타나는 필연적인 결과로 설명하고 있다. 전생에 부처님께 공양하며 착하게 산 사람은 복을 받아 현세에 영화를 누리게 되고 반대의 경우에는 벌을 받아 심할 경우에는 사람이 아니라 동물로 태어나기도 한다는 것이다. 불교의 이같은 논리는 비록 지배층과 피지배층 사이에 근본적인 차이가 없다고하더라도, 현실 세계의 사회적 지위와 신분의 차이는 이미 전생에서 예정된 것, 즉 필연적인 것임을 주장할 수 있게 되었다.

불교의 창시자 석가모니(釋迦牟尼)

'석가'는 '샤키아'라 불리는 한 부족의 명칭이며 '모니'는 성자(聖者)를 의미하는 '무니(muni)'가 변한 말. 따라서 석가모니는 '석가족 출신의 성자'라는 뜻. '붓다'는 '깨달은 자'를 의미하며 중국에서 '불타(佛陀)'로 변해 '불(佛)'이라는 호칭이 생겼다.

시대적 배경과 탄생 갠지스강 유역에 물자가 풍부해지면서 상공업과 도시가 발달하고 소도시 중심의 공화제적 정치가 실행되고 있었던 기원전 6세기 무렵, 코살라 왕국 소속 샤키아 공화국의 정반왕과 마야부인 사이에서 석가모니 탄생. 마야부인은 '하얀 코끼리가 옆구리를 통해서 자궁 속으로 들어오는' 태몽을 꾸었으며 친정으로 가는 도중 룸비니 동산에서 오른쪽 옆구리를 통해 석가모니를 낳았음.

출가 전까지의 생활과 출가수행 석가모니는 내성적이고 소극적인 성격이었으므로 아버지 정반왕은 3개의 궁전을 마련하는 등 온갖 호사와 안락을 제공. 그러나 왕자의 관심은 언제나 다른 곳에 있었고 아들 라훌라(장애, 악귀라는 뜻)가 태어나자 더이상 지체했다가는 가정의 속박에 묶여버릴 것을 염려, 29세에 출가를 단행.

처음에 석가는 무소유의 경지를 이야기하는 '수정주의자' 밑에서 수행. 이들에게 만족하지 않은 석가는 고행주의로 전환을 시도., 6·7년간의 고행생활 끝에 아시타 나무 아래에서 깨달음('보리')을 얻게 됨. 석가는 "몸을 현실생활 상태로 두면서 불안을 해소하는 노력이 필요하다"는 것을 깨달음.

설법과 전도 석가모니는 끊임없이 전도여행을 다녔음. 코살라국의 수다타라는 부유한 상인이 정사(精舍)라고 불리는 수도원을 기증한 이후 국왕이나 부유한 상인이 불교로 귀의하는 사건이 잇따랐고 이는 불교의 경제적 기반이 되었음.

석가모니는 출가승들의 집단생활을 도입했는데 이를 승가(sangha : 僧伽)라고 함. 승가에서는 출가 이전의 사회적 계급을 불문하고 한시간이라도 일찍 출가한 자를 윗자리에 앉힘으로써 카스트제도를 완전히 부정. 개인은 3개의 옷과 하나의 밥그릇만을 소유하며 나머지는 승가의 공동소유로 삼았음.

입멸과 당대의 평가 80 노령에 이르기까지 45년간 전도생활을 계속한 석가는 죽기 전에 교단의 지침을 남겨주기 바라는 제자 아난에게 "법을 의지처로 삼고 자기를 의지처로 삼으라"는 말을 남기고 입적.

1주일 후 석가의 시신은 화장되었고 그의 유물은 8부분으로 나뉘어 스투파, 즉 불탑에 안치. 석가모니가 입멸한 후 '가섭'은 제자들 중에서 5백명의 정통 비구를 선발, 경(經 :석가모니의 일반적 가르침)과 율(律 : 출가자의 교단생활 규정)을 편찬, 사이비 불교의 출현을 막음.

석가는 인간의 평등을 인정하면서 카스트제도를 비난했고 "가난은 부도덕과 범죄의 원인"이라고 지적할 만큼 경제적인 부와 도덕적 진보사이의 관계를 알고 있었다. 그는 스승과 제자 사이의 애정과 존경에 기초한 질서와 계율을 중시하여 교단을 운영. 또한 그는 신도들 앞에서 신통력을 과시하는 것을 금지했는데 그가 가장 위대한 신통력이라고 생각한 것은 진리를 설명하는 것, 사람들로 하여금 그것을 깨닫게 하는 것이었다.

부처의 탄생

불교가 급속도로 확대된 이유

불교가 '평등사상'에 입각해 있기 때문

브라만의 형식 중시와 인간 차별주의를 비판하고 인간의 절대적 평등을 외친 불교의 등장은 매우 충격적인 사건이었으며 그 파급은 매우 신속하고도 강력했다.

시타르타(=석가모니)는 인생사는 '고통의 바다'이고 인간은 그 고통 속에 잠겨 한없이 괴롭고 힘들게 삶을 살아가고 있다고 보았다. 그는 다시 깊은 사색을 통하여 인간이 이와 같은 고통에 놓이게 된 것은 사람의 마음 속에 들어 있는 여러가지 '욕망' 때문이라고 생각했다. 생에 대한 세속적인 욕망이나 집착으로 인해 인간이 불행해지며 고통을 겪게 된다는 것이다.

따라서 그는 욕심이나 집착을 버리는 수행을 통하여 마음을 비우게 되고 집착을 버리게 되었을 때 비로소 고통으로부터 벗어난 상태 즉, '해탈'의 경지에 이르며, 그리하여 마음이 절대적으로 안정되고 평안하게 되었을 때 '열반'에 오르게 된 것이라고 말한다. 그리고 부처란 다름아닌 열반의 경지에 오른 '깨달은 자'를 일컫는 것이다.

여기서 석가모니는 그가 부자든 가난하든 신분이 높든 천하든 상관없이 인간은 누구나 다 깨달음을 얻을 수 있는 존재라고 말함으로써 만인은 근본적으로 평등하다고 주장하여 계급간의 차별을 인정하지 않았다. 그러므로 귀족이나 천민이 그 전생의 업에 따라 현실세계의 지위에 차별이 있다할지라도 근본적으로는 평등하다고 볼 수 있는 것이다.

이와 같이 불교는 당시 인도 사회에서 브라만교의 사제를 최상 계급으로 하는 불평등한 신분제도(사성제도)를 맹렬히 반대하고, '평등'을 역설하여 사회개혁을 꾀했던 것이다.

삼국 불교의 특징

왕권강화를 뒷받침하는 정치 이데올로기

고구려 소수림왕 5년 서기 372년에 불교를 공인했다. 불교의 수입은 이보다 훨씬 앞선 시기에 이루어졌다. 소수림왕 시기는 고구려의 중앙집권체제가 일단락되어지는 시기다. 당시 고구려는 삼국 가운데 가장 선진적이어서 불교 수입 이전에 이미 국가적 성장을 보았으며, 또한 문화수준도 가장 높아 중국의 남북조와 교류를 가질 수 있을 뿐 아니라 서역이나 중앙아시아와도 폭넓은 교류를 가지고 있었기 때문에 다소 유연하게 불교를 수용할 수 있었다.

백제 백제에 불교가 전래된 시기는 정확치 않으나 침류왕이 동진에서 온 마라난타를 궁내에 맞아들여 불교를 공인했다. 이때가 서기384년이다. 불교 공인 이전 백제의 신앙체계의 중심은 토착적인 무교신앙이었다. 이 토착신앙은 각 소국이 자기들의 부족적 전통과 문화적 관습을 유지하는 성격과 기능을 가지고 있었다. 그래서 불교를 받아들일 때 불교를 옹호하고 전래하는 세력과 토착세력간의 적지않은 마찰과 갈등이 발생하기도 하였다. 불교가 공인된 시기가 백제가 중앙집권체제를 갖추고 정복활동을 활발히 추진, 통일국가를 이룩하던 시점으로 불교는 왕권을 뒷받침하는 구실을 했다.

신라 5세기 중엽 고구려를 통해 불교가 전래됐으나 당시의 신라는 매우 후진 사회로서 토착문화가 매우 강했기에 공인되는 데 많은 시간이 걸렸다. 고구려, 백제에 비해 무려 1백50여년이나 뒤인 527년(법흥왕 13)에 공인된다. 또한 이 과정에서 불교를 옹호하고 전래하는 세력과 토착신앙을 고수하려는 세력과의 갈등이 매우 치열하여 이차돈 순교 사건이 발생하기도 했다. 신라에서 불교가 공인되는 법흥왕 시기 역시 신라가 고대국가로 체제를 정비하는 시기였다.

삼국 불교의 샤머니즘적 성격 불교가 공인됐다고 기존의 샤머니즘이 모두 사라져버린 것은 아니다. 외래 사상인 불교가 삼국의 토착사회에 들어왔을 때 불교에 대한 토착신앙의 반발은 매우 강했다. 그래서 원형 그대로의 불교가 수용되기란 불가능했으며, 불교가 수용되기 위해서는 토속신앙과의 타협이 필요했다. 불교는 무격신앙을 일방적으로 배척한 것이 아니라, 무교의 사회적 기능을 대신 담당하고 무교적 요소를 흡수했다. 이러한 가운데 불교가 무교를 대신해 삼국사회에 뿌리내릴 수 있었다. 그리하여 삼국의 불교는 인도의 불교와는 상당히 다른 '샤머니즘'적인 성격을 띠게 되었다.

왕권과 불교와의 관계

'전륜성왕' 사상을 통한 왕권 옹호

불교의 평등사상은 브라만의 권위뿐만 아니라 왕의 권위마저도 부정해 버릴 위험성이 없지 않다.

사람이 모두 평등하다는 사상은 계급관념을 타파하는 민주적인 입장이기 때문이다.

그러나 불교는 이러한 우려를 예상이라도 했다는 듯이, 다시 왕권 강화에 유익한 교설을 마련하고 있다. 그것은 전륜성왕 사상이다.

전륜성왕은 강력한 무력으로 통일제국을 완성한 후 무력이 아닌 바른 윤리 즉, '정법'으로 전세계를 통치하는 이상적인 제왕이다.

그는 모든 인간이 지켜야 할 윤리인 법에 의한 정치를 이상으로 삼고 이를 실천하는 데 힘을 다했다. 부모·스승·어른에게 순종하고, 살생을 삼갈 것 등의 윤리를 백성들에게 장려하고, 지방관이나 신설된 관리에게 명령, 백성들이 윤리를 철저히 지키도록 했다.

따라서 정법으로 세상을 통치하는 전륜성왕 사상은 통일된 제국으로의 지향을 옹호한다.

그런데 그 사상은 강대국을 중심으로 통일 사업을 진행할 때, 각 지역의 서로 다른 전통과 관습을 초월하여 보편적인 윤리에 의해 그 지역을 다스린다는 통치원리를 통해, 정복군주에게 새로운 권위를 부여하는 역할을 한다.

전륜성왕 (轉輪聖王)

전륜성왕의 상징

고대 인도에서 유래한 세계의 통치자를 지칭하는 개념. 산스크리트어인 cakra(轉)와 vartin(輪)이 합쳐져서 '자신의 전차바퀴를 어디로나 굴릴 수 있는' 곧 '어디로 가거나 아무런 방해도 받지 않는' 통치자를 뜻한다.

전륜성왕은 속세에서 석가모니와 같은 존엄을 지닌 존재로서 석가모니와 공통되는 다수의 특성을 소유하고 있는 것으로 여겨진다. 이러한 전륜성왕의 개념은 왕권강화 및 호국불교 사상 고취에 상당한 기여를 하고 있다.

귀족세력과 불교

미륵불사상을 통해 왕과 귀족세력 조화이뤄

미륵불은 석가 다음에 올 미래불로서 전륜성왕이 정복한 땅에 나타나서 전륜성왕의 다스림을 돕고 백성을 가르쳐서 세상을 편히 만드는 부처이다. 미륵불이 전륜성왕과 짝한다는 이러한 사상은 현실 세계에서 왕과 귀족 세력이 조화를 이룰 수 있는 배경이 되었으며 귀족의 지위를 강화시켜주는 역할을 했다.

중국의 불교 '왕즉불(王卽佛) 사상', 국가주의적 색채 강화

인도에서 창시된 불교는 중국에 들어와 국가종교적 색채를 농후하게 띠게 됐다. 특히 북조에서는 국가가 불교에 은혜를 베풀어줌으로써 그것을 국가에 봉사시켜 왕의 권위를 높이려 했다. 그리하여 북조에서는 국왕이 불교를 공인하고 불교 사원을 건립했다.

이때 황제 중에는 자신의 모습으로 불상을 조각하여 스스로를 살아 있는 석가불이라고 자임하기도 했는데 이는 황제가 곧 부처라는 '왕즉불' 사상을 나타내주는 것이다.

남조에서는 북조처럼 철저한 국가중심의 불교보다는 귀족적 색채의 불교가 발달했다. 심지어 귀족 불교의 성격이 강했다. 국왕이 불교의 비호하에 나라의 세력을 유지하려는 정도였다.

그후 중국의 불교는 북조의 전통을 계승 발전하게 된다.

절

장마철 땅 위의 벌레 밟아 죽이게 되자 안거 장소 마련

절은 원래 불상을 모시고 승려들이 거주하면서 불도를 닦고 불교의 교법을 설하는 곳으로 사원·사찰·가람이라고도 한다. 절의 어원은 상가람마로서, 교단을 구성하는 출가한 남자(비구)·출가한 여자(비구니)·세속의 남자신도·세속의 여자신도의 사중(四衆)이 모여사는 곳이라는 뜻이다. 이것을 한역하여 승가람마(僧伽藍摩)라 하였고, 줄여서 가람이라 표기하게 됐다.

석가모니 전도 초기의 인도 승려들은 무소유를 이상으로 삼았기 때문에 일정한 거주지를 갖지 않았다. 그들은 독신생활을 지키면서 걸식으로 수도생활을 영위했다. 그러나 인도의 기후적 특성 때문에 우기에는 이와같은 생활이 불가능해, 외출보다는 한곳에 모여 정진하는 것이 필요하게 됐다.

또한 원시불전에 속하는 사분율(四分律)에 나오는 것처럼 장마철에 외출한 불교수행인들이 질퍽해진 땅 위에 나온 벌레를 밟아 죽이게 되는 경우가 있어, 불살생의 계율관으로 볼 때 문제가 되기도 했다. 또한 비대해진 교단을 통일적인 규율로 이끌어가고자 하는 이유도 있었다.

이에 불교신도들은 부처님과 승려들이 한곳에 모여 안거할 수 있는 장소를 자발적으로 마련하게 된 것이다. 이렇게 생겨난 당시의 절은 단순한 공동주거지의 성격을 띠었으나, 시대가 흐름에 따라 점차 종교의례를 집행하는 성소(聖所)로 변했다.

중국에서는 승려들이 모여사는 곳을 사원(寺院)이라고 했다. 그 이유는 한나라 때 외국에서 온 사신들을 맞이하여 접대하고 머물게 하는 곳을 사(寺)라고 불렀기 때문이다.

우리나라에서 사원을 '절'이라고 부르게 된 이유는 확실하지 않으나 몇가지 이야기가 있다. 신라에 불교가 처음으로 전해질 때 아도는 일선군(지금의 선산군) 모례(毛禮)의 집에 머무르게 됐다. 그것이 우리말로 '털례의 집'이 되어, 그 '털'이 '절'로 바뀌게 됐다는 것이다.

우리나라 최초의 절은 고구려의 불교 도입 이듬해인 373년(소수림왕 3), 평양에 세워진 이불란사와 성문사이다. 신라의 경우 이차돈의 순교를 빚은 천경림의 흥륜사가 그 효시이다.

삼국시대 가람 배치도

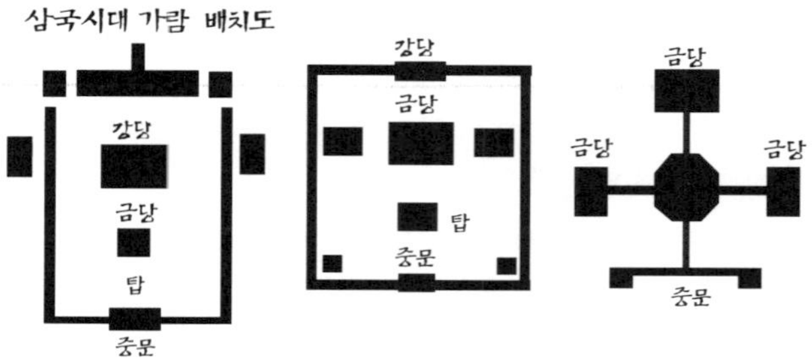
강당
금당
탑
중문
강당
금당
탑
중문
금당
금당
금당
중문

일반적으로 탑과 불전은 가장 기본적인 구조물이므로, 우리나라의 가람배치를 논할 때 탑의 배치형식에 기준을 두고 있다. 탑이 불전과 일직선상에 놓여 있으면 일탑식 가람배치, 두탑이 불전 앞 동서로 대칭하여 세워지면 쌍탑식 가람배치, 탑이 하나에 금당이 셋일 경우에는 일탑삼금당식이라 한다. 탑이 예배의 주대상이 될 때에는 일탑식으로 배치하고, 불상이 주된 예배 대상일 때에는 쌍탑식 가람배치를 했다.

절의 지리적 여건

산악숭배, 탈속 경지 존중으로 우리나라에는 산지가람형이 많아

원래 절은 도시의 중심지에 건립되는 것이 상례였다. 그러나 여건에 따라 절이 수행 또는 포교에 역점을 두는 특성상 입지조건이 달라지기도 한다.

기능별로 볼 때 대략 세가지 특징을 갖는데, 첫째는 평지가람형이다. 수도를 중심으로 하여 넓은 면적에 걸쳐 장엄한 건축물을 가지는 것이 보통이다. 특히 왕실의 원당이나 국찰 등이 많다. 둘째는 심산유곡에 자리잡은 산지가람형이다. 이것은 신라 말엽에 도래한 선종의 영향과 풍수지리에 의거하여 주로 수행생활에 적합하도록 설계된 특징을 지녔다. 셋째는 천연이나 인공의 석굴에 사원을 건립하는 석굴가람형이다. 암벽을 뚫어서 만들거나 석재로 지어서 거주장소나 법당을 세우게 되는데, 주로 기도도량으로서의 기능을 지닌다.

우리나라 절이 주로 산지가람형인 까닭은 몇가지 사상적인 특색에서 찾을 수 있다. 첫째는 산악숭배경향이다. 명산의 봉우리마다 불보살의 명호가 붙여지고 그곳을 골라 절터로 잡는 것은 우리 고유의 산악숭배사상이 불교적으로 흡수되는 과정을 나타낸 것이다. 둘째로는 초세속주의의 경향 때문에 탈속의 경지가 존중됐고, 나아가서는 자연주의적 고대불교의 인간관이 절을 자연과의 조화라는 관점에서 산속에 건립하도록 했다.

청담 가람

수행, 교육, 포교가 절의 세가지 기능

절은 수도하는 곳, 즉 불교의 인생관과 세계관을 올바로 수립하며 그 진리를 널리 선양하고 구현시키는 곳이다. 따라서 절은 수행과 교육과 포교의 세 가지 기능을 발전시켜왔다. 이 세 기능을 보다 훌륭하게 충족시키기 위해서 절에는 예배의 대상이 되는 불상이나 당탑이 가장 핵심적인 구조물로서 만들어졌다. 우리나라 절의 구성을 흔히 칠당가람이라고 하는데, 다음의 일곱 가지 요소가 있다.

불전 본존불 및 보살, 호법신중 등을 봉안하는 사원의 중심건물. 인도에서는 부처님을 금빛나는 분이라는 뜻에서 금인(金人)이라고 하는데, 거기에서 파생되어 부처님을 모신 집을 금당(金堂)이라고 한다. 주존불에 따라 불전의 명칭도 바뀌는데, 대웅전은 석가모니불을 모신 곳이며 대광명전은 비로자나불을, 극락전은 무량수전이라고도 하며 아미타불을 모신다. 미륵전은 미래불인 미륵불을 모신다. 약사전은 약사여래를 봉안하며, 팔상전은 부처님의 일생을 팔상으로 묘사한 그림이나 조각을, 응진전은 부처님의 제자들인 십육나한을, 나한전은 부처님의 오백제자인 오백나한을 모신다. 칠성각은 북두칠성을, 산신각은 토속적인 산신을 호랑이와 함께 그려 모신다.

강당 설법이나 법요의식을 행하는 곳. 인도에서는 강당과 포살당을 구분하여 지었으나 우리나라에서는 별도의 건물을 짓지 않았다. 다만, 강당 등에서 이와같은 포살의식을 집행할 때에는 그 건물을 설계당이라고 불렀다.

승당 승려들이 좌선, 정진하는 곳.

주고 공양을 마련하는 부엌과 창고 등 절의 살림을 경영하는 곳이며, 후원(後院)이라고도 한다.

욕실 목욕하는 곳.

동사 측옥(側屋)이라고도 하는 변소이다

산문 사원 입구에 있는 문으로 총문 또는 삼문이라고도 한다. 삼문이란 절 경계문인 산문, 큰문인 대문, 예배장소에 들어가는 중문의 셋을 말한다. 우리나라에서는 대체로 일주문, 천왕문, 금강문 순서로 배열돼 있다.

이밖에도 불경을 보관하는 장소로 경장(經藏)이라고도 하는 장경각과, 불교의식의 기본법구인 종, 북, 운판, 목어를 봉안하는 종각 또는 고각이 있다. 그리고 그 절과 인연이 있는 고승의 초상화를 봉안하는 영각(影閣)이 있는데 조사당(祖師堂)이라고도 한다.

칠당의 배치는 대체로 북쪽에서부터 남쪽에 이르며, 이러한 직선의 배열은 주로 인체에 해당시켜 생각하는 전통적 관습도 있다.

사찰 시설의 단면도

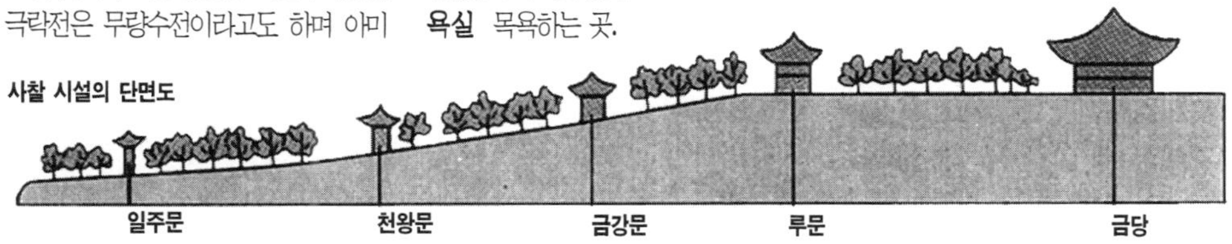
일주문
천왕문
금강문
루문
금당

사물(四物)

법구(法具)는 불(佛), 법(法), 승(僧)의 3보(三寶)에 대한 귀의의 청정심을 얻기 위한 도구로서 불교도에게 중요한 의미를 갖는다. 원래는 석가모니가 제자를 모으거나 독경을 알려 여러 천신들이 세상에 내려오기를 바라는 뜻에서 사용한다고 한다.

범종(梵鐘), 목어(木魚), 운판(雲板), 홍고(弘鼓)를 사물이라 하는데, 사물은 소리로써 불음을 전파한다는 의미를 담고 있다.

범종은 지옥의 중생을 향하여, 홍고는 축생의 무리를 향하여, 목어는 수중의 어류를 향하여, 운판은 허공을 나는 생명을 향하여 소리를 내보낸다는 상징적 기능을 가지고 있다.

위의 사진은 목어

옆은 범종

운판

범종루

불상

불상은 불격에 따라 불타, 보살, 천, 나한 등으로 나눌 수 있다. 불타는 여래라고도 불리는데 이는 '진리를 깨달은 사람'이라는 뜻이다. 소승불교에서는 예배대상이 석가모니불뿐이지만 대승불교에 이르면 불교교리가 발전하면서 여러 가지 다양한 불(佛)의 명칭이 나타난다.

보살은 부처의 자비행을 실천하여 모든 중생을 교화하고자 노력하는 이상적인 수행자상을 가리킨다. 미륵보살, 관음보살, 대세지보살, 문수보살, 보현보살, 지장보살 등이 있다.

천(天)은 불교를 수호하는 신들로 인도의 고대신앙에 있던 토착신들이 불교에 흡수된 것이다. 범천, 제석천, 사천왕, 인왕(금강역사), 팔부중, 비천 등이 있다.

나한은 부처님을 따르던 제자와 여러 나라에서 추앙받는 고승들을 나타내는 것인데 수행자의 상징인 민머리의 모습으로 표현된다. 십대제자, 유마거사 등이 있다.

석가여래(釋迦如來) : 석가모니 부처님을 형상화한 것으로 인도에서는 1세기경부터 만들어지기 시작했다. 양옆에는 문수보살과 보현보살을 거느리는 것이 보통이나 간혹 관음보살과 미륵보살을 두기도 한다.

아미타불(阿彌陀佛) : 서방 극락세계에 살면서 중생을 위해 자비를 베푸는 부처로 무량수불 또는 무량광수불이라고도 한다. 좌우에는 관음보살과 대세지보살이 표현되는 것이 특징.

약사불(藥師佛) : 질병의 고통을 없애주는 부처.동방유리광 세계에 살면서 모든 중생의 병을 치료하고 수명을 연장해주는 의왕(醫王)으로 신앙되는 부처이다. 다른 여래와는 달리 손에 약그릇을 들고 있는 것이 특징이다.

비로사나불(毘盧遮那佛) : 부처의 진신(眞身)을 나타내는 존칭. 『화엄경』의 주존불로 부처의 광명이 모든 곳에 두루 비치며 그 불신(佛身)은 모든 세계를 두루 포용하고 있다는 의미이다. 양 옆에는 문수보살과 보현보살이 배치되는 경우가 많지만 노사나불과 석가불이 좌우에서 모시고 있는 경우도 있다.

미륵불(彌勒佛) : 석가 다음으로 부처가 될 보살. 현재 도솔천에서 보살로 있으면서 56억 7천만년 뒤에 이세상에 나타나 용화수 아래에서 성불하고 3회의 설법으로 석가여래가 계실 때 빠진 모든 중생을 구제한다는 미래불이다.

위에서 부터 아미타불, 약사불, 비로사나불

탑

탑이란 말은 인도에서 무덤을 이르는 말인 '스투파'가 불교가 전파되는 과정에서 '탑파'로 되고, 줄여서 '탑'이 된 것이다. 불교의 교주인 석가모니가 열반한 후 그의 제자들은 유해를 사회풍속에 따라 다비(茶毘:火葬)하였다. 이때 인도의 여덟나라에서 부처의 사리를 차지하기 위하여 싸움이 벌어지자 도로나(徒盧那)의 의견에 따라 불타의 사리를 똑같이 여덟나라에 나누어 주어 각기 탑을 세우게 했다. 사리신앙은 이때부터 싹트기 시작하였으며 불탑의 기원 역시 이때부터 시작되었다.

우리나라에서는 초기에 중국의 누각형식의 목탑 형식을 따랐으나 좀더 견고하고 불에 타지 않는 재료를 찾게 됐다. 벽돌 생산 자체가 손쉬운 일이 아니었기 때문에 대신 풍부한 석재를 벽돌 모양으로 잘라 석탑을 쌓기도 하고 돌을 나무처럼 깎아서 목탑 형식의 석탑을 만드는 사례도 찾아볼 수 있다.

석탑의 세부 명칭

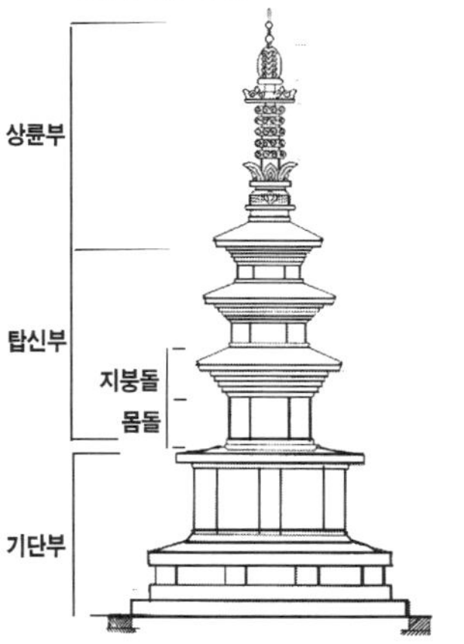
상륜부
탑신부
지붕돌
몸돌
기단부

시대별 지붕돌 비교

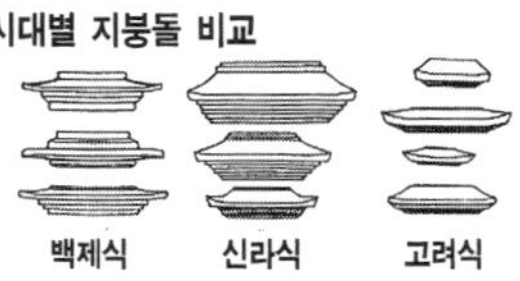
백제식
신라식
고려식

불탑구조의 변천

인도, 산치의 탑 B.C.1세기 경 · 인도, 간다라 봉헌탑 2,3세기 · 중국 탑 550년 · 우리나라의 탑

신라 경주에 만들어진 국왕의 거대한 무덤

금관, 장신구, 안장 등 마구류,
무기, 토기, 유리 그릇 등 부장품만 만여점

▶ 금관

▲ 말 옆구리에 진흙 같은 것이 튀지 않도록 달아매는 다래에 그린 하늘을 나는 말

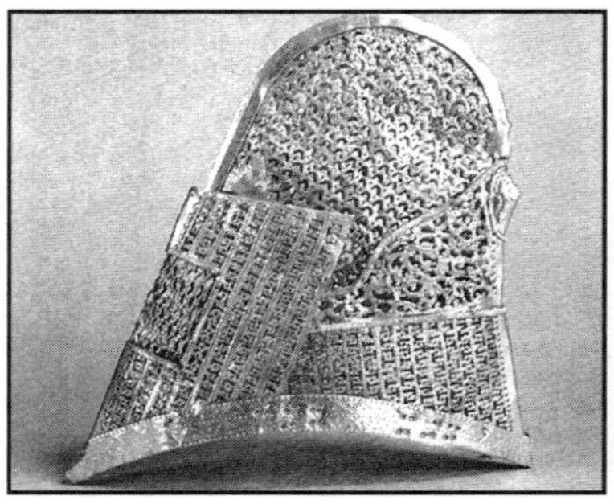

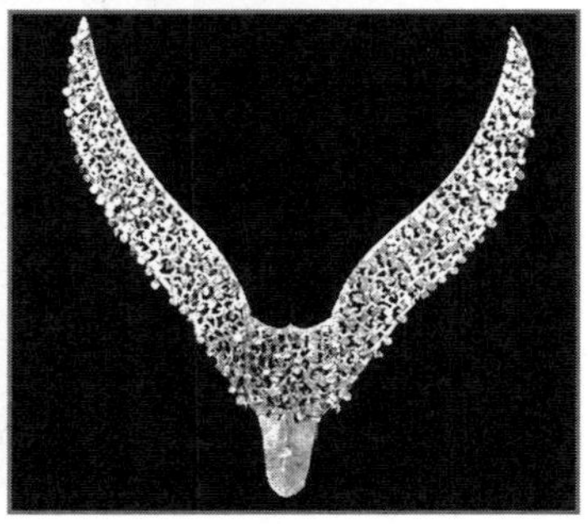

▶ 금모(왼쪽), 조익형관식(오른쪽)

신라 경주에 거대한 국왕의 무덤이 만들어졌다. 이 무덤은 고구려나 백제의 무덤과는 다른 형식으로 시신과 부장품을 넣는 나무로 된 곽(=목곽)을 만들고 목곽의 주위에 냇가에서 주어온 냇돌을 덮었는데, 그 돌무지의 규모는 직경 23.6 m, 높이 7.5m에 이른다. 다시 그 위에는 0.2 m의 두께로 점토를 발라 밖에서 스며드는 물기를 차단토록 했으며, 또 그 위에 봉토를 씌웠다. 무덤 내부에 돌로 된 벽이 없기 때문에 애당초 벽화가 그려질 수 없는 구조라는 점이 고구려 무덤과 다른 면이다. 그러나 워낙 견고한 무덤인지라 도굴의 위험은 고구려 무덤보다 덜할 것으로 보인다.

목곽 안에 놓인 목관 내부에는 금으로 된 허리띠와 순금관을 쓰고 둥근고리가 달린 칼을 찬 주인공의 유해가 머리를 동쪽으로 향하고 있다. 그리고 그 옆에는 부장품을 넣는 목궤가 놓여 있다. 부장품은 금관, 금제 장신구류, 안장, 말방울, 다래 등의 마구류, 무기류, 토기, 금속제 용기, 유리 그릇 등 모두 만 천여 점에 이른다고 한다.

그중 가장 관심을 끌었던 것은 천마도가 그려져 있는 말다래이다. 말다래는 말을 탄 사람의 옷에 흙이 튀지 않도록 말의 배 양쪽으로 늘어뜨린 마구인데 여기에 구름 위를 날고 있는 매우 사실적인 흰 말이 그려져 있다. 이는 종이처럼 얇은 자작나무를 수십 겹 붙인 뒤 그위에 자연채색인 광물성 색채를 써서 그림을 그렸다. 천마의 몸에는 군데군데 반달모양의 무늬가 있고 앞가슴과 뒷발 사이에는 갈고리 모양이 달려 있는데 그중 반달형 무늬는 고대 스키타이 문화에서 많이 보이기도 한다. 중국 감숙 지방에서 보이는 천마상의 개념과 연결해볼 수 있다. 동아시아에서 천마의 개념은 한대의 서역경에서도 보이는데 초기 천마의 특징은 날개없이 공중에 떠 있는 모습이다.

유리제품도 부장품으로 들어가는데, 이는 고대 실크로드를 통해 들어온 문화적 산물로 보인다. 이 유리제품은 고대중국 유리하고는 달리 알카리 성분의 로만 글라스 계통인데, 그 전래 과정은 분명하지는 않지만 비단길의 하나인 초원의 길을 통한 것으로 여겨진다.

신라에서 많은 부장품이 들어가는 거대 분묘가 만들어지는 것은 4세기 후반 이후이다. 내물왕 시기를 거치면서 신라는 진한 전 지역의 여러 세력 집단에 대한 맹주로서 위치를 굳히게 되는데, 이러한 정치적 성장을 배경으로 신라 지배층은 자신의 권위를 더욱 과시할 수 있는 거대한 분묘를 만들기 시작한 것이다.

해외 소식

번영하는 비잔틴 제국

지중해 지역 다시 장악

게르만족의 침략을 받아 서로마 제국이 멸망한 이후에도 명맥을 유지해온 동로마 제국(=비잔틴 제국)은 6세기 전반 유스티니아누스 황제 시기를 맞이하여 게르만족을 몰아내고 지중해를 다시 '그들의 바다'로 삼는 등 번영하고 있다.

유스티니아누스(482~565)는 게르만 민족의 대이동 결과 5세기에 잃어버린 옛 로마 서방의 영토 재정복의 꿈을 실현시키고 있다. 그는 명장 벨리사리우스를 기용하여 반달 전쟁 및 동고트 전쟁을 일으키고 또 552년에는 서고크 왕국에도 군대를 파견하여, 카르타고와 이탈리아 및 스페인 남부를 탈환하여 지중해를 다시 그들의 바다로 만들고 있다. 그는 또한 국가행정의 운영을 원활하게 하기 위해 로마법 정비에 나서 『로마법 대전』을 만들었으며, 당대의 으뜸가는 건축가를 발탁하여 수도 콘스탄티노플에 성소피아 성당을 세우고 있다.

무엇이든 물어보세요 신라의 불교 수용

신라의 불교 수용과정에서 가장 적극성을 보인 집단은 '왕실'이다. 왕실이 이와 같은 적극성을 보인 이유는 무엇인가.

불교 수용이 왕권 강화에 도움이 된다고 판단했기 때문이다. 국가 체제정비에 따라 강력한 권력을 갖게 된 국왕은 자신의 권한을 뒷받침해줄 수 있는 사상을 필요로 했다. 또한 다른 국가들과 경쟁하며 존속하기 위해서 백성들에게 국가 구성원으로서의 일체감을 심어주어야 했다. 이를 위해 종래의 조상신앙이나 산천신앙 등이 갖고 있는 혈통상의 분파성이나 지역적 분립성 등을 극복할 수 있는 보다 차원 높은 사상이 필요했다. 불교는 동일한 불신도(佛信徒)라는 새로운 동포감을 불어넣어주는 효과를 가져왔기 때문에 중앙집권적인 정신적 통일에 매우 유리했다.

또 북중국의 사례도 왕실이 불교를 수용토록 한 요인이 되었다고 본다. 북중국에서는 부처에 대한 백성의 믿음과 경외심을 황제에 대한 믿음으로 전환시켜 백성들로 하여금 황제를 부처처럼 따르게 하는 데 성공했었다.

불교 수용과정에서 귀족들의 반발이 매우 심했고 이차돈이 희생되는 사태가 벌어지기도 했다. 귀족들이 반대했던 이유는 무엇인가.

불교는 조상신앙에 대해 한마디 말도 없으며, 깨달음을 통해 부처가 되는 것을 말할 뿐이다. 그리고 머리를 짧게 깎고, 알아들을 수 없는 염불을 외워대는 승려의 모습은 사실 생소한 모습이다. 이런 이질감이 불교에 대한 거부감을 일으켰다고 본다.

또한 귀족들은 기존의 신앙체제에서 주도권을 장악하면서 백성에 대한 지배권을 행사해왔다. 조상신은 그들의 권위를 높여주었으며, 하늘이나 산천에 대한 제사 권한 장악도 그들의 지위를 보장해주는 것이었다. 그런데 불교를 수용, 백성들이 불교를 믿게 될 경우 토착적인 신앙체제는 권위를 상실하게 되어 자신의 지배가 약화되는 동시에 백성에 대한 왕의 지배권이 강화돼 자신의 권한이 축소되는 것이 염려되었기 때문에 반발할 수밖에 없었다고 본다.

그동안 불교 수용에 반발해온 귀족들이 어떤 이유 때문에 이와 같은 방향전환을 했는지 궁금하다.

전륜성왕 사상이 왕권을 강화시키는 데 기여했다면 '미륵보살' 사상은 귀족들이 권위를 강화시켜줄 수 있다. 미륵은 전륜성왕이 정복한 땅에 나타나서 그의 다스림을 돕고 세상을 교화하여 평안한 세상을 만드는 부처를 말한다. 불교 사상에서 전륜성왕과 하나의 질서 속에 조화를 이루고 있는 미륵보살은 현실세계에서 귀족들을 상징하는 것이다. 이로써 귀족은 왕과 더불어 불교 속에서 서로 짝하여 지배층으로 어울려 나갈 수 있는 길을 발견한 것이다.

'윤회전생' 사상 역시 귀족의 특권을 정당화시켜주는 것이다. 불교의 윤회전생 사상에 따르면 모든 사람은 전세와 현세와 내세를 윤회하면서 태어나서 죽고 다시 태어난다. 그리고 현세의 모든 일은 전세에 어떻게 살았느냐에 달려 있다는 것이다. 즉 현재의 신분제를 그대로 수용하는 이념이다. 이런 현실 긍정의 논리는 귀족들도 굳이 반대할 이유가 없는 것이다.

역사신문

신라, 한강유역 완전 장악

고구려 묵인 하에 백제령 한강 하류 지역 기습 점령

1백 20년간 지속되어온 나·제동맹 깨져
백제, "배신자 신라" 극렬 성토, 대규모 보복 공격 준비

고구려
한강
백제
신라
가야
4세기 백제 전성기

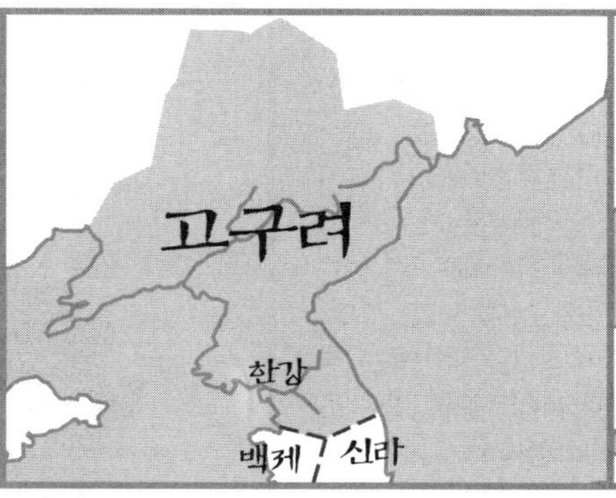
고구려
한강
백제
신라
5세기 고구려 강성기

고구려
신라
한강
백제
6세기 신라 팽창기

553년 신라는 백제와의 연합작전을 통해 고구려의 점령지였던 한강 상류 지역을 차지한데 이어, 백제가 고구려로부터 76년만에 회복한 한강 하류 지역을 기습점령함으로써 한강 전유역을 독차지하게 되었다. 이로 인해 1백20년간 지속되어온 나·제동맹은 결렬되었으며 불의의 기습으로 귀중한 영토를 빼앗긴 백제는 복수를 벼르고 있어 양국간 관계는 일촉즉발의 초긴장상태에 돌입했다. 관련기사 3면

한강 하류 일대는 비옥한 평야를 끼고 있어 경제적으로 윤택할 뿐만 아니라 중국과 교류할 수 있는 기지를 갖추고 있어 이전부터 백제와 고구려 사이에 치열한 공방이 전개되던 지역이었다. 신라의 장수 거칠부가 "중국과의 관계를 전개하는데 있어 지리적 장애를 겪고 있는 신라로서는 이 지역은 전략적으로 매우 중요한 곳"이라고 한데서 알 수 있듯 서해로의 관문에 해당하는 한강 하류를 차지하려는 신라의 움직임은 그간 대단히 적극적이었다.

신라의 한강 하류 확보작전은 매우 치밀하게 계획된 것으로 전해지고 있다. 신라는 자신이 백제의 영토인 한강 하류를 빼앗을 경우 이를 되찾으려는 백제의 반격이 거셀 것이며 백제의 공세가 고구려와 결합한다면 이는 신라로서는 견딜 수 없는 최악의 상황이 되는 것이기에 한강 점령 이전에 고구려와의 강화를 은밀히 추진하였다.

신라는 "백제와 연합한 고구려에 대한 공세를 중지하겠으니 신라의 한강 하류 장악에 대해 개입하지 말 것"을 요청했고, 당시 서북 지방이 위태로운 상태였던 고구려 역시 북제의 압력과 돌궐의 공세로 남쪽 전선이 안정되기를 절실히 바라고 있던 처지였기에 신라의 요청을 수용하게 돼 두 나라 사이에 비밀 협정이 체결됐다.

외교와 전투 모두에서 신라에 패배한 백제는 "신라는 자국의 이익을 위해 국가간의 신의를 헌신짝처럼 버린 배반자"라고 신라를 비난하면서 이번 일에 격분하고 있다. 백제는 신라에 대해 배반의 쓴맛이 어떤 것인지 보여주겠다고 잔뜩 벼르고 있어 대대적인 신라 원정이 예상된다.

백제와 신라 사이의 동맹을 깨뜨리고 두 나라를 적대국으로 만드는 데 성공한 고구려는 이번 외교의 성공 덕택으로 남부전선의 위기를 모면할 수 있었다. 고구려는 신라와의 밀약을 의식해서인지 신라의 백제 배반에 대해 이렇다 할 논평을 삼가고 있으나 중앙 정계의 국방담당 고위관리는 "한강 하류를 신라가 차지했다고 해서 그것이 곧 서해에서 자유롭게 항해할 수 있는 권리를 획득한 것은 아니다"라고 하여 뱃길을 이용한 신라의 중국 진출이 간단치 만은 않을 것임을 암시하였다.

백제의 성명

신라의 배반행위를 규탄한다

고구려의 침략에 맞서 433년 나·제동맹을 체결한 이래 국가간의 결혼까지 단행하면서 양국은 우호를 다져왔다. 그동안 고구려의 공세를 막아내고 국가의 명맥을 유지할 수 있었던 것은 모두 이 나·제동맹의 힘이었으며 또한 신라는 우리 백제로부터 많은 문화를 받아들여 미개한 상태를 벗어날 수 있었으니 오늘날의 신라가 존재하는 것은 우리나라의 은덕 때문이다.

그러나 신라는 자신만의 이익을 위해 국가간의 신의를 저버리고 고구려의 외교술책에 놀아나 고구려로 하여금 세력을 다시 강화할 수 있는 시간 여유를 주어 자신의 작은 탐욕을 채우기 위해 커다란 재앙을 만드는 오류를 범하고 말았다.

이에 우리 백제는 배은망덕하며 이기적인 신라를 정벌하고 말 것이다. 갈아마셔도 시원치 않을 신라여! 우리는 신라에게 배반의 결과가 얼마나 비참한 것인가를 가르쳐줄 것이며 영원한 백제의 속국으로 무릎을 꿇도록 하겠다.

신라쪽 반응

국력 성장한 지금, 동맹은 필요없어

아둔한 백제여! 백제와 신라는 언젠가는 싸워야 할 화해할 수 없는 적대국이 아니겠는가?

진정코 그대의 나라와 우리나라의 우호와 유대가 영원하리라고 믿을 만큼 순진한가? 우리가 하나 되었던 것은 고구려의 공세를 공동 방어하여 서로를 지키기 위함이었다. 한때 결혼 동맹을 맺은 것은 고구려의 강력한 공격 앞에 서로 간에 더욱 긴밀한 유대가 요구되었기 때문이다.

그러나 고구려의 국력이 예전만 못 해진 지금, 상황은 달라진 것이다. 혼자 힘으로도 충분히 대적할 수 있는 고구려를 앞에 두고 신라와 백제 간의 더이상의 동맹은 필요치 않은 것이다.

두 나라가 어차피 싸워야 할 운명이라면 유리한 교두보를 먼저 확보하는 것이 앞날을 대비하는 올바른 국가운영이 아니겠는가. 백제는 빨리 미몽에서 깨어나 변화하는 국제정세에 슬기롭게 대처하는 자세를 배우기 바란다. **- 정부 대변인 논평**

한강 장악은 신라 발전의 교두보 될 것

… 화랑정신으로 무장한 우리 신라군대가 백제의 군사를 격파하고 한강 하류를 장악한 일은 신라의 발전에 커다란 전기를 마련해줄 것으로 평가한다. 비옥한 토지와 많은 인구를 보유한 경제적 가치는 신라의 부를 더욱 증대시키고 군사적 팽창을 뒷받침해줄 것이며 또한 서해를 통한 중국과의 직교류가 가능해짐에 따라 신라는 국제정세에 보다 적극적으로 대처할 수 있게 되었다. 다만 우려되는 것은 전략적 가치가 뛰어난 이 지역에 대한 백제의 반격이다. 우리 신라에게 배반당했다는 이유로 감정까지 극도로 악화되어 있는 백제가 곧 밀어닥치리라는 것은 자명한 일이다. 우리는 철통 같은 방어로 백제의 공격을 분쇄하여 한강에 대한 지배권을 절대 잃지 말아야겠다. **- 新羅日報 사설 中**

신라, 대가야 정복

智將 이사부 지휘, 화랑 사다함 큰 功

562년 9월 신라는 비밀리에 군대를 진격시켜 대가야를 멸하였다.

지략으로 울릉도를 정벌한 바 있으며 국사편찬을 건의하기도 했던 이사부는 왕의 명령에 따라 고령의 대가야 원정에 나섰다.

원정군에 포함되어 있었던 사다함은 5천의 기병을 거느리고 먼저 적진에 달려 들어가 백기를 세우자, 성 안의 사람들이 두려워하여 어찌할 바를 모르고 혼란스러워하는 사이에 이사부가 군사를 이끌고 임하니, 일시에 죄다 항복했다. 이로써 가야는 역사 속으로 사라진 나라가 되어버렸다.

역사신문

신라, 한반도 霸者될 수 있나

'총력전' 수행 가능한 경제력 확보가 열쇠

진흥왕 시기 신라의 대외적 팽창은 매우 눈부신 것이었다. 백제로부터 한강 하류 유역을 빼앗은 신라는 곧 이어 터진 백제와의 전쟁에서 대승을 거둠으로써 백제를 저만치 따돌리고 한강의 명실상부한 지배자가 되었다. 이어서 신라는 남으로 가야의 최후 세력인 대가야를 점령하였고 북으로 고구려 동북부로 진격하여 함경도까지 영토를 넓히는 등 개국 이래 최대 판도를 자랑하게 되었다.

여기서 우리는 이와 같은 신라 팽창의 원동력이 무엇인가 하는 의문을 가져본다. 사람들은 흔히 신라의 이와 같은 팽창이 진흥왕의 영도력과 전쟁터에서 죽음을 두려워하지 않는 신라의 화랑도정신에 힘입은 것이라고 이야기한다. 그러나 이것만으로 진흥왕 때 신라의 성장을 설명해내기는 부족하다. 전쟁의 승패가 군주 한 명의 역량에 의해 판가름 나는 것도 아니며 백제나 고구려의 병사들이 신라에 비해 용맹성이 뒤떨어지는 것도 아니기 때문이다. 진흥왕 시기 신라의 팽창 배경은 변화하고 있는 전쟁의 양상에 신라가 적절히 대응하고 있다는 사실에서 찾아져야 할 것이다.

삼국간에 벌어지고 있는 전쟁의 성격은 이전에 비해 많이 달라졌다. 삼국 초기에 전쟁은 지배층을 중심으로 구성된 전문적인 전쟁 수행 집단인 '전사단'에 의해 전개되었다. 그러나 삼국간의 항쟁이 치열해지면서 전쟁은 소규모 집단의 전사단에 의해서 단기간에 치루어지는 양상을 벗어나게 되었다. 이제 전쟁은 누가 얼마나 많은 병력을 효과적으로 동원할 수 있으며, 그리고 장기간 전개되는 전쟁에 필요한 물자를 누가 더 잘 감당해낼 수 있느냐에 따라 승패가 갈리는 '총력전'으로 그 양상이 바뀐 것이다. 전쟁은 대규모 살상전·장기전의 양상을 띠게 되었고, 전쟁의 승패는 병사의 창 끝에서만 이루어지는 것이 아니라 전쟁에 백성을 동원하는 국가적 역량과 장기전을 치를 수 있는 국가의 경제력에 따라 승패가 나뉘게 된 것이다.

6세기 중엽 전개되고 있는 신라의 팽창도 이러한 차원에서 바라보아야 한다. 5세기 후반 이래 소지왕·지증왕·법흥왕 대를 거치면서 신라의 경제 및 정치체제는 후진국 단계를 벗어났다. 특히 소지왕·지증왕 때에는 경제적 성장이 그리고 법흥왕 때에는 정치체제의 발전이 이루어져 경제적 성장을 바탕으로 고대국가 체제가 정비된 것이다. 그리고 이와 같은 신라 국가의 성장이 진흥왕 시기 대외적 팽창을 가능하게 한 것이다.

그림마당

이은홍

니캉 내캉 언쟈는 신라 잉어데이, 알긋나?
우움~메, 한강임자가 또 바꿨남유~우?!!

백제

신라와의 보복戰에서 완패

성왕 戰死, 백제 국력 큰 손실
신라의 한강 유역 지배 장기화 될 듯

신라의 한강 유역 기습침공에 대항, 신라 정벌에 나섰던 백제는 성왕이 전사하는 등 신라에 대패하고 말았으며, 이에 따라 백제는 국왕의 권력이 약화되고 귀족의 권한이 강화되어 국정운영이 어려워지는 상황에 처하게 됐다.

백제의 성왕은 국가간의 신의를 저버린 배반자 신라를 응징하고 잃었던 영토를 되찾기 위한 대대적인 신라 원정을 단행, 가야의 군대까지 동원하고 직접 군대를 지휘하여 신라의 관산성을 공격했다.

이에 신라는 군주 각간 간덕(干德)과 이찬 탐지(耽知) 등으로 맞섰으나 백제군의 기세에 눌려 초기 전황은 불리했다. 이때 신주의 군주 김무력이 신주의 병사를 이끌고 와서 교전함에 따라 전세가 역전되기 시작하였으며 이 과정에서 신라의 한 장수가 성왕을 살해, 이를 계기로 백제의 군대는 순식간에 공략당하고 말았다. 이번 전투에서 전세를 역전시키는 데 큰 공을 세운 신라의 장수 김무력은 금관가야가 멸망할 때 신라 진골계층에 편입해 들어온 금관가야의 왕족이다.

이번 전투에서 백제는 좌평 4인, 병사 2만 9천6백 명이 사망하고 병마를 모두 빼앗기는 대패를 당했다. 이로 인해 그동안 쌓아온 백제의 국력은 한꺼번에 무너지는 손실을 입었으며 전쟁에 반대했던 귀족들의 권한이 강화됨에 따라 정치적인 불안이 예상된다.

신라는 이번 전투에 승리함으로써 한강 하류에 대한 지배를 굳건히 할 수 있게 됐다. 또한 가야에 대한 백제의 영향력도 현저히 줄어들 수밖에 없을 것으로 보여 가야를 병합하려는 신라의 시도는 더욱 가속화될 것으로 전망된다.

백제 중흥의 기수 성왕 　 사비 천도, 관제 개편, 日에 불교 전래

백제 중흥의 기틀을 마련했던 무령왕의 뒤를 이어 왕위에 오른 성왕은 백제의 국력을 한층 강화시킨 왕으로 신라의 진흥왕에 비유될 수 있는 임금이었다.

성왕은 재위 16년(538), 웅진에서 사비로 천도를 단행했다. 웅진은 고구려에 의해 한성이 함락된 이후 거처한 곳으로 주변의 산악과 금강이 외적의 침입을 막아주는 데 유리했을지 모르나 한 나라의 수도로서 풍모는 빈약하였다. 이에 비해 새로 도읍한 사비는 백마강이 흘러가는 사방이 확트인 평야지대로서 산악에서 평야로 도읍을 이동하였다는 것은 이제 고구려의 침입을 충분히 막아낼 수 있다는 자신감이 반영된 것이라고 해석할 수 있다.

그리고 그는 국호를 '남부여'로 바꿈으로써 새로운 출발의 분위기를 한껏 고조시키기도 했다. 또한 성왕은 사비 천도 후 22부의 중앙관서를 설치하고 수도를 5부, 지방을 5방으로 개편하는 등 통치제도 정비에 나서기도 했었다.

그의 치세기간 동안 불교계에도 많은 발전이 있었는데, 승려 겸익은 인도에서 율을 구해왔고, 522년에는 노리사치계를 통해 일본에 최초로 불교를 전래시켰다.

고구려

귀족세력간 극한 대립상… 정국 불안, 끝이 안 보인다

왕위계승 문제 놓고 정쟁 격화, 2천 명 이상 희생

5세기 고구려는 천하의 중심을 자신으로 생각할 만큼 강국이었으나 6세기 들어와 귀족들의 세력이 커지면서 이들간의 갈등 또한 심화되고 있다. 531년에 안장왕이 피살되었다는 설이 무성하였고 안원왕(531~545)이후에도 왕위계승 문제를 놓고 귀족세력이 둘로 나뉘어 치열한 다툼이 벌어졌다. 이 대결에서 한쪽 세력이 2천 명이나 죽는 희생을 치르기도 했다는 소식이며, 현재 고구려의 정치는 대단히 불안정한 상황인 것으로 알려지고 있다.

신라 황룡사 법회에서 만난 고구려 망명 승려 혜량법사

551년 고구려의 승려 혜량이 고구려내 정치적 혼란을 피해 신라로 망명했다. 그는 진흥왕으로부터 승려의 최고 관직인 승통의 지위를 하사받고 얼마 전 황룡사에서 백좌강회를 개최하는 등 활발한 활동을 벌이고 있다.

망명을 주선한 사람이 신라 장수 거칠부라고 하던데.

내가 고구려에 있을 때 당시 승려였던 거칠부가 고구려를 정찰하려 들어왔다가 내가 불경을 설법하는 것을 들으러 온 적이 있었다. 그때 나는 그가 장수가 될 것을 예측하고 "그대가 잡힐까 염려하여 비밀히 알려주는 것이니 빨리 신라로 돌아가라"고 충고했다. 그리고 "만일 군사를 거느리고 오게 되면 나를 해치지 말라"고 답했다. 그후 551년 고구려에 대한 대공세 시기 죽령 이북 철령 이내의 10개의 군을 취한 거칠부가 나를 발견, 내가 신라에 망명하기에 이른 것이다.

신라의 호국사찰 황룡사에서 법회를 개최하였다고 하는데 이 일은 신라에서는 처음 있는 일인데.

전쟁에서 숨진 사망자의 넋을 위로하고 그들이 부처님이 다스리는 극락에서 평온하게 살 수 있기를 빌고자 이번 백좌법회를 개최했다. 삼국간의 치열한 전쟁 속에서 많은 사람들이 죽어가고 있다. 그들의 마음을 위로해주기 위해 법회를 계획, 진흥왕의 허락을 받았다.

정복 군주 진흥왕, "국토가 좁다"

새로 확장한 드넓은 영토 곳곳에 비석 세워

551. 단양적성비
신라는 백제가 고구려로부터 한강 하류 지역을 되찾은 시기를 이용하여 남한강 상류·죽령 이북의 땅을 고구려로부터 빼앗고 전략적으로 매우 중요시되던 지역인 단양 지방에 적성비를 건립하였다. 이 비에는 북방 경략에 공로가 큰 인물을 기념하고, 국가에 충성한 사람에게 보상한다는 왕의 뜻이 새겨져 있어 신라의 북진 정책 의지가 잘 드러나 있다.

555. 북한산비
553년 백제로부터 한강 하류를 빼앗고 일년 후 554년 전개된 성왕의 공격을 격퇴하여 한강 유역의 새로운 주인으로 지위를 굳건히 한 후 건립한 비.

561. 창녕비
남부 가야 연맹 세력을 몰아내고 건립.

568. 황초령·마운령비
고구려가 혼란한 틈을 타 함경도 지방까지 진출하고 세운 비.

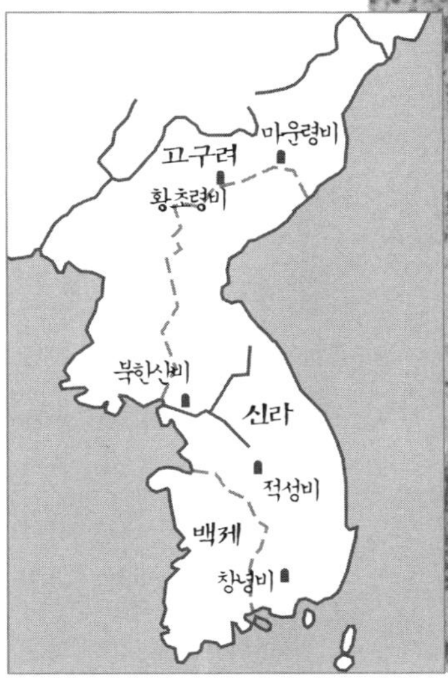

마운령비
고구려
황초령비
북한산비
신라
적성비
백제
창녕비

북한산비

기자 수첩

『국사』 편찬 有感

왕실 정통성 확립 작업의 일환
이찬 이사부 편찬 건의
대아찬 거칠부 책임자로 선정

545년 6월 이찬 이사부의 제안으로 『국사』 편찬이 시작됐다. 이사부는 왕에게 『국사』 편찬의 필요성을 다음과 같이 주장했었다. "역사책이란 군신의 선악을 기록, 잘 잘못을 후대에 보이는 것이니, 기록을 해두지 아니하면 후세에서 무엇을 보고 옳고 그름을 알겠습니까"

이에 왕은 대아찬 거칠부 등에게 명하여 널리 문사를 모아 국사를 꾸미게 했다. 총책임의 직책을 맡은 거칠부는 국사 편찬에서 어느 부분에 강조점을 둘 것이냐는 기자의 질문에 후대에 참고가 되게 한다는 애초의 취지에 덧붙여 "고구려나 백제는 이미 역사를 편찬, 국가의 위상을 높인 바 있다. 우리 역시 역사 편찬을 통해 신라 왕실의 정통성을 강조할 예정이다. 정통성을 내세울 수 있는 설화가 역사서술의 중심내용이 될 것"이라고 답했다.

국력이 팽창하던 시기에 왕실의 권위를 높이고자 『서기』라는 역사책을 편찬했던 백제처럼 역사책의 편찬과 국력 사이에는 밀접한 함수관계가 있으며 거칠부의 발언과 같이 역사서 편찬에는 정치적 목적도 담기는 것이 사실이다. 그렇지만 역사서 편찬의 본질은 어디까지나 공정한 기록으로서 후대에 남기는 데에 있음을 분명히 해야 할 필요가 있다는 것이 많은 뜻있는 사람들의 한결같은 바람이다.

화랑도의 구성과 기능

"조국 위해 목숨 바치는 것은 무사의 최고 영예"

'동고동락' 하는 청소년 전사 집단, 전쟁 격화되면서 확대 개편

불과 15·16세에 전쟁에 뛰어들어 맨앞에 앞장서 싸우면서 죽기를 두려워하지 않는 이들 신라의 전사집단은 도대체 어떻게 만들어진 것인가? 삼국간의 항쟁이 더욱 치열해지고 있는 가운데 이들 신라의 청소년 전사집단에 대한 국내외적 관심이 커져가고 있다. 화랑도 일행을 만나기 위해 우리가 찾아간 곳은 경주 남산이다. 남산은 신라의 화랑과 낭도들이 심신의 수련을 위해 자주 찾는 곳이라고 한다. 물론 이들은 남산뿐 아니라 금강산이나 지리산 혹은 천전리 계곡 등을 두루 돌아다니며 도의를 연마하며 동시에 지리도 익힌다고 한다.

수련기간 끝나면 정식 군인

우리가 남산에서 마주친 화랑도는 진골 출신의 화랑 한 명과, 교사로서 지도하는 승려 낭도 한 명, 그리고 진골 이하 평민에 이르는 수많은 낭도로 구성되어 있었다. 이 집단을 이끌고 있는 화랑 △△△ 은 용모가 매우 단정하고 처음 보았음에도 불구하고 믿음이 가는 그런 모습이었다. 우리는 그에게 화랑도가 무슨 목적에서 만들어졌는지 물어보았다. 그는 다음과 같이 답하였다.

"우리는 평소에 심신을 연마하여 수련기간이 끝나면 정식 군인으로 활동하게 됩니다. 그리고 외적의 침입으로 국가가 어려움에 처하면 바로 전쟁터에 투입될 병사이기도 합니다."

"아니 아직 20세 미만으로 나이도 어린데 곳곳에 죽음이 도사리고 있는 전장에 나가는 것이 두렵지 않습니까?"

"조국을 지키기 위해 목숨을 바칠 수 있는 것은 무사로서 최고의 명예라고 생각합니다. 두려움은 없습니다."

그의 대답을 들으면서 진흥왕 시기 화랑도와 같은 청소년 조직이 절실히 요구되는 상황을 생각해 보았다. 진흥왕 때 들어와 국가가 팽창하고, 군사조직이 발달함에 따라 이를 뒷받침해 줄 수 있는 청소년 조직이 필요하였다. 그리하여 화랑도는 인재양성과 무사양성의 기능을 담당하는 국가조직으로 발전한 것이다. 그의 답변은 이와 같은 화랑도 설치 목적과 꼭 일치하는 것이었다.

화랑도의 구성에는 승려도 포함되어 있다. 이들은 화랑도를 정신적 방면에서 지도해주는 역할을 담당하고 있다고 한다. 이들에게 전사로서 요구되는 정신자세를 길러주는 것이다. 여기에는 원광법사의 세속오계가 중심이 된다고 하는데 특히 충(忠)과 신(信)이 강조된다고 한다.

우리는 정신교육을 담당하고 있는 승려에게 화랑도의 기원에 대해 물어보았다.

"화랑도는 그 기원을 원시 시대 이래의 '연령 집단'에 두고 있습니다. 연령 집단이란, 일정한 나이 또래의 청소년들로 구성되어지며, 청소년들은 이 조직을 통해 단체생활과 공동의 의식을 수행하면서 그 사회의 전통적 가치와 질서를 함께 체득했지요."

세속오계 중 충(忠)과 신(信) 강조

화랑도는 이러한 청소년 집단을 국가적 필요에 따라 확대 개편하여 치열한 전쟁에 요구되는 인재를 양성·확보하려는 제도라고 한다.

이번 취재를 수행하면서 삼국간의 항쟁 격화가 각국으로 하여금 군사적 동원 역량을 강화시키고 있다는 사실을 확인할 수 있었다. 고구려의 경당 역시 화랑도와 마찬가지로 군사력 강화에 주된 목적이 있다고 여겨진다. 삼국은 서로간의 싸움에서 승리하기 위해 총력을 기울이고 있다. 삼국의 패권은 과연 어디로 갈 것인가? 이들 청소년 전사집단을 잘 육성하는 것 또한 패권의 향방에 주요한 요소가 되리라 생각된다.

화랑 사다함

천리품 마다하고 친구 따라 죽음의 길로

대가야와의 전쟁에 참전하여 불과 16세의 나이로 대가야 정벌에 큰 공을 세운 화랑 사다함은 국왕이 내려준 전쟁포로를 모두 양민으로 풀어주고 하사받은 토지를 전사들에게 나누어주어 많은 사람들의 칭송을 받았는데 이번에 친구를 위해 따라 죽어 신라인의 마음을 아프게 하고 있다.

사다함은 무관랑과 더불어 함께 죽기를 약속했는데 무관이 병들어 죽자, 식음을 전폐한 채 울면서 통곡하기를 7일이나 계속하더니 그만 죽고 말았다. 그의 나이 이제 겨우 17세. 이미 그의 공평무사함을 알고 있던 많은 사람들은 친구간에 신의를 중요시하는 사다함의 태도에 존경을 표하면서도 너무나 어린 나이에 세상을 뜬데 대해 모두 애석해하고 있다.

삼국의 음악

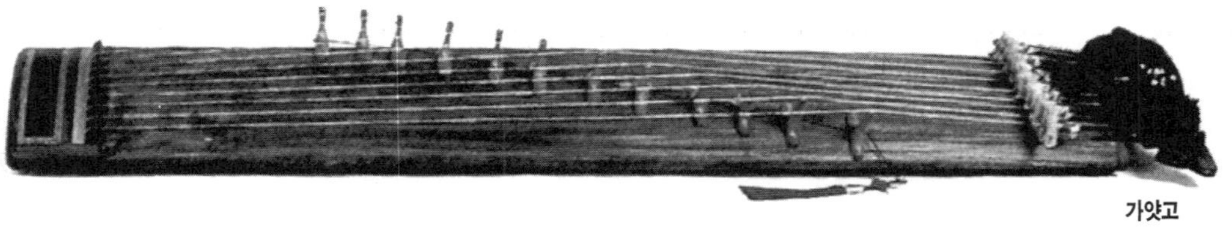
가야고

거문고

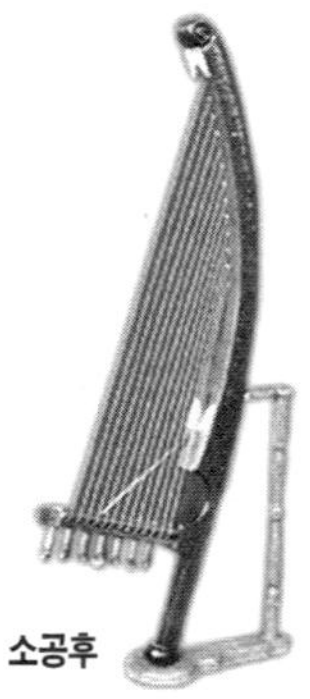
소공후

외래악기 받아들여 가야고·거문고 제작
삼국의 음악 일본으로 전파 … '삼국악'으로 불려

최근 고구려·백제를 비롯하여 신라와 가야의 음악에서 특기할 만한 내용은 금(琴)과 쟁(箏) 등의 외래악기를 개조하여 각각 거문고와 가야고라는 고유의 현악기를 만들고, 이를 바탕으로 하여 음악을 발전시키고 있다는 점이다.

특히 삼국의 음악은 일본 궁중에 전해져 삼국악(三國樂)이라 불렸으며, 중국 북조의 악기를 수용한 고구려의 음악은 수나라 궁중의 7부기, 9부기 등의 음악행사에 참여하기도 하였다고 한다.

고구려 : 대표적인 악기는 거문고이다. 고구려의 거문고는 '궁고'라는 이름으로 일본에 전해졌다고 한다. 이밖에도 고구려 국내에서는 오현금, 쟁,횡취, 소, 고 등이 연주되었다. 이 6종의 악기중 오현금과 피리는 서역악기라는 점에서 주목된다. 서역음악은 중국의 북조, 특히 북제와 북주에서 성행하였던 것으로 이와 같은 서역음악이 고구려에 채용되었다는 것은 고구려와 중국 북조와의 교류관계를 암시하고 있다.

백제 : 백제의 악기는 고구려와 비슷한 종류이며 음악 또한 대동상이하다. 이는 양국이 부여족이라는 동일민족성과 밀접한 관련이 있을 것으로 추측된다. 특히 양국이 거문고를 공유하고 있었다는 사실은 주목할 만하다.

백제의 음악은 백제국의 풍속무가 주종을 이룬다. 예를 들어 〈선운산〉, 〈무등산〉, 〈정읍〉 등이 있는데 이중에서 〈정읍〉은 거문고를 포함한 향악기를 반주하는 鄕黨음악 즉, 민간음악이라고 한다.

한편 백제 국내에서는 鼓, 角, 공후, 쟁, 竽, 지, 笛 등 7가지의 악기가 사용되고 있다고 한다. 이들 악기는 모두 중국 남조에서 수용된 외래악기로서 고구려가 중국 북조와 교류하였던 것과는 달리 백제에서는 남조와 교류하였음을 보여주고 있다.

가야 : 가야국의 음악은 가야고로 대표된다. 가야고는 가야국의 가실왕이 당나라(수나라)의 악기인 쟁을 본으로 삼아 제작하였다고 한다. 가야국의 악사 우륵은 가야고를 위하여 12곡을 만들었다고 한다.

신라 : 신라는 가야국 멸망 무렵 가야고를 받아들이게 되었고, 이 가야고가 신라의 유일한 악기로 신라음악을 대표하게 되었다. 신라에서는 거의 琴 하나로 편성된 연향악이 주종을 이루고 있었는데 여기에서 말하는 금이 바로 가야고이다.

악기 타는 여인 (고분벽화)

거문고를 타고 있는 사람이 장식된 토기

우륵 이야기

나라 떠나온 슬픔, 음악으로 달래

대가야에서 임금의 명에 따라 12개의 가야금 곡을 지은 바 있는 악사 우륵은 대가야가 정치적으로 어지럽자 악기를 가지고 신라 진흥왕에게로 귀화하였다(551). 진흥왕은 그를 받아들여 국원(충주) 지방에 거처하도록 하고 3명의 신하를 보내어 우륵의 음악을 전수받도록 하였다. 우륵은 신라의 제자들을 맞아 그들의 적성에 따라 각기 춤·노래·악기 연주법을 가르쳤다. 그런데 이들은 우륵의 곡을 전해받고 서로 "이것은 번다하고 음란하여 우아하고 바른 것이라고 할 수 없다" 고 하면서 그것을 요약하여 새로이 5곡을 만들었다. 이것이 신라의 대악으로 받아들여졌다.

귀신 쫓는 노래

진지왕이 귀신되어 낳은 비형, 귀신들 마구 부려

당신 집에 귀신이 나타났습니까? 귀신 때문에 고생을 하신다구요? 그러면 다음 노래 가사를 집에 써 붙이십시요. 귀신 쫓는 데 그만입니다.

임금의 혼이 나으신 아들
비형랑이 있는 방이 여기라오.
날고 뛰는 온갖 귀신들아
아예 이곳엔 머물지 말라.

진지왕이 왕위에 있을 때 사량부에 사는 도화랑이라는 아낙네가 있었다. 그녀는 너무나 아름다워 모르는 사람이 없었다. 미인이라면 사족을 못쓰는 진지왕은 도화랑을 궁중으로 불러들여 정을 통하려 했다. 그러나 도화랑은 완강히 거부했다. 왕은 화가 나서 위협했으나 도화랑의 태도가 굳은 것을 알고 왕은 슬쩍 농짓거리로 바꿔 물었다.

"만약 남편이 없으면 괜찮겠지?"

그러자 도화랑은 웃으며 말했다.

"그렇다면 괜찮겠습니다"

바로 그해 진지왕이 죽었다. 그리고 3년만에 도화랑의 남편도 죽었다. 남편이 죽은 지 10여 일이 지난 어느 한밤중에 갑자기 도화랑이 자고 있는 방으로 생시와 똑같은 모습의 진지왕이 들어와서 말했다.

"예전에 남편이 없으면 허락한다고 했으니 이제는 내 말을 듣겠느냐?"

왕은 7일 동안 도화랑과 함께 지냈다. 그후 도화랑은 임신을 하고 아이를 낳아 아이의 이름을 비형이라 지었다. 비형은 어려서부터 재주가 뛰어나 열다섯 살이 되었을 때는 집사 벼슬에 올랐다. 그런데 밤만 되면 비형이 궁궐을 빠져나가 황천 냇가 언덕으로 가서 귀신들과 놀고 오는 것이었다. 진평왕은 비형을 불러 물었다.

"네가 귀신들을 부린다는데 참말이냐?"

"예, 그렇습니다."

"그렇다면 귀신들을 시켜서 신원사 북쪽 개천에 다리를 놓도록 하라."

비형은 그날 밤으로 귀신들을 동원, 커다란 돌다리를 놓았다. 이 때문에 그 다리를 귀신다리, 즉 귀교라고 불렀다.

진평왕은 다시 비형에게 물었다

"귀신 중에서 인간세상에 나와 나라 일을 도울 만한 자가 있느냐?"

그리하여 길달이란 자가 국정을 돕게 됐다. 그런데 어느 날, 인간 세상에 진력이 난 길달은 여우로 변해서 달아났다. 이 사실을 안 비형은 귀신을 시켜 잡아죽였다. 이 때문에 귀신들은 비형이란 이름만 들어도 겁을 먹고 달아났다.

신라, 黃龍이 나타나다

왕궁을 짓는 곳에 황룡이 나타나 신라의 많은 사람들이 놀라워하고 있다.

553년 2월 왕이 관료에게 명하여 월성 동쪽에 신궁을 지을 때, 그곳에서 黃龍이 나타나므로 왕이 이상히 여기어 절을 창건하는 공사로 개조하고 절 이름을 黃龍寺라고 하였다.

용의 출현이 이번이 처음은 아니다. 박혁거세의 부인 알영은 용의 오른쪽 갈비뼈에서 나왔다고 하며 그 이후에도 몇 차례 용이 나타났었다. 이웃나라인 백제에서는 황룡뿐 아니라 흑룡이 나타난 일도 있으며 고구려에서도 황룡이 나타난 적이 있다고 한다.

사람들은 커다란 폭포에 용이 살고 있으며, 황룡과 청룡은 상서로운 것이지만 백룡이나 흑룡은 흉조라고 믿고 있다. 또 민간에서는 꿈에서 용을 보면 남자 아이를 가질 태몽이라 하며, 용이 물을 다스리고 상징한다고 여겨 기우제를 지낼 때는 늘 용머리 모양을 만들어 물 속에 넣는 의식을 치르고 있다.

해외 소식

인간을 방생한다?

중국 북제의 황제 고양 (재위 550-559)은 위 왕조 탁발과 원나라의 일족을 절멸시키려 했다. 고양은 두 가문에서 7백21명을 잔인하게 살해했다.

불교에 귀의한 황제 고양은 금봉대에서 계율을 받게 됐다. 그양은 방생이라는 의식을 통해 자신이 계율을 받게 된 것을 축하했는데, 그의 방생은 보통 방식과 달랐다.

그가 방생한 것은 자신의 원수인 탁발가와 원가 사람들이었으며, 그 방법은 1백척의 단 위에서 그들을 던지는 것이었다. 그는 대부분의 사형수들을 끌어내 몸에 커다란 대나무 거적을 날개처럼 달게 한 다음, 단 위에서 뛰어내리도록 명령했다. 또 사형수들을 연에 태운 다음 금봉대에서 뛰어내리게도 했다.

역사신문

신라 원광법사, 진에 가서 불법 구함 589
4 고구려 온달, 신라 아차성에서 전사 590
4 백제, 미륵사 완공 600
고구려 담징·법정, 일본 법륭사 금당벽화 그림 610
1 수, 고구려 공격. 살수에서 대패 612
4 수 멸망, 당 건국 618

고구려, 수나라 격퇴

수나라의 4차례 침공 성공적으로 막아내

고구려, 계속된 총력전으로 국력 피폐 … 수, 무리한 고구려 원정에 내란 겹쳐 멸망

598년에서 614년 수가 네 차례나 원정을 감행하며 치열하게 전개됐던 '여·수전쟁'에서 고구려가 끝내 국토를 방어해냈다. 2백80여 년만에 중국대륙을 재통일한 수의 가공할 만한 공격에 맞서 고구려는 전 국민이 일치단결해 살수대전·요동성 전투 등에서 대승을 이끌어내며 다시 한번 동북아시아의 최강자임을 확인했다.

그러나 지금 현재 고구려는 오랜 기간의 전쟁으로 국력이 매우 약화된 상태로 전후 복구가 시급한 실정이다. 한편 무리한 원정을 감행한 수나라는 내란까지 겹쳐 건국된 지 30여 년만에 멸망하고 말았다.

관련기사 2면, 관련좌담 3면

전쟁기념관 소장 《살수대첩도》

치열한 외교 공방전 …

"백제·신라, 수나라에 고구려 정벌 요청"

수나라가 중국 대륙을 통일하자마자 백제·신라 양국은 수와 적극적인 교섭을 벌이면서 수의 세력을 자신에게 유리하게 이용하려 했다. 607년 3월 백제는 수에 사신을 보내 고구려를 칠 것을 청했다. 백제는 같은 해 5월 이에 분개한 고구려의 공격을 받아 송산성·석두성을 함락당하고 3천명이 포로로 잡혀가기도 했다. 611년 2월 수나라가 고구려를 공격하려 할 때 백제는 이에 협조하기도 했다.

신라 역시 수나라에 자주 사신을 파견했으며 고구려와 백제의 공격으로 위기가 닥치자, 608년 진평왕은 승려 원광을 시켜 수에 군사를 청하는 글을 써보내기도 했다.

세력 기상도

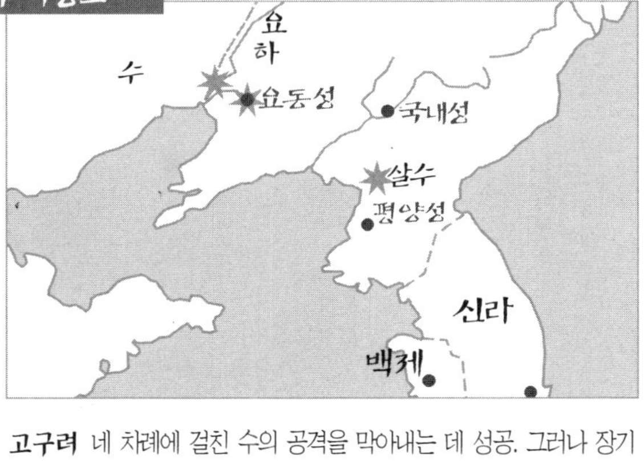

요하
수
요동성
국내성
살수
평양성
신라
백제

고구려 네 차례에 걸친 수의 공격을 막아내는 데 성공. 그러나 장기간의 전쟁으로 상당한 국력 손실. **백제** 수에 적극적인 외교 교섭을 벌이면서 고구려 정벌을 요청. 신라에 대한 공세 강화. **신라** 수나라에 고구려 정벌을 요청하는 '걸사표' 전달. 백제와의 전쟁 속에 국가 발전 도모. **중국** 2백80여 년간 지속된 남북조 분열 종식. 통일 왕조 수 건국. 그러나 국내에서의 대규모 토목사업과 무리한 고구려 원정 실패 및 이로 인한 내란으로 37년의 단명. 618년 당나라 건국.

백제의 국왕과 귀족 정국 주도권 다툼

귀족들에 의해 즉위한 무왕, 역으로 왕권강화에 발벗고 나서

백제의 정국 주도권 다툼이 볼 만하다. 귀족들에 의해 옹립된 무왕이 왕권 강화를 위한 조치를 잇달아 내놓으면서 본격적인 정국 운영에 나서고 있다.

성왕이 관산성 싸움에서 패배하고 난 이후, 정치적 실권을 쥐게 된 귀족 세력들은 법왕 사후 익산 지역에서 빈한하게 살던 몰락한 왕족 출신 서동을 정치적 타산에 의해 무왕으로 즉위 시켰다.

그러나 서동은 즉위 후 왕권을 회복하기 위한 일련의 정책을 추진, 귀족 중심의 정치 운영에 제동을 걸고 있다. 그는 선화 공주와 결혼, 대외적으로 신라와의 유대를 강화하고 대내적으로는 미륵사 창건, 익산으로 천도하기 위한 익산 경영 등을 통해 왕권의 기반을 다지고 있다.

신라, '관제 정비·관료 조직화' 국가 면모 일신

정복 국가에서 관료 국가로 질적 전환

진평왕 시기 들어와 신라는 새로운 관부를 창설, 각 관청간 분업체제 확립에 적극적으로 나서고 있다. 또한 관원수를 규정, 관료들을 조직화하고 있어 지금 신라의 국가 체제는 진흥왕 시기의 정복 국가 체제에서 관부 정치 체제로의 질적인 전환이 이루어지는 것으로 평가되고 있다.

이와 동시에 진평왕은 왕실의 업무를 효율적으로 총괄하고 왕권을 강화하기 위해 '내성'을 설치했다. 내성은 왕실 관계 업무를 맡아보던 관청을 통합하여 만들어진 관청으로서 왕명의 출납을 담당하고 있다.

백제와 신라

"끝없는 전쟁, 언제까지… "

백제·신라 두 나라 사이에는 백제 무왕의 신라에 대한 공세의 강화 속에 빈번한 전쟁이 발생했다. 싸움은 주로 아막산성과 가잠성을 사이에 두고 벌어졌다.

백제·신라 간 전쟁일지

602년
아막산성 전투에서 시작된 싸움에서 백제는 신라 장수 '귀산'의 장렬한 죽음으로 인해 패배

611년
가잠성 전투에서 백제 승리. 신라의 가잠성 성주 '찬덕' 장렬히 전사

616년 10월
백제의 달솔 백기 군사 8천을 거느리고 신라의 모산성을 공격

618년
신라 가잠성 탈환. 백제의 반격에 맞서 찬덕의 아들 '해론' 싸우다 전사

역사신문

여·수전쟁 이후 고구려의 과제

백성 위무하고 지도층의 내부 분열 잠재워야

수나라와의 전쟁에서 승리를 거둔 고구려의 지배층과 주민들에게 무한한 찬사를 보내는 바이다. 수나라는 2백 년이나 분열되었던 중국을 통일한 강력한 제국으로서, 자국 중심의 세계질서 확립을 표방, 이에 따르지 않는 고구려를 공격했다. 그러나 고구려는 수의 원정군을 네 차례나 막아냈으며, 무리한 원정을 일삼은 수나라를 멸망에 이르게 하는 커다란 전과를 올렸다. 그러나 승리에 도취해 있을 수만은 없는 상황이다. 전후 복구작업과 함께 피폐한 민생의 안정, 정치 체제의 정비 등 많은 과제가 놓여 있기 때문이다.

이번 전쟁에서 고구려가 입은 손실 또한 적지 않으며 특히 백성들의 희생은 매우 컸다. 수나라 성립 이후 고구려는 침략에 대비, 밖으로 대외 정세가 유리하게 전개되도록 외교적 노력을 기울였으며, 안으로 국방을 강화하고 군비를 증강시켰다. 이 과정에서 고구려 주민들은 성곽을 수리하는 등의 힘든 노역에 동원됐으며, 많은 세금을 징수당해야 했다. 또한 전쟁 기간에 고구려 지도부가 선택한 청야 전술에 따라 백성들은 적군에게 한 톨의 곡식도 내주지 않기 위해 들판의 곡식을 불태워야 했으며 우물까지 메워버려야 했다. 적군이 물러난 후 성안의 백성들이 밖으로 나왔을 때 이들을 기다리고 있는 것은 황량한 들판과 폐허가 된 건물뿐이었다.

전쟁에 대비하고 전쟁을 치루면서 고구려 백성들은 극도로 피폐한 상태에 놓여 있다. 고구려 지배층들은 하루빨리 전쟁에 지친 농민들의 삶을 안정시켜야 할 것이며, 이를 위해 노동력 징발을 축소하고 수취를 완화하는 정책을 적극 추진하여야 할 것이다.

더불어 고구려 지배층은 자체 내의 분열·대립이 발생하지 않도록 정치체제를 정비해야겠다. 6세기 중반 이후 고구려는 만성적인 지배층 분열에 시달려왔다. 551년 백제·신라에게 한강 유역을 상실하게 된 주요 원인도 고구려 지배층의 분열에 있었다. 그 후, 대륙의 정세가 변화하고 수나라가 등장한 이후 대외적 위기감이 더욱 고조되자, 이에 대응, 고구려 지배층의 분열이 누그러들고 정치적으로 안정을 되찾는 모습이 보이기 시작했다. 그러나 고구려 내 지배층의 갈등 요소는 여전히 잠재되어 있는 실정이며, 대외적 위기를 극복한 지금 지배층 내분이 또다시 표면화될 가능성은 매우 크다 하겠다. 따라서 우리는 고구려 내에서 귀족연립체제를 극복한 보다 안정된 정치 체제가 만들어질 것을 촉구한다.

여·수전쟁 전개과정

戰史에 길이 남을 고구려의 완벽한 勝利

1차 전쟁

598 년 장마와 역병, 군량 수송의 실패로 수나라 원정 실패

수나라의 공격에 대비해 온 고구려가 말갈 병사 1만을 동원, 요서 지방을 선공, 유리한 고지를 먼저 점령. 수는 수륙병 30만으로 고구려를 침공했으나 육군은 장마에 길이 막힌 데다가 군량의 운반이 끊기고, 굶주림과 역병이 심해 싸우기도 전에 패함. 또 수군은 산동에서 평양으로 향하다가 폭풍을 만나 대부분의 배가 난파돼. 결국 수는 요하를 건너지도 못함. 수나라 내에서는 고구려는 칠 수 없는 나라라는 주장과 함께 "요동에 가서 개죽음 당하지 말자"는 노래가 크게 유행.

2차 전쟁

612 년 수의 대규모 원정군 살수에서 궤멸

수 원정군, 하북성 탁현에 24군으로 구성된 113만 집결. 출발에 40일 소요. 부대깃발이 9백60리나 펼쳐짐. 내호아가 거느리고 산동으로부터 평양으로 진격하는 수군의 뱃머리는 수백 리에 달함.

요하전투 고구려는 요하에서 수군을 1차로 저지. 수는 악전고투 후 여러 명의 장수가 전사하는 타격을 입은 끝에 가까스로 강을 건너는 데 성공.

요동전투 수군이 요동의 성들을 공격하자, 을지문덕은 "평양으로 오는 적은 내가 막겠다"고 하고 요동의 여러 성에 굳게 지킬 것을 명함. 고구려의 유명한 전술 '수성전' '지구전' 전개.

살수대첩 수군은 요동성을 에워쌌으나 별다른 진척이 없자 평양성을 직접 공격하는 무리한 작전을 계획. 수는 30만의 별동대를 조직, 압록강 기슭에 모인 후 평양성으로 진격. '유인전' 및 '청야전술'로 적을 지치게 만드는 데 성공한 을지문덕은 적군이 극도로 피로한 상태임을 확인한 후 '유인전술'을 써서 하루에도 일곱 번씩 패하여 적군을 평양성 30리 밖까지 끌어들이는 데 성공. 이때 을지문덕은 적장에게 시를 적어 보내 고구려의 작전에 속았음을 알리고 총퇴각하는 수군을 사면에서 공격. 살수에서 처참한 패배를 안겨줌.

수나라 수군 격파 한편 바다를 건너 대동강으로 평양 부근에 침입한 내호아가 거느린 수군도 고구려의 복병에게 치명적 타격을 입은 후 살수의 패전 소식을 듣고 헛되이 돌아가고 맘.

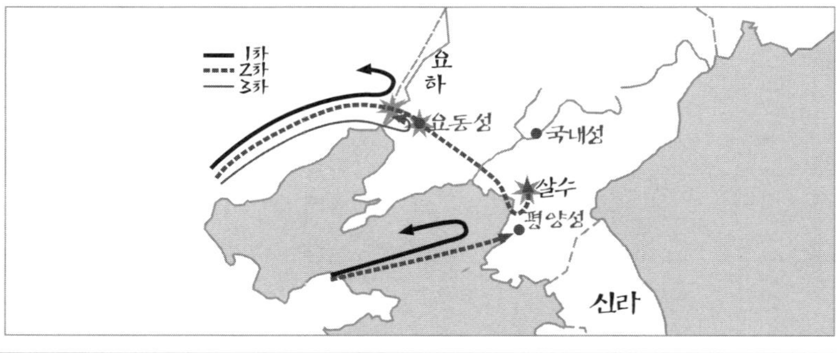
1차
2차
3차
요하
요동성
국내성
살수
평양성
신라

3차 전쟁

613 년 신무기 동원 설욕전 펼치던 수, 본국의 내란으로 퇴각

수는 성을 하나씩 함락하면서 약진해 들어오며, 고구려의 성을 격파시킬 수 있는 신무기를 동원. 수는 성 부수는 공격 기구, 성 기어 오르는 기구, 성 아래를 파 들어가는 기구 등을 이용, 성을 여러 형태로 공격. 수군의 집요한 공격에도 불구하고 요동성이 함락되지 않자, 수 양제는 큰 베 푸대 1백만 개를 만들어 흙을 채우고 쌓아올려 성과 마주하는 토성을 만들어 병사들로 하여금 올라가 싸우도록 했는데, 그 폭이 30보나 되고 높이는 성과 같았음. 또한 성보다 높은 높이의 8개의 바퀴 달린 수레를 만들어 화살 등을 쏘았다. 그러나 수에 내란이 발생했다는 소식이 들리고 수군 진영이 혼란해지자 양제는 내란을 수습하기 위해 눈물을 머금고 퇴각.

4차 전쟁

614 년 고구려의 거짓 항복, 수나라 군대 돌려보냄

오랜 기간의 전쟁으로 매우 지쳐 있는 고구려는 수군의 4차 공세를 일단 피하기 위해 항복하겠다고 약속하여 수군을 퇴각시킨 후 약속을 이행치 않음.

그림마당

이은홍

피이이이이이~~~웅
딱!
수나라 졸병 아무개 보아라
"작년에 왔던 각설이야! 죽지도 않고 또 왔냐?!"
고구려 병사 을지복덕 올림

해설 6세기 후반의 동북아 정세의 흐름과 고구려의 선택

중국 중심의 일원적 질서를 구축하려는 수에 맞서, 고구려 독자노선 표방 맞대결

581년에 건국한 수나라는 돌궐족을 격파하고, 이어 589년에는 남중국의 진(陳)을 멸망시켜 3백여 년간 분열됐던 중국을 통일했다. 이에 동아시아 국제 정세는 이전 시기와는 근본적으로 다른 양상을 나타내게 됐다.

5세기 중반 이래, 동아시아 국제정세는 중국의 남북조, 몽고고원의 유목민 국가인 유연, 그리고 유연을 이은 돌궐, 티베트 고원 서북 지역의 토곡혼, 동북 아시아 지역의 고구려 등 주요한 몇몇 국가들이 중심이 된 다원적인 세력균형 상태를 장기간 유지해오고 있었다. 고구려와 중국 왕조간에는 서로의 세력권을 인정하며 공존하는 상태가 지속됐다. 그런데 589년 수가 중국대륙을 통일함에 따라 기존의 다원적인 세력균형 상태가 근본적으로 흔들리게 됐다. 수가 동아시아 대륙 전체를 지배하여 중국 중심의 일원적인 국제질서를 구축하려 했기 때문이다.

돌궐이 격파되고 진이 망하니, 그 다음은 자연 고구려가 수의 침공대상이 됐다. 진이 멸망했다는 소식을 접하자, 고구려가 곧바로 전쟁 준비에 착수하였던 것은 수의 침략을 예견하였기 때문이다.

수는 고구려의 독자적인 세력권을 부정하고 수에 복속할 것을 강요했다. 수의 세력이 점차 동북 아시아 방면으로 뻗쳐옴에 따라, 그 영향력에 끌려 고구려 휘하에 복속되어 있던 거란족과 말갈족의 일부가 수 쪽으로 이탈했다. 그런 양상은 시간이 흐름에 따라 가속화되어갔고 이에 고구려는 수에 복속하느냐, 그렇지 않으면 독자적인 세력권을 지키기 위하여 전쟁의 길을 택하느냐의 갈림길에서 고구려는 후자를 택했다.

즉 고구려와 수의 전쟁은 동아시아에서 기존의 다원적인 세력균형 상태를 유지하려는 측과 중국 중심의 일원적인 세계질서를 구축하려는 측간의 대결이었으며 양국의 운명을 건 숙명적인 대결이었다.

"고구려의 승리 요인은 무엇인가?"

이번 여·수전쟁에서 고구려의 승리 요인이 무엇인가에 관심이 쏠리고 있다. 수의 원정군 규모는 2차 원정시에는 1백 3만이라는 대군이 동원되기도 했다. 고구려의 전체 인구가 70만 호가 채 못 되는 숫적인 열세에도 불구하고 고구려가 승리할 수 있었던 것은 훌륭한 전술과 이를 완벽하게 소화해낸 고구려인들의 노력 때문이라는 것이 일반적인 평가다. 이번 전쟁에 참여한 각계각층의 인사들을 모시고 고구려의 대표적인 전술 내용과 이번 전쟁의 구체적 상황 등을 직접 들어본다.

장군 건무

성을 중심으로
지구전 펼치며
유격전으로
적의 식량 보급로 차단

우리 고구려는 오랜 기간에 걸친 중국 민족과의 전쟁 경험을 통해 대규모 원정군의 약점을 꿰뚫고 있다. 중국 본토에서 고구려까지 원정하는 데 가장 문제가 되는 것은 '식량의 수송'과 '추위와의 전쟁'이다. 중국에서 대군이 요동지역으로 진군해오는 데 적지 않은 시간이 걸리므로 그들은 이른 봄에 출정한다하더라도 요동지역에서 속전속결로 전투를 끝내지 않으면 차디찬 시베리아의 칼바람과 싸워야 한다. 또 원정로가 길어지면 보급로 또한 길어지기에 중국 원정군으로서는 빠른 승부를 원하기 마련이다. 우리는 역으로 이점을 적극 이용했다. 각지에 성을 쌓아두고 적군이 침입하면 그 산성에 들어가 이를 굳게 지키면서 한편으로 적군의 보급로를 차단하고, 유격전으로 적을 괴롭히며 장기전을 유도해 적군으로 하여금 양식의 부족이나 추위 등으로 물러나도록 하는 것이다. 이번 전쟁에서도 우리는 이와 같은 전술로 침략자를 물리칠 수 있었다.

요동 성주

중국과의 싸움에서
고구려가 쓰는 기본 전술들은
성이 얼마나 오래
버텨주느냐가 관건이다

중국과의 싸움에서 고구려가 사용해 온 전통적인 전술은 수성전, 유인전, 기습전, 지구전, 청야전술 등이다. 그런데 이와 같은 전술에서 가장 중요한 것은 역시 성이 얼마나 잘 버텨주느냐에 달려 있다. 성이 오래 버텨주어야 적의 식량을 바닥나게 할 수 있는 것이고 지치게 할 수 있는 것이다. 성이 오랫동안 버틸 수 있었던 것은 성안의 군사와 백성들이 일체가 되어 적극적으로 방어전에 나섰기 때문에 가능한 일이었다. 특히 2차 침공시 수양제가 무리하게 30만 별동대를 꾸려 평양까지 군사를 진격시켰다가 살수에서 대패하게 된 것도 요동성이 난공불락으로 버텼기 때문이었다.

병사

이번 승리의 영광은
모두 백성들에게 돌아가야
그들의 희생 없이는
청야전술 구사 힘들어

청야전술 등은 간단해 보이기는 하지만 백성의 적극적인 협조와 희생이 없으면 성공을 거둘 수 없는 것이다. 적군이 침입해 올 경우 일반 백성들은 적에게 한 톨의 양식도 내주지 않기 위해 집안의 곡식을 성으로 운반했으며, 남는 것은 모두 아낌없이 태워버리고 심지어 우물까지 돌로 막아버렸다. 이것이 이른바 청야전술의 구체적 내용이다. 현지에서 양식을 구하는 길이 막혀버린 침략자들은 분풀이로 가옥을 모두 불태우는 등 철저한 파괴를 일삼았기에 고구려 민의 피해는 매우 심각했다. 그러나 고구려 백성들은 침략자를 막아내겠다는 굳은 각오 아래 청야전술을 적극적으로 수용함으로써 적군을 물리칠 수 있었던 것이다. 이번 승리의 영광은 지휘부의 작전에 성심껏 따라준 백성들에게 돌아가야 한다고 생각한다.

요동 지역 백성

저 견고한 요동성도
우리들의
피와 땀으로
만들어진 것

요동성은 매우 견고하고 훌륭한 성이다. 이번 전쟁에서 요동성이 주요한 역할을 했음은 그 누구도 부정할 수 없다. 고구려를 구한 그 성은 고구려 주민의 피와 땀으로 만들어진 것이다. 우리 백성들이 선조 때부터 무거운 돌을 운반, 하나 하나 쌓아 올려 고구려를 지켜낸 것이다. 그 과정에서 때로는 다치고 죽는 일도 발생 했으나, 그렇다고 해서 높은 사람들로 부터 위로를 받거나 보상을 받은 일도 없었으며 일한 대가를 받기는커녕 수고 했다는 말 한마디 듣지 못했다. 청야 전술 또한 우리의 협조 없이는 생각할 수도 없는 작전이다.

유격대! 출동하라!!
…고맙다! 튼튼한 나의 성아
수
졌다…
대응토성 붕괴
수나라 병사 살려~!!!
그 성을 쌓은 건 우리 백성들이요, 아슈?
그게 바로 청야작전 이야! 가자, 성 안으로…
먹을거라곤 씨가 말랐군!

여·수전쟁에 동원된 수나라의 공성무기

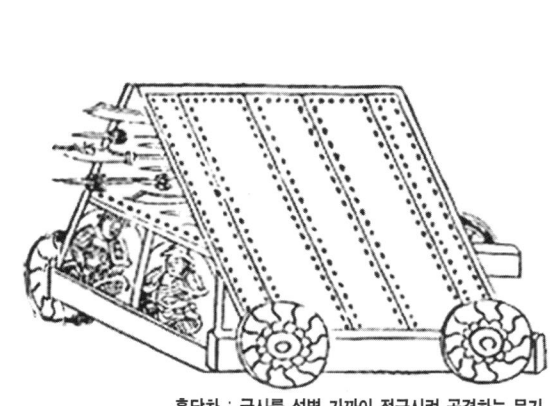

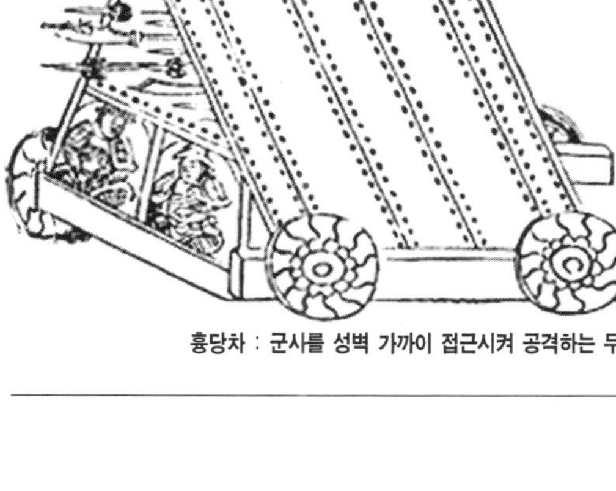
흉당차 : 군사를 성벽 가까이 접근시켜 공격하는 무기

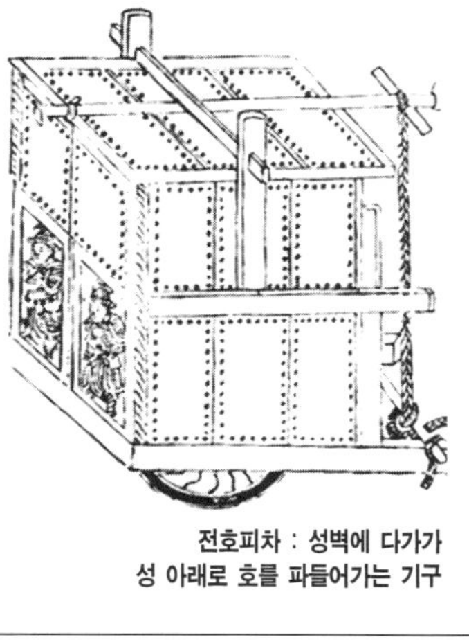
전호피차 : 성벽에 다가가 성 아래로 호를 파들어가는 기구

운제 : 성벽을 기어 오르는 데 사용하는 무기

온돌과 마루의 '만남'

한반도 특유의 주거문화로 자리잡을 듯

온돌 설치는 주거와 취사 공간의 분리 의미 … 마루는 습기 피하고 통풍 잘 돼

이질적인 삼국의 문화가 한데 어우러져 새로운 주거 문화가 생겨나고 있다. 고구려 서민들의 난방 시설인 '온돌'과 무더위를 피하는 데 유리한 남방 부유층의 '마루'가 남북으로 전파되면서 서서히 결합돼가고 있는 것이다.

온돌 시설은 바닥에 구들돌을 깔고 그 밑에 연도를 두어 아궁이에서 땔감을 태워 얻어진 열기가 바닥 밑을 지나가면서 구들을 덥히고 바닥을 따뜻하게 하는 난방법으로서 데워진 구들돌이 오랫동안 열을 간직할 수 있기 때문에 적은 연료로 많은 시간을 난방할 수 있는 난방법이다. 이러한 난방법이 고구려에서 발달하게 된 것은 한반도 북쪽의 겨울이 길고 춥기 때문이다.

주거공간에 구들 시설을 둔다는 것은 난방법뿐 아니라 공간구성의 측면에서도 한 단계 발전을 의미한다. 온돌 시설을 한 곳이 주로 잠자는 공간이라고 본다면 이곳과 취사작업을 주로 하는 공간이 분리됐다는 것을 의미하기 때문이다.

백제나 신라에서는 겨울보다는 오히려 여름 더위를 피하는 일이 더 중요했으며, 습기를 피할 수 있고 통풍이 잘 되는 원두막 식의 높은 주거, 일명 '고상'주거가 발달했다.

백제 지방에는 땅으로부터 뚝 떨어진 높이에 마루를 설치한 집을 짓고 사다리에 의지하여 오르내리는 고상 주거가 있다. 고상 주거의 바닥은 판재로 된 마루를 깔았다. 마루는 습기를 피할 수 있고 통풍이 잘 되기 때문에 여름철 주거 공간이나 곡물창고로서 유용하게 사용된다.

이 두 요소가 하나의 공간에 결합된 온돌과 마루로 이루어진 주거공간은 한반도 고유의 주거문화를 이루어낼 것으로 보인다.

신라 왕족은 석가모니족이다 ???

신라는 법흥왕 이래 불교식 왕명을 사용, '왕은 곧 부처'라는 왕즉불 사상을 통해 정치체제를 강화하여 국왕 중심의 권력 집중을 이루려 하고 있다.

지금 신라에서는 왕족은 석가모니족이라는 말이 나오고 있다. 진평왕이 자기 이름은 석가모니의 아버지 이름으로, 부인은 석가모니 어머니 이름인 마야부인으로, 동생들에게는 석가모니 삼촌의 이름을 갖다 붙인 것.

그러나 정작 아들 이름을 '석가모니'라고 정해 놓은 진평왕은 현재 계속 딸만 낳고 있다.

아가!

백제, 대규모 불사, 미륵사 완공

600년 해발 4백30미터의 미륵산 아래 동서의 길이가 1백72미터, 남북의 길이가 1백48미터에 달하는 장대한 규모의 절 미륵사가 완공됐다. 절 안의 세개의 탑 중 서탑과 동탑은 나무탑의 형식을 지니면서도 재료는 돌을 사용, 관심을 끌고 있다. 이 세 탑에서 각기 30미터 정도 떨어져서 세 개의 금당이 세워져 있는데, 이 탑과 금당을 합쳐 각기 서원·중원·동원이라 부른다. 각 원의 주위에는 담이 둘러쳐져 있다.

미륵사 창건과 관련, 무왕이 전륜성왕을 자처함으로써 불교를 배경으로 왕의 권위와 위엄을 뒷받침하려 했다는 이야기도 나돌고 있다.

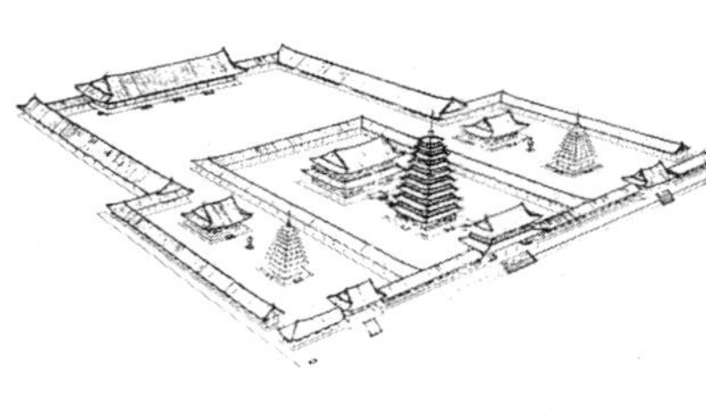

고구려, 온달 전사

백성에게는 사랑을, 귀족에게는 질시를 받았던 인물

590년 "조령과 죽령 이서의 땅을 신라에게서 되찾지 않으면 돌아오지 않겠다"며 출전했던 온달이 아차성에서 전사. 장례식에서는 관이 움직이지 않아 조문객들을 놀라게 했는데 공주가 관을 어루만지며 "죽고 사는 일이 결정됐으니 이승의 일은 잊고 돌아가소서"라고 말하자 비로소 관이 움직이기도.

온달이 살았던 시기, 고구려는 대외적 위기를 적극적으로 돌파해나가던 때. 온달은 평원왕 때 북제를 병합하고 요동의 북주군을 격파했고, 영양왕 때는 신라에게 빼앗긴 한강 유역을 되찾기 위하여 출전했다 전사한 인물이다.

고구려 백성들은 그의 죽음을 매우 안타까워하고 있다. 미천한 신분임에도 불구하고 평강공주와 결혼, 고구려 제일의 무사가 되고 외적을 무찌르는 데 공을 세워 마침내 왕의 사위가 된 그의 삶이 신분제의 굴레에 놓여 있는 많은 고구려 사람들에게 희망과 용기를 주었기 때문이다.

그러나 많은 귀족들은 온달을 '바보 온달'이라고 부르며 신분적 한계를 뛰어넘은 온달에 대한 불만과 경계심을 은근히 드러내 왔었다.

해외 소식

무리한 국가경영의 대명사 수 결국 멸망, 당 건국

대규모 공사와 무리한 해외 원정을 계속해 온 수나라가 결국 멸망했다.

고구려 1차 정벌 때에는 수백만 농민이 징집됐고, 민간의 수레·소·말 등도 대부분 징발됐다. 군수 물자나 군량 등을 운송하는 인원만도 2백만이 넘었고 길에서 죽은 자도 수없이 많았다. 산동 지방에서는 배를 건조하는 장인들이 물 속에서 작업을 계속, 허리 아래에 구더기가 생겨 죽는 사람이 열에 서너 명이었다.

수의 농민들은 각지에서 봉기했고, 첫 봉기는 611년 산동에서 일어나 점차 화북으로 확대됐다. 이때 양현감은 "천하를 위하여 현인의 급함을 해결하고 백성의 생명을 구한다"는 구호를 걸고 반란을 일으켰다가 수 양제에 의해 진압됐다.

농민 봉기는 계속 확대됐고, 고구려의 화평책을 받아들이고 철군한 수 양제는 국내의 농민봉기 진압에 나섰다. 그러나 농민군은 대세력을 형성, 왕조의 통치력은 점차 약화됐고, 이에 호족들이 할거하면서 군웅을 자처, 수 왕조는 통제 능력을 상실했다. 617년 수양제는 친위군의 쿠데타에 의해 살해되고, 수 왕조는 40년이 못되어 멸망하고 말았다.

그러나 대제국 수나라가 멸망되었다고 주변 국가가 마음을 놓을 수 있는 상황은 결코 아니다.

원래 수의 관리로 제위를 노렸던 사람 중의 하나인 '이연(李淵)'이 618년 당나라를 건국하여 경쟁자와 반도들을 물리치며 대제국 건설에 나서고 있기 때문이다.

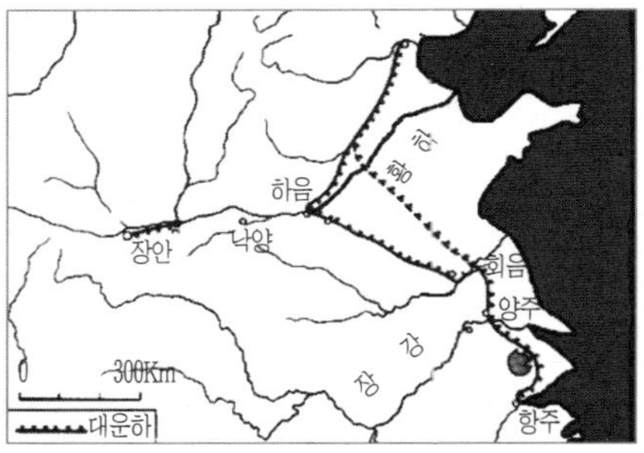
하음
장안
낙양
회음
양주
황
하
장
강
항주
0
300Km
대운하

수 양제의 대규모 운하 건설

수 양제의 대운하 개통은 605년부터 610년까지 4차의 공기로 나누어 매월 1백여만 명을 동원한 대역사 끝에 이루어낸 것이다.

중국의 지형은 서고동저형으로 주요 강들은 3천m가 넘는 서쪽의 산지에서 발원, 동으로 흘러간다. 대운하는 백하·황하·회수·장강·전단강 등 5대 강을 남북으로 연결한 것이다. 수의 양제가 대운하 건설에 나선 것은 강남의 경제력이 이미 중원을 능가할 정도로 증대됨에 따라, 이들 지역의 산물을 수도 장안과 낙양 등의 소비 도시에 직송하기 위함이다. 대운하 건설로 중국의 남북 문물교류가 활발해졌고 오랜 남북 분열을 종식, 통일을 실질적으로 완성했다.

건설과정에서 백성의 고통은 대단하여 대운하의 양 언덕에 죽어나가는 백성의 시체들이 여기저기 나뒹굴었으며, 사람들은 노역을 피하기 위해 스스로 팔다리를 잘라내기조차 했다.

신라의 전쟁 영웅들

신라와 백제의 전투에서 공세를 취하고 있는 나라는 백제이지만 신라의 반격이 대단하다. 특히 신라의 지배층이 보여주는 자기 희생의 정신은 놀랄 만한 것이다. 그들은 자신의 목숨까지 바쳐가며 전투에 임하고 있다.

602 년 전투 '귀산'

백제와 신라가 아막산성을 놓고 공방을 펼치던 중 신라가 백제의 국경을 침범하자, 백제의 무왕은 좌평 해수를 파견했다. 신라의 건품과 무은이 이에 맞서자, 해수는 불리함을 느껴 군사를 대택에 매복시켰다. 무은이 승리에 취해 갑졸 1천과 함께 대택으로 쫓아갔는데, 매복군이 기습했다. 이때 무은의 아들 귀산이 크게 소리쳤다. "내가 일찍이 스승에게 가르침을 받기를 군사는 전쟁에서 물러서지 않는다고 했다. 어찌 스승의 가르침을 저버리랴." 귀산은 소장 추항과 함께 창을 휘두르며 힘껏 싸우다가 장렬히 죽었다.

611 년 가잠성 전투 성주 '찬덕'

백제는 신라의 가잠성을 1백일 동안이나 포위 공격했다. 고립무원의 상태에 빠진 가잠성의 성주 찬덕은 양식과 식수조차 없는데도 시체를 뜯어먹고 소변을 받아 마시며 항전을 계속했다. 이듬해 정월 사람들은 이미 지칠대로 지쳐 형세가 회복할 수 없게 되자 찬덕은 하늘을 우러러 크게 외치기를 "죽어서라도 큰 원귀가 되어 백제 사람을 다 물어 죽이고 이 성을 수복하겠다" 하고 전사했다.

618 년 가잠성 전투 '해론'

찬덕의 아들 해론은 가잠성을 탈환했는데, 백제가 군사를 일으켜 침공했다. 이때 해론이 여러 장수들에게 "전에 아버지가 여기서 세상을 떠났는데, 나도 지금 백제인과 여기서 싸우게 됐으니, 오늘은 내가 죽는 날이다"라고 말하고, 적진에 달려가 여러 사람을 죽이고 자신도 죽었다.

담징, 고구려 승천에 감격

일본 호류사에서 금당벽화를 제작한 바 있는 담징은 고구려가 수나라를 물리쳤다는 소식을 전해 듣고 기쁨의 눈물을 감추지 못했다는 소식.

일본인들은 담징이 전해준 종이·먹·수차 등을 접하면서 고구려의 높은 문화수준에 감탄하고 있었는데 고구려의 국력에 다시한번 놀라는 표정들.

역사신문

삼국 정국 회오리

각국의 핵심 권력층, 정변 극복하고 권력 기반 더욱 단단히 다져
삼국 모두 국가 집권력 강화, 한반도 패권 다툼 격렬해질 전망

高句麗 642년 막리지 연개소문 귀족 1백여 명 살해, 1인 독재체제 구축
百濟 642년 의자왕 즉위 직후 귀족 40여 명을 숙청, 집권력 강화에 성공
新羅 647년 상대등 비담 반란, 김춘추 김유신 진압 성공

640년대 최근 들어 삼국이 번갈아 가며 정치적 격변을 겪고 있다. 정변의 주체는 차이를 보이고 있으나 정변의 결과는 국가 집권력의 강화로 나타나고 있어, 이후 삼국간의 세력 다툼이 보다 격렬해질 전망이다.

고구려의 연개소문은 영류왕 및 온건파 귀족들이 자신을 제거하려는 계획을 사전에 알아내고, 선수를 쳐서 군대의 열병식 행사에 참여한 이들을 모두 제거한 것으로 알려졌다.

권력을 잡은 연개소문은 자신의 지위를 태대대로(太大對盧)로 격상시키고 자신의 아들들에게 고위 관직을 부여하는 등 1인 독재체제를 강화하고 있다. 이에 따라 6세기 중반이래 3년에 한번씩 대대로를 선임하면서 귀족들 사이에 권력을 분할하였던 고구려의 이른바 '귀족연립체제'는 완전히 붕괴된 것으로 보여진다. 그러나 그의 반대파들이 전국 각지에 성주로서 자리잡고 있기 때문에 중앙귀족들의 내분이 언제 재연될지 모르는 상황이다.

신라에서도 고위 귀족에 의해 정변이 발생했으나 김춘추·김유신 세력에 의해 진압됐다. 꾸준히 추진돼 온 왕권강화 조치와 여왕의 통치에 불만을 품어온 귀족세력이 상대등 비담을 중심으로 선덕여왕을 몰아내고 권력을 장악하고자 반란을 일으켰다.

그러나 새롭게 부상하는 정치세력 김춘추·김유신에 의해 반란이 진압됨으로써 이들은 큰 타격을 입게 되었으며 반대로 신라의 왕권은 더욱 전제화되고 있다. 이러한 추세에 따라 진덕여왕이 즉위하면서 '집사부'가 설치되었는데, 이것은 왕의 직속하에 행정을 총괄하는 기구로서 국왕의 권력 강화를 보여주는 것으로 해석된다.

백제에서도 무왕의 아들 의자왕이 즉위하면서 큰 변화가 일고 있다. 의자왕은 왕위에 오른 이듬해인 642년 내신좌평 기미등 유력한 귀족 40여 명을 숙청하고 왕권을 더욱 강화시켰다. 그리고 지방을 자주 순시하여 백성을 위로하고 죄수를 대거 석방하는 민심수습책을 펼쳐 국내정치의 안정을 도모하였다. 관련기사 2면

이러한 조처의 성과를 바탕으로 대외적으로 의자왕은 다른 어느 왕보다 매섭게 신라를 몰아치고 있다.

고구려, 당 태종의 대군을 격퇴하다

血戰 안시성 싸움에서 값진 승리

민족 기록화 《안시성 싸움》

645년 당 태종의 지휘 아래 요동지역의 성을 하나 둘씩 함락시키면서 진격해 들어오던 당나라 군대는 요동의 최후 보루 안시성을 공략하는 데 실패하고 추운 날씨와 군량의 부족으로 끝내 퇴각하고 말았다.

안시성 공격에 앞서 당의 진영에서는 의견대립이 있었다고 한다. 당 태종은 "안시성이 험하고 군사가 정예하고 그 성주는 재능과 용맹이 있어 연개소문의 난에도 성을 지키고 불복함으로 연개소문이 이를 쳤으나 함락시키지 못했다. 성에는 공격하지 말아야 할 성이 있다고 하니 안시성을 두고 한 말이다. 그러니 안시성 싸움을 피하고 우회해서 평양으로 진격하자"고 했다. 그러나 안시성을 뒤에 남겨둘 경우 후방이 위험해지고 보급로가 끊길 우려가 있다는 총사령관 이세적의 주장이 받아들여져 안시성 대전을 벌이기로 결정했다.

한편, 고구려의 지배자 연개소문은 안시성을 돕기 위해 대규모 병력을 파병하였으나 적의 유인전술에 말려들어 격파당하고, 안시성은 당군에 의해 겹겹이 포위되어 고립무원의 상태에 놓이게 됐다.

당군은 안시성을 함락시키기 위해 온갖 방법을 동원, 성벽을 뚫기 위한 무기를 사용하기도 하고 큰 돌을 날려보내 성벽을 허물어뜨리기도 하였다. 또한 성을 위에서 아래로 공격하기 위해 60여일에 걸쳐 흙으로 산을 쌓기도 했다. 그러나 안시성 군사와 주민들은 일치 단결, 성이 허물어지면 목책을 세워 막아내고 또 적이 공들여 쌓은 흙산을 빼앗기도 하면서 성을 사수했다.

계속된 공격에도 안시성이 함락되지 않아서 고전을 면치 못하던 당 태종은 요동지역의 매서운 추위가 밀어닥치고 양식도 떨어져가므로 끝내 군대를 돌리고 말았다.

신라, 극비리에 당과 동맹 체결

김춘추는 648년 (진덕여왕 2년) 극비리에 당나라로 건너가 여제 동맹군이 신라를 협공하여 존망의 위기에 처해 있음을 호소, 당 태종으로부터 백제 공격을 위한 군사지원을 약속받은 것으로 알려지고 있다. 또 신라와 당나라는 장차 양국이 동시에 군사를 일으켜 백제와 고구려를 공격할 것을 약속했다는 소식이다. 한편 김춘추는 당나라의 이러한 지원의 대가로 그동안 사용해오던 자주적인 연호를 버리고 당나라 연호인 영휘(永徽)를 쓰기로 한 것으로 알려졌다. 김춘추는 백제의 신라 공격이 격화되자, 642년 비밀리에 고구려에 들어가 동맹 조약의 체결을 시도했었으나 고구려가 이를 거부한 바 있었다.

백제, 신라 침공

미후성 등 40여 개 성 함락, 대야성 무너뜨려
신라, 수도 경주까지 위태로워

신라에 대한 백제의 날카로운 공세로 신라는 위기에 처해 있다. 642년 7월 백제의 의자왕은 친히 군대를 거느리고 신라를 공격하여 미후성 등 무려 40개 성을 함락시켰다.

또한 8월에는 장군 윤충을 보내어 군사 1만을 거느리고 신라의 대야성을 무너뜨렸다. 이 싸움에서 윤충은 항복한 대야성 성주 김품석과 그의 아내를 모두 죽이고 그 머리를 잘라 사비성에 전하였다. 또한 남녀 1,000명을 사로잡아 나라 서쪽 주현에 나누어 거주시켰으며 군사를 주둔시켜 성을 지키게 했다.

계속해서 643년 백제는 고구려와 화친하고 신라의 당항성을 취하여 신라가 당에 가는 길을 막으려고 군사를 일으켰다.

한편 자신의 사위와 딸이 죽었다는 소식을 전해들은 김품석의 장인 김춘추는 기둥에 의지해 서서 종일토록 눈을 깜빡이지 않고 사람이나 물건이 지나가도 알아보지 못할 정도로 심한 충격에 빠졌다.

역사신문

연개소문 집권과 고구려의 운명

독불장군식 사고방식 버리지 않으면 위험

642년 정변을 통해 권력을 장악한 연개소문은 국왕 보장왕이 존재하나 실질적인 통치자로서 자신의 권력을 강화시키고 있다. 특히 그는 당나라와의 전쟁과정에서 자신의 지위를 보다 강화시킨 것으로 평가받고 있다. 그러나 그가 권력을 장악하는 과정, 대외정책의 방향 그리고 그의 사고방식 등을 살펴볼 때 고구려의 운명은 암울하다고 본다.

현재 치열하게 전개되고 있는 삼국간의 전쟁에서 승리하기 위해 가장 절실히 요구되는 과제는 무엇인가. 그것은 총력전 양상을 띠고 있는 전쟁의 효율적 수행을 위해 국가적 역량을 최대한 동원하는 것이며 이러한 일을 해낼 수 있는 강력한 집권체제를 마련하는 것이다. 그런데 연개소문의 집권과정은 이와는 정반대로 고구려의 국력을 상당히 약화시키는 결과를 낳았다고 본다. 그는 권력을 장악하는 과정에서 1백여 명이나 되는 귀족 세력을 살해한 것으로 전해지고 있다. 이들 귀족은 강력한 군사력과 경제력을 지니고 있는 존재로서 이들을 제거했다는 것은 그만큼 고구려의 국력을 약화시킨 것이다.

대외관계에서 연개소문이 신라의 동맹 요구를 받아들이지 않아 결국 신라가 당나라와 손을 잡게 한 것도 중대한 과오이다. 당나라의 침략에 효과적으로 대처하기 위해서 고구려가 가장 경계해야 할 것은 당나라가 한반도 내에 동맹세력을 갖지 못하도록 하는 것이다. 당이 고구려를 여러 차례 공격하고도 패배한 결정적인 이유는 요동지역을 가르는 기나긴 원정로와 보급의 어려움 때문이었는데, 신라와 동맹을 맺음으로써 이러한 당의 고민은 해결의 실마리를 찾게 되었다.

그의 구시대적 사고방식 또한 문제이다. 그는 항상 몸에 다섯 자루의 칼을 차고 다니며, 출입할 때에는 항상 대오를 벌이고, 말을 타고 내릴 때 무장들을 땅에 엎드리게 하여 이를 밟는 행동을 한다고 전한다. 연개소문은 이와 같은 행동이 자신의 권위를 높이는 것이라고 생각하고 있는 모양이다. 그러나 이것은 백성들을 두려움에 떨게 할 뿐만 아니라, 부하 및 병사들의 사기를 꺾는 것이라 생각한다. 이러한 연개소문의 행위는 신라의 장수들이 병사들과 고락을 함께 하며 향전의 지를 북돋우는 모습과 비교해 보았을 때 매우 대조적이라 하겠다.

6세기 중반 이래 수·당과 전쟁을 치루느라 고구려 백성들은 그 어느 때보다도 커다란 경제적 어려움에 처해 있다. 과중한 조세부담과 지배층의 수탈 그리고 잦은 전쟁 동원과 노역 착취가 그것이다. 그러나 이러한 백성의 삶이 연개소문의 지배하에서 개선되고 있다는 단서는 그 어디에서도 찾아보기 어렵다는 데 문제의 심각성이 있다. 따라서 우리는 현재 고구려가 연개소문의 통치 아래 겉으로 안정되어 보일지 몰라도 고구려의 앞날이 그리 밝지 못하다고 전망한다.

그림마당

이은홍

…갈 길이 바쁜 사람들!
통일패권도
김춘추
김유신
연개소문
의자왕

640년대 각국의 정변 분석

정변 이후 나라마다 정치적 지배자 뚜렷하게 부상

통일 전쟁에 대비한 각국의 집권력 강화책 · 고구려의 독재체제 불안 심각

640년대 약속이나 한듯 삼국에 매우 중요한 정치적 사건들이 발생했다. 642년 고구려에서는 신하가 임금 및 귀족을 몰아내는 쿠데타가 발생해 연개소문이 집권했고, 백제에서는 의자왕이 친위쿠데타를 일으켜 귀족세력을 숙청하는 데 성공했다. 646년 신라에서는 귀족세력의 대표 상대등 비담이 반란을 일으켰으나 김춘추·김유신에 의해 진압됐다.

이러한 정변을 거치면서 삼국의 정치적 지배자의 윤곽이 그려졌다고 할 수 있다. 고구려의 실제적인 권력은 태대대로 연개소문이 행사하며, 백제에서는 귀족의 세력을 억제하는 데 성공한 의자왕, 그리고 신라에서는 김춘추·김유신 세력이 정국의 주도권을 쥔 것으로 보인다.

640년대 들어와 각국에서 집권 강화책이 단행된 이유는 무엇보다도 삼국간의 경쟁이 막바지에 달한 시대 상황과 관련이 있다고 본다. 세 나라는 총력전 양상을 띠고 있는 통일 전쟁을 효과적으로 치르기 위해 집권력을 강화할 필요가 있으며, 이러한 필요성이 권력의 집중 현상을 가져온 것이다. 이 과정에서 자신의 권력이 이전보다 축소되는 상황에 처하게 된 세력가들은 당연히 반발했다. 이러한 대립이 각국의 정치적 격변 발생의 배경이다.

이들 사건을 바라보면서 전문가들은 고구려의 운명이 불안하다고 입을 모으고 있다. 총력전의 양상을 띠고 있는 삼국간의 전쟁에서 승리하려면 지배층의 단결과 민중의 지원이 가장 중요한 요소가 된다. 그런데 연개소문의 집권은 국력을 하나로 모으는 방향과는 반대되는 방향으로 나아가고 있다는 것이다. 독재는 국력을 하나로 모으는 데 방해가 되는 대표적인 체제이다.

한편 신라, 백제는 정변을 통해 전제왕권을 강화시킨 것으로 평가된다. 백제 의자왕은 왕권의 행사에 방해가 되어왔던 강성한 귀족세력들을 억누르는 데 성공했으며, 신라도 반란의 진압을 통해 귀족세력과 왕권의 균형에서 저울추가 왕권의 강화로 기울어지는 결과를 낳은 것으로 해석되고 있다.

인터뷰 당나라와 군사동맹 체결한 신라의 김춘추

신라를 지키기 위해 불가피한 조치 … 신라에 의한 삼한 일통의 가능성 더욱 커져

백제의 공격이 격화되자, 신라의 김춘추는 642년 먼저 고구려로 달려가서 구원을 요청하였으나 성공하지 못하고 겨우 목숨만 건지고 돌아왔다. 그 후 648년에 그는 당나라로 가서 군사동맹을 맺는 데 성공했다.

많은 사람들이 당나라에서 얻은 외교적 성과에 대해 궁금해하고 있다.

군사동맹을 체결했다. 신라를 괴롭히고 있는 백제·고구려에 대해 당나라가 신라와 함께 대처하기로 약속했다. 이제 우리나라는 백제나 고구려의 공격을 보다 효율적으로 막을 수 있게 되었으며 신라에 의한 삼한 일통의 가능성이 더욱 커졌다.

이번 군사동맹이 신라로서는 매우 다행스런 일이라고 할 수 있겠는데, 강대국인 당나라도 자신에게 이익이 되니까 동맹을 맺은 것이 아닌가. 당나라와 어떤 밀약을 맺었는가.

나당 연합군이 백제와 고구려를 멸망시키면 대동강 이북의 땅을 당나라가 차지하기로 했다.

그것은 현재 고구려의 영토를 다 내주겠다는 것인데. 너무 굴욕적인 협약 내용이 아닌가.

신라를 구하기 위해 당나라를 끌어들여야 하고, 그러기 위해 취한 어쩔 수 없는 조치이다.

당나라에 가기 전 고구려에 갔던 것으로 알고 있는데 고구려와의 협상에 실패한 이유는 무엇인가.

내 생각으로는, 고구려가 당과의 대립으로 어려움을 겪고 있고 따라서 고구려로서는 남부전선의 안정이 반드시 필요하다. 그러므로 신라가 백제에게 일방적으로 당하고 있는 것을 방관할 수만은 없는 입장이라고 생각했다. 그러나 고구려는 553년 신라가 빼앗아간 죽령 이북의 땅을 돌려주지 않으면 도와줄 수 없다는 무리한 요구를 해왔다. 이는 우리 입장에서 받아들일 수 없는 조건이다.

협상 당시 고구려 정세는 어떠했는가.

억류되어 있었던 상태라 잘 알 수 없지만 관료들 사이에 부패가 심하다고 느꼈다. 나는 탈출하기 위해 고구려의 한 관료에게 뇌물을 썼는데 그가 빠져나올 방법을 일러주었다. 고구려는 뇌물이 통하는 부패된 사회였다.

독자투고

"신라를 구한 것인가, 자신의 정치생명을 구한 것인가?"

김춘추 외교행각을 비판한다

김춘추는 백제의 공격으로 위기에 처한 신라를 구한다는 명목하에, 당과 매우 불리한 조약을 체결하고 신라를 구하기 위해 어쩔 수 없는 일이라고 강변하고 있으나 이는 순전히 자신의 정치권력을 유지하기 위한 것이다.

김춘추는 김유신과 더불어 신귀족세력의 대표 주자로서 선덕여왕 시기 상대등 비담의 난을 진압하고 일방적인 추대로 진덕여왕을 즉위시킨 이후, 정치적 실권을 장악하고 정치과정을 주도하였다.

그러나 자신이 굳게 믿었던 오른팔이나 다름없는 사위 김품석이 대야성 전투에서 전사함으로써 상대적으로 권력 기반이 약화된 그는 백제의 공세로 대외적 여건마저 불리해지자, 이 난국을 타개하기 위하여 당과 협력 관계를 맺게 된 것이며, 신라에 매우 불리한 당의 요구 조건을 자신의 권력 유지를 위해 수락하게 된 것이다.

조약 내용을 살펴볼 때 이점은 너무나 분명하게 드러난다. 평양 이북을 내준다 함은 고구려 땅을 모두 당나라에게 넘긴다는 것인데 이것은 백제 점령에 그치는 것이지 김춘추·김유신이 내 건 '삼한 일통'인가. 결국 김춘추가 의도하는 것은 진정한 의미의 삼한 일통을 통한 신라 국가 안정의 확보가 아니라, 대내외적인 사태로 위기에 처한 자신의 권력을 유지하기 위함이다.

- 서라벌의 진골 김모 씨

문답으로 알아보는 신라의 골품제도

출신 신분에 따라 정치활동 범위 결정

여러 부족 통합될 때 세력에 따라 등급 나누면서 생겨나
박씨 · 석씨 · 김씨 · 가야 김씨 등이 진골

신라의 골품제도는 언제 만들어진 것인가.

정확히 언제라고 말씀드리기 곤란합니다. 신라가 중앙집권국가로 성장하면서 주위의 부족들을 흡수·통합할 때 이들 지배층을 그들의 세력 크기에 따라 흡수하는 과정에서 성립된 것이 골품제도라고 말씀드릴 수 있습니다.

골품은 어떻게 나뉘게 되는지.

왕족인 진골, 대족장 출신인 6두품 그리고 그 아래 5두품, 4두품이 있습니다. 좀더 구체적으로 말씀드린다면 여러분이 잘 알다시피 과거에 번갈아가며 왕위에 올랐던 '박'·'석'·'김'씨 세 성이 진골이며, 그리고 금관가야가 멸망할 때 신라에 항복한 왕족 즉 '가야 김'씨 등이 왕족인 진골에 해당합니다. 그리고 세력 크기에 따라 6두품·5두품·4두품 순으로 나뉘게 됩니다.

이번에 당나라에 망명했다가 전사한 설계두는 6두품 신분이라고 하던데 골품제도 하에서 어떤 제약을 받는가.

관등과 연관시켜보았을 때, 설계두가 오를 수 있는 최고 관등은 6등급인 아찬까지입니다. 그런데 아찬 관등을 가지고서는 장군이나 장관의 지위에 오를 수 없습니다. 날고 기는 재주가 있더라도 올라갈 수 없게 되어 있지요. 차관급 정도에 머물러야 합니다. 모든 요직을 진골 계급이 차지하게 되어 있습니다.

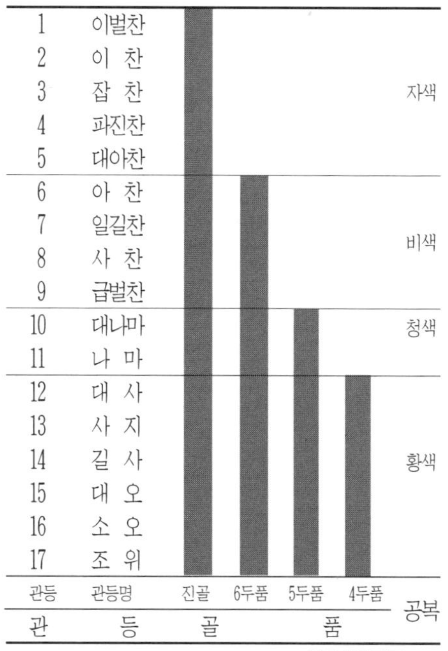
1 이벌찬
2 이 찬
3 잡 찬
4 파진찬
5 대아찬
6 아 찬
7 일길찬
8 사 찬
9 급벌찬
10 대나마
11 나 마
12 대 사
13 사 지
14 길 사
15 대 오
16 소 오
17 조 위
자색
비색
청색
황색
관등 관등명 진골 6두품 5두품 4두품
관 등 골 품
공복

골품제의 관등 도표

"내 능력을 마음껏 펼치고 싶다"

당에서 이름 떨친 설계두, 알고 보니 신라출신
골품제의 폐쇄성이 망명의 배경

645년 당나라의 고구려 원정군에 가담하여 공을 세우고 전사한 외국인이 신라인 설계두로 밝혀졌다.

설계두는 진골에 비해 지위가 낮은 6두품 출신으로 자신이 아무리 노력해도 신라에서는 골품제도의 장벽에 가로 막혀 출세에 한계가 있다는 것을 늘 불만으로 품어오다 그런 차별을 당하지 않고 능력을 발휘하기 위해 621년 당나라로 망명했다는 것이다.

설계두가 당나라에서 신라인의 기상을 드높이기는 하였으나 신라 내에서는 그가 조국인 신라 땅을 버리고 자신의 능력을 받아들여줄 수 있는 나라로 당을 선택했다는 사실에 많은 사람이 충격을 받고 있다.

'연을 타고 다시 떠오르는 유성'

김유신, 비담 반란군 진압에 성공

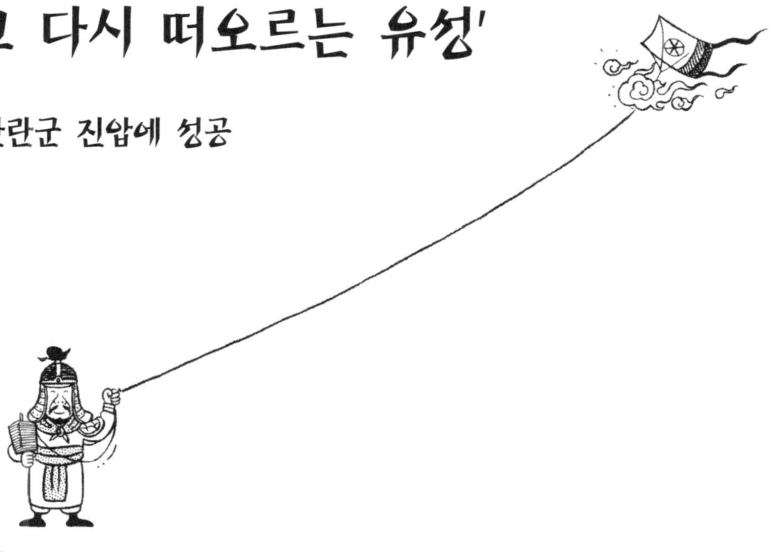

647년 상대등 비담이 "선덕여왕은 정사를 잘 하지 못한다"며 군사를 일으켜 왕을 폐하려 하니, 왕이 궁성 안에서 이를 막아 서로 대치하게 되었다. 비담 등은 명활산성에 주둔하고, 관군은 월성에 진영을 베풀어 10일간 공방이 계속되었다. 그러던 중 한밤 중에 큰 별이 월성에 떨어지는 사건이 발생하였다.

이에 비담이 군사들에게 "내가 들으니 별이 떨어진 아래에는 반드시 유혈이 있다고 한다. 이것은 여왕이 패전할 조짐이다"라고 하였다. 이에 사기가 오른 비담 진영 군사들의 떠들어대는 소리가 땅을 진동하자, 왕은 무서워서 어쩔 줄을 몰랐으며, 관군의 사기 또한 땅에 떨어졌다.

이에 김유신은 왕을 보고 "길흉은 오직 사람 하기에 따른 것입니다. 덕이 악을 눌러 이길 수 있으니 유성이 떨어진 일은 두려울 것이 없습니다. 왕은 근심하지 마십시오" 라고 말하고 곧바로 허수아비를 만들어 불을 붙이고 커다란 연에 실어 떨어진 유성이 다시 하늘로 올라가는 것처럼 꾸몄다. 그리고 이튿날 사람을 시켜 어젯밤 떨어진 별이 도로 올라갔다고 하여 적군의 사기를 꺾고 아군의 불안을 씻어주었다.

또 흰 말을 잡아 별이 떨어진 곳에 제사드리며 축원하기를 "사람의 도에 임금이 높고 신하가 낮습니다. 진실로 혹시라도 이것이 바뀌면 곧 큰 난이 되는 것입니다. 지금 비담 등이 신하로서 임금을 제거하려 하니, 이것은 이른바 '난신적자'로서 이는 사람과 신령이 함께 미워할 바요, 하늘과 땅 사이에 용납되지 못할 것입니다.

그런데 하늘이 별의 변괴를 왕성에 보인 것이라면 이는 지극히 의심스러운 일입니다. 하늘의 위엄으로 선을 선으로 하고, 악은 악으로 하여 신령의 부끄러움이 없게 하소서"라고 하였다.

그리고 여러 장졸들을 독려하여 전쟁에서 승리하고 패주하는 비담 등을 붙잡아 죽였다.

전쟁 속에 핀 사랑

가실과 설씨녀

소식없는 약혼자 6년간 기다려

삼국간에 전쟁이 격화되면서 민중들의 희생은 커져가고 있다. 이러한 어려움 속에서도 인간으로서의 도리를 저버리지 않고 사랑의 결실을 맺은 아름다운 이야기가 많은 사람들을 감동시키고 있다.

설씨녀는 용모가 단정하고 마음과 행실이 의젓하여 보는 이들이 그 아름다움에 반하지 않은 이가 없었다. 진평왕 때 그녀의 아버지가 늙은 나이에 군대에 가게 되었는데, 딸은 아버지가 노쇠하고 병들었으므로 차마 멀리 떠나 보낼 수 없고, 또 여자의 몸이라 대신 갈 수도 없어 번민하기만 하였다.

이 때에 소년 가실이 일찍부터 설씨의 아름다움을 좋아하면서도 감히 말하지 못하다가 설씨의 고민을 전하여 듣고 설씨에게 가서 "아버님의 일을 대신하기를 원합니다"라고 하였다.

이 말을 들은 설씨가 기뻐하여 아버지에게 이야기를 전하였더니 그 아버지가 가실을 불러 말하였다. "기쁘고도 미안한 마음 금할 길이 없네. 만일 그대가 내 딸을 버리지 않는다면 아내로 삼아 그대를 받들게 하겠네."

가실이 혼인할 기약을 청하니 설씨 처녀가 말하였다. "혼인은 큰 일이라 그대가 번을 마치고 혼례를 치러도 늦지 않을 것입니다." 설씨 처녀는 자신이 쓰던 거울을 가지고 나와 절반으로 나누어 한 조각씩 가지고 신표로 삼아 훗날 만나면 합하여 보자고 하였다.

그렇게 변경으로 떠난 가실은 6년이 되어도 돌아오지 못하였다. 나라에서 잦은 전쟁을 치르느라 군사들의 수가 부족하였던 터라 번을 서는 기한인 3년이 두 번씩 지나도 교대를 시켜주지 않았기 때문이었다. 기다리다 지친 설씨 처녀의 아버지는 딸에게 "처음에 3년을 기약하였는데 이제 6년이 되었으니 다른 데로 시집가도록 하라"고 말하면서 비밀리에 마을 사람과 혼인을 정하고 날을 받아 혼례를 치르려고 하였다.

설씨 처녀는 굳게 거절하고 몰래 도망하려 하였으나 그러지도 못하고 한숨 지으며 눈물을 흘렸다. 이 때에 가실이 돌아왔는데, 몸이 비쩍 마르고 의복이 남루하여 모두들 그를 알아보지 못하였다. 가실이 쪼개진 거울을 앞에다 던지니 설씨 처녀가 받아 가지고는 소리내어 울었다. 그제서야 설씨 처녀의 아버지와 마을 사람들도 그가 가실인 것을 알고 모두 기뻐하였다. 마침내 그들은 새로 날을 받아 혼인을 하고 일생을 함께 누렸다.

인터뷰 백제 망명 고구려 승려 보덕 불교 배척하는 분위기를 피해 망명

고구려 승려 보덕이 백제로 망명했다. 이미 6세기 중반 고구려 혼란기에도 혜량이라는 고구려 승려가 신라에 망명한 전례가 있다.

망명 동기는.

정변을 통해 권력을 장악한 연개소문은 귀족세력을 억누르고자 귀족들 사이에 널리 퍼져있는 불교를 배척하고 도교를 신봉하는 사상통제를 가하고 있다. 나는 사상 탄압을 피해 백제 땅으로 오게 되었다.

현재 고구려의 정세는 어떤가.

연개소문은 당나라와의 전쟁을 승리로 이끌면서 자신의 독재권을 강화시킬 수 있었으나 여전히 고구려 내에는 연개소문에 반대하는 귀족들이 많이 있어 불안한 상황이다. 당태종의 군대를 막아낸 안시성주 양만춘 역시 연개소문의 반대파에 속하는 인물이다.

고구려 백성들의 생활은 어떤가.

계속되는 전쟁과 귀족들의 세력 다툼의 틈바구니에서 고구려 백성들의 삶은 말이 아니다. 막중한 조세 부담과 지배층의 수탈 그리고 심심하면 불러내는 노역으로 파탄지경에 이르렀다고 보면 된다.

첨성대의 구조와 신비한 상징성

"천체 운행의 축소판"

360여 개의 돌과 28단의 몸체

춘·추분
하지
동지

선덕여왕 때 천문을 관측하기 위해 만들어진 첨성대는 그 구조에 여러 가지 의미가 담겨 있어 관심을 불러일으키고 있다.

첨성대의 기단을 정사각형으로 하고 몸체를 원형으로 한 것은 '천원지방(天圓地方)'즉, 하늘은 둥글고 땅은 네모라는 일반인의 생각에 기반한 것이다.

몸체는 높이가 19척 5촌, 위의 원둘레가 거척 6촌, 아래의 원둘레가 35척 7촌으로 모두 27단으로 되어 있는데, 맨 위에 놓인 정자석을 합치면 28로 기본 별자리 28수를 상징한다. 여기에 기단석을 합치면 29로 한 달의 길이를 상징한다. 몸체 남쪽 중앙에는 가로 세로 1미터의 창이 있는데, 그 위로 12단, 아래로 12단이니 이는 일년 12달과 24절기를 상징하며, 여기에 사용된 돌의 숫자는 360여개로 일 년의 날수에 가깝게 하였다.

기단석은 동서남북 4방위에 맞추고 맨 위 정자석은 그 중앙을 갈라 8방위에 맞추었으며 창문은 정남이다. 하지에 태양이 남중할 때에는 광선이 첨성대 밑바닥까지 완전히 비추게 되어 있고, 춘분·추분과 동지에는 아랫부분에서 완전히 광선이 사라지므로 춘하추동의 분점과 지점의 측정이 가능하다.

계절에 따른 태양광선의 위치

황룡사 9층 목탑

자장의 건의로 제작된 '호국'불탑

645년 백제의 장인 아비지에 의해 황룡사 9층 목탑이 완성됐다. 이로써 진흥왕 14년 황룡사 공사를 처음 시작한지 근 1백 년만에 황룡사가 드디어 절의 모습을 갖추게 되었다.

사찰 경내가 총 8천8백 평에 이르는 황룡사의 규모에 걸맞게 이번에 완성된 9층 목탑 역시 그 규모가 상상을 초월하는 것이어서 보는 이로 하여금 경이로움에 감탄케 하고 있다. 황룡사 탑의 자리는 한 변의 길이가 사방 22.2m이고 바닥 면적만 해도 150평, 탑의 높이는 총 225척으로 약 80m가 된다.

탑의 제작은 당에서 불교를 공부하고 돌아온 자장법사의 건의에 따른 것이라고 한다. 중국에 있을 때 자장이 한 신령스러운 사람을 만나 "우리나라는 북으로 말갈, 남으로는 왜국과 인접해 있으며 고구려와 백제 두 나라가 번갈아 침입하니 이런 이웃 나라의 횡포로 백성들이 고통받고 있다"고 신라가 처한 어려움을 털어 놓았다.

황룡사 전경(모형도)

경주 남산 탑골바위에 새겨진 황룡사 9층 목탑

그러자 그 신령스러운 사람은 "지금 그대의 나라는 여왕을 섬기고 있소. 여자가 임금이니 덕은 있으나 위엄이 없으므로 이웃 나라들이 넘겨보는 것이오. 지금 본국에 돌아가 황룡사 안에 9층 탑을 세우도록 하오. 그리하면 이웃 나라들이 모두 항복하고 동방의 아홉 나라가 조공해 올 것이며 나라가 길이 평안하리라"하였다는 것이다.

이에 자장은 귀국하자마자 왕에게 건의하여 황룡사 9층탑을 건립하기로 하였다는데, 여기서 우리는 원광과 마찬가지로 자장에게서도 다시 한번 호국정신에 투철한 신라 승려의 모습을 발견할 수 있다.

해외 소식

당 태종, 고구려 정벌 준비 중 사망

고구려 원정 중지 명령 유언으로 남겨

649년 6월 30만 대군으로 고구려 정벌을 준비하던 당 태종 사망. 향년 51세. 사망 원인은 수은 중독으로 밝혀졌다. 불로장생을 가져다 줄 것으로 믿고 복용한 묘약이 사실은 극약인 수은이었다는 것.

당 고조의 둘째 아들로 창업의 숨은 실력자였던 당 태종(이세민)은 정치적 야심이 대단한 인물로, 28세의 나이에 형 건성과 동생 원길을 숙청하고 황제의 지위에 올랐다. 당시 그는 왕의 지위에 오르기 위해 멋들어진 연극을 꾸몄는데, 꾀를 내어 아버지 고조에게 찾아가 형 건성과 동생 원길이 자신을 제거하려는 음모를 꾸미고 있다고 거짓말을 한 것이다. 깜짝 놀란 고조가 이들을 급히 부르게 되고, 다음날 새벽 현무문에 들어서던 이들 형제는 무참히 살해되었다. 세민은 건성의 심복이었던 수비대장을 미리 매수해 두었던 것이다. 이를 '현무의 변'(626)년 이라고 한다.

그후 그는 '정관의 치'라고 불리우는 최고의 전성기를 구가, 군주의 이상형으로 칭송됐다. 그의 통치하에서 3성 6부의 중앙관제, 균전제의 토지제, 조용조의 세제, 부병제의 병제 등이 637년 율령격식으로 완성됐다.

대외적으로 그는 대원정을 강행하여 주변국가에게 책봉관계를 강요하고 중국 중심의 세계질서를 구축하였다. 그러나 고구려 원정은 번번히 실패하고 말았다.

일본에 이는 새바람, '대화개신'

당나라 제도 보다 강력한 '천황정부'건설

일본의 나카노 황자와 내신 가마타리는 쿠데타로 집권한 이후 일련의 대정치개혁에 나섰다.

중국의 제도를 본받아 처음으로 '대화'라는 연호를 도입, '대화개신(大化改新)'이라고 불리는 이번 개혁의 핵심은 641년 고토쿠 천황의 칙령을 통해 발표됐다.

그 주요 내용은 ▲모든 토지는 천황에 귀속 ▲전국에 행정·군사조직을 설치, 천황이 직접 관할 ▲인구조사로 공정한 토지분배 ▲공평한 조세제도 마련 등이다. 현재 농가 인구에 근거한 세제의 기초가 마련되고 있으며 중국식 수도의 설계도 계획 중이다. 또 법률을 처음으로 제정, 당나라의 제도를 본뜬 정부 부서들이 만들어지고 있는데, 대부분의 관직은 당나라 유학생들로 채워지고 있다.

그간 여러 씨족들이 난립, 음모·암살로 얼룩졌던 일본은 효율적이고 중앙집권적인 천황정부를 세우는 데 성공한듯 평가된다.

역사신문

三韓一統 …

나 · 당 연합군, 백제 · 고구려 멸하다

한반도 패권 놓고 신라 · 당, 총력전 태세
백제 · 고구려 유민들 저항운동 전재

660년 나 · 당 연합군에 의해 백제의 사비성이 힘없이 함락되고, 연개소문이 죽고난 후 내분에 시달려온 고구려 역시 668년 연합군에 항복함으로써 삼국이 하나로 통합됐다.

통일을 달성한 신라는 기쁨에 들떠 있는 분위기이나 신라마저 차지하려는 당나라와의 대결이 표면화될 전망이어서 이에 대한 철저한 대비책이 요망된다.

한편 고구려가 멸망하기는 하였으나 요동 및 만주 지역에는 항복하지 않은 여러 성들이 남아 있어 백제 멸망 후와 마찬가지로 고구려 유민들의 저항운동이 전개될 전망이다.

백제 멸망

수도 사비성 열흘 못 돼 함락
의자왕 "성충 말 들을 것을", 때늦은 후회

김유신이 이끄는 5만의 신라군은 이천을 거쳐 황산벌에서 백제의 5천 결사대를 물리치고 사비성으로 향했고, 소정방이 이끄는 당나라 군대 13만은 금강 기벌포에서 백제군의 별다른 저항없이 상륙에 성공, 사비성을 향해 파죽지세로 진격했다. 사비성에 집결한 양국군대는 7월 12일 수도 사비성을 공격했다. 나 · 당 연합군이 백제군을 대패시키며 성으로 육박하자 의자왕은 "성충의 말을 듣지 않고 이에 이른 것을 후회한다"고 말하며 태자 효와 함께 웅진 성으로 피신했다. 사비성 안에서는 의자왕의 둘째 아들 '태'가 남아서 항전했으나 의자왕의 셋째 아들 부여융과 태자 효의 아들 문사가 성 밖으로 투항하고, 마침내 소정방의 군사가 성위에 뛰어 올라 당의 깃발을 세우자 7월 18일 태도 항복하고 말았다. 불과 열흘도 버티지 못하고 수도가 함락된 것이다. 이에 웅진성에 도망했던 의자왕도 태자효와 돌아와 여러 성과 함께 항복하니 백제는 시조로부터 31왕 678년만에 망하고 말았다. 백제의 호수는 78만이었고 영토는 5부 37군 200성으로 편성되어 있었다.

고구려 멸망

연개소문 사후, 전황 구구려에 급속히 불리해져

백제 멸망 직후 당은 고구려에 대해 즉각적인 공격을 시작했으나, 백제 원정때보다 훨씬 많은 병력을 동원하고도 전쟁에 승리하지 못했다. 그러나 666년 연개소문 사후 구심력을 상실한 고구려는 분열을 거듭, 당나라와 신라의 적극적인 공세 앞에 결국 무너지고 말았다. 666년에는 고구려는 국토의 심장 평양성까지 쳐들어온 당나라 군대를 막아내는 데 성공했지만 666년 이후 요동의 성이 차례차례 함락되고 당나라 원정군과 이에 합세한 신라군에 의해 한달여 동안 포위되어 있던 평양성마저 668년9월 21일 함락되고 말았다.

패배를 인정한 보장왕은 막리지 남산으로 하여금 수령 98명을 거느리고 백기를 가지고 가서 이적에게 항복케 하였는데, 막내 남건은 보장왕의 항복 결정에 따르지 않고 성에 남아 항전을 계속했다. 그러나 남산의 휘하에서 군사를 담당하고 있던 승려 도선 역시 당나라 장수 이적과 내통하고 사후 안전을 보장받은 후 성문을 열어주었다. 성문이 열리자 밀어닥친 당군은 성벽 위에 당의 기를 세우고 성에 불을 지르니 평양은 어이없이 무너지고 만 것이다. 이때 남건은 자결하려고 했으나 적에게 붙잡히고 말았다.

당나라는 백제를 멸망시키고 난 다음과 마찬가지로 왕을 비롯한 대신들과 백성을 당나라로 데려갔다. 고구려 점령지에는 도독부를 설치하고 평양에는 도독부를 총괄하는 기구인 안동도호부를 설치, 고구려 뿐만 아니라 한반도 전체를 지배하겠다는 의사를 분명히 하고 있어 이에 대한 신라의 대응이 주목되고 있다.

백제 멸망 이후 당의 고구려 공격 일지

661.4. 당나라 소정방, 육군과 수군으로 나누어 고구려 공격
661.8. 소정방이 이끄는 수군, 대동강 거슬러 평양성 포위 공격
662.1. 연개소문이 이끄는 고구려군, 사수전투에서 효태가 이끄는 당군과 싸워 당군을 전멸시킴. 이 싸움에서 당의 장수 효태 및 그 아들 13일 모두 전사.
662.2. 소정방, 평양성 포위를 풀고 퇴각
666. **연개소문 사망.** 고구려 분열. 형제간의 권력 다툼 끝에 남생 당에 투항
666.12. 연개소문 동생 연정토, 신라에 투항.
666.12. 당 이적, 고구려 공격
667.9. 당 이적(李勣), 요동의 요새지, '신성' 함락. 16성 점령
668.1. 당, 유인궤 군대 증파
668.2. 당 李勣, 서북요새 부여성 함락. 40여성 항복
668.9. 당 평양성 포위 공격.
668.9. 평양성 함락.

관련기사 2 · 3면

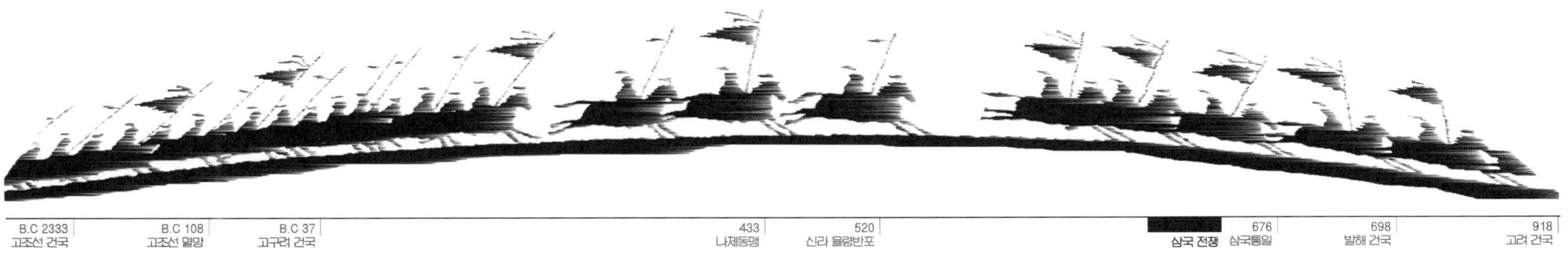

역사신문

신라여, 결사항전의 자세로 당과의 전쟁에 임하라

정복민 차별 없애 민족의 총력을 모아야

648년 나당 연합군이 결성됐을 때, 두 나라는 백제와 고구려를 멸하고 난 후 대동강을 사이에 두고 한반도를 분할 점령키로 약속했다. 668년 고구려가 멸망된 지금 20년 전의 약속이 실천되어야 할 역사적 시점에 와 있다. 그동안 신라는 연합군의 일원으로서 역할을 충분히 했다고 본다. 신라는 660년 백제를 멸망시키는 데 또 백제 부흥군을 토벌하는 데 큰 공헌을 했다. 고구려 정벌에서도 마찬가지이다. 당이 작전의 주도권을 쥐고 있었다고는 하나 661년 고구려를 단독 정복하였던 소정방이 군량 부족으로 위기에 처했을 때 신라는 위험을 무릅쓰고 군량을 보급해준 바 있으며, 평양성 함락 전투에서도 신라는 총병력을 투입하여 전쟁 승리에 큰 기여를 했다. 따라서 신라는 백제 고구려가 모두 멸망된 지금 약속대로 대동강 이남 영토를 차지할 권리를 가지고 있는 것이다.

그러나 여 · 제 양국이 역사 속으로 사라져버린 지금 당이 신라와의 약속을 이행하리라고 믿는 사람은 아무도 없다. 백제를 점령한 후, 당은 그 곳에 도독부를 설치하여 자신의 점령지처럼 권력을 행사했다. 한 술 더떠 당은 신라에도 도독부를 설치했으며, 신라의 세력이 커지자 포로로 잡아간 백제 왕자 부여 융을 웅진 도독으로 파견, 신라를 견제하기조차 했다.

우리는 양국간의 약속은 무산되었다고 본다. 당은 한반도를 송두리채 차지하려는 목적에서 고구려를 공격했으며 그것이 여의치 못하자 신라와 손을 잡았을 뿐 한반도 지배 야욕에는 한치의 변화도 없는 것이다. 이제 신라는 백제, 고구려를 멸망시키는 데 당을 실컷 도와주고 나서 홀로 당과 맞서야 하는 상태에 놓여 있다. 누가 말했 듯 삭풍이 몰아치는 광야에 홀로 서 있는 듯한 형국에 다름 아니다.

이제 신라는 당나라와의 전쟁을 준비해야 한다. 동맹은 이미 실종되어 버렸고 지금 남아 있는 것은 한반도 전체를 송두리채 차지하려는 당나라의 탐욕스러운 야욕과 그 앞에 위태롭게 놓여 있는 신라 존망의 위기이다. 신라가 당나라와의 전쟁에서 승리하지 못한다면 백제, 고구려의 뒤를 이어 역사 속으로 사라져야 할 기로에 서 있는 것이다.

신라는 당과의 전쟁에 모든 수단과 방법을 총동원해야 한다. 고구려 · 백제 유민을 대당 전쟁에 동원하기 위해 그들에게 승리자로서 군림할 것이 아니라, 차별을 줄이고 양국인과 신라인의 동족 의식을 한층 발전시키는 조치를 취하기를, 전쟁 포상에서 신분 차별이나 지역 차별을 철폐하여 피지배층의 적극적인 전쟁 참여 의지를 고양시키기를, 고리대 등으로 어려움에 처해 있는 민중의 삶을 개선시켜 그들의 사기를 북돋워주기를 강력히 요구하는 바이다. 그래야만 신라는 전쟁에서 승리할 수 있다.

그림마당

이은홍

고구려 · 백제 까부수는 거 … 당신이 도와줘 고맙다 해! 우리 샬람 큰 일 했다 해!!
처… 천만에! 그 일은 신라의 일이고, 당신이 도운거라고, 감사는 오히려 우리가……

백제, 멸망 이후 활발한 부흥운동 전개

주류성과 임존성을 근거지로 사비성 공격하기도
고구려 지원, 일본 참전 등 위세 떨쳐 … 지배층 분열로 결국 실패

663년 말 백제 멸망 이후 주류성과 임존성을 근거지로 왕족 복신, 승려 도참, 왕자 부여 풍, 그리고 임존성의 흑치상지, 지수신 등에 의해 전개됐던 백제 부흥운동은 한때 사비성을 공격하여 당과 신라를 위기에 빠뜨리기도 하고, 고구려의 지원과 일본의 참전 속에 멸망한 백제를 다시 일으켜 세우는듯 위세를 떨치기도 했다.

그러나 지배층의 분열로 부흥운동의 본거지 주류성이 함락되고, 부흥군의 최후 거점인 임존성도 함락됨에 따라 결국 실패로 끝나고 말았다.

당, 본국에 지원요청

부흥운동은 애초에 왕족 복신과 승려 도침이 주류성을 근거지로 군사를 모아 왜국에 가 있던 왕자 부여풍을 왕으로 받들고 왕조의 부흥을 선언, 서북부의 많은 성들의 호응을 받았다. 복신은 군사를 정돈, 661년 3월 사비성을 포위 공격했고 당군은 이에 맞서 본국에 구원을 요청하는 한편 신라에서는 왕이 친히 군사를 거느리고 참전했다.

싸움이 불리해지자 복신의 백제 부흥군은 임존성으로 후퇴, 흑치상지군과 합세했는데, 흑치상지는 임존성에서 봉기, 소정방의 군대와 싸워 승리해 북부 2백여성이 합세하고 그 휘하에 3만의 군대를 거느리고 있는 막강한 세력이었다. 이 당시 백제부흥군의 전력은 고구려의 지원으로 더욱 강화돼 661년 11월 1일 신라의 칠중성을 공격했고 662년 5월에는 술천성을 공격하기도 했다.

흑치상지軍, 휘하에 3만 거느려

부흥운동이 실패로 끝난 것은 663년 들어와 부흥군 지드층 사이에서 내분이 발생했기 때문이다.

복신이 도침을 죽이고 풍마저 제거하려 하다가 오히려 풍에게 살해당했다. 이때 당군과 신라군은 부흥군의 본거지 주류성에 대한 대대적인 공격을 개시했다.

이 싸움에는 일본의 수군까지 참전, 백제부흥군을 도왔지만 유인궤의 수군에 의해 왜의 병선 4백여 척이 불타는 등 참패하고 말았다. 이로써 전세가 불리해지자 풍왕은 고구려로 망명했고, 곧이어 주류성이 함락됐으며 중심을 상실한 나머지 부흥세력들도 항복하고 말았다. 그후 고립 상태에 놓여 있던 부흥군의 최후 보루 임존성도 마침내 함락됨에 따라 백제부흥운동은 막을 내리게 됐다.

인터뷰

백제 부흥군 장수 지수신

어떻게 멸망당할 때 보다 더 강하고 끈질기게 저항할 수 있는 힘이 나올 수 있었는가.

백제의 멸망은 중앙의 귀족들의 분열과 의자왕의 방탕으로 구심력이 상실되어 국력이 한데 모아지지 못한 상태에서 적의 공격을 받아 중앙 정부가 무너진 것이다. 부흥운동이 전개될 수 있는 힘은 곳곳에 남아 있었다.

신라가 백제를 무너뜨리기 위해 당을 끌어들였는데 이 일에 대해 어떻게 생각하는가.

우리는 신라와의 싸움에서 패한 것이 아니라 당에 패배한 것이다. 그 점은 전쟁이 끝난 후 백제에 대한 지배권을 누가 행사하고 있는지를 보았을 때 분명해진다. 당은 백제 지역을 자신의 행정구역에 따라 편제했고, 백제인을 포로로 잡아간 것도 신라가 아닌 당나라였다. 신라는 백제를 정복하고도 그 어떤 것도 얻지 못했다. 신라는 큰 실수를 한 것이다. 당이 고구려를 정벌한 후 다음 먹이는 신라가 될 것이다.

당, 신라 문무왕에게 웅진도독 부여융과 화친 서약 강요

당의 한반도 지배 야심 노골화, '이이제이' 수법으로 신라 성장 억제

664. 8월 신라는 당 칙사 유인원, 부여융과 더불어 웅진 취리산에서 화친을 서약했다. 백마를 희생하여 맹서를 약속했는데, 먼저 땅귀신(祇神)과 강과 계곡의 신에 제사하고 맹서문을 읽고 난 다음 백마의 피를 나누어 마시는 순서로 진행됐다. 희생으로 삼은 백마는 제단 북쪽에 파묻고 그 글월은 신라 종묘에 보장했다. 맹서문은 유인궤가 작성했다.

이번의 화친서약은 백제 부흥운동 진압에 성공하자 당이 문무왕에게 원하지 않았던 화친을 부여융과 맺도록 강요, 신라로 하여금 당이 주도하는 외교 질서를 받아들여 당의 지배를 받는 나라로 삼으려는 의도를 노골화시킨 것으로 해석할 수 있다. 현재 당은 동북아 지역을 지배하기 위해 고구려를 멸망시키는 동시에 신라의 성장 또한 억제시켜야 하는 과제를 안고 있다.

백제 멸망 직후부터 독자적으로 고구려 원정을 감행한 바 있는 당나라는 신라의 성장을 억제하기 위해 백제를 이용하여 신라를 견제하는 이른바 '이이제이' 수법을 활용하고 있는 것으로 보인다.

신라와 웅진도독간의 화친서약 내용

… 당나라는 부여융을 웅진도독으로 삼아 그 선조의 제사를 받들게 하고 옛 땅을 보전케 하니, 신라와 서로 의존하여 길이 우방이 되어 각기 오래된 감정을 풀고 호의를 맺고 서로 화친할지어다. 또한 각각 당나라 황제의 소명을 받들어 길이 번속할지어다. 이를 위해 유인궤를 보내어 친히 권유하니 그대들은 서로 혼인을 약하고 맹서를 지어 희생을 죽여 그 피를 마시고 한결같이 돈목하여 재변을 나누고 환난을 구하고 형제와 같이 사이좋게 지내지며 정성껏 황제의 말을 받들어 헛되이 돌리지 말고, 맹약 후에는 함께 절의를 지킬 것이며 만일 맹약을 어기어 군사를 일으키어 변경을 침범하는 일이 있으면, 그때에는 신명이 내려다 보고 백가지 재앙을 내리어 그 자손을 기르지 못하게 하고, 그 사직을 지키지 못하게 하고 제사가 끊어지게 할 지니라. 그러므로 이에 金書鐵卷을 만들어 종묘에 보관해 두니 자손들은 만대토록 위범치 말라. 신이여 듣고 歆饗하고 복 주소서…

당, 신라에 도독부 설치

"자주국가에 도독부 설치가 웬말이냐" 신라측 크게 반발

663년 백제 부흥군을 격퇴하기 위한 전쟁이 한창인 시기인 4월, 당은 신라에 계림대도독부를 설치하고 문무왕을 계림대도독에 임명했다. 이에 대해 신라의 한 고위층은 "당이 점령지를 지배하기 위해 설치하는 행정관서인 '도독부'를 엄연히 국왕이 존재하고 있는 자주국인 신라에까지 설치하는 것은 신라를 자신의 지배하에 두겠다는 야욕"이라며 분개했다.

고구려도 활발한 부흥운동

옛 백제 지역에서 당과 교전 중인 신라도 적극 지원

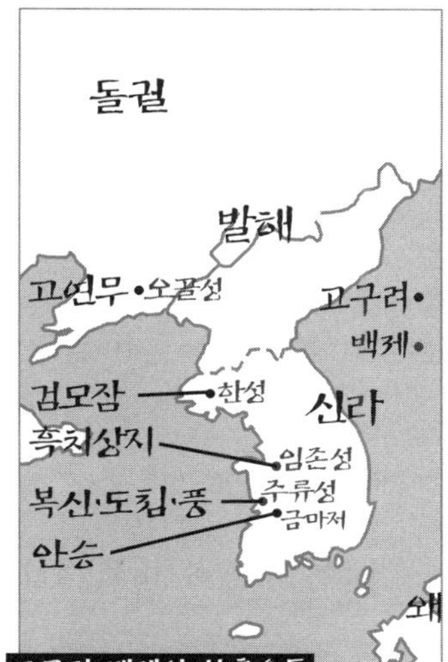
돌궐
발해
고연무 •오골성
고구려•
백제•
검모잠
한성
신라
흑치상지
임존성
복신·도침·풍
주류성
금마저
안승
왜
고구려 백제의 부흥운동

나라가 망하자, 고구려 유민들도 백제와 마찬가지로 부흥운동을 전개하고 있다. 고구려 장수 고연무는 670.4.4. 신라 장수 설오유와 연합, 압록강 건너 말갈병과 싸워 승리를 거두었다.

또 수림성 출신의 대형 검모잠은 궁모성을 근거지로 유민을 수습하여 패강 남쪽에 이르러 당의 관리와 승려를 죽이고 내려오는 길에 덕적도에서 고구려 왕족 안승을 만나 고구려 왕으로 추대하고 왕조의 부흥을 선언했고, 이후 검모잠과 안승은 한성을 근거지로 당군을 공격하는 한편 신라의 후원을 청했다. 신라는 현재 백제 지역에서 당과 항전하고 있기 때문에 고구려의 부흥운동을 적극 지원하고 있다.

"고구려 멸망의 원인은 무엇인가"

사회 경제적 발전 수용해내지 못해

빈부격차 악화시킨 조세제도
귀족층 관직 독점이 고구려 멸망의 근본 원인

고구려의 멸망 원인에 대해 많은 사람들이 지배층의 분열을 1차적으로 지적하고 있다. 연개소문 사후 권력 다툼에서 패배한 남생이 당나라에 항복하여 당군의 길잡이가 되고, 연개소문의 아우 연정토는 신라에 투항하는 등 지배층의 내분은 극에 달했다. 하지만 좀 더 세밀히 들여다보면 고구려의 멸망은 사회경제 측면에서 이미 예견됐다고 할 수 있다.

필연적인 고구려의 멸망

고구려 초중반에는 일반민들간의 경제력의 차이가 크지 않았지만 그 후 농업의 발전이나 군공 혹은 관리로의 취임에 의해 일반 민들간의 경제력의 차이는 한층 심화됐다. 지배층의 재산은 전쟁의 승리나 국가로부터 받은 녹, 그리고 대규모 농업 경영에 의해 더욱 많아졌으며 반대로 조세 납부에 어려움을 호소하는 가난한 백성들도 늘어난 것이다.

	인두세	호세
상등호	조 5석, 포 5필	조 1 석
중등호	조 5석, 포 5필	7 두
하등호	조 5석, 포 5필	5 두

백성들간의 경제력 차이가 눈에 띄게 나타나자 고구려에서는 조세제도에 이러한 변화를 반영해야 한다는 사회적 압력이 커져갔다. 이에 따라 600년을 즈음하여 집집마다의 재산의 크기에 따라 세금을 매기는 '3등호제'가 마련되어 고구려의 모든 가호는 남성 호주를 기준으로 조 5석과 포 5필을 인두세로 내고 여기에 재산의 정도에 따라 상등호는 조 1석, 중등호는 7두, 하등호는 5두씩의 조를 추가로 내게 됐다.

그런데 이러한 3등호제는 재산의 차이를 제대로 반영해내지 못하는 문제점을 안고 있었다. 조세에서 호세의 비중이 높고 인두세가 작아야 가난한 백성의 조세 부담이 줄어들고 부자들이 세금을 많이 납부하게 될 텐데, 호세의 양이 인두세에 비해 상대적으로 너무나 작아 기와집에 살고 있는 상등호나 다 쓰러져가는 초가집에 살고 있는 하등호나 차별성이 없는 것이다.

가난한 백성들, 세금 · 전쟁 이중고

고구려의 세금제도는 재산의 차이를 제대로 반영하지 못하여 부자들에게 유리할 뿐 가난한 백성들에게 설득력있게 받아들여지지 못했으며, 가난한 백성들의 삶은 잦은 전쟁 속에서 더욱 몰락해간 것이다.

한편 관리선발 제도에 있어서도 고구려는 조세제도와 마찬가지로 사회의 발전상을 제대로 수용해내지 못했다. 고구려는 유학을 가르쳐 국가의 관리 후보를 양성하려는 목적에서 4세기 후반 태학을 설립(372)했으나 그후 300년이 지나도록 관리 선발이나 등용에 보다 합리적이고 효용성있는 방식을 마련하지 않았다.

지배층과 귀족의 이익만을 고집

5부의 귀족들이 협동에 따른 특권에 의하여 문무의 모든 관직을 장악했으며, 각지에서 성장하고 있는 계층들은 관리선발을 위한 합리적인 제도가 마련되지 않음으로 인해 자신의 능력을 제대로 인정받지 못해 당연히 고구려 지배층에 대해 적지않은 불만을 품을 수밖에 없었던 것이다.

결국 고구려 사회는 꾸준한 사회경제적인 발전에도 불구하고 일반민의 경제력의 차이를 반영하는 조세제도나 새롭게 성장하는 계층을 관리로 수용하는 선발제도를 갖추지 못하고 지배층과 귀족의 이익만을 고집함으로써 결국에는 체제 자체가 와해되고 만 것이다.

669.2.21. 문무왕 교서 발표

대사면 단행, 농민의 부채 탕감

지난날 신라가 고구려, 백제 양국과 절교하여 북으로 고구려를 정벌하고 서로 백제를 공격하느라 잠시도 편안할 때가 없었던 때, 전사들의 해골은 들판에 쌓여 있고 그들의 몸과 머리는 이곳 저곳에 나누어져 있다.

선왕 무열왕이 백성의 피해를 민망히 여기어 신라의 귀중한 몸임에도 불구하고 중국에 가서 병력을 황제에 청하였던 것은 본래 두 나라를 평정하여 길이 싸움을 없애고, 여러 대에 걸친 깊은 원수를 갚고 백성의 생명을 보존하려 함이었다.

그 때 백제는 평정되었으되 고구려는 아직 멸치 못한 채로 있었는데, 내가 선왕의 유업을 이어 받아 선왕이 이루지 못한 일을 마치었다. 지금 려제가 평정되고 사방이 안정하였기에, 전쟁에서 공을 세운 자에게는 이미 다 상을 주었고 전사한 혼령에게는 死者의 이바지로서 추증하였다.

그러나 저 감옥 속에는 아직 은혜를 입지 못하고 고통받는 자가 있다. 이를 생각할 때 잠자리가 편하지 못하고 음식이 넘어가지 않으니, 국내 죄인들의 죄를 용서하여 다음과 같이 벌을 면제하는 바이다.

금일 이전에 임금, 아버지, 어머니, 할아버지, 할머니를 죽이거나 살인죄 이하를 범한 자는 죄의 대소를 막론하고 모두 놓아준다. 죄를 범하여 관직을 빼앗긴 자는 모두 원직에 복구시킨다. 도적 죄인은 단지 그 몸만을 석방하되 훔친 물건을 변상할 재산이 도무지 없는 자는 물리지 아니한다.

또한 고리대로 인한 농민의 부채를 다음과 같이 탕감하는 바이다.

가세가 빈한하여 남의 곡식을 취하여 먹은 자로 농사 수입이 부실한 곳에 있는 자는 원금과 이자를 갚지 아니하여도 좋고, 만일 수입이 많은 곳에 있는 자는 금년 추수 때에 단지 그 원곡만을 갚고 이자를 물지 말도록 한다.

이달 30일을 기한으로 담당 관청은 이상 왕의 명령을 받들어 행하라.

문무왕의 부채탕감 조치의 의미

농민 생활 안정으로 왕권 강화 목적

귀족층 고리대 수탈 봉쇄, 농민들 생활에 숨통
악화된 경제 구조 바꿀 수 있을지는 미지수, 귀족들 반발도 문제

문무왕의 부채탕감 조치는 많은 사람들에게 충격적인 조치로 받아들여지고 있다. 대체적으로 각층의 반응을 살펴볼 때, 귀족들은 불만스러운 눈치이며 이와 반대로 그 동안 전시 체제에서 시달린 백성들은 적극적으로 환영하고 있다. 이점은 이번 조치의 핵심인 '부채탕감'을 살펴볼 때 그러하다. 그동안 귀족들은 전시체제하에서 몰락하고 있는 농민들의 열악한 처지를 이용하여 고리대를 통해 막대한 이득을 챙겨왔는데, 이번 문무왕의 조치로 고리대를 이용한 이윤 획득에 심대한 타격을 입었기 때문이다.

전쟁 중 고리대 수탈 더 심해져

전쟁 기간동안 고리대에 의한 수탈은 더욱 심화된 것으로 분석된다. 그것은 전쟁이 농민의 몰락을 가속시켜 고리대를 빌려 쓸 수밖에 없는 상황으로 대다수 농민을 몰고 갔기 때문이다. 그 동안 전쟁에서 자신의 사병을 거느리고 적극적으로 참여하는 진골 귀족들은 승리로 얻어지는 전리품을 통해 번영할 수 있었다. 이들은 전쟁 참여 공로로 왕실로부터 토지와 노비를 지급받아 자신의 경제적 기반을 더욱 넓혀나갈 수 있었다.

전쟁동원된 농민들 농사 못지었다

그러나 하급 병사로 전쟁에 동원되어 병역을 담당하거나 축성이나 전쟁물자를 수송하는데 징발되어 역역(力役)을 짊어져야 하는 농민은 기약없는 전쟁으로 인해 자신의 생업인 농사를 제대로 지을 수 없었기에 그 피해는 이만저만이 아니었다. 이와 같이 귀족의 경제력이 강화되고 농민의 몰락을 촉진시키는 전시 상황은 신라 사회에서 고리대가 활개칠 수 있는 좋은 조건이 되었던 것이다.

그런데 이번 조치로 귀족들의 대토지 확대 속에서 자신의 땅을 잃게 되고 고리대로 연명하면서 서서히 몰락의 길을 걸어야 했던 농민들은 조금이나마 숨통이 트일 수 있게 된 것이다.

그러나 이번 조치가 고질적인 고리대에 의한 수탈을 바로잡을 수 있을지는 의문이다. 신라사회는 여전히 고리대를 통한 농민 수탈이 저질러질 수밖에 없는 구조를 가지고 있는데, 이번 발표가 이와 같은 신라사회의 체질을 개혁하는 조치로 평가될 수는 없기 때문이다. 따라서 정부의 이번 부채탕감 조치가 농민의 생활을 안정시키는 데 어느 정도 기여하리라는 것은 사실이나, 고리대가 발생할 수밖에 없는 사회구조가 그대로 온존하고 있는 상태이므로 농민의 삶을 개선하는 근본적인 조처라고 말할 수는 없다.

농민생활 개선 근본조치로는 미흡

한편 이번 조치는 문무왕의 왕권 강화 의도와도 적지 않은 관련을 가지고 있는 것으로 분석된다. 전쟁 이후 많은 백성들의 몰락과 귀족의 경제력 확대는 왕권을 본격적으로 강화하려는 문무왕에게 있어 좌시할 수 없는 문제였다. 따라서 문무왕은 농민생활의 안정을 통해 국가의 경제 기반을 강화하고 귀족의 경제력 비대화에 제동을 걸고 왕권을 강화하기 위해 부채탕감 조치를 단행한 것이다. 이번 조치로 고리대를 통해 막대한 이득을 챙겨온 귀족들이 불만을 갖는 것은 당연한 현상으로 보여진다.

661년 태종무열왕, 김춘추 사망

604년 이찬 용춘과 진평왕의 딸 천명부인 사이에서 출생. 김유신과 함께 선덕, 진덕의 두 여왕을 보필하여 647년 상대등 비담의 난을 진압하는 등 전제왕권 강화에 기여했으며, 642년 대야성 함락 이후 위기에 처한 신라를 구하기 위해 여러 차례 당나라에 내왕하면서 외교적·군사적 도움을 받아 삼국통일의 기초작업을 진행. 654년 진덕여왕이 후사 없이 죽자 김유신의 도움으로 진골 출신으로 왕위에 오름. 660년 나당 연합군을 결성, 왕자 법민, 김유신 등에게 5만의 병력을 주어 백제를 공격 멸망시킴.

김춘추 사망 후 「신라일보」는 그의 죽음을 애도하면서 "당의 세력을 교묘히 이용하여 통일의 기반을 이룩한 불세출의 영웅 잠들다"라고 논평. 그러나 고구려 신문은 "당의 앞잡이가 되어 삼한을 당나라의 노예로 만들려는 인물 김춘추 죽다"라고 게재, 두 나라 사이의 불편한 관계를 다시 한번 확인.

666년 연개소문 사망

출생 연대 미상. 15세 때 아버지의 직책을 이어 대가 및 대대로가 됨. 631년 천리장성 공사에 착수, 당의 침입에 대비. 당에 대해 강경한 입장을 취하였던 그는 영류왕 및 온건 귀족들이 자신을 제거하려 하자 선수를 쳐서 이들을 제거(642년)하고 보장왕을 옹립한 후 태막리지로 독재 단행. 645년 당나라 군대의 공격을 막아내는 데 성공했으며, 백제 멸망 이후 당의 고구려에 대한 대대적인 공격 또한 막아냄.

연개소문 사망 이후에도 벌어진 신라, 고구려의 성명전은 김춘추 때와 마찬가지로 전개됐다. 고구려 신문은 "독립 자주의 정신과 대외 경쟁의 담략을 지닌 삼국의 제 1 인자 운명하다"라고 그의 죽음에 대해 논평했으나, 신라의 신문들은 "덕망이 없고 오만하고 무단적인 인물. 독재적인 폭압정치와 사치로 인해 백성이 고통을 겪어야 했고, 그에 따라 계급간의 반목과 단결심의 해이를 가져오게 됐으며, 타협과 융통성이 없는 무모한 대외 정책으로 국가적 몰락의 원인이 된 인물 분쟁의 씨앗을 남긴 채 유명을 달리하다"라고 비난조의 논평을 달았다

여·제 멸망 뒷 이야기

백제

건국 679년만에 멸망

기원전 18년 고구려 유이민 세력에 의해 건국, 마한 지역을 통합하고 한때 고구려를 압도했던 나라, 선진적인 정치제도와 문물을 자랑했던 나라, 중국의 문화를 적극적으로 수용하고 이를 자기 것으로 소화하여 문화가 화려하게 꽃피었던 나라, 새롭게 창조한 문화를 이웃 나라인 신라 및 일본에 전해준 나라, 최근까지도 신라를 군사적으로 크게 위협했던 나라 백제가 나·당 연합군에 의해 멸망. 이 때는 660년. 백제 건국 후 678년이 되는 해.

사람 변한 의자왕, 성충의 충고 외면

● 사비성 함락 당시 일본으로 망명해 목숨을 건진 백제 지배층 ㅇㅇ씨는 656년 의자왕이 충신 성충의 말을 들었더라면 신라가 감히 백제를 멸망시키지 못했을 것이라며 못내 아쉬워 하기도. 그는 655년 이후 왕이 달라지기 시작했다고 회상했는데 젊은 시절 훌륭한 군주였던 의자왕이 궁인과 더불어 황음, 방탕하여 술마시기를 그치지 아니하자, 당시 좌평이었던 성충은 656년 왕의 잘못을 간언, 이로 인해 왕의 노여움을 사 유배를 떠나게 되었다는 것.

유배지에서 좌평 성충은 죽음에 임박하여 "신이 항상 시세의 변천을 살펴보건데 반드시 전쟁이 있을 것입니다. 무릇 병사를 쓰는 데는 반드시 그 지리를 살펴 택할 것이니, 만일 다른 나라의 군사가 쳐들어오면 육로에서는 '탄현'을 넘지 못하게 하고 수군을 '기벌포' 연안에 들어오지 못하게 하소서"라고 상소. 물론 그의 상소는 수용되지 못 했다.

흥수의 탁견 외면 당해, 신라군 백제의 마지노선 뚫어

● 백제가 회생할 수 있는 기회는 660년 또 한차례 있었다고. 나당 연합군의 원정 소식을 듣고 어느 쪽을 먼저 공격해야 할지 결정을 못 내리던 의자왕은 이때 죄를 얻어 고마미지현(장흥)에 유배되어 있던 흥수에게 비책을 물었는데 흥수는 "당병은 수가 많고 군율이 엄하고 더구나 신라와 공모하여 전후 상응의 세를 이루고 있으니, 만일 평원광야에서 대전하면 승패를 알 수 없을 것이다. 백강과 탄현은 아국의 중요한 길목이다. 한 병사가 단창을 가지고서 능히 만인을 당할 수 있는 곳이니 마땅히 용사를 가려서 거기에 가 지키게 하여 당병으로 하여금 백강을 들어오지 못하게 하고, 신라인으로 하여금 탄현을 넘지 못하게 하라. 그리고 대왕은 성문을 닫고 굳게 지키고 있다가, 적의 군량이 다하고 사졸이 피로함을 기다려서 이를 분격한다면 반드시 적병을 깨뜨릴 것이다"라고 답.

그러나 대신들은 이를 믿지 않고 말하기를 "흥수는 오랫동안 유배중에 있어 임금을 원망하고 나라를 사랑하지 않을 것이니 그 말을 믿을 수가 없다. 당군이 백강에 들어서게 해서 물결 때문에 배를 정렬할 수 없게 하고, 신라군은 탄현에 올라 좁은 길에서 말을 정렬할 수 없게 한 다음, 이 때를 당하여 군사를 놓아 치면, 마치 조롱 속의 닭을 죽이고 그물에 걸린 물고기를 잡는 것과 같다"고 주장.

그러는 사이에 이미 당군과 신라군은 기벌포에 상륙하고 탄현을 넘어 백제의 마지막 방어선마저 뚫리고 말았다.

소정방, 신라 장수 매수 기도

● 백제 멸망이 임박하자 성안의 많은 궁녀들은 살아서 욕을 당하느니 죽느니만 못하다며 낙화암에서 백마강에 뛰어들어 스스로 목숨을 끊음.

● 전후 처리를 담당한 소정방은 의자왕 및 태자 효, 왕자 태·융·연 및 대신, 장수 88명과 백성 1만2천8백70명을 당나라 수도 장안으로 보냄. 이때 장안에 끌려간 의자왕은 그곳에서 쓸쓸히 병사함. 한편 당은 백제지역에 5개의 도독부를 설치.

● 소정방은 신라의 김유신 등 유력 장군을 매수하기 위해 점령한 백제 땅을 식읍으로 주겠다고 제의했으나 김유신 등은 이를 단호히 거절. 백제를 멸망시키고 신라마저 자신의 지배하에 두기 위해 취했던 이번 당의 신라 지배층 분열기도는 신라 장군들의 강건한 기상 앞에 일단 무산된 셈.

● 백제 지역에서 저항운동이 벌어지고 있으나 소정방은 이를 크게 염려하지 않고 유인원에게 군사 1만을 주어 사비성을 지키게 하고 8월 26일 귀국. 그러나 백제의 저항운동은 그가 떠난 후 더욱 거세게 전개.

고구려

연개소문 사후 귀족 내분으로 멸망

고구려 멸망 원인은 연개소문 사후 재연된 귀족들의 내분 때문. 이 내분은 연개소문 집안을 중심으로 하여 여러 귀족들이 자신의 이해관계에 따라 분열되면서 발생한 것. 이 싸움에서 패배한 남생은 당에 투항, 이번 전쟁에서 당군의 길잡이 노릇을 했으며, 연개소문의 동생 연정토도 666년 12월 성읍 12개, 인민 763호를 거느리고 신라에 투항. 하나로 단결돼도 국운이 왔다갔다 하는 판에 콩가루 집안 꼴을 하고 있으니 전쟁에 지는 게 당연.

● 고구려가 이 지경에 이른 원인은 연개소문에 있다는 게 전문가들의 견해. 정치적으로 독재권을 행사하면서 자신의 집권기 동안 민중의 삶을 돌보지 않아, 그가 죽고 난 이후 민심의 이반 속에 권력 투쟁이 극에 달할 것은 불을 보듯 뻔한 일. 심은 대로 거둔다고 연개소문이 뿌려 놓은 망국의 씨앗이 고구려 멸망을 가져온 것.

당나라 앞잡이 남산과 도선

● 당나라는 당에 협조한 고구려 지배층에게 벼슬을 내려줌. 그리하여 당나라 원정 군의 앞잡이 노릇을 한 남생을 비롯하여 항복했던 남산 및 승려 도선은 나라는 망하였으나 개인적인 부귀 영화를 누리게 됨. 한편 끝까지 항전하였던 남건에게는 유배형이 내려짐.

해외 소식

'한 손에는 칼, 한손에는 코란'

이슬람 제국, 북 아프리카 지역까지 정복

한손에는 칼, 또 한손에는 코란을 들고 전개되고 있는 이슬람 제국의 정복활동이 북아프리카 지역에까지 확대되고 있다.

마호메트가 죽은 뒤, 이슬람 교도들은 정치, 군사, 종교의 대권을 쥔 칼리프를 선출하였다. 칼리프는 아랍 인을 단결시킨 다음, '성전'을 통한 이교도 정복에 나서 비잔틴 제국·시리아·팔레스타인·이집트를 빼앗고, 페르시아를 쳐 이란을 손에 넣어 이슬람 제국을 세운 바 있다.

이슬람교도의 다섯 가지 교리

첫째 알라신만을 섬길 것
둘째 매일 같은 시간에 다섯 번 기도 암송
셋째 가난한 사람을 위해 자선할 것
넷째 매년 라마단이 돌아오면 해가 떠있는 동안 식음을 전폐할 것
다섯째 평생에 한번은 '메카'를 순례할 것

역사신문

4 의상대사, 당에서 귀국 671
3 신라, 고구려 왕족 안승을 고구려왕에 봉함 670
2 신라 김유신 사망 673
4 신라, 경주 왕궁 안에 안압지 조성 674
신라, 20만 당군 격파 675
4 의상대사, 영주에 부석사 세움 676

이제 平和의 時代는 오는가

신라, 치열했던 9년간의 나·당전쟁에서 승리

희망찬 평화의 시대를 향해 떠오르는 태양

이제 한반도에 평화는 오는가. 신라가 당나라와 한반도의 운명을 걸고 벌였던 격전에서 결국 승리하고 한반도 통일의 대업을 이루어냈다.

비록 신라의 통일이 대동강 이남선을 확보하는 데 그쳐 과거 고구려의 영토 대부분을 상실한 채 이루어진 것이지만, 한반도에 역사상 최초의 통일국가가 탄생되었다는 점에서 높이 평가되고 있다. 이민족이 완전히 축출된 하나의 국가 아래 단일민족을 형성하게 된 지금 모든 사람들은 그동안 힘들었던 전쟁이 이젠 다시 없기를, 이젠 안정된 생활을 할 수 있게 되기를 간절히 염원하고 있다.

고구려·백제 유민 포섭

어제의 동지가 오늘의 적으로 맞섰던 신라와 당나라. 당나라는 백제 멸망 이후 백제 점령지에 웅진도독부를 설치해 백제에 대한 지배권을 행사했으며, 고구려를 멸망시킨 후에는 한 술 더 떠 한반도의 도독부를 모두 관할하는 행정기구인 '안동 도호부'를 평양에 설치했다.

이에 맞서 신라는 우선 당나라의 지원을 받아 부흥의 움직임을 보이고 있는 백제 지역을 공격, 671년 백제의 중심지 부여를 점령하고 그곳에 소부리주를 설치해 백제에 대한 지배권을 확립했다. 신라의 백제 장악 이후 한반도를 차지하려는 당나라와 대동강 이남선을 확보하려는 신라는 정면으로 충돌, 결국 양국의 관계는 전면적인 군사대결로 치달았다. 이 과정에서 신라는 고구려의 부흥운동을 적극 지원하였으며, 백제 세력도 최대한 끌어들여, 삼국간에 '우리는 한 편'이라는 동질감이 형성됐다.

백제지역에서 당군과 충돌

671년 들어와 백제를 공격한 신라군은 백제 지역에 지배권을 지속시키려는 당군과 충돌하게 된다. 671년 6월 신라군은 석성 전투에서 당군과 처음으로 싸워 적군 5천3백명을 살상하는 대승을 거두었다. 신라가 당의 지배질서에 반기를 들자 당나라 설인귀는 신라의 행동을 나무라며 백제의 옛 땅을 돌려줄 것을 요구했다. 그는 신라에 대해 "이런 식으로 나오면 가만히 안 두겠다"는 일종의 협박문을 보냈다. 그러나 문무왕은 신라의 행동이 정당함을 주장하는 글을 보냄으로써 "어디 할테면 해보라"는 식의 강경한 자세를 취하면서 일전을 불사하겠다는 선전포고로 반박한 것이다. 동시에 문무왕은 부여에 소부리주를 설치하고 도독을 파견하여 백제에 대한 지배권을 확립했다.

매초성, 기벌포에서 마지막 전투

상황이 이렇게 되자 당은 신라에 대해 본격적인 공격을 퍼붓게 되고 두 나라 사이에는 치열한 공방전이 전개됐다. 마침내 675년 나당 전쟁의 분수령이 되는 전투가 매초성 일대에서 일어났다. 이 전투에서 신라는 매초성에 주둔하고 있던 이근행의 당군 20만 대군을 공격하여 수만의 적을 죽이고 전마 3만3백80필을 획득하는 대승을 거두었다. 이후 신라군은 당군과의 크고 작은 전투 18회를 치러 모두 이겨 적군 6천47명의 목을 베고 전마 2천필을 획득하는 전과를 올리면서 육전을 마무리지었다. 물론 이 싸움에서 신라측의 인명피해도 적지 않은 것으로 파악되고 있다. 아달성의 성주 소나, 칠중성의 소수 유동, 적목성의 현령 탈기(脫起), 석현성의 현령 선백(仙伯) 등이 전사했다.

다음해 676년 기벌포에서 설인귀가 이끄는 당나라 수군을 신라 장수 시득이 22번의 난전 끝에 격파함으로써 한반도 남부에서 당의 세력을 완전히 축출하는 데 성공했다.

해가 솟는다
창과 칼
병사들의 함성
그리고 피와 죽음으로 뒤덮혔던
이 산하 위에
눈부신 햇살 받으며
오랜 침묵에서
평화가 깨어나고 있다.
장구한 세월
후손들에게 길이 물려줄
간절한 염원으로
새시대의 도래를
노래하노라.

역사신문

삼국통일의 의의와 과제

고구려 영토 완전회복과 백성 위무 시급

660년 당나라와 연합하여 백제를 멸망시키고 그 후 전개된 당나라의 고구려 정벌 전쟁을 지원하면서 한편으로 당과의 대결을 준비해온 신라는 668년 고구려 멸망 이후 당과 본격적인 전쟁을 벌였다. 676년 마침내 신라는 당나라의 세력을 대동강 이북으로 몰아냄으로써 백제의 전국토 및 백성이 신라에 포함되고 고구려의 일부 국토와 백성도 아우르는 삼국통일을 이룩했다.

삼국 중 가장 국력이 약하고 후진적인 나라였던 신라가 삼국을 통일할 수 있었던 요인을 설명하는 것은 그리 어려운 일은 아니다. 6세기 이래 신라는 정치체제를 정비했으며, 경제적으로 고구려·백제에 못지 않은 농업 생산력을 갖추는 등 발전을 거듭해왔다. 또한 삼국 전쟁 막바지에 고구려나 백제가 귀족층의 분열로 정치가 혼란스럽고 피지배층에 대한 과중한 수탈로 백성들이 아래로부터 무너지고 있었는데 반하여 신라의 지배층은 강건한 기상을 유지하면서 피지배층의 적극적인 전쟁 참여를 유도하는 정책을 실시했으며 대외관계도 자신에게 유리하게 전개하여 통일을 달성할 수 있었다.

그러나 통일의 의의에 대해서는 논란의 여지가 있다. 신라인들은 신라의 삼국통일로 한반도에 하나의 통일정부가 세워지고 그 정부 아래 하나로 뭉칠 수 있게 됐다고 통일의 의의를 설명하고 있다. 또한 문화의 바탕도 단일한 것으로 정리되어 민족문화의 기반이 확립되었다고 말한다. 우리 역사신문도 통일 과정에서 보여준 신라인의 강건한 기상을 치하하는 바이며 또한 위에서 언급한 통일의 의의도 부정하지 않는 바이다. 그러나 신라의 지배층은 자신의 통일이 고구려 지역 대부분을 상실한 영토면에서 불완전한 통일이라는 일각의 비판에 귀기울여야 할 것이다. 만일 신라가 앞으로 고구려가 가지고 있었던 영토를 회복하지 못하고 그 지역을 중국이나 그밖의 다른 민족에게 내주고 만다면, 우리의 후손들은 신라의 삼국통일에 대해 부정적인 평가를 서슴지 않고 내릴 것임을 명심해야 할 것이다.

신라의 지배층이 명심해야 할 과제가 또 하나 있다. 백제·고구려 유민에 대한 처리 문제이다. 당나라와 싸우는 과정에서 신라·백제·고구려인이 연합함으로써 세 나라간의 동류의식이 보다 농도 짙은 동족의식으로 발전할 수 있었다. 그러나 신라인과 백제·고구려 유민 사이에는 이질감이나 차별의식이 존재하고 있으며 이는 하나의 통일 국가로서의 기반을 다지는 데 부정적인 작용을 할 수 있다. 따라서 신라는 넓은 포용력으로 백제·고구려 유민을 수용하여 이들에게 정복지 백성이 아닌 새로운 사회의 한 구성원이라는 인식을 심어주어야 겠다.

마지막으로 신라 지배층은 오랜 전쟁으로 가장 지쳐 있는 사람은 다름아닌 백성들이라는 사실을 잊어서는 안 되겠다. 전쟁에 시달린 백성들에게 안정된 삶의 기반을 마련해주어야 통일국가의 기반을 튼튼히 할 수 있다는 것을 명심하기 바란다.

그림마당

이은홍

삼국통일
어쨌든…해 낸거야!
당

신라가 나·당전쟁에서 승리할 수 있었던 요인

전공에 따른 포상에 신분적 차별 없애
고구려·백제 유민 통합에 성공

작은 나라 신라가 강대국 당과의 대결에서 승리를 거둘 수 있었던 요인은 무엇인가? 신라의 승리는 우선 당과의 전쟁에 보다 많은 병사를 보다 적극적으로 참여시킬 수 있었던 획기적인 정책에 힘입은 바 크다고 할 수 있다.

신라 정부는 하층민과 지방민이 적극적이고 자발적으로 전쟁에 참여하는 것을 유도하기 위해 공적에 따라 상을 내려주는 데 있어 신분적 차별이나 지역적 차별을 최대한 철폐했다. 따라서 하층민이나 지방민이라 할지라도 전쟁에서 공을 세우면 상도 받고 관등도 높일 수 있기에 이들은 보다 적극적으로 전쟁에 가담하게 된 것이다.

또한 빈민들의 부채를 탕감해주어 병사의 대다수를 차지하는 이들의 사기를 북돋워준 것 역시 같은 효과를 발휘한 것으로 보인다.

한편 수도 경주에 거주하고 있는 사람들에게만 주었던 중앙의 관등을 지방민과 고구려·백제의 일부 지배층에 부여하여 지방민의 차별의식을 없애고 고구려·백제 유민을 신라 내부로 포용하여 이들을 나당 전쟁에 참여시킬 수 있었던 점도 또 하나의 요인으로 지적할 수 있다.

삼국통일을 맞는 각층의 입장

통일이라는 선물, 새로운 문제의 시작

오랜 전쟁이 끝나자 한반도의 백성들은 그 무엇보다도 목숨이 오고가는 싸움터에서 벗어날 수 있다는 데 감격하고 있다.

그동안 삼국은 대략 3백년간 전쟁을 치른 셈인데, 평생을 전쟁에 시달린 사람도 적지 않다. 통일을 맞는 각계각층의 생각을 들어보았다.

농민들, 고리대 갚을 길 막막

평생동안 전쟁과 노역에 동원되어 이제는 허리를 제대로 펴지 못할 정도라는 삽량주의 가실씨는 "이제 더 이상 전쟁으로 부모 형제를 잃는 슬픔을 겪지 않을 것이다. 또한 성을 쌓는 고된 노역에 동원되는 일도 줄어들게 됐으니 정말 기쁘다"며 평화가 찾아온 데 대한 반가움을 감추지 못했다.

그러나 백성들은 기쁨에 들뜰 수만은 없는 실정이다. 오랜 전쟁을 치르면서 이들 백성의 상당수가 경제적으로 매우 큰 어려움에 처해 있기 때문이다. 모량리의 한 농민은 "전쟁 동안 이곳 저곳 전선으로 끌려다니고 성을 쌓는 등의 노역에 동원되다 보니 농사는 완전히 망쳤다"고 울상을 지으며 "산 입에 거미줄을 칠 수 없어 할 수 없이 귀족에게 고리대를 빌렸는데 갚을 길이 막막한 실정"이라며 한숨을 내쉬었다.

집권층, 통일 후 정책마련 부심

집권층의 반응은 사뭇 다르다. 국왕을 비롯한 신라 집권층은 당나라 군대를 물리치고 삼국통일을 자신의 손으로 이룬 것에 감격하면서도 "보다 넓어진 영토와 백성을 다스리기 위해 이전과는 다른 정치제도나 사회제도가 마련되어야 할 것"이라며 통일 후의 정책 마련에 고심하고 있다.

진골, 왕권강화로 세력약화 우려

한편 진골 귀족들은 전쟁 종식 이후 국왕의 권한이 갈수록 강해지고 있는 데 불안감을 금치 못하고 있다.

이름을 밝히지 않은 한 진골은 "즉위 이후 문무왕은 왕권을 강화하기 위한 조치를 취해왔으나 통일 이전에는 우리 귀족들의 도움이 필요했기에 어느 정도 자제하는 듯한 모습도 보여왔다. 그러나 이제 통일을 이루었으니 왕은 정치체제 정비를 통해 본격적으로 중앙집권을 강화할 것이다"라고 예상하면서 자신의 지위 약화를 우려했다.

육두품, 전문관료로 정계 진출 기대

반면 6두품 세력은 신라의 중앙 집권력 강화에 많은 기대를 걸고 있는 것으로 나타났다.

경주의 6두품 출신 최운경씨는 "진골 귀족의 권한이 강력하면 우리들의 정치 기반은 약해질 수밖에 없다. 그러나 국왕의 권한이 강화되면 사정은 달라진다. 강화된 집권력을 행사할 손발이 필요하게 돼 그 역할을 전문적인 행정관료에게 맡겨야 하고 그럴려면 유교에 바탕한 정치운영을 주장하는 6두품들을 기용할 수밖에 없는 것이다"라고 말했다.

이처럼 통일전쟁의 종결은 오랜만에 '평화'라는 선물을 신라에 안겨주었지만, 각 계층에게 각각 다른 의미로 다가오고 있는 것이 사실이다.

김유신 사망

삼국 통일의 일등공신이자 신라 최고의 명장

673년 7월 1일

김유신은 막강한 군사력을 바탕으로 김춘추와 정치적으로 결합, 진덕여왕 사후 후계자 선출시 김춘추를 왕위에 앉힘으로써 무열왕계를 연 장본인. 진흥왕 시절 백제 성왕을 전사시키고 신라 영토확장에 큰 공을 세운 장군 '김무력'의 직계 손자인 그의 집안은 가야 출신으로 신라에 귀화하여 진골로 편입, 정통 진골이 아니라는 이유로 정치적으로 소외되기도 했다.

그의 장례식에는 수많은 인파가 줄을 이어 살아 생전 그의 지위와 명성을 다시 한번 확인할 수 있었다. 특히 그는 신라의 운명이 걸린 당나라와의 일전을 앞둔 시점에서 사망, 신라인의 슬픔은 더욱 컸다.

한편 전쟁에 패배하고 살아남았다는 이유로 김유신으로부터 버림받은 아들 원술랑은 아버지의 장례식에 참석하려 했으나 아버지의 유지를 받든 어머니의 반대로 끝내 참석하지 못했

신라, 백제 유민에게 신라 관등 주기로

종전 백제 지배층, 최고 5두품 관직까지 지급될 듯
피정복민 통합과 민심 수습 위한 조치

673년 신라 정부는 백제 유민에게 구 백제 관등의 고하에 따라 차등있게 신라의 관등을 부여한다고 발표했다.

백제 멸망 이후 피정복민을 효율적으로 다스리고 민심을 수습하기 위해서는 유민에 대한 일정한 대우가 있어야 한다는 여론이 높아지자 이번 조치가 마련된 것으로 보인다. 백제 유민에 대한 신라 관등 지급은 백제 멸망 이후에도 부분적으로 이루어져왔는데, 671년 신라가 당군을 축출하고 백제 영토를 명실공히 확보하게 됨으로써 백제 유민에 대한 광범위하고 체계적인 포섭조치가 취해진 것으로 볼 수 있다.

이번 조치로 백제인 중에서 관계가 7등급 장덕 이상인 자는 신라의 관계를 지급받을 수 있으나, 그 이하인 자는 신라의 관등 체계에 편입될 수 있는 자격이 부여되지 않는다. 이에 따라 백제의 상당수 지배층들은 신라의 지배신분에 편입되지 못하고 탈락될 것으로 예상된다. 한편 백제 지배층은 신라의 신분제인 골품제 편제에 있어 최고 5두품 신분으로 편제될 것으로 보인다.

백제관계		신라관계			
관계	관계명	관계	중앙관계명	지방관계	지방관계명
2	달솔	10	대나마	4	귀간
3	은솔	11	나 마	5	선간
4	덕솔	12.	대 사	6	상간
5	한솔	13	사 지	7	간
6	나솔	14	길 사	8	일벌
7	장덕	15	대 오	9	일척

신라의 백제유민 관등 수여 기준표

고구려 왕족 안승, 고구려 왕에 봉함

옛 백제 지역 익산에 살도록, 일종의 '이이제이' 정책

670년 8. 1 신라 정부는 안승을 고구려 왕으로 삼고 금마저(익산)에 살게 했다.

문무왕은 책봉서에서 "강성했던 고구려가 남건·남산 형제에 이르러 불화가 생기어 집과 나라가 파멸되고 종묘와 사직이 없어지고 백성들이 마음 붙일 곳이 없을 새, 그대는 위기를 피하다가 인접 국가로 외로이 몸을 던져 오니 그 고통을 무엇에 비교할 수 있겠는가"라고 안승을 위로했다. 또한 문무왕은 "무릇 백성은 임금이 없어서는 아니되고, 하늘은 반드시 사람을 돌보아 명함이 있는 것"이라며 "보장왕의 정통 후계자로 오직 공이 있을 뿐이고 제사를 맡을 이도 공이 아니고 누구이랴. 공을 고구려 왕으로 삼으니, 공은 마땅히 유민을 위로하고 과거의 명맥을 이어나가 흥하여서 길이 이웃나라가 되어 형제와 같이 밀접히 할지어다"라고 당부했다.

해설

이번 조치는 신라가 당과의 전쟁에서 승리하기 위해 당과 싸우고 있는 고구려 유민을 적극적으로 지원하고 있는 맥락에서 이해될 수 있다.

한편 안승을 봉한 지역이 '백제' 익산이라는 점에 대하여 신라의 '이이제이(以夷制夷)' 전술이라는 분석도 있다. 백제와 고구려를 멸망시킨 신라는 점령지 백제 지역을 지배하기 위한 방법의 일환으로 '고구려 왕'을 내세운 것이다.

문무왕, 전제 왕권 강화 위한 개혁 착수

6두품 등용 행정력 장악에 박차, '진골 몰아내기'
진골 귀족층 강력한 반발, 김흠돌 중심으로 세력 결집에 나서

진골
국왕의 군사권장악
관료체제 강화

문무왕은 삼국통일 이후 전제왕권을 강화시키기 위한 개혁을 전개하고 있다. 현재 왕권 강화는 진골 귀족의 군사력 약화와 관료체제 강화라는 두 가지 방향으로 나누어 진행되고 있다.

국왕, 군사권 장악·관료제 강화

국왕이 가장 먼저 손을 댄 것은 왕권에 실제적 위협이 되고 있는 진골 귀족의 군사권을 박탈하는 것이다. 이를 위해 문무왕은 진골 귀족이 군사적인 실권을 장악하고 있는 군사기구인 '6정'을 대신한 새로운 군사제도를 만들고 있다고 국왕의 한 측근은 전한다.

이와 함께 문무왕은 관료체제 강화에 심혈을 기울이고 있다. 문무왕은 법전을 정비하고 행정관서를 정비한 후 행정관료를 대폭 확충하고 있는데 여기에 필요한 관료를 6두품 이하층에서 충원하고 있다. 이는 진골을 대신하는 새로운 정치세력을 형성하려는 의도로 풀이될 수 있다. 이에 따라 진골 귀족들의 회의 기구인 '화백회의'의 기능은 더욱 약해지고 있으며 동시에 화백회의의 장인 상대등의 세력도 힘을 잃고 있다.

이와 같은 문무왕의 개혁에 대해 진골 귀족내에서도 심상치 않은 반발의 조짐이 일고 있다. 문무왕의 왕권강화에 대하여 불만이 있는 기군관, 흥원, 진공 등의 진골 귀족들이 태자비의 아버지인 '김흠돌'을 중심으로 결집하고 있는 것이다.

김흠돌의 한 측근은 "문무왕의 아버지인 김춘추는 화백회의에서 여러 귀족들에 의해 왕으로 선출된 알천공을 김유신의 도움으로 몰아내고 왕위에 오른 인물이다. 그때부터 화백 회의는 힘을 잃어갔다"며 문무왕이 집권하면서 이러한 경향은 더욱 심화되고 있다고 지적했다.

진골, "가만히 있을 수만은 없다"

또한 그는 "이미 전쟁을 치르면서 많은 진골들이 도태되어갔다. 이러한 상황에서 우리라고 가만히 앉아서 당할 수만은 없지 않은가"라고 항변하고 있다.

전제왕권을 강화하려는 국왕과 자신의 기득권을 수호하려는 진골 사이의 대립이 예상외로 심각함을 알 수 있는 대목이다.

문무왕, 강수를 사찬으로 임명

여전히 신분적 제한 작용한 포상에 6두품 반발

673년 문무왕은 문장에 능하여 외교문서 제작을 맡아 삼국통일에 큰 공을 세운 강수(强首)에게 8등급에 해당하는 사찬의 관등과 더불어 해마다 벼 2백석을 내리는 상을 수여했다. 문무왕은 상을 내리면서 "강수는 뛰어난 문장으로 외교문서를 작성하여 중국과 고구려·백제 등의 나라에 뜻을 전했기 때문에 우호를 맺는 데 성공했다. 우리 선왕이 당에 청병하여 고구려·백제를 평정한 것이 바로 군사력이라고 말하지만, 또한 강수의 훌륭한 문장이 있었기에 가능한 일이었다"라고 말했다.

무열왕이 즉위하던 해, 당의 사자가 조서를 전했을 때 그 내용을 제대로 파악하는 사람이 없었다. 무열왕이 강수를 찾았고 강수는 조서를 보고 즉각 명쾌하게 해석하고 설명해내 주위 사람을 놀라게 했는데, 뛰어난 문장력을 갖추었던 그가 6두품 신분이었다는 사실이 진골 귀족들을 다시 한번 놀라게 했다.

강수라는 이름은 그를 총애했던 무열왕이 머리 뒤에 높은 뼈가 솟아 있는 그의 특징을 따서 지어준 이름이다. 강수의 원래 이름은 우두(牛頭). 그의 어머니가 꿈에 뿔 돋친 사람을 보고 임신했는데 아이를 낳으니 머리에 뿔이 있었다고 한다. 그는 원래 고령의 대가야 출신인데 현재는 신라의 가야 지배층 이주정책에 따라 중원경에 살고 있다.

> **6두품들, "포상 작다" 불만, "강수는 어느 진골보다도 국가 공헌도 높은 인물"**

이번 조치에 대해 6두품들은 상당히 서운해하는 분위기이다. 강수는 문장력이나 유교적 소양은 말할 것도 없고 국가에 대한 공헌만을 따질 때 진골 그 어느 누구보다도 기여한 바가 큼에도 불구하고 6두품이라는 신분적 한계로 인해 그의 관등이 제 8등급에 머물러야 했기 때문이다. 사실 강수는 평소 자신의 능력이 뛰어난 만큼이나 신분적 차별에 반감이 컸던 인물이라고 주위 사람들은 말하고 있다. 강수는 집안의 반대를 무릅쓰고 자신보다 신분이 낮은 대장장이 집안의 딸과 결혼한 사람이다. 아버지가 극구 반대했지만 강수는 가난하고 신분이 낮은 것이 부끄러운 일이 아니라 도(道)를 배워서 행하지 못하는 것이 수치스러운 일이라고 말하며 결혼을 강행했다.

통계로 본 삼국의 전쟁

연 26개국 4백60여회의 전쟁, 2년에 한번 꼴 "전쟁의 시대"

(표1) 삼국의 교전 상대방과 전쟁 횟수

상대	신라	고구려	백제
말갈	13	1	26
옥저		2	
선비		1	
부여		4	
한		12	
낙랑	4	3	6
왕망		1	
현도		3	
연		15	
위		4	1
숙신		1	
거란		3	
대방		1	
돌궐		1	
수		5	
당	17	23	1
가야	7		
왜	34		
마한			2
우산	1		
신라		28	70
고구려	28		36
백제	70	36	
합계	174	143	142

삼국시대에는 연 26개국과 4백60여회의 전쟁이 있었다.(표1 참조) 대략 2년에 한번 꼴로 전쟁이 발발했다. 삼국은 전 시대를 통하여 전쟁이 비슷하게 계속됐으나, 삼국간의 항쟁이 가장 치열하였던 7세기는 '전쟁의 시대'라고 얘기할 수 있을 정도로 많은 전쟁이 발생했다.(표2,3 참조) 1년에 2번 이상 전쟁이 전개되었다.

시간이 흐르면서 전쟁의 양상도 많이 달라졌다. 초기의 전쟁은 지배층이 중심이 된 기병 중심의 싸움이었다. 그러나 시간이 흐르면서 전쟁이 더욱 치열해지자 전쟁은 총력전의 성격을 강하게 띠었으며 각국은 보다 많은 병력을 전쟁터에 동원하였으며 그 결과 한꺼번에 수만의 병력이 동원되는 것이 예사였다. 전투 역시 치열하여 상대 병력을 하나라도 더 살해하려는 대규모 살상전이 전개되어 그 양상은 매우 참혹하였다.

(표2) 시기별 전쟁 회수

시기	기원전1세기	1세기	2세기	3세기	4세기	5세기	6세기	7세기
전쟁회수	6	52	37	51	54	60	50	150

(표3) 7세기 전쟁 상황

	신라	백제	고구려	말갈	거란	수	당	왜
신 라	x	35	13	5			17	1
백 제	35	x	1				1	
고구려	13	1	x		1	4	23	

고구려

연 20 개국과 145회의 전쟁 기록을 갖고 있다. 평균 4.9년에 한번씩 전쟁을 치룬 셈이다. 고구려는 3세기까지 주로 중국이나 북방민족과의 투쟁으로 일관하였다. 이러한 사실은 고구려가 북방민족과의 항쟁 속에서 성장하였다는 의미로 해석할 수 있겠다. 4세기에 이르러 고구려는 북방의 연과 남쪽의 백제와 충돌하면서 국가적 위기에 처하기도 하였다. 그러나 5세기 들어와 중국 동북부를 석권하고 백제에 수도를 함락시켰으며 신라를 자신의 지배하에 두는 등 중국동북부 및 한반도의 패자로 군림하였다.

6세기 말 수의 등장은 동아시아 세력 판도를 바꾸었다. 고구려는 수와의 대결에서 요동의 확보라는 과제에 봉착하게 된다. 요동은 그곳이 철생산과 같은 이유만이 아니라, 동아시아의 관문으로 동북아시아의 세력 판도에 결정적인 역할을 하기 때문이다.

백제

건국초 북으로는 말갈과 남으로는 신라와의 충돌 속에서 국가적 성장을 꾀하였다.

4세기에 들어와 백제는 고구려의 평양성을 공격하였으며 중국 및 일본으로 활발한 대외적 진출을 전개하는 등 전성기를 구가하였다. 그러나 5세기 고구려의 공세에 밀려 수도를 공주로 옮기는 비운을 겪기도 하였다. 동성왕, 무령왕을 거치면서 중흥의 기틀을 마련하고 성왕 시기에는 한강 유역을 되찾기도 하였으나 신라에 배반당하고 보복전에서 국왕이 전사하는 패배를 맛보며 국력이 쇠퇴하였다. 7세기 의자왕 때 신라를 압도하기도 하였으나 정치적 혼란과 지배층의 향락으로 멸망하고 말았다.

신라

7세기까지 173회의 전쟁 기록을 가지고 있다. 1-3세기까지는 백제와의 전쟁이었고, 3-5세기는 왜와의 싸움이었다. 사실 신라는 성장이 가장 늦은 나라였다.

삼국이 정립하는 4세기경 신라는 고구려의 영향력하에 놓여있었고 5세기 중엽 이후에야 백제와의 나제 동맹을 이용하면서 독자적인 세력을 쌓아나갔다. 그리고 6세기 들어와 고구려나 백제에 대해 공세를 취할 수 있을 정도로 성장하였다.

그후 신라는 수·당과의 대외관계를 유리하게 이용하면서 삼국을 통일할 수 있었다.

삼국의 무기

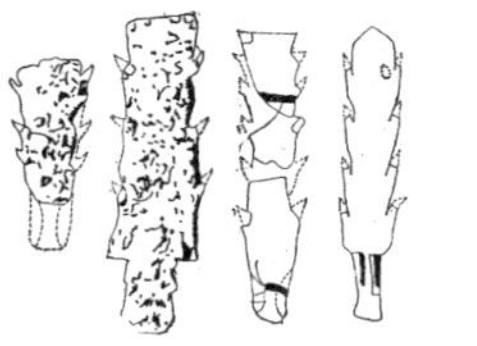

가지극의 끝 모양

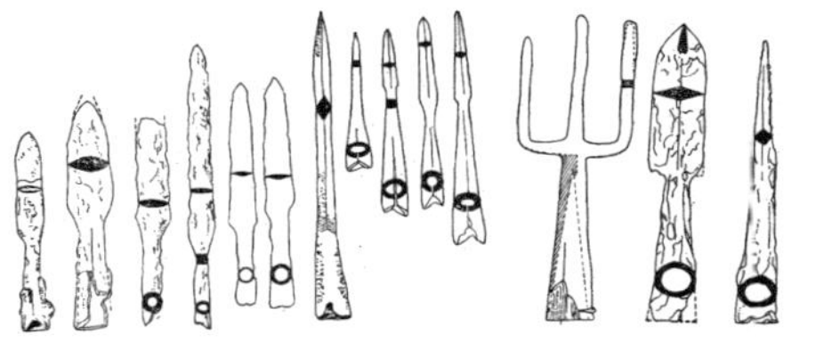

다양한 창끝 모양

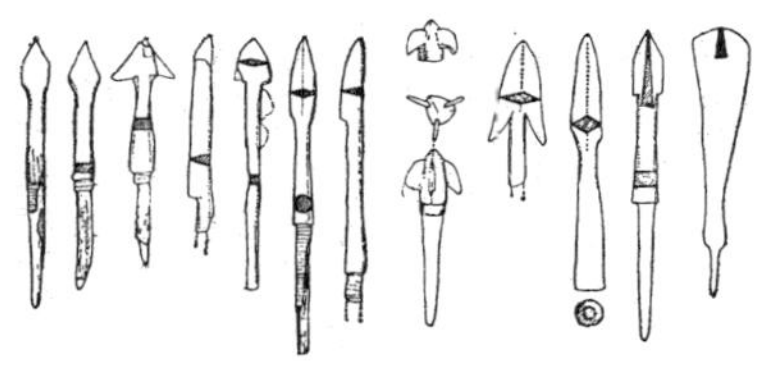

여러가지 화살촉

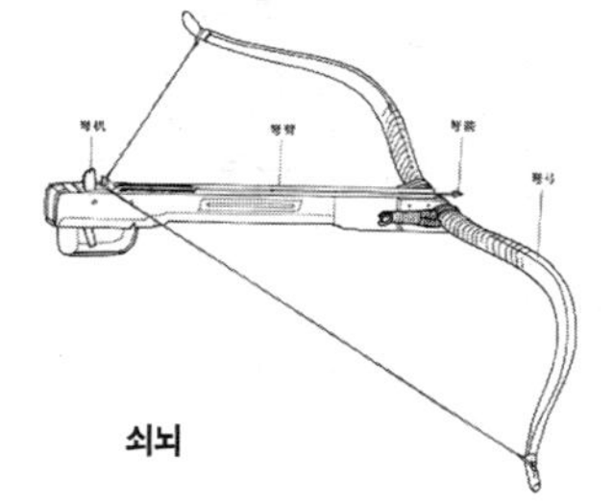

쇠뇌

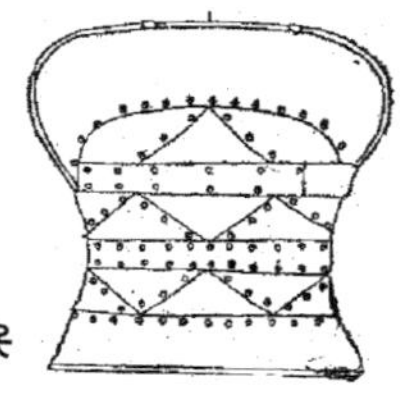

단갑옷

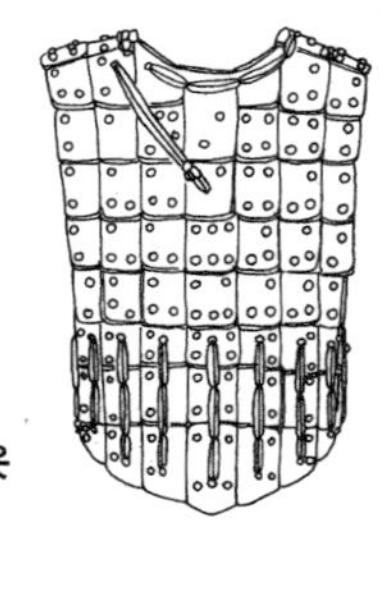

철갑옷

활과 화살

삼국의 활은 거의 모두가 만궁이며 단궁, 직궁에 비해 만궁은 퍽 어려운 기술을 요하는 복합궁이며 활의 성능이 비상하게 높은 것. 만궁을 이용하게 된 것은 말타고 활쏘기를 많이 했던 것과 관계가 깊음. 고구려의 경우 소의 갈비뼈로 활을 만들었는데 길이는 80cm 정도. 활채는 다섯개의 절로 구분돼 있고 활고자는 모두 휘어 있는 모습.

화살은 활촉, 화살대, 깃으로 구성. 화살의 길이는 60-70cm 정도. 화살대는 고구려의 경우 싸리로 만들었으며 가야 지방은 참대를 썼다. 깃은 주로 새 날개의 털을 이용.

활촉은 넓적촉, 뾰족촉, 변형 두 나래촉 등이 있다. 방어무장이 견고한 적에는 관통력이 센 뾰족촉을 썼으며, 그렇지 않은 적에게는 단번에 큰 상처를 입힐 수 있는 도끼날형촉 등 넓적촉을 사용. 소리 활촉은 신호용, 위협용, 또 지휘관의 지시용에 사용.

쇠뇌 (=석궁)

나무 틀과 굽은 만궁으로 되어 있음. 나무틀에는 화살을 놓고 날려 보낼 수 있도록 곧은 홈을 팠으며, 그 한쪽에는 쇠로 만든 발사 장치를, 다른 쪽에는 아주 센 굽은 활인 만궁을 나무틀과 직각으로 고정시킴. 활에 비해 표준이 더 정확하고 날아가는 힘이 더욱 강함.

찌르는 무기

창이 가장 대표적. 창끝의 형태는 뾰족, 삼지, 이지 등 매우 다양. 창자루의 길이는 신라의 경우 3m에 이르며, 창자루 뒤 끝을 보호하기 위하여 쇠로 만든 창 고달이를 끼웠다. 한편 '끌창'이라고 하여 창끝이 뾰족하지 않고 끌날처럼 넓적하게 생긴 것도 있다.

걸어 당기는 무기

가지극 - 몸의 한쪽에는 자루를 끼울 수 있는 동형의 주머니를 만들고, 장방형의 다른 쪽에는 가지가 양쪽으로 삐죽삐죽 나오게 만들어 걸어 당기는 무기.

중무장한 적의 기병과의 전투때 말에 탄 무사를 말에서 끌어내리는 데 사용. 신라 및 가야 지역에서 사용된 이 무기는 날카로운 갈고리 같이 생긴 가지로 기병을 걸어서 끌어당기는 대기병용 무기.

베는 무기와 치는 무기

쌍날칼 날이 칼몸의 양쪽에 있는 것. '검'이라고 부르기도 한다.

외날칼 한 쪽만 날이 있는 칼로서 칼몸이 뒤로 휜 것이 많다. 찌르는 것보다 베는 데 주로 사용되었음. 칼자루 뒤 끝에 만든 고리는 본래 거기에 길다란 천을 매서 손목에 감고 전투시에 실수하여 칼을 놓아도 그것이 떨어지지 않도록 하기 위하여 만든 것.

도끼 육박전에 이용.

공성 무기

포차 바퀴를 달아 끌고 다니는 투석기. 661년 고구려의 장군 뇌음신이 신라의 북한산성을 공격할 때 사용.

포노와 노포 성에 고정시키고 수성전에 쓴 투석기로 마름쇠로 만든 가시 덩굴 비슷한 것. 성 밖에 설치하거나 던져 군대나 말의 접근을 차단하는 장치. 661년 북한산성을 공격한 고구려군에 맞써 신라군이 사용.

갑옷

단갑 보병이 주로 착용. 가야의 단갑이 좋은 예. 이것은 높이 46cm, 어깨너비 31.5cm. 어깨, 가슴, 허리 등 주로 상반신만 가리게 마련된 철판제 갑옷. 삼각형과 장방형의 철판을 여러 단 이어 쇠못으로 붙여서 만들었는데, 뒷면이 높고 넓어서 어깨까지 덮게 되어 있고 앞면은 조금 낮고, 한 쪽은 착용하기 편리하게 열었다 닫았다 하게 되어 있다.

찰갑 작은 쇠찰갑을 수많이 연결하여 만든 것으로 기병이 주로 착용. 찰갑은 조각을 꿰어 만든 것으로 전체가 몸에 잘 맞을 수 있고, 각종 전투 동작을 자유로이 할 수 있었으며, 또한 금속제이므로 자기 몸을 보호하는 데 효력이 뛰어났다.

위아래 갑옷을 갖추어 입는 사람은 기병이었다. 반면 갑옷 저고리만 입은 자는 예외 없이 보병들이었다. 보병들은 시종 걸어다녀야 하드로, 갑옷 바지는 거치적거려서 불편하였다. 그러므로 그들은 갑옷 바지대신에 정강이 대기를 꼈다.

화려하지는 않으나 소박하면서 세련된 가야의 문화유산

가야의 문화는 근본적으로 신라와 거의 비슷하다. 이는 두 나라가 차지했던 지역들이 선사 시대 이래 같은 문화 영역에 속해 있었기 때문이다. 더욱이 신라와 가야의 모체인 진한과 변한의 지배족들은 북쪽으로부터 거의 같은 시기에 비슷한 길을 밟아내려온 같은 문화종족이어서 문화적 동질성은 더욱 분명하다.

가야고분은 기본적으로 원삼국 시대의 여러 무덤 형식을 계승하고 있다. 가야고분에는 널무덤(토광묘), 독무덤(옹관묘), 돌널무덤(석관묘), 돌덧널무덤(석곽묘), 돌방무덤(석실분)이 있다.

널무덤은 지하에 구덩이를 파고 그 안에 주검을 넣는 무덤형식으로 낙동강 하류에 많다. 이 매장방식은 청동기 말기에 처음 등장했다. 독무덤은 독(항아리)을 사용한 것이며, 돌널무덤은 판석을 네모지게 조립해 만들고 그 안에 주검을 넣는 방식이다. 돌덧널무덤은 두꺼운 깬돌을 쌓아 네모진 돌덧널을 만들고 다시 그 안에 주검을 넣은 목관이나 석관을 배치한 양식이다. 이 무덤들은 돌덧널을 만들어 위로부터 주검을 놓은 구덩식(竪血式)과 세벽과 천정을 먼저 쌓은 뒤 터진 한쪽벽으로 주검을 놓고 그 벽을 막는 앞트기식(横血式)으로 구분되는데, 두 형식 중 구덩식이 먼저 만들어진 것으로 보인다. 돌방무덤은 가야 말기에 백제무덤의 영향을 받아 만들어진 것으로 널방(玄室)과 널길(연도)을 가진 것이 특색이다. 이 무덤들은 대체로 돌널무덤-->돌덧널무덤-->돌방무덤 순으로 변천했다.

가야의 토기는 신라와 마찬가지로 회청색의 단단한 토기와 적갈색의 무른 토기가 있으며 그 종류에도 항아리, 목항아리, 단지, 그릇받침, 잔, 시루, 굽다리 접시 등 신라지역에서 흔히 볼 수 있는 것들이다. 그러나 가야토기는 신라의 것에 비해 보다 날렵하고 세련된 모습이며 신라지역에서는 흔히 볼 수 없는 동물, 집, 신발, 배, 수레,등, 잔 등의 상형토기(象形土器)와 용도를 알 수 없는 이형토기(異形土器)들이 많아 특색을 나타내고 있다.

관은 신라의 것이 대부분 순금제의 맞가지솟은장식(出字形立飾)인데 비해 가야의 것은 대부분 금동제로 관테위에 풀꽃형(草花形) 또는 나무형(樹枝形)의 솟은장식을 달고 있다. 또한 신라의 관에서는 양옆으로 화려한 드리개를 늘어뜨려 장식하고 있으나 가야의 것에는 장식이 거의가 은제로 달개장식도 생략되어 있어 소박한 맛을 느끼게 한다. 그밖의 장신구로는 목걸이, 귀걸이, 팔찌, 반지 등이 있는데 신라의 목걸이가 금, 옥, 유리, 수정들의 풍부한 재료를 이용해 화려하게 만든 반면에 가야의 목걸이는 유리나 옥을 사용해 만든 간단한 것이 대부분이다. 귀걸이도 신라에서는 굵은고리와 가는고리 귀걸이가 호화스럽게 만들어진 반면 가야의 것은 가는고리 귀걸이만을 만들어 풍만함과 화려함에서 뒤진다고 보일 수도 있다. 그러나 가야의 귀걸이는 고리 밑의 중간장식과 드리개장식에 단순하면서도 뛰어난 세련미가 갖추어져 있다.

가야의 문화는 신라처럼 화려하지는 않지만 소박하면서도 세련미가 뛰어나게 발휘되고 있다. 그러나 재질면에서 신라쪽보다 뒤떨어지는 것은 신라가 귀족국가를 형성, 권력과 부의 집중이 가능했던 반면에, 가야는 그렇지 못했던 정치적 상황에 의한 것으로 풀이된다.

금동관

상형토기들

그릇받침들

적색토기들

뿔잔

이형토기들

삼국의 와당 문화

우리나라에서 기와집을 짓기 시작한 것은 확실치는 않지만 한나라의 무제가 위만조선을 멸망시키고 한사군을 설치한 기원전 2,1세기경이라고 할 수 있는데, 이때를 전후하여 한반도의 북반부에 목조기와집의 새로운 건축기술이 등장한 것으로 보인다.

기와는 지붕에 씌워 눈과 빗물의 침수를 차단하고 지붕 재목의 부식을 방지함과 동시에 건물의 경관과 치장을 위하여 사용된다.

기와 중 가장 기본적이고 많은 수량을 차지하고 있는 것은 가왓등과 기왓골을 형성하여 눈과 빗물에 대한 누수를 방지하기 위한 수키와(圓瓦,夫瓦), 암키와(平瓦,女瓦)이다. 대부분 그 표면을 선이나 격자무늬, 꽃무늬 등으로 장식했다.

그러나 간혹 절이름, 제작기호, 제작연대, 사용처 등이 새겨져 있기도 하다. 막새(瓦當)는 지붕의 추녀 끝에 사용되는 대표적인 기와로 수키와 끝에 원형의 드림새가 부착된 수막새와 암키와 끝에 장방형의 드림새를 부착한 암막새로 구분된다.

이러한 일반형의 기와 이외에 용마루의 양쪽 끝에 높게 장식된 치미, 각 마루끝에 귀신을 물리친다는 의미로 사용되는 귀면기와, 그리고 각 마루를 쌓아 올리는 적재, 서까래의 부식을 방지하고 이의 치장을 위한 거까래기와 등이 있다.

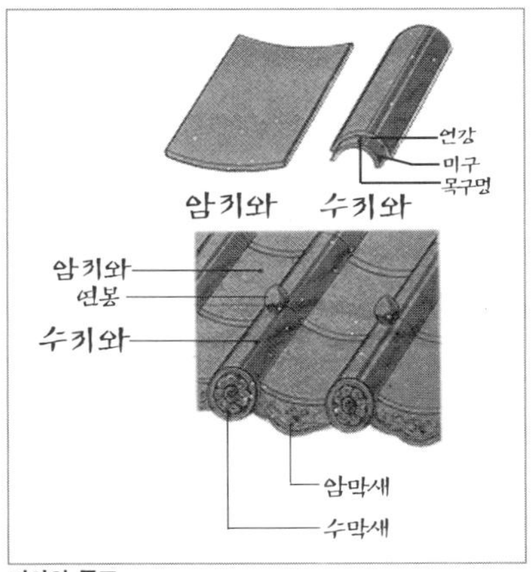
연강
미구
목구멍
암키와
수키와
암키와
연봉
수키와
암막새
수막새
기와의 구조

백제의 와당

고구려의 와당

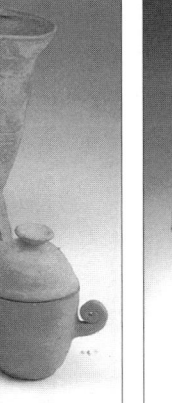

정림사지 석탑

미륵사지 석탑

분황사 석탑

삼국의 문화 유산

삼국은 훌륭한 문화 예술품을 만들어낼줄 아는 뛰어난 문화적 소양을 지니고 있었다. 삼국민의 문화적 소양은 불교의 영향 아래 삼국 시대에는 불상이나 탑 같은 불교 미술품에 잘 나타나 있다. 삼국의 불교 미술품은 불교가 중국을 통해 삼국에 유입되었기에 처음에는 중국의 양식을 모방했으나 점차 이를 주체적으로 수용하면서 독자적인 미의식을 보여주는 예술품을 만들었다.

독자적인 미의식을 구축할 수 있었던 것은 삼국이 자신의 역사적 경험과 자연환경에서 비롯되는 독특한 예술 세계를 가지고 있었기에 가능했다. 광활한 대륙을 말 달리던 고구려는 정열적이고 힘이 넘쳤으며, 한반도 곡창 지대에 자리한 백제는 주위의 나지막한 구릉을 닮아 우아하고 부드러웠다. 신라는 토우에서 보이듯 소박한 맛을 오래도록 간직하면서 고구려나 백제의 영향을 받아 세련된 맛을 더해갔다.

1) 삼국의 불상

고구려 : 웃음을 머금은 얼굴이다. 담담하고 신비로운 아름다움을 전해주는 미소이다. 이러한 '고졸한 미소'의 본고장은 고구려에 불교를 전해준 중국의 북위 시대 불교 미술이다. 그런데 연가 7년명 여래 입상의 미소는 북위식 불상 양식을 짙게 간직하고 있으면서도 비례의 아름다움이나 입체 조각의 솜씨에서 고구려 냄새가 분명하게 풍기고 있으며 미소 또한 고구려의 것으로 바뀌고 있다.

이러한 고구려식 불상들은 초기의 백제 불상의 발달에 바탕이 되었으며 한걸음 더 나아가서 신라 불상 조각의 성립에 밑거름이 되어주었다.

백제 : 유백색의 흰 곱돌로 단정하게 조각된 좌상으로 감았는지 떴는지 분간할 수 없는 도톰한 눈매, 그리고 풍만하면서도 차분한 얼굴

백제의 문양벽돌

토우

에 번져 나는 가냘픈 미소 등 담소한 아름다움이 신비스러운 매혹을 우리에게 일깨워준다.

신라 : 미륵보살반가사유상이 지닌 아름다움의 특색은 사색하는 부처님으로서의 깊고 맑은 정신적인 아름다움이 인체 사실의 원숙한 조각솜씨와 오묘한 해화를 이루어주는 데 있다.

이러한 불상 양식의 유래는 원래 석가여래가 출가하기 전 아직도 왕자였던 시대의 모습을 연상한 것으로 인생의 번뇌 속에 깊은 사색에 잠겨 있는 젊은 석가의 자태를 표현한 것이다.

2) 신라의 토우

신라는 삼국 중 발전이 가장 느렸다. 고구려나 백제가 중국의 문화를 빠르게 수용하여 세련된 미의식을 자랑할 때, 한반도 구석에 위치한 신라는 여전히 흙을 주무르며 토우와 같은 소박한 예술품을 만들어내고 있었다.

점토를 떡 주무르듯 빚어 만든 소박한 신라 시대 토우들은 서투른 표현을 보이는 것 같지만, 자세히 보면 신라 토우들은 표현할 것은 모두 다 이루어 놓은 듯싶을 만큼 실감나는 매력을 느끼게 한다. 토우는 신라인의 조형미의 원동력과 재질을 담고 있다.

3) 석탑

처음에는 중국의 탑을 흉내내어 목탑이나 벽돌탑 등이 만들어졌다. 그러나 점차 한반도에 풍부한 소재인 화강암에 주목하여 화강암의 질감이 자연스럽게 표현될 수 있는 형태를 모색하면서 '석탑'이라고 하는 독특한 양식이 만들어지는 시대였다.

익사미륵사지 석탑 : 7세기 전반 백제 무왕 때 미륵사를 지으면서 같이 만들어 세운 것으로 석탑이지만 형식은 목탑의 형식을 본 뜬 것으로 우리나라 탑 양식이 목탑에서 석탑으로 넘어가는 과정을 보여주는 귀중한 탑이다.

정림사지 석탑 : 탑의 높이는 약 8m로 목탑의 형식을 일부 간직한 석탑이다. 목탑에서 미륵사 탑의 단계를 거쳐 정림사 탑의 형태로 탑의 모양이 변화하는 것을 보면서 한반도의 독특한 탑인 '석탑' 양식이 만들어짐을 알 수 있다.

신라의 분황사 석탑도 익산 미륵사지 석탑처럼 과도기적인 성격을 보여주는 것이라고 하겠다. 중국에서는 흙을 구워서 만든 벽돌로 탑을 제작했는데, 이러한 형식을 본따서 돌을 벽돌 모양으로 다듬어 쌓은 벽돌탑을 모방한 석탑이다.

서산마애 삼존불

미륵보살 반가사유상

연가 7년명 금동여래입상

부석사라는 이름의 유래

큰 돌 떠오르게 한 선묘의 사랑

부석사는 그 이름이 매우 특이하다. 부석(浮石)이라는 말은 '돌이 뜬다'는 의미인데 부석사의 한 승려는 이 절의 명칭이 공사 당시 일어났던 비화와 관련이 있음을 밝혔다.

"의상대사가 부석사를 창건할 때 나쁜 무리들이 나타나 공사를 방해했다. 이때 공사장 주변의 큰 돌들이 갑자기 하늘로 둥둥 떠올랐다. 악당들은 이 모습을 보고 놀라 도망쳤다"며 이 사건에서 부석사라는 명칭이 유래했다고 말했다.

이 승려는 또 돌을 띄워 악당들을 쫓아낸 것이 바로 의상대사를 사모하던 '선묘'라고 말했다. "의상대사가 당나라에 유학을 갔을 때 '선묘'라는 아름다운 여인이 의상에게 반해 자신과 살자고 유혹했다고 한다. 그러나 의상은 수도에만 정진했으며 결국 선묘도 의상대사의 독실한 구도자세에 반하여 마음 속으로 흠모하게 됐다. 의상이 고국에 돌아가려 할 때 이 여인이 귀국길을 돌보겠다고 하며 거친 바다에 몸을 던져 용이 되어 의상이 무사히 신라에 돌아올 수 있도록 도왔다고 한다. 부석사 건축 당시 악당을 쫓은 것도 바로 선묘이다."

인터뷰

의상

각 현상이 서로서로가 원인이 되어 밀접한 융합을 이룬다는 것이 화엄사상의 핵심

625년
진골가문에서 출생.
19세 때
경주 황복사에 출가. 당 유학을 위해 원효와 함께 요동으로 갔다가 정탐꾼으로 몰려 고구려 순라군에게 잡히는 바람에 일단 귀국.
661년(문무왕1)
귀국하는 당나라 사신의 배를 타고 중국으로 들어가 화엄종 제2대 교조 지엄 아래서 8년간 화엄을 공부.
671년
귀국
676년
부석사를 세우기까지 전국의 산천을 편력하며 화엄사상을 펼 터전을 마련. 현재 화엄사상 유포를 위해 사찰 건립과 제자 양성에 주력 중.

주요저서
『화엄일승법계도』, 『백화도량발원문』,『일승발원문』 등

얼마전 문무왕이 하사한 토지와 노비를 거절한 이유는 무엇인가

불도의 법은 지위의 높고 낮음을 평등히 보고, 신분의 귀하고 천함을 없이 하여 한가지로 한다.

특히 『열반경』에는 8가지 부정한 재물에 관하여 나와 있다. 어찌 내가 토지와 노비를 소유할 수 있겠는가?

경주의 성곽 건설을 반대해서 결국 공사를 중지시켰다는 이야기가 화제가 되고 있다.

왕의 안목이 밝다면 비록 풀언덕 땅에 금을 그어서 성이라 하여도 백성이 감히 넘지 못하고 재앙을 씻어 복이 될 것이지만, 안목이 밝지 못하다면 아무리 큰 성이 있다하더라도 재해를 면하지 못할 것이다.

화엄사상을 간단히 설명해달라.

언뜻 보아 모든 사물은 제각기 한계를 지니면서 대립하고 있는 것처럼 보이지만, 사실은 항상 평등 속에서 차별을 보이고 차별 속에서 평등을 보이고 있는 것이다.

각 현상이 서로서로가 원인이 되어 밀접한 융합을 이룬다는 것이 화엄사상의 핵심이다.

항간에는 화엄사상이 전제왕권을 뒷받침하는 기능을 담당하고 있다는 비판도 떠돌고 있는데 여기에 대해서는 어떻게 생각하는가.

화엄사상 자체에 전체와 부분, 또는 부분과 부분이 서로 일체화된다는 이론이 있는 것은 사실이다. 삼국통일 이후 국가간 대립이 사라진 자리를 계층간 대립, 혹은 국왕과 귀족간 대립이 채우면서 새로운 '조화'의 이론이 요구된 것 같다.

대립을 지양하고 마음의 통일을 이야기하는 화엄사상이 '국왕 중심의 통일'로 받아들여진 측면이 있는 것은 인정한다.

귀국 후 저술활동과 후진양성을 통해 보다 창의적인 화엄사상을 확립한 것으로 알고 있다. 구체적으로 스승인 지엄이나 동문수학한 법장의 화엄사상과 다른 점은 무엇인가.

지엄은 현상인 사(事)의 차별성만을 인식했지만 나는 본질인 이(理)에도 차별적인 면이 있다고 생각한다. 법장이 비교적 지혜를 강조하고 있는데 반해 나는 수행을 강조하는 편이다.

넓디 넓은 화엄의 세계

『화엄경』, 우주질서를 미적으로 표현한 경전이면서 통일국가의 상징

화엄사상의 철학적 구조는 법계연기(法界緣起)이다. 우주의 모든 사물은 어느 하나라도 홀로 있거나 일어나는 일이 없다. 모두가 끝없는 시간과 공간 속에서 서로의 원인이 되며, 대립을 초월하여 하나로 융합하고 있다는 것이 화엄에서 가르치는 무진연기(無盡緣起)의 사상이다.

또 하나는 하나의 위치를 지키고 다(多)는 다의 면목을 유지하는 가운데 하나와 다가 서로 포섭하고 융합한다는 것이다. 모든 것이 홀로 고립된 것이 아니라 하나로도 되고 십으로도 되고 일체로도 된다는 것이다.

이에 근거하여 화엄에서 가르치는 '일즉일체(一卽一切), 일체즉일(一切卽一), 일즉십(一卽十), 십즉일(十卽一)'의 논리가 전개된다. 『화엄경』에서 말하는 '연화장세계(蓮華藏世界)'는 현상계와 본체, 또는 현상과 현상이 서로 대립하는 모습을 그대로 지니면서도 서로 융합하여 끝없이 전개하는 생명체라고 할 수 있다.

이 연화장의 세계에서는 항상 『화엄경』의 중심불인 비로자나불이 대광명을 비추어 모든 조화를 꾀하고 있다. 『화엄경』은 우주의 질서를 미적으로 표현한 경전이지만, 그것은 동시에 통일국가의 상징이기도 하다. 화엄의 가르침은 서로 대립하고 항쟁을 거듭하는 국가와 사회를 정화하고, 사람들의 대립도 지양시킴으로써 마음을 통일하게 하는 교설이다.

따라서 중국이나 우리나라와 같은 전제왕권국가에서는 율령정치체제를 정신적으로 뒷받침하는 큰 구실을 담당하고 있다. 통일 이후 화엄사상에 대한 이해는 매우 창의적이어서 중국을 앞지르고 있다는 평가까지 받고 있다. 방대한 화엄사상을 일목요연하게 체계화시키는 작업은 주로 원효와 의상이 떠맡고 있다.

의상은 화엄학을 대성시킨 인물로 원효와는 달리 하나의 조직을 갖추고 체계화된 방법으로 화엄사상을 널리 선양하고 있다. 그는 『법계도』에서 화엄의 최고 경지인 '해인삼매(海印三昧)'를 물결 없는 넓은 바다에 비유했다. 천상과 지상의 만물뿐 아니라 수중의 것이 바다에 모두 비치듯이, 부처의 삼매 속에 한량없는 세계가 남김없이 비치고 있는 것이라고 풀이한다.

의상의 문하에는 3천여 명의 학승이 있는데 그 가운데 10명의 제자인 표훈, 신림, 지통, 오진, 진정 등은 그의 화엄사상을 전수해 후세에 의상의 학덕을 선양할 촉망받는 인재로 꼽히고 있다.

해외 소식

왜국, 국호 '일본'으로

本

왜국이 국호를 '일본(日本)'으로 고쳤다. 왜국 특파원의 보고에 따르면 이들은 일본이라는 국명을 선택한 이유에 대해 "우리나라가 해 나오는 곳에 가까운 까닭으로 그와 같이 이름지은 것"이라고 밝혔다고 한다. 실제 일본은 지리적으로 가장 동쪽에 있기에 해가 가장 먼저 뜨는 나라이다.

피핀 1세, 프랑크족 전영토 통합

최근 유럽에서 프랑크 왕국을 지배해온 메로빙왕조의 궁재(宮宰)인 피핀이 프랑크족의 전영토를 자신의 지배하에 통합했다. 주민들의 대부분이 가톨릭으로 개종하고 있는 현 유럽의 정세에서 교회의 중요성은 아주 커지고 있다. 따라서 각국의 통치자들은 교회의 협력이 없이는 자신의 영역을 제대로 다스릴 수가 없다. 따라서 피핀은 교회와 동맹을 맺는 한편 이름만 있고 실권을 가지지 못한 무위왕(無爲王)을 몰아내고 자신의 가문의 영향력을 라인강 유역에까지 확장해 프랑크 왕국의 전권을 장악했다.

경주 왕궁 내에 인공 연못 조성

674년 왕궁 내에 연못을 파고 산을 모으고 화초를 심고 진기한 새와 신기한 짐승을 기르는 이 곳은 왕을 비롯한 지배층의 여흥시설로 활용될 전망이다.

경주 안압지 전경

역사신문

1 문무왕 서거. 신라 진골 김흠돌 반란 681
국학 설립 682
4 원효대사 사망 686
1 신라, 전국을 9주5소경으로 개편 687
4 설총, 이두 정리 692
1 발해 건국 698
4 김대문, 〔화랑세기〕 저술 704

진골 반란, 정부군에 진압

김흠돌 주동, 정권 교체기 이용, 귀족회의 강화 목적

신문왕, "전제왕권 확립의 절호 기회"
진골 귀족에 대한 대대적인 정치적 숙청의 계기로 활용

681년 통일 후 전제왕권이 성립되어 나가는 것에 대해 심하게 반발해온 신라의 귀족층들이 결국 김흠돌을 중심으로 반란을 일으켰지만 실패했다.

진골 귀족들에 의해 발생한 최대 규모의 반역사건으로 기록될 이번 반란은 신라의 제31대 왕인 신문왕에 의해 진압됐는데 반란 주동자 및 직접 관련자뿐만 아니라, 사건과 관련이 없으나 평소 눈 밖에 난 진골 귀족들까지 연계 처형함으로써 향후 신라의 전제왕권은 더욱 강화될 전망이다.

신문왕의 장인 소판 김흠돌, 파진찬 흥원, 대아찬 진공 등 내로라하는 진골 귀족들은 681년 8월 8일 문무왕이 사망하고 그 아들 신문왕이 즉위한 지 대략 한달 정도 지난 시점에서 반란을 일으켰다.

이들 고위 귀족들은 권력의 교체기를 교묘히 이용, 신문왕을 몰아내고 귀족회의의 권능을 강화시키려는 목적에서 반란을 일으켰다.

반란을 완전 진압한 신문왕은 문무왕 때 상대등을 역임했고 현재 병부령 지위에 있는 이찬 군관을 역모 계획을 사전에 알고도 알리지 않았다는 죄목, 이른바 '불고지죄'를 적용하여 처형하는 등 이번 반란을 진골 귀족들을 정치적으로 거세해버리는 기회로 활용하고 있다.

이찬 '군관' 처형에 대한 신문왕 교서

임금을 섬기는 법은 충성을 다하는 것을 근본으로 삼고 官의 의리는 변하지 않음을 으뜸으로 삼는다. 그런데 병부령 이찬 군관은 높은 자리에 있으면서 본분을 다하지 못하고 역적 흠돌 등과 관계, 그 역모의 사실을 사전에 알고도 일찍 고하지 아니했다. 나라를 걱정하는 마음이 없으니 어찌 살려둘 수 있으랴! 뒷날 이런 일이 다시는 발생하지 않도록 하기 위해 그에게 사형을 내리노라.

681년 8. 26

전국, 9주 5소경으로 나눈다

군대는 중앙군 9서당과 지방군 10정으로

통일 이후
체제 정비 일단락 된 셈.
"수도 이전" 문제도 검토

통일 신라의 지방 행정
한주
삭주
북원경
중원경
웅주
명주
서원경
상주
전주
금성
남원경
강주
양주
무주
금관경

687년 신라 정부는 전국의 행정 구역과 군사조직을 재정비 발표했다.

발표에 따르면 전국 행정구역은 9주 5소경체제로 운영된다. 전국을 9주로 나누었고 특수행정구역은 5개로 늘렸다. 통일전 전국은 5주, 특수행정구역으로 2소경이 설치돼 있었다.

통일 이전 '주'는 군사적 기능이 강조돼 필요에 따라 주의 중심지가 자주 이동됐으나 이제는 고정된 지방행정구역으로 기능하게 된다. 주의 장관으로는 총관이, 주의 관할 하에 있는 군과 현에는 태수와 현령이 임명된다.

이번 개편 과정에서 통일 이후 3배나 넓어진 지역을 다스리기에는 수도의 위치가 너무 한 구석에 치우쳐 있어 수도 이전 문제도 검토됐었던 것으로 알려졌다

5소경의 위치를 과거 고구려 지역에 둘, 백제 지역에 둘 그리고 가야 지역에 하나씩 설치한 것은 수도의 편재성을 보완한 조치다. 소백산맥 외곽지역과 낙동강 밖에 위치하고 있는 소경들이 중앙 정부와 멀리 떨어져 있는 지방을 통제하게 된다.

또 군대는 9서당 10정으로 개편됐다. 수도 및 왕궁을 담당하는 중앙군으로 9서당, 지방군으로 10정을 편성, 각주 마다 하나씩 배치했다. 단 북쪽 국경에 위치한 한산주는 외적의 침입을 우려, 2정이 배치됐다. 군대 조직 개편에서 눈에 띄는 것은 중앙군에 백제·고구려 유민이 포함된 것이다. 이는 민족 융합의 배려가 작용한 것으로 보인다.

발해 건국

고구려 유민들 새 나라 세우다

요서 영주 지역부터 시작된 억압에서 해방으로의 대장정
대조영, 말갈과 연대 당 격파, 동모산에 나라 세워

발해
동모산
신라

698년 고구려 멸망 이후 꾸준히 당의 지배에 저항해온 고구려 유민들은 거란인의 반발로 당의 지배가 약해진 틈을 이용해 말갈인과 연대, 당군을 격파하고 동모산에 정착하여 '발해'(처음의 국호는 '震')를 세웠다.

발해를 세운 고구려 유민들은 요서지역의 영주 지방에 강제 이주되었던 사람들이다. 영주에는 고구려 유민뿐 아니라 거란 및 말갈 유민도 다수 살고 있는데 이들은 당의 가혹한 수탈에 늘 반발해왔다.

고구려 유민이 당의 지배로부터 벗어날 수 있는 기회가 생긴 것은 거란인 이진충이 당에 저항하여 영주성을 습격하고 함락시켰을 때로, 고구려 장수였던 대조영은 말갈족과 함께 영주로부터 탈출하여 당의 지배를 벗어날 수 있는 곳을 찾아 동쪽으로 이동했다.

거란인을 진압한 당은 곧바로 고구려 유민들을 추격했고, 중간에 당의 추격군 장수 이해고와의 싸움에서 말갈인 장수 걸사비우가 패배하는 등 대조영 일행은 건국에 큰 어려움을 겪기도 했다.

대조영이 이끄는 고구려 유민들은 '천문령 전투'에서 결정적인 승리를 거둬 당나라 군대의 추격을 뿌리치는 데 성공, 드디어 동모산에서 발해를 건국할 수 있었다.

역사신문

"남북국 시대가 열리다"

발해 건국의 의의와 과제

698년 발해가 건국됨으로써 '남북국 시대'가 개막되었다. 고구려를 멸망시킨 이후 당은 고구려의 부흥을 막기 위해 고구려 인을 당의 내지로 강제 이주시키는 등 온갖 노력을 기울였다. 이번에 발해를 세운 고구려 유민도 요에 강제로 끌려간 고구려인이라고 하니 그 실태를 알만도 하다. 그러나 고구려인은 이에 굴하지 않고 끊임없이 저항해 왔으며 그 결과 패망 후 30년만에 고구려를 계승한 새 국가 발해를 세운 것이다. 그리하여 남쪽의 신라와 더불어 남북국 시대가 열리게 되었다.

발해의 건국은 신라 삼국통일의 불완전성을 극복한 것으로 평가할 수 있다. 신라의 통일은 고구려 땅 대부분을 상실하고 고구려 유민을 제대로 흡수하지 못했다는 비판에 시달려온 것이 사실이다. 그러나 이제 고구려 유민을 중심으로 발해가 건국되고 고구려의 옛 영토의 대부분을 회복하여 만주 지역을 우리 역사의 영역 내에 다시 확보할 수 있게 된 것은 매우 다행스러운 일이 아닐 수 없다.

그런데 일부에서는 발해를 건국한 인물 대조영이 고구려인이 아니라 말갈인이기 때문에 발해의 건국을 고구려의 부흥으로 볼 수 없으며 따라서 남북국의 성립을 논하는 것은 어불성설이라고 말하고 있다. 그러나 핏줄이 어떻게 되었든지간에 대조영이 고구려인이라는 귀속의식을 가지고 있는 한 발해는 고구려를 계승한 왕조로 보아야 한다는 것이 우리의 단호한 입장이다.

한편, 발해의 앞날에는 많은 장애 요소가 놓여 있다. 대외적으로 당나라의 위협이 걱정된다. 고구려를 대신하여 발해가 동북 지역에서 강자로 부상하고 이에 따라 이 지역에 대한 당나라의 지배권이 약화되고 국가 이익이 침해당하는 것을 당나라가 내버려두지 않을 것이기 때문이다. 당나라는 발해가 더 성장하기 전에 제거하는 것이 손쉬우리라는 판단에서 발해에 대한 군사적 침략을 할 가능성이 매우 크다. 따라서 발해는 당의 군사적인 침략에 대해 철저한 대비책을 세워야 할 것이다. 이를 위해 군사적 대비뿐만 아니라 외교적 노력도 전개하는 등 다각적인 준비를 해야 하겠다.

그리고 내적으로 발해의 민족 구성이 갖는 특성 또한 발해의 발전에 장애가 될 수 있겠다. 소수의 고구려인이 피지배층인 다수의 말갈인을 다스리는 일 자체가 쉽지 않을 것이며, 이러한 주민 구성의 특성은 발해의 국가적 통합력에 한계가 될 수 있다고 본다. 따라서 발해의 지도층은 말갈인을 문화적으로 동화시켜 동족의식을 갖도록 해야 할 것이다.

그림마당

이은홍

어디 말이 너 하나뿐인줄 알어?!
신문왕
진골 김흠돌
진골
6두품

발해 건국의 과정과 그 의의

30년 망국의 한 씻고 새로운 성장 위한 기틀 마련

고구려 유민들의 끊임없는 부흥운동의 결실
영주~요하~동모산에 이르는 2천리 대장정은 한편의 드라마

고구려 멸망 후 30년만에 다시 나라를 세운 고구려 유민의 발해 건국 과정은 매우 험난한 것이었다. 특히 당의 통제를 받고 있었던 영주에서 출발하여 요하를 건너 동모산(길림성 돈화현)에 안착하기까지 당의 맹렬한 추격을 뿌리치고 탈출했던 2천리 '장정'은 숨막히고 손에 땀을 쥐게 하는 것이었다.

발해

고구려 유민은 이전부터 새로운 국가 건설의 역량을 축적해왔다. 고구려 멸망 직후 유민들은 신라와 연합, 당군을 격퇴시켜 신라의 삼국통일을 도왔으며 점령지 고구려를 지배하려 설치하였던 평양의 안동 도호부를 일찌감치 요동 지방으로 몰아내기도 했었다.

당은 고구려 부흥운동을 사전 봉쇄하기 위해 고구려 유민을 당나라 내지로 강제 이주시켰으며, '소고구려국'이라는 친당 국가를 세워 저항하는 고구려 유민을 회유하기도 했다. 그러나 고구려 유민의 나라를 되찾으려는 의지를 꺾을 수는 없었으며 오히려 당의 탄압은 고구려인의 단결의지를 자극했을 뿐이라는 것이 일반적인 평가이다.

이제 고구려는 당나라의 억압에서 벗어나 새로운 국가 발해를 건국함으로써 30년 동안의 나라 잃은 설움을 씻을 수 있게 되었으며 새로운 성장의 기반을 마련하게 됐다.

당, 괴뢰국가 '소고구려국' 세워 고구려 유민들 회유 기도하기도

왕권 강화, 6두품, 골품제의 함수관계

6두품, 정치적으로 두각 신분 차별 여전
"골품제 개선 여부가 향후 신라 사회의 진로 가늠"

국왕의 전제권 강화에 기여하는 정치세력이 있다. 새롭게 성장하고 있는 신분인 '6두품'이 바로 그들이다. 이들은 유교적 학식을 바탕으로 하여 전제왕권 강화의 핵심기구인 집사부 등 여러 관료기구에서 활약하고 있다.

이들 6두품들은 신분적 차별이 상대적으로 덜한 종교계 및 학계에서 이름을 떨쳐왔다. 승려 '원효'와 외교문서 작성에 능했던 '강수', 그리고 현재 활발한 활동을 펼치고 있는 설총이 대표적인 인물이다.

하지만 골품제의 장벽은 이들에게 아직 여전히 높기만 하다. "통일 이후 전제왕권이 강화되고 이를 뒷받침하기 위한 세력으로 6두품의 지위가 향상된 것은 부정할 수 없는 사실이다. 그러나 신라사회에서 최고 관직에 오를 수 있는 것은 여전히 진골층에 한정되어 있다. 예를 들어 집사부의 최고 지위인 '시중'에 오를 수 있는 것은 진골뿐이고 6두품은 아무리 재능이 뛰어나도 차관급인 '시랑'에 머물러야 한다"고 한 현직 6두품 관리는 말한다. 이들 6두품들이 피부로 느끼는 신분차별은 여전한 것이다.

강수의 사례는 대표적인 것이다. 당나라 황제가 당에 억류되어 있던 김인문에게 눈물을 흘리며 귀국조치를 내리게 할 정도로 뛰어난 외교 문서를 작성했던 강수는 그의 탁월한 재능과 업적에도 불구하고 8등급 사찬 관등에 머물러야 했다. 그는 부모의 반대를 무릅쓰고 자신보다 신분이 낮은 집안의 여성과 결혼을 했는데 이는 골품제에 대한 저항의 의미를 담은 것이라고 보는 이들이 많다.

신라 골품제의 폐쇄성은 능력있는 사람들에게 좌절과 실망을 안겨주고 있다. 만일 6두품들에 대한 차별이 개선되지 않고 오히려 증대된다면 이는 커다란 사회문제가 될 것으로 예견된다. 신라의 지배층이 이 문제를 어떻게 풀어가느냐는 향후 신라의 정국운영에 커다란 변수가 될 것이다.

김흠돌 반란 전말

진골이 던진 마지막 惡手 … 국왕의 전제 권력 강화는 이제 확고한 대세

이번 역모사건의 주동자들은 왕의 장인인 김흠돌을 비롯하여 모두 상층 진골 출신이다. 이들은 통일전쟁 기간과 그후 전개된 신라의 경제·정치질서가 국왕의 전제권력 강화의 방향으로 잡혀가는 데 대해 커다란 불만과 불안을 품어온 것으로 전해지고 있다. 삼국통일 이후 지배 영토가 세 배로 넓어지고 이에 따라 조세를 거둘 수 있는 기반도 증대됨에 따라 자신들의 몫도 늘어날 것을 기대했으나 결과는 그렇지 못한 데 대한 불만과, 국왕의 지배권이 계속 강화되어 가고 귀족회의의 기능이 약화되어 자신의 정치적 위상이 떨어지는 데 따른 불안이 이들로 하여금 정변을 일으키게 했다는 것이다.

이번 반란이 성공하느냐 실패하느냐의 여부는 통일 이후 신라의 정치운영이 어떻게 전개되느냐와 밀접한 관련을 가지고 있었다. 그동안 신라의 정치운영은 국왕 권한 강화라는 일관된 방향으로 전개되어왔고, 삼국간의 전쟁은 일사분란한 집권체계를 요구했기에 이러한 경향은 보다 많은 정당성을 확보해왔다. 바로 이러한 시기에 귀족층의 반란이 일어나고 이 반란이 신문왕에 의해 진압됨으로써 국왕의 전제권력 강화는 확고한 시대의 대세가 되었다고 볼 수 있다.

신문왕은 반란의 가담자뿐만 아니라 사건을 사전에 알고 있으면서도 이를 알리지 않았다는 죄로 전임 상대등이었던 군관까지 처형하는 등 그동안 국왕의 전제권 강화에 장애가 된 인물들을 모두 처형하는 기회로 이번 반란을 활용하고 있다.

문답으로 알아보는 신라의 중앙정치체제 정비

국왕 직속 기구 집사부가 모든 관제 총괄토록, 땅과 녹봉 지급으로 관료 장악, 감찰제도 강화

행정구역과 군사제도 개편과 함께 국왕의 직속기구인 집사부 아래에 모든 관서가 통할되게 됐다. 이 중앙관제 개편이 갖는 정치적 의미에 대해 말해달라.

신라는 법흥왕 때 병부 설치를 시작으로 여러 차례 중앙관제를 정비해왔는데 신문왕 때 예작부 설치를 마지막으로 관제 정비는 일단락됐다고 할 수 있다. 이러한 관제는 중국의 6전 제도와 유사한 기능을 가진 것이다. 그런데 중요한 것은 여러 기구들의 중심에 '집사부'가 있다는 것이다.

집사부는 국왕의 직속기구이다. 여러 기구들이 집사부 아래 소속되어 있고 집사부가 국왕의 직속기구인 까닭에 중앙관제 개편은 국왕 중심으로 정치체제가 정비된 것으로 평가할 수 있다.

관료제를 정비, 관료를 국가 운영에 본격 활용한다면 이들에 대한 보상, 보수는 어떻게 지급되는가.

관료제가 정비된 신문왕 때(687년) 문무 관료에게 토지를 차등있게 지급해주는 '관료전' 제도가 마련됐고, 689년에는 녹봉(일한 대가로 주는 곡식)을 차등있게 지급하는 제도가 마련됐다.

귀족이 아니라 관료에 의한 새로운 정치체제를 운영하기 위해서는 이전과는 달라진 상황에 맞는 정치이념의 확립이 필요하다고 보여진다.

그렇다. 이렇듯 변화된 정치체제는 국왕에 대한 신하의 충성을 근간으로 하며 관료들이 실제적인 업무 능력을 가지고 있어야 유지될 수 있는 것이다. 이를 위해 군주는 덕으로 백성을 대하고 신하는 충성을 다해야 하는 이념을 요체로 하고 있는 유학이 더욱 강조되고 있다. 또한 유교사상에 입각하여 전문적 기능을 수행할 수 있는 관료를 체계적으로 양성하기 위해 682년에 나라에서 '국학'을 설립했다.

관료제를 운영하다 보면 충실하게 자신의 일을 하지 않고 사리사욕을 채우거나 부정을 저지르는 관료가 있을텐데 이에 대한 대비책은 무엇인가.

감찰제도의 강화이다. 중앙의 관리에 대한 감찰을 위해 '사정부'를 운영하고 있으며, 지방에 파견한 관리를 감찰하기 위해 '외사정'을 파견하고 있다.

신라의 정복민 융합 정책

당과 격전 치루며 민족의식 싹튼 듯

이제까지 전쟁의 패배자에게 주어지는 것은 죽음, 재산의 몰수, 예속민으로의 전락 등이었다. 백제의 장군 계백이 전쟁에 나가기 전에 패배할 것을 예상하고 처자식을 자신의 손으로 모두 죽인 것도 전쟁에 지고 살아남을 경우 죽음보다 못한 굴욕을 당하는 것이 예사였기 때문이었다.

그러나 백제·고구려를 멸망시키고 두 나라 유민에 대해 신라는 이와는 다른 정책을 취하고 있다. 대다수의 지배층들이 당나라로 끌려가거나 일본 등으로 망명한 가운데 신라는 남아있는 백제·고구려 지배층을 그들이 지녔던 관등에 따라 차등있게 신라 관등 내에 편입시켜 주는 정책을 취하고 있다. 또한 군사제도에서도 중앙군인 9서당 중 6개 서당을 고구려·백제·말갈계 주민으로 편성하여 이들에 대한 차별을 줄여가고 있다.

신라가 취하고 있는 이러한 '민족융합정책'은 통일 제국을 안정적으로 이끌어가는 데 필요한 것으로 인식되고 있는데, 특히 당나라와의 투쟁 과정에서 백제·고구려 유이민과 함께 싸우면서 싹텄던 동질적인 민족의식은 이들 유민을 관대하게 맞아들일 수 있는 역사적 배경이 된 것으로 평가되고 있다.

동해바다의 큰 龍 되어 조국 지키리 …

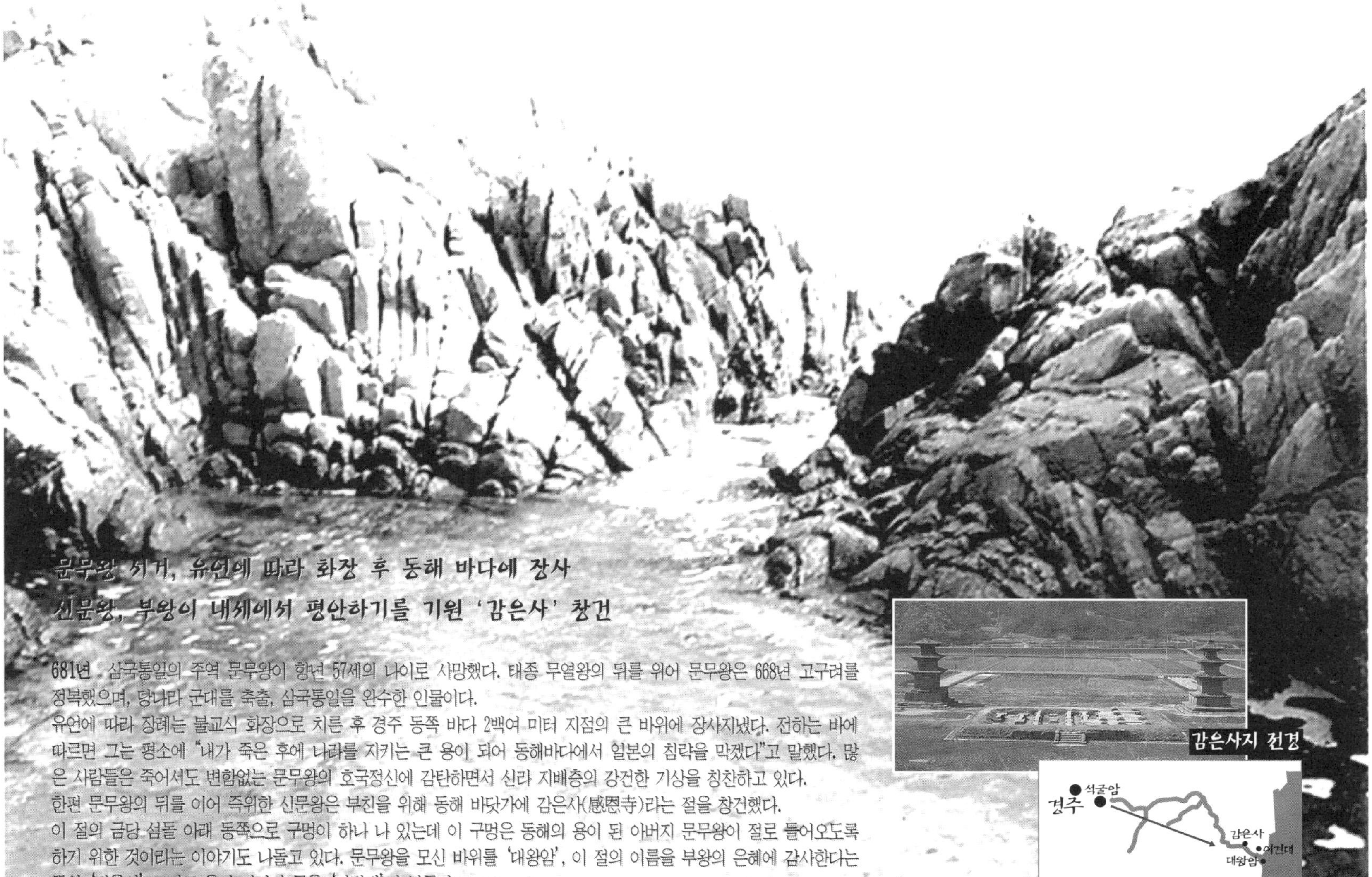

문무왕 서거, 유언에 따라 화장 후 동해 바다에 장사
신문왕, 부왕이 내세에서 평안하기를 기원 '감은사' 창건

681년 삼국통일의 주역 문무왕이 향년 57세의 나이로 사망했다. 태종 무열왕의 뒤를 위어 문무왕은 668년 고구려를 정복했으며, 당나라 군대를 축출, 삼국통일을 완수한 인물이다.

유언에 따라 장례는 불교식 화장으로 치른 후 경주 동쪽 바다 2백여 미터 지점의 큰 바위에 장사지냈다. 전하는 바에 따르면 그는 평소에 "내가 죽은 후에 나라를 지키는 큰 용이 되어 동해바다에서 일본의 침략을 막겠다"고 말했다. 많은 사람들은 죽어서도 변함없는 문무왕의 호국정신에 감탄하면서 신라 지배층의 강건한 기상을 칭찬하고 있다.

한편 문무왕의 뒤를 이어 즉위한 신문왕은 부친을 위해 동해 바닷가에 감은사(感恩寺)라는 절을 창건했다.

이 절의 금당 섬돌 아래 동쪽으로 구멍이 하나 나 있는데 이 구멍은 동해의 용이 된 아버지 문무왕이 절로 들어오도록 하기 위한 것이라는 이야기도 나돌고 있다. 문무왕을 모신 바위를 '대왕암', 이 절의 이름을 부왕의 은혜에 감사한다는 뜻의 '감은사' 그리고 용이 나타난 곳을 '이견대'라 부른다.

감은사지 전경
석굴암
경주
감은사
이견대
대왕암

토함산에서 일직선으로 내려다보이는 곳에 위치한 감은사. 이견대, 대왕암이 모두 일직선상에 있다.

만파식적 이야기

김춘추·김유신이 보낸 선물 이상한 대나무로 피리 만들어

민간에 돌고 있는 기이한 이야기. 신문왕이 김춘추·김유신으로부터 보배를 얻었다는 얘기. 피리와 옥대가 그것인데 특히 피리를 불면 쳐들어오던 적군이 달아나고 가뭄이 그치며 거센 파도가 잠잠해진다는 것.

때는 682년 5월 초하루. 관리가 대궐에 알리기를 "동해 가운데 조그만 산이 생겨 물결 따라 감은사를 왔다 갔다 합니다." 왕이 천문관에게 점을 쳐 보게 했다. "김유신·김춘추 두 성인께서 보배를 내려주시려 하니 폐하께서 해변으로 가시면 보물을 얻으실 것입니다."

대나무 합쳐지며 천지가 진동

거북이 머리모양의 산 위에는 대나무 한 그루가 서 있었는데 낮에는 둘로 떨어졌다가 밤에는 하나가 됐다. 다음날 정오, 대나무가 하나로 합쳐지며 천지가 진동하고 비바람이 일며 사방이 캄캄해지기 시작했다.

일주일 후 날이 개고 물결이 잔잔해졌다. 왕이 산으로 나아가니 용 한 마리가 나타나 옥띠를 바쳤다. 천문관은 대나무 소리로 천하를 다스리게 될 좋은 징조이니, 대나무로 피리를 만들면 천하가 화평해질 것이라고 왕에게 간했다.

이튿날 왕의 옥띠를 살펴보던 태자가 "띠에 달린 장식들은 모두 진짜 용"이라고 감탄했다. 태자는 옥장식 한 개를 떼어내 시냇물에 담갔다. 그러자 장식은 곧 용으로 변해 하늘로 올라가고 시내는 못이 됐다. 신문왕은 그 대나무로 피리를 만들어 월성의 천존고에 간직했다.

거센 물결 잠재우는 마술피리

그후 피리를 불면 적군이 물러나고 병이 나았다. 또 가뭄에는 비를 내리고 장마가 질 때는 비를 멈추게 했으며 바람을 가라앉히고 파도를 잠재웠다. 그래서 이름을 '거센 물결을 잠재우는 피리', 즉 만파식적(萬波息笛)이라 하고 국보로 삼았다.

참된 구도자 원효

"무릇 중생의 마음은 둥글어 걸림이 없는 것이나, 태연하기가 허공과 같고 잠잠하기가 오히려 바다와 같으므로 평등하여 차별상이 없다."

원효대사가 686년 세상을 떠났다. 그는 617년 6두품 가문에서 출생, 의상과 함께 불교 연구를 위해 당나라로 가려 했으나 여행 도중 해골에 괸 물을 마시고 "진리는 결코 밖에서 찾을 것이 아니라 자기 자신에게서 찾아야 한다"는 깨달음을 얻고 의상과 헤어져 돌아왔다는 일화는 유명하다. 그의 연구와 저술 활동을 지원해준 사람은 요석공주라고 알려져 있으며, 원효와 요석공주 사이에 난 아들이 '설총'이다.

파격적인 삶 속에서 진리를 깨치다

그는 부처님의 가르침을 대중들에게 전하기 위해 광대 복장으로 불교의 이치를 노래로 지어 세상에 유포시켰다. 그 노래는 "모든 것에 거리낌이 없는 사람이라야 생사의 편안함을 얻나니라"라는 누구나 쉽게 알아들을 수 있는 가락인데 그 노래를 '아무것에도 거리낌이 없다'는 뜻의 〈무애가無碍歌〉라 부른다.

그는 가끔 미친 사람처럼 행동하거나 뭇사람들과 어울려 술집이나 기생집에도 드나들었고, 혹은 쇠칼과 쇠망치를 가지고 다니며 돌에 글을 새기기도 하고, 가야금과 악기를 들고 사당에 가서 음악을 즐기기도 했다. 여염집에서 유숙하기도 하고, 명산대천을 찾아 좌선하는 등 임의로 기회를 좇아 생활하되 어떤 일정한 틀에 박힌 생활태도가 없었다. 또 사람들을 교화하는 방법도 일정하지 않았다. 한날 한시에 여러 곳에서 똑같은 모습으로 나타나기도 하고, 또 어떤 때에는 온 천하를 다 찾아도 찾을 방법이 없었다고 한다.

그가 저술한 책은 1백여부 2백40권이나 된다. 특히 『대승기신론소』는 중국 고승들이 해동소라 하며 즐겨 인용했고, 『금강삼매경론』은 인도의 유명한 고승이 아니고는 얻기 힘든 논(論)이라는 평가를 받았다. 그는 학승(學僧)으로 높이 평가될 뿐만 아니라 민중교화승으로서 당시의 귀족화된 불교를 민중불교로 바꾸는 데 크게 공헌했다. 또 종파주의적인 방향으로 달리던 불교이론을 회통시키려 했다.

불교 대중화의 선구자

그의 사상은 크게 세 가지 주제로 정리해 볼 수 있다. 첫번째는 일심사상이다. 마음을 깊이 통찰, 마음의 원천으로 돌아가는 것을 궁극의 목표로 정하고 육바라밀의 실천을 강조한다. 그는 만법귀일(모든 이치는 하나로 모아진다.), 만법귀진(모든 이치는 진리로 모아진다.)을 굳게 믿고 생활을 이끌어갔다.

다음은 화쟁사상이다. 원효는 어느 한 종파에 치우치지 않고 『화엄경』, 『반야경』, 『열반경』등 대승불교 경전 전체를 섭렵하고 통효한 사람이다. 그래서 전체 불교를 하나의 진리에 귀납 정리해 자기 분열이 없는 불교의 사상체계를 세웠다. 이러한 그의 조화사상을 '화쟁사상'이라고 한다. 『十門和諍論』은 이러한 화쟁사상을 단적으로 보여주는 그의 핵심적인 저술. 그는 여러 이설(異說)을 열 개의 문로 모아 정리하고 회통함으로써 일승불교(一乘佛教)의 논리적 근거를 제시했다. 핵심적인 화쟁의 논리는 다음과 같다. "쟁론(諍論)은 집착에서 생긴다. 불도는 매우 넓어서 무애무방(無碍無方)하다. 그러므로 많은 사람들의 말이 모두 이치에 맞는 것이다. 그런데 견문이 적은 사람은 좁은 소견으로 자기의 견해에 찬동하는 자는 옳고 견해를 달리하는 자는 그르다 하니, 이것은 마치 갈대구멍으로 하늘을 본 사람이 그 갈대구멍으로 하늘을 보지 않은 사람들을 보고 모두 하늘을 보지 못한 자라 함과 같다."

원효사상의 핵심, 일심론·화쟁론·무애론

또 하나 원효의 무애사상은 그의 사생활에서 잘 나타난다. 그는 "어디에도 걸림이 없는 사람은 단번에 생사를 벗어난다"고 했다. 그는 부처와 중생을 둘로 보지 않았으며, 오히려 "무릇 중생의 마음은 둥글어 걸림이 없는 것이나, 태연하기가 허공과 같고 잠잠하기가 오히려 바다와 같으므로 평등하여 차별상이 없다"고 했다. 그는 민중을 교화하는데 있어서 복잡하고 어려운 교리보다 신앙으로써 접근해야 한다고 생각하고 누구나 '나무아미타불'만 외우면 극락왕생할 수 있다는 정토신앙을 전파, 불교의 대중화에 앞장섰다.

설총, 이두 정리에 심혈

한자의 음과 뜻을 번갈아 차용, 생명력은 미지수

好
좋~다!

설총은 지명이나 향가 등을 기록하던 이두를 정리하고 있다. 현재 대부분의 사람들이 한자를 사용하고 있으나 한자는 우리말을 소리 나는대로 적을 수 없는 한계를 지니고 있다. 이러한 이유로 삼국시대 부터 사람들은 이두 문자를 사용해왔다. 이두는 한자의 음과 뜻을 이용, 우리말을 기록한 문자.

예를 들어 다음 노래 '善花公主主隱 他密只嫁良置古'를 한자식으로 읽으면 '선화공주주은 타밀지가량치고'이다. 도무지 무슨 뜻인지 알 수 없다. 그러나 이두식 표기대로 읽으면 '선화공주님은 남 그스지 얼어두고'로 읽혀진다.

많은 사람들이 설총의 노력을 치하하면서도 "한자를 훈으로 또는 음으로 읽어야 할지 구별하기 복잡하고, 용례를 익히기 매우 어려워 자유롭게 사용하기에는 상당히 힘들다"고 평가하고 있어 이두의 생명력이 얼마나 지속될지는 미지수다.

당대의 이야기꾼 김대문의 책 세 권

『화랑세기』, 『고승전』 그리고 『한산기』

704년 전쟁터에서 죽는 것을 명예로 여기며 싸움에 물러서지 않았던 화랑들의 이야기가 궁금하시다구요? 그런 분들께 김대문이 펴낸 책 『화랑세기』를 권해드립니다. 이 책에서 김대문은 많은 화랑들의 무용담을 전해주고 있습니다. 강건했던 신라인의 기상이 자꾸 흐트러져가는 요즘 일독을 권할 만한 명저입니다.

깊이있는 정신세계로 지적 여행을 떠나고 싶다구요. 그의 책 『고승전』을 펼쳐보십시요. 신라에 불교가 전파된 이래 당 불교를 적극적으로 수용하며 신라 고유의 사유체계를 성립시켰던 고승들의 삶과 철학이 담겨 있습니다.

그리고 한산주에 가실 일이 있으신 분은 김대문의 『한산기』를 옆에 끼고 긴 여정에 오르시기 바랍니다. 한산주의 지리, 풍물 등이 상세히 소개되어 있어 도움을 받으실 수 있을 것입니다.

해외 소식

중국 최초의 여황제, 측천무후 사망

703년 '개원의 치'로 불리는 번영의 기초를 쌓은 여걸, 중국 최초의 여황제 측천무후가 사망했다. 측천무후의 비석에는 비문이 적혀 있지 않은데 찬탈 경력을 넣지 않고는 비문을 지을 신하가 없기 때문이라는 설이 유력하다.

그녀는 구귀족을 과감히 숙청하고, 과거를 통해 능력있는 사람을 관리로 등용, 황제권을 강화하고 국력을 신장시켰다. 688년 고종을 밀어내고 황제의 지위에 오른 그녀는 나라 이름을 '주'로 정하고 아들 예종도 자신의 성 '무'씨를 따르게 했다. 이를 '무주'혁명이라고 일컫는다.

당시 고종과 권신들은 그녀를 내몰려고 했으나 그녀의 출중한 능력 앞에 속수무책으로 그녀가 노쇠하기만을 기다렸다.

모하메트의 '헤지라'

아라비아의 예언자로 자처하는 모하메트는 메카에서의 박해를 피해 타이프를 거쳐 메디나로 거처를 옮기면서 이 이민을 헤지라(Hijira)라 하여 화제. 모하메트는 신 앞에서의 만민의 평등을 주장하며 '이슬람'교를 창시, 메카의 부유하고 권력있는 자들의 박해를 받았다. 메디나로 옮긴 이후 모하메트는 움마(Umm-ah)라고 하는 정치·경제·신앙의 공동체의 지도자가 됐다.

역사신문

발해, 중국 중심의 동북아 세력 판도 깨다

흑수말갈 지배권 놓고 당나라와 격돌, 大勝

당과 함께 전쟁에 참여했던 신라, 대동강 이남 영유권 확보

8세기 전반 흑수말갈에 대한 지배권을 놓고 당과 대결을 벌인 발해의 정복군주 무왕(武王)(719-737)은 신라까지 끌어들인 당나라의 공격을 격퇴시키는 데 성공했다. 이로써 발해는 동북 아시아의 새로운 강국으로 확실히 자리잡게 됐다.

무력으로 발해를 제압하는 데 실패한 당의 현종은 발해의 세력을 현실로 인정하고 대발해 외교정책을 화친책으로 전환했다. 한편 신라는 발해와의 전쟁에 참여한 공로로 대동강 이남에 대한 영유권을 당으로부터 공식적으로 인정받았다.

당
말갈
발해
신라

발해 - 당나라 전쟁 詳報

발해, 새로운 군사 대국으로 급부상 … 흑수말갈 정복 후 산동반도 원정

당, 신라를 전쟁에 끌어들이는 등 안간힘 … 결국 패배

대조영의 뒤를 이어 즉위한 무왕(武王 719-737)이 활발한 대외 팽창정책을 전개하여 영토를 확대해나가면서 중국 동북부 지역에 대한 지배권을 장악해가자, 당나라는 중국을 중심으로 하는 국제질서를 깨뜨리는 발해의 세력 강화를 못마땅하게 여기게 되었고 두 나라 사이에는 갈등이 증폭되어왔다.

갈등 관계에 있었던 발해와 당나라가 무력대결로 치닫게 된 것은 726년 발해의 세력하에 있었던 흑수말갈이 발해와의 친선 관계를 깨고 당나라에 보호를 요청하면서부터이다. 흑수말갈은 발해가 하루가 다르게 팽창하자 이에 위협을 느끼고 당과 연합하게 된 것이다.

이에 무왕은 727년 일본과 공식 외교를 수립하여 대외정세를 자신에게 보다 유리하게 조성한 후, 흑수말갈을 문책하려고 동생 대문예를 총지휘관으로 삼아 흑수말갈을 공격하고자 했다.

그러나 대문예는 "지금 흑수가 당나라의 보호를 받고 있는데, 우리가 만일 흑수를 친다면 그것은 곧 당나라를 반대하는 것이 된다. 만일 당나라와의 사이가 틀어지면 큰 전쟁을 치러야 한다"라고 말하면서 무왕의 명령에 복종하지 않았다. 이에 크게 노한 무왕은 사촌 형인 대일하를 대문예 대신 원정군의 총지휘관으로 삼고 명령을 따르지 않은 대문예를 처단하려 했다. 당황한 대문예는 이때 당나라로 도망쳤다.

대일하가 이끄는 발해군은 흑수말갈 군대와 싸워 크게 이겼다. 흑수말갈은 앞으로 발해를 적대하여 싸우지 않을 것을 다짐했다. 곧이어 무왕은 도망한 대문예를 죽이기 위해 당나라에 대문예를 보내달라고 요청했다. 그러나 당은 이에 응하지 않았고 그로 인해 두 나라 사이의 관계는 더욱 악화됐다.

마침내 732년 발해 무왕은 장문휴로 하여금 당의 산동반도에 대한 원정을 명령했다. 발해의 기습 공격에 타격을 받은 당은, 이민족은 이민족을 이용하여 제압한다는 '이이제이(以夷制夷)' 전술을 구사했다. 당은 무왕의 동생 대문예를 선봉으로 삼아 발해를 공격하도록 하고, 733년 1월에는 신라까지 전쟁에 개입시켰다. 당시 신라는 721년에 발해의 영토가 남으로 대동강까지 확장되어 신라와 국경이 맞닿게 되자 방비책으로 북쪽 경계에 장성을 설치한 바 있었다.

전쟁의 결과는 당의 패배였다. 대문예의 군대는 굶주림과 추위에 퇴각하게 되고, 전쟁에 가담한 신라의 군대 역시 추위와 식량 부족으로 철수하고 말았다.

"발해와 중국은 대등한 국가"

발해, 독자 연호 및 황제 칭호 사용

발해는 중국의 연호를 따르지 않고 독자적인 연호를 사용하고 있다. 무왕(719-737) 때에는 '인안(仁安)'을 그리고 현재 문왕은 '대흥(大興)'이라는 연호를 사용하고 있는 중이다.

이와 같이 발해가 독자적인 연호를 사용하는 것은 대외적으로 중국의 지배하에 놓여 있는 나라가 아니라, 중국과 '대등한 국가'임을 강조한 것으로 해석할 수 있다.

이러한 발해의 입장은 왕을 부르는 칭호에서도 나타나고 있다. 발해는 자국의 왕을 황상(皇上), 즉 황제라고 표현하고 있다. 잘 알려진 바와 같이 중국은 자국이 세계의 중심이라 자부하면서 황제는 중국에만 존재하는 것으로 여기고, 주변의 국가들은 자신의 속국 정도로 취급하여 그보다 한 단계 아래의 칭호를 사용하도록 하고 있는 실정이다. 그런데 발해는 스스로의 왕을 황제라 칭하면서 중국 중심의 질서에 편입되기를 거부하고 있는 것이다.

발해, 상경 용천부로 천도

756년 발해의 제3대 문왕(文王, 737-793)은 수도를 동모산에서 동북쪽 3백리 지점에 있는 상경 용천부로 옮겼다.

발해
상경 용천부
동모산

새로 도읍한 상경 용천부는 땅이 기름지고 기후도 비교적 따뜻한 넓은 평야지대에 자리잡고 있으며, 강과 호수가 있어 물을 이용하여 농사 짓기가 좋고 물고기잡이에도 유리한 지역이다. 더구나 교통도 편리하고, 주위가 강·호수·산줄기로 둘러싸인 요새지로서 침략군을 막는 데도 좋은 곳으로 평가받고 있다. 문왕은 이전 국왕들이 확립해 놓은 국가기반을 바탕으로 내부체제를 정비하는 데 힘을 기울이고 있는 것으로 평가받고 있다.

신라 왕실, "이제 그 힘을 다했는가 …"

경덕왕 개혁 조치 잇달아 실패 … 귀족, 대토지 소유 · 대규모 사병 보유

경덕왕 시기에 들어와 신라 왕실의 힘이 그 한계점에 이른 것이 아닌가 하는 분석이 나오고 있다.

그동안 경덕왕은 국왕 권한의 약화를 극복하기 위한 방법으로 문무왕 대부터 귀족세력의 억제를 위한 여러 가지 개혁을 감행해왔다.

747년 국학 교육과, 관리에 대한 감독을 강화하고, 759년에는 대대적인 관제개혁을 단행하여 왕은 귀족들의 세력을 벗어나서 전제적인 지배를 보다 쉽게 할 수 있는 새로운 체제를 만들었다. 또한 757년에는 전국의 지명을 한자식으로 고쳤으며, 아울러 주·군·현 간의 영속 관계를 체계적으로 정비했다.

그러나 경덕왕의 이와 같은 개혁도 귀족들의 반발로 제대로 시행되지 못하고 있다. 이들 귀족들은 대토지 소유·고리대업을 통해 자신의 경제력을 계속 증대시켜왔으며 많은 사병을 거느리고 있다. 귀족들은 이와 같은 자신의 세력을 바탕으로 국왕의 전제권력을 위협하고 있다.

이와 같이 귀족세력들의 권한이 강화되는 상황에서 경덕왕의 개혁 조치는 맥을 못추고 있는 상황이다.

역사신문

귀족 · 사원 경제의 확대

왕권 약화와 농민 몰락, 국가 기초 흔들린다

신라 귀족의 경제력 강화와 사원경제의 확대는 우려했던 대로 국왕의 정치력을 약화시키며 동시에 농민의 삶을 어려움에 빠뜨리고 있다. 그동안 귀족들은 왕실로부터 공을 세운 대가로 토지를 지급받거나, 개간 또는 토지를 사들이는 방법으로 토지를 확대했다. 그런데 매매를 통해 토지를 사들이는 과정에서 농민이 몰락하고 있다는 사실이 문제가 되고 있다. 귀족들은 대다수가 농민의 어려운 처지를 이용, 고리대를 주었다가 나중에 헐값에 그 땅을 사들이는 방법을 쓰고 있으며, 고리대를 갚지 못한 농민을 노비로 삼아버리는 등 농민 몰락을 조장하고 있다.

사원경제 비대화 역시 심각한 사회 문제를 낳고 있다. 사원은 개인의 복을 비는 왕실과 귀족들에 의해 새롭게 창건되고 있으며, 이들로부터 많은 금, 은과 막대한 토지를 공양받아 거대한 부를 소유하고 있다. 왕실은 감은사, 불국사, 석굴암 등 대사찰을 건립했거나 건립하고 있으며, 귀족 중 누구는 해인사에 2천 5백 결의 토지를 납부했다고 한다. 그런데 사원에 재화를 기증하는 자들 중에는 국가에서 사원에 징세를 하지 않고 역을 거두지 않는다는 것을 이용, 자신의 재산을 은닉하려는 귀족들도 있다고 하니 문제가 아닐 수 없다. 사원경제의 비대화는 당연 국가 재정 기반을 좀먹는 것으로 국가 경제를 위태롭게 하는 것이다.

또한 절에 시주를 하는 행위는 빈민이라고 다를 바 없는데, 현실에서 가장 고통받고 있는 빈민들은 다음 생에서 다시는 하층민으로 태어나지 않기 위해 자신의 전재산인 쇠솥 한개나 작은 땅뙈기마저 시주하고 있어 현세에서 이들 생활의 고통은 더욱 커가고 있다.

나라의 경제력을 자신에게 집중시켜 거대한 사유지와 목장을 소유하며 수천의 노비와 사병을 소유하고 있는 귀족들은 이제 자신의 경제적, 군사적 힘을 바탕으로 왕권에 서서히 도전장을 내밀고 있다. 이에 대응하여 현 국왕 경덕왕은 여러 가지 개혁 정책을 단행하여 전제 왕권을 유지시켜 보려고 안간힘을 쓰고 있으나, 많은 귀족들의 반대로 개혁이 제대로 성사되지 못하는 실정이라고 하니 안타까운 노릇이다.

신라의 지배층들은 백성은 국가의 근본이며 이들의 붕괴는 국가의 파탄을 가져 온 사실을 명심하기 바란다. 지배 귀족들은 고리대를 이용하여 토지를 겸병하고 노비를 창출하는 행위 그리고 불교를 통해 현실의 모순을 은폐하고자 사원을 확대하는 행위 등 이 모두가 백성을 도탄에 빠뜨리는 것임을 깨닫고 즉각 중지해야 할 것이며, 수취에 있어 서도 최소한의 한계선을 지켜주기 바란다. 그것이 신라를 보전하는 길이며 궁극적으로 지배층의 지위도 지키는 길이 될 것이다.

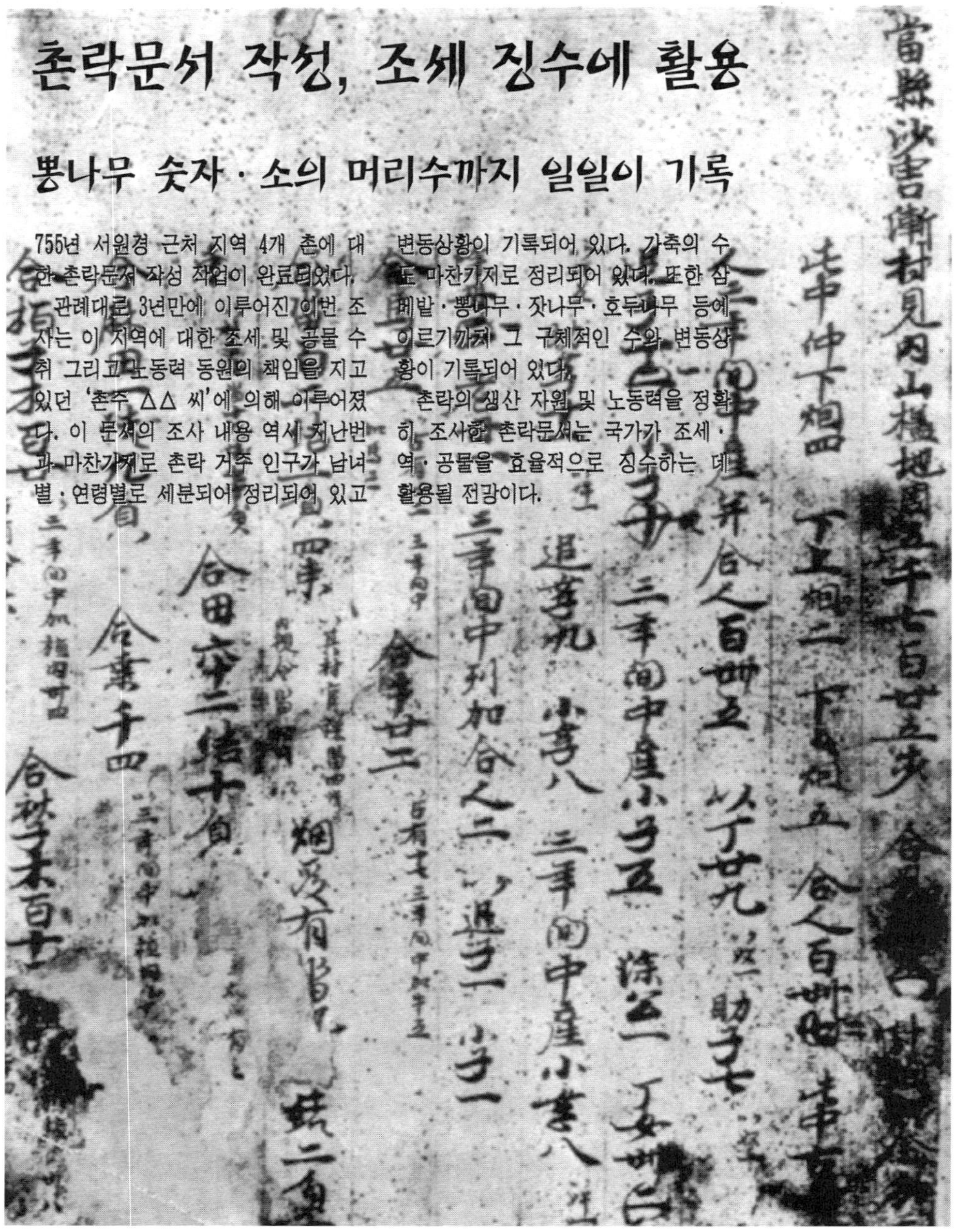

촌락문서 작성, 조세 징수에 활용

뽕나무 숫자 · 소의 머리수까지 일일이 기록

755년 서원경 근처 지역 4개 촌에 대한 촌락문서 작성 작업이 완료되었다.

관례대로 3년만에 이루어진 이번 조사는 이 지역에 대한 조세 및 공물 수취 그리고 노동력 동원의 책임을 지고 있던 '촌주 △△ 씨'에 의해 이루어졌다. 이 문서의 조사 내용 역시 지난번과 마찬가지로 촌락 거주 인구가 남녀별 · 연령별로 세분되어 정리되어 있고 변동상황이 기록되어 있다. 가축의 수도 마찬가지로 정리되어 있다. 또한 삼베밭 · 뽕나무 · 잣나무 · 호두나무 등에 이르기까지 그 구체적인 수와 변동상황이 기록되어 있다.

촌락의 생산 자원 및 노동력을 정확히 조사한 촌락문서는 국가가 조세 · 역 · 공물을 효율적으로 징수하는 데 활용될 전망이다.

내가 만든 촌락 문서

호구 파악, 소와 말의 숫자, 밭 크기, 종류별 나무 숫자 등 상세히 조사

나는 3년마다 돌아오는 조사 주기를 맞이하여 서원경과 부근 현의, 사해점촌 등 4개 촌에 대한 조사에 착수하였다. 다른 지역도 중앙에서 파견한 관리가 아니라, 나처럼 '촌주'라 일컬어지는 토착 세력이 조사를 담당하는 것으로 알고 있다. 글쎄, 앞으로 지방에 대한 중앙의 행정력이 보다 강화되면 중앙에서 파견한 관리가 직접 조사를 담당하겠지만, 아직까지 신라사회가 그럴만한 단계에 도달하지는 못한 것 같다.

조사할 내용은 여러 항목으로 나뉠 수 있겠는데, 그중 가장 중요한 것은 역시 노동력에 대한 파악이다. 여기서 노동력이란 성이나 다리를 건설하는 '부역'이나 왕궁을 지키고 외적을 방어하는 데 필요한 '군역'으로 분류될 수 있겠다. 그런데 이 일은 여자에게 맡길 수는 없는 노릇이고 또 남자라 하더라도 어린아이나 노인들에게 돌아갈 수는 없는 일이기에 16세부터 57세까지의 남자 장정을 무엇보다 잘 파악하는 것이 중요하다. 우리가 인구를 조사하는 데 남녀를 구분하고 연령별로 분류한 이유가 다 그 때문이다.

조사 과정에서 가장 어려운 점은 실제 나이가 얼마냐 하는 논란이었다. 주민들은 되도록이면 부역에 동원되는 것을 피하기 위해 실제보다 나이를 속이는 경우도 있다.

그러나 우리 촌주의 입장에서도 이 점은 마찬가지다. 우리 역시 주민의 숫자를 줄여서 보고하고 싶은 심정이다. 괜히 인원수를 곧이곧대로 보고하면 그만큼 우리 마을의 부담만 커지기 때문이다.

노동력 파악과 관련하여 소와 말을 빼놓을 수 없다. 이 둘은 농사와 교통 · 전쟁에 매우 필요한 가축들이다. 그래서 우리는 소와 말의 숫자를 하나의 오차도 없이 조사해야 했다.

다음으로 삼베밭의 크기 · 뽕나무 · 잣나무 · 호두나무의 숫자를 파악하였다. 삼베는 베, 뽕나무는 비단을 만드는 데 필요한 것이기에 철저한 관리가 필요하며 잣과 호두는 이 지역의 특산물로 국가에 공물로 바쳐야 하는 품목이다.

물론 논과 밭의 면적도 조사 항목에 포함되었다. 경작지에는 일반 가호의 땅 뿐만 아니라, 촌주나 관리 그리고 관청 관할의 땅이 포함되어 있다.

○○○촌 촌주(村主)

그림마당

이은홍

발해는 없다! 가자!!
당
신라
발해는 있다. 가자!!
발해

발해와 신라, 문물 교류 재개

발해~신라간 총 1천 2백 리 육로인 신라도(新羅道) 활용

발해가 건국되었을 때 신라와 당은 냉전관계에 있었고, 신라는 당을 견제하기 위해 발해와 가까이 하였다. 실제로 신라는 대조영에게 벼슬을 내려주기도 하였다. 그후 무왕(719-737) 시기 발해와 신라 사이에 직접적인 군사적 대결도 한차례 있었으나 발해에서 신라로 연결되는 '신라도'가 개설되어 문왕과 경덕왕 시기에 두 나라간에는 교류가 재개되었다.

발해에서 신라에 이르는 육로인 신라도는 발해의 동경 용원부(현 길림성 혼춘현 팔련성)에서 발해의 남경 남원부를 지나 신라 천정군(현 덕원)에 이르는 길로서 길이 1천1백70리(=531km)에 총 39개의 역이 세워져 있다. 발해를 출발한 사신은 천정군에 이르러 동해안을 따라 신라의 경주에 이르게 된다. 물론 이 길 외에 평안도 쪽을 지나오는 길과 동해 바다를 이용하는 길도 더러 이용되기도 한다.

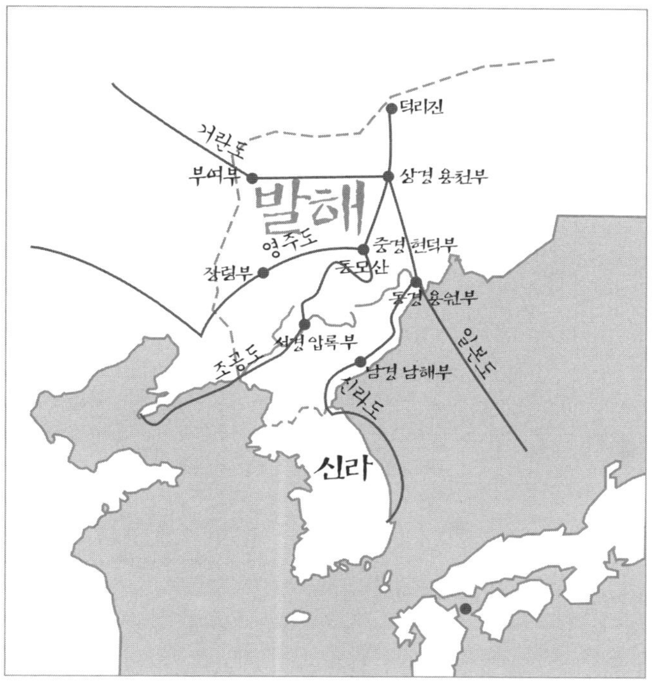

덕리진
거란도
부여부
상경 용천부
발해
영주도
중경 현덕부
장령부
동모산
동경 용원부
서경 압록부
조공도
일본도
남경 남해부
신라도
신라

당나라 사신의 '발해 견문'

돼지고기 즐기며 여성의 지위 매우 높아
바람피운 남편 뼈도 못추려

발해는 겨울은 춥고, 여름은 따뜻하고 습하며, 봄·가을은 메마르고 짧은 특성을 갖추고 있는데 대체로 추운 편이다. 발해 영토는 매우 넓은데 그중 연해주 지역은 북쪽에 자리잡고 있어 겨울이 다른 지역보다 길다. 한겨울에는 오전 9시가 되어야 날이 밝고 오후 4시면 어두워진다. 기온도 매우 낮아 겨울에는 영하 30도까지 내려간다고 한다. 삼림은 무성하여 침엽수와 활엽수의 혼합림이 울창하다. 또 초원과 크고 작은 연못이 광범위하게 분포하고 있다.

발해인들이 즐겨먹는 음식 중 첫번째는 돼지고기이다. 대부분의 발해인들이 집집마다 돼지를 기르고 있었다. 아무래도 추위를 이겨내려면 지방 섭취가 많아야 하고 그래서 돼지고기를 선호하게 된 것 같다. 이들은 또한 쑥떡을 해먹으며 바다고기도 즐겨 먹었다. 그리고 된장을 좋아했는데 중국 동북부 일대에서 일찍부터 콩이 재배된 사실과 깊은 관련이 있다고 보여진다.

발해의 가족 생활을 보면서 가장 눈에 띄는 특징은 일부일처제를 기본으로 하면서 여성의 지위가 만만치 않다는 것이다. 이곳 부인들은 모두 사납고 투기가 심하다. 결혼한 여자들은 다른 성씨와 연결을 맺어 10명의 의자매를 이루었는데, 번갈아 가며 남편을 감시하고 남편이 첩을 두거나 다른 여자와 연애하는 것을 용납하지 않는다.

만일 이런 일이 알려지면 반드시 독을 넣어 자기가 사랑하는 사람을 독살하려 한다. 한 남편이 바람을 피우는데 그 아내가 알지 못하더라도, 아홉 사람이 모두 일어나 그를 꾸짖는 것을 서로 다투어 자랑으로 여기고 있어 남자들이 한눈 파는 것은 상상도 못한다.

그러므로 거란·여진의 여러 나라에는 모두 창녀가 있고 남자들은 작은 부인이나 시중드는 계집종들을 거느리고 있으나, 오직 발해에만 이들이 없다.

754년 당나라 사신 한조빈

인터뷰 해외 원정 성공한 장문휴

"무력대결은 이제 그만, 문화수용에 힘써야"

발해와 당과의 전쟁에서 당의 기선을 제압한 것은 발해 장수 '장문휴'의 산둥반도 기습 공격이었다. 역사상 유래를 찾아보기 힘든 해외 원정에 성공하고 무사히 돌아온 발해 장수 장문휴를 만나보았다. 그는 732년 9월 중경의 서고성을 출발, 임강진을 지나 압록강을 따라 집안을 거쳐 배를 타고 요동반도 해안을 따라 산동반도 등주에 도착했다.

원정에 나선 배경은.

흑수말갈에 대한 지배권 문제와 이와 관련해 발생한 '대문예 소환' 문제로 발해와 당나라 간에는 갈등이 고조되고 있었으며, 두 나라 사이에 전쟁이 터지는 것은 시간 문제였습니다.

우리는 당나라를 공격할 적당한 기회를 엿보고 있었는데, 마침 거란인들이 우리나라에 사신을 보내 당나라를 협공할 것을 제의했습니다. 기회가 매우 유리하다 여겨졌기에 원정을 감행했습니다.

원정의 성과는.

당나라 산동반도의 등주를 기습하여 성의 우두머리인 자사(刺史) 이준까지 죽이는 성과를 올렸습니다. 당나라로서는 예상치 못한 공격을 받아 무척 당황한 것으로 알고 있습니다.

전쟁은 발해의 승리로 끝났고, 당나라는 발해에 대해 강경책에서 화친책으로 돌아설 것이 유력시된다. 향후 발해의 정책 방향은 어떠한가.

대조영이 발해를 세운 이후, 당의 견제로 많은 어려움을 겪어왔습니다. 그러나 이번 전쟁을 통해 당나라의 간섭을 무력으로 막아낼 수 있는 힘을 과시함으로써 대외적 긴장 국면은 약화되었다고 봅니다. 이제 내부 체제 정비에 박차를 가해야 하는 시점에 서 있다고 봅니다. 지금까지는 당과 대결 구도로 일관했지만 앞으로는 그들의 선진적인 문화를 수용하는 자세를 가져야 하겠습니다.

중국 상인, 발해 장사 실패담

중국인 장만재라는 사람이 발해란 나라가 상품이 풍부하고 경제가 발달했다는 소문을 듣고, 한번 재미를 보려고 모든 재산을 털어 피륙·쇠그릇·약품과 같은 물건을 사들였다. 장만재는 이 물건들을 가지고 고생 끝에 발해의 서울에 도착하여, 인산인해를 이루는 시장에서 자신의 물건을 내놓고 고래고래 소리를 쳤으나 장사가 되지 않아 이상하게 여겨 점쟁이에게 물어보았다. 그가 대답하기를 "자네는 발해에서 옥주의 면(綿)과 위성의 철(鐵)이 유명하다는 소리를 들어보지 못하였는가? 이런 물건들은 중원에서 나는 물건들과 차이가 없다네. 더구나 자네가 가져온 물건은 너무 조잡하여서 중원에서도 이미 사라져버린 것이고 약품도 가짜 아닌가? 눈이 밝은 발해 사람들이 진품과 가짜를 구분 못할 리가 없지"하였다. 결국 그는 패가망신하여 문전걸식하다가 겨우 목숨을 부지하여 중국으로 되돌아갔다고 한다.

신라, 불국사 석굴암 창건

현세와 내세의 영화, 왕실의 안정 기원

751년 신라 불교 문화의 최고 걸작 불국사와 석굴암이 창건되었다. 신라 왕실은 현세의 김씨 왕가의 영화를 위해 불국사를, 내세의 김씨 왕가를 위해 석굴암을 창건하였다고 밝혔다. 석굴암의 본존불인 아미타여래가 역대 김씨 왕가의 해중릉이 있는 동해를 바라보도록 제작한 것도 다 이러한 이유 때문이다.

또 한편에서는 경덕왕 때 들어와 기울어져가는 전제왕권을 부처님의 힘을 빌어 다시 강화하려는 정치적 의도에서 두 절을 창건하게 되었다고 한다. 불국사 석가탑의 조화와 안정은 왕실의 권력 안정에 대한 염원이 담겨 있다는 것이다.

그러나 제작 동기가 어떻든간에 실제 제작을 담당한 사람은 일반 민중들이다. 이들 민중들이 작품의 제작을 자신의 신앙심으로 승화시킬 줄 알았기에 두 절의 뛰어난 조화미와 정제미가 탄생할 수 있었던 것이다.

경주 남산

땅 위에 펼쳐진 부처님 세계

남산은 경주(서라벌) 남쪽에 솟아 있는 산으로 경주 서쪽의 선도산·벽도산·옥녀봉, 북쪽의 독산·금강산·금학산, 동쪽의 낭산·명활산과 함께 서라벌을 둘러싸고 있는 천연의 성벽이다. 가장 높은 봉우리는 높이 494m의 고위봉이며 지세가 가파르고 짧은 동남산과 경사가 완만하고 긴 서남산으로 구분된다.

박혁거세가 태어난 나정(蘿井)이 있어 일찍부터 신성시되어왔고 불교가 공인된 이후부터는 '천상에서 부처님이 내려와 머무는 영험한 산'으로 추앙받고 있다. 남산 곳곳에는 61개의 석탑, 80여개의 마애불과 석불, 1백12개의 절이 세워져 있는데 비교적 서남산쪽에 많이 분포되어 있다.

서민의 모습으로 나타나는 부처

남산의 석불들은 의외로 시골사람처럼 생긴 얼굴이 많다. 넓적한 얼굴, 짧은 코와 도톰한 입술, 잘 보이겠다는 꾸밈새나 권위나 위엄도 없으며 금방이라도 농담을 걸어올 듯한 친근한 얼굴이다. 보통 절의 불상들은 윗입술이 아랫입술을 감싸듯하고 입언저리에 깊은 홈을 파서 이지적인 미소가 나타나는데 남산의 석불들은 윗입술보다 아랫입술이 더 크게 표현되어 누구에게나 정다움을 느끼게 하는 부담 없는 얼굴이다. 작은 발과 아기같이 천진스러운 웃음 역시 '거룩한' 자비와는 거리가 멀다.

서민들 사이에서는, "하늘에서 내려오신 부처님의 영이 바위 속에 머물러 계시다가 필요에 따라 사람의 형상으로 나타나는데 언제나 누추한 옷을 입고 서민의 모습으로 나타난다"는 믿음이 뿌리깊다. 부처가 인간의 모습으로 나타날 때마다 어려운 불경을 설법하는 일이 없고 구수한 이야기로 농담을 한다는 이야기도 널리 퍼져 있다.

잘 알려진 이야기로 경흥스님 이야기가 있다. 국사인 경흥 스님은 말을 탄 채로 대궐에 드나들고 금은으로 장식된 가사를 입을 정도로 신문왕에게서 극진한 대접을 받았다. 어느날 경흥 국사의 화려한 행차를 보려고 모여든 구경꾼 중에 남루한 거지중이 마른 물고기가 담긴 광주리를 등에 지고 있었다.경흥 국사를 모시던 종자가 그를 꾸짖었다. "불도를 닦는 사람이 어찌 물고기 같은 부정한 물건을 등에 지고 다니요?" 중은 웃으면서 답했다. "이거요? 쳇! 두 다리 사이에 산 고기를 끼고 다니는 중도 있는데 마른 물고기쯤이야 어떻소"

경흥 국사는 종자에게 거지중을 따라가 보게 했다. 거지중은 문수보살상 앞에 광주리와 지팡이를 남겨놓고 남산 문수사 문 밖에서 사라져버렸는데 광주리에 든 것은 물고기가 아니라 소나무 껍질이었다. 종의 보고를 받은 경흥 국사는 거지 중이 문수보살이었음을 깨닫고 지금은 아무리 먼 길도 말을 타고 다니지 않는다.

서민들과의 사이에 벽이 없는 얼굴, 꾸밈 없는 얼굴로 남산 석불이 꾸준히 만들어지고 있는 배경에는 바로 부처에 대해 서민들이 갖는 친밀감이 깔려 있다. 부처 바위 남면의 여래입상은 왼손이 배에 닿아 있다는 이유로 아기를 무사히 낳게 하는 안산불(安産佛)로 모셔지고 있고, 여래와 보살들이 모두 앉은 자세로 화목하고 가정적인 분위기를 연출하고 있기도 하다. 신과 인간 사이에 벽이 없는 신라의 행복이 바로 여기에 있다.

하늘이 조성한 부처님 나라, 열반골

용장골 오른쪽 계곡인 '열반골'에는 기묘한 형상을 한 바위들이 많이 있는데 이 바위들에는 한 처녀가 열반의 경지에 이르는 이야기가 얽혀 전해온다.

서라벌의 한 각간에게 외동딸이 있었는데 이 처녀는 맵시와 마음씨가 고와 많은 젊은 사내들이 사랑을 호소해 왔다. 처녀는 시끄럽고 더러운 속세를 떠나 부처님의 세계인 열반에서 살 것을 결심하고 열반골로 들어섰다. 십여명이 앉아서 놀 만큼 넓은 바위(현재의 更衣巖)에 이르러 처녀는 금빛의 화려한 옷을 먹물옷으로 갈아입었다. 먹물옷 속에서도 무르익은 처녀의 살내음이 짐승들의 코를 자극, 고양이·곰·여우·구렁이·사자·이무기가 차례로 나타났는데(현재 고양이 바위, 큰곰바위, 맹호암 등 각종 동물 모양의 바위가 남아 있다), 처녀는 부처님의 이름을 부르며 정진을 계속했다. 마침내 산등성이에 이르러서 지팡이를 짚고 오는 할머니(즉 깨우친 사람을 극락으로 안내하는 지장보살)의 안내로 열반의 세계에 들어가 보살이 되었다.

말없는 바위에 의미를 부여하여 열반에 도달하는 과정을 설명해낸다는 것은 풍부한 상상력과 신앙심의 결합이 아니고는 불가능한 일이다. 동시에, 신라에는 '하늘이 조성한 부처님 나라' 속에서 열반을 꿈꾸는 사람이 그만큼 많다는 이야기일 것이다.

약수골 산허리에서 서방 극락 정토를 바라보는 사람들

약수골 가파른 산등성이에는 힘들여 세운 절이 하나 있다. 이곳에서 바라보는 발 아래 속세에는 망산·벽도산·단석산의 봉우리들이 파도처럼 펼쳐져 있고 서쪽을 향해 있기 때문에 저녁 때는 금빛으로 물드는 하늘을 보며 서방 정토 극락세계를 그려보는 것이 가능하다. 광덕의 처가 지은 원왕생가(願往生歌)에는 서쪽을 향한 그리움이 잘 나타나 있다.

달님이시여 이제
서방까지 가시어서
무량수 부처님 앞어
말씀 이르시다가 사뢰어 주소서.
다짐 깊으신 부처님께 우러러
두 손 모두옵고
원왕생 원왕생
그리워하는 사람이 있음을
사뢰어 주소서.
아으! 이몸 버려두고
사십팔 대원이 이룩될까 저어라.

이 산허리에 힘들여 높은 축대를 쌓으며 부처님을 모신 것은 바로 찬란한 부처님 세계를 보기 위한 염원에 다름 아니다.

남산 신성(南山 新城)

591년(진평왕 13)에 전국에서 차출된 기술자와 인부들이 "3년 안에 허물어지면 벌을 받겠다"고 맹세해가며 쌓은 성이다. 둘레는 11보 3척 8촌(약 4km)에 이르며 많은 석수·목공이 동원되어 바위를 벽돌처럼 곱게 다듬어 쌓았다. 문무왕은 663년에 신성 안에 3개의 창고를 지었는데 2개는 무기 창고(15×50m)이고 나머지 하나는 식량창고(50×100m)이다. 세 창고는 모두 다락식 건물이어서 밑으로 바람이 통하게 설계되었고 화려한 꽃무늬 기와를 올려서 미관에도 신경을 썼다. 식량 창고의 기단은 돌축대 사이에 띄엄띄엄 돌못을 박아 쌓은 튼튼한 축대를 사용해서 매우 견고하다.

신성 안에 있는 봉우리 해목령(일명 게눈바위)에 올라가면 경주 주위가 한눈에 내려다보이는데, 해목령은 대궐인 반월성을 마주보고 있다. 서쪽 국경의 정보는 선도산성의 봉화를 통해, 동쪽 국경의 정보는 명활산성의 봉화를 통해 남산 신성에 전달되며 임금은 반월성에 앉아서 국경지방의 정보를 파악하는 것이 가능하다.

약수골 마애대불

눈병에 특효가 있는 약수가 있는 골짜기의 제일 큰 바위 남쪽 면에는 여래입상이 새겨져 있다. 10.4m나 되는 이 거대한 불상의 머리와 몸체는 지름 9cm의 철봉으로 연결되어 있다. 즉 몸체는 바위면을 그대로 이용해 조각했으며 머리는 다른 돌로 만들어 몸체 위에 얹는 방식이 사용되었다.

3cm내외의 깊이로 손의 윤곽과 옷주름을 예리하게 파내어, 태양광선이 비칠 때 생기는 그림자로 옷주름이 더욱 선명하게 보이도록 한 착상이 단연 돋보인다.

약수골 마애대불

사진 왼쪽은 배리삼존불, 위는 남산신성.

산 허리 한바퀴 돌아가면 다 만나보게되는 온 누리의 부처들

산 전체가 하나의 거대한 사찰
곳곳에 일반 백성들의 신앙세계가 표현되어 있다

감실여래상

절골 약사여래 좌상

절이 많이 분포되어 있는 '절골'에는 축대 밑으로 여울물이 폭포가 되어 흘러내리는 운치 있는 법당을 많이 발견할 수 있다.

이 법당 중에서 용장사에 들어서면 삼층석탑을 연상시키는 대좌(불상받침) 위에 앉아서 왼손에 약그릇을 든 약사여래상을 볼 수 있다. 오른손과 왼손을 각각 오른쪽·왼쪽의 무릎 위에 올려놓은 자연스러운 자세와 승려의 가사를 묶는 띠의 수술까지 표현하고 있다.

신앙의 대상, 상사바위

국사골 산정에 나란히 서 있는 두 개의 큰 바위는 사랑에 병든 사람들의 소원을 들어주는 '상사바위'라는 이름이 붙어 있다. 상사바위에 얽힌 전설은 다음과 같다.

옛날 이 마을의 한 할아버지가 나이어린 처녀를 사랑하다가 고민 끝에 골짜기의 나무에 목을 매어 죽었다. 죽은 할아버지가 큰 바위가 되어 산정에 우뚝 솟은 뒤 그 어린 처녀는 큰 뱀이 나타나 몸을 감고 괴롭히는 악몽에 시달리게 되었다. 죽은 할아버지의 혼령이 상사뱀으로 변해 밤마다 나타나자, 처녀는 할아버지 바위에 올라가서 "나이 때문에 할아버지의 소원을 못 이루셨다면 나이를 먹지 않는 바위가 되어 할아버지의 소원을 들어 드리오리다"라고 말하고 몸을 던져 죽으니 그 옆에 또 하나의 바위가 생겼다.

할아버지 바위 아래쪽에는 처녀의 핏자국이 남아 있으며, 사랑을 이루려는 사람들이 켜놓은 촛불이 상사바위 안의 감실을 항상 환히 밝히고 있다.

감실 여래 좌상

남산 동면 부처골의 아치형의 감실 속에는 여래 좌불이 안치되어 있다. 조용히 부풀어 오른 눈시울에 살며시 그늘을 지으면서 명상에 잠긴 고요한 두눈은 분명 사색자의 모습이지만 둥글고 큰 머리, 두툼한 입술 가장자리에 떠올라 있는 미소는 감실을 찾아 소원을 비는 사람들에게 결코 거리감을 느끼게 하지 않는다. 민간전래의 토속적 바위 신앙과 새로운 불교신앙의 행복한 만남이 이 곳에서 이루어지고 있는 것이다.

땅 위에 옮겨진 부처님 세계, 탑골 부처바위

남산의 북동쪽 계곡 탑골에서는 사면에 여래, 보살, 비천나한, 탑, 사자 등 많은 불교조각이 새겨져 있는 부처바위를 발견할 수 있다. 불교에서는 한결같은 참된 세계를 '진여(眞如)'라고 부르며, 진여를 형상으로 나타낸 부처님을 비로자나불(毘盧庶那佛: '빛으로 가득하다'는 뜻)이라고 한다. 이 '진여'의 빛이 분해되어 8방 10방에 미치면 그 방향마다, 부처님 나라가 이루어지게 된다.

부처님 나라마다 수많은 보살들이 있으니 온누리는 화려하고 장엄한 부처님 나라로 가득하게 되며 이렇게 화려 장엄한 부처님 세계를 화엄세계라 부른다. 이러한 화엄세계의 화려한 꿈들이 새겨져 있는 것이 바로 이 부처바위이다.

하늘에서 부처님의 영(靈)이 하강하여 바위 속에 있다는 신앙이 확고하게 자리잡고 있기 때문에 부처님의 빛이 비치는 서쪽에는 아미타여래를, 동쪽에는 약사여래를 새기는 것이 일반적이다. 남쪽과 북쪽은 예외가 있는데 이 부처바위에는 남·북에 각각 석가여래와 삼존불이 새겨져 있다. 결국 이 바위를 한 바퀴 돌면 온누리의 부처를 예배하게 되는 셈이다.

수미산 세계의 환상, 용장사 탑

용장골 동북쪽 산봉우리 정상에는 자연암석 위에 직접 상층기단을 쌓은 특이한 석탑이 있다. 계곡에서 약 2백m나 되는 바위산을 직접 하층 기단으로 삼아 그 위에 상층기단을 쌓고 옥신과 옥개를 얹어 삼층탑을 쌓은 것은 하층 기단이 바위산이 바로 수미산(須彌山: 세계의 중심에 있다는 상상의 산)이라는 것을 말해주는 것이다. 바위산 산정이 사왕천(四王天)이라면 상층기단은 도리천이다. 그 위층들은 구름 위에 뜬 여러 부처님 나라가 되는 것이다. 이 탑을 보는 사람은 누구나 '작은 탑 하나로 부처가 있다는 하늘세계에 연결'되는 크나큰 감격을 맛볼 수 있다.

사진 위는 서면 마애여래. 아래는 탑골 부처바위. 옆의 탑은 용장사 탑.

통일 후 신라의 불교 미술과 신분제

누구를 위한 예술인가? 신앙의 표현인 동시에, 백성을 교화시키려는 욕구가 담겨 있다

통일 후 신라의 불교 미술은 불국사, 석굴암 창건에서 최고 절정에 이른 듯하다. 불국사는 불교의 이상 사회가 경주 땅에 현실화 되어 있는 듯한 인상을 주며, 토함산에 위치한 석굴암의 예술성과 과학성은 보는 이로 하여금 신비감과 외경심에 젖게 만든다.

그러나 그러한 예술품들은 민중의 고통에 찬 노동속에 만들어진 것이다. 수십년이 걸린 공사 기간 동안 민중은 힘든 노역에 동원되어야 했고, 자신의 재산을 절에 갖다 바쳐야 했다.

석가탑에 얽힌 한 여인의 죽음에서 그리고 성덕대왕 신종을 완성하기 위해 심지어 살아있는 갓난 아이까지 재물로 바쳐졌다는 이야기에서 화려한 미술품의 이면에 놓여 있는 민중의 고통에 찬 신음소리를 들을 수 있다.

하지만 공교롭게도 이러한 미술품은 다시 민중들로 하여금 자신의 처지에 순종하게 만드는 교화의 수단으로 이용되고 있다.

경덕왕 시기 최고의 정치 실력자이며 불국사와 석굴암의 공사 총 책임자인 김대성의 설화에서 이점을 분명히 발견할 수 있다. 이 설화에서 김대성은 어렵게 마련한 자신의 땅을 시주하면서 어머니에게 '생각해 보니 우리는 전생에 아무 좋은 일도 한 것이 없기 때문에 이렇게 가난하게 되었다. 지금 보시해두지 않으면 다음 생에서는 더욱 가난하게 될 것이다'라고 이야기한 후 죽었다.

그 후 그는 진골 가문에서 다시 태어나 최고 관직인 시중에 오르게 되어 불국사와 석굴암을 건립하게 되었다는 것이다.

이 설화에는 현재 비천한 신분의 사람들에게 그 원인을 전생에 공덕이 부족한 탓으로 돌리게 함으로써 현실의 불평등을 순종적으로 받아들이게 하려는 의도가 숨겨져 있다.

따라서 통일 신라 시기 불교가 일관되게 수행한 사회적인 역할은 신분제를 합리화시킴으로써 경주의 왕권과 귀족 세력의 지위를 옹호·강화시켜주는 것이라고 할 수 있다. 즉, 불교 미술품들은 신앙과 염원의 표현이면서 동시에, 백성을 교화시키려는 지배층의 욕구가 담겨 있는 이중성을 지니고 있는 것이다.

인터뷰

성덕대왕신종 제작자

30년에 걸친 제작 기간을 거쳐 771년(혜공왕 7), 높이 3.3m, 입지름 2.27m에 달하는 성덕대왕신종이 만들어졌다.

종을 만들게 된 동기는.
경덕왕이 부왕 성덕왕을 기리기 위해 만든 것이다.

이 종의 장점은 무엇인가.
성덕대왕신종은 처음 울림은 엄청나게 큰 소리이면서 마지막에 이르면 이슬처럼 영롱하고 맑은 소리를 전해준다. '장중함'과 '은은함'의 조화, 바로 이것이 성덕대왕신종의 가장 큰 자랑이다. 또 비천상 무늬는 말로 표현할 수 없는 아름다움을 전해주고 있다.

뛰어난 음색을 만든 비결은.
이 종은 '납형법' 주조물로 밀랍으로 형태를 만드는 것이다. 아름다운 문양을 새길 수 있었던 것도 납형형 공법을 썼기에 가능했다. 종의 총 부피는 3.2㎥인데 벌통 하나에서 채취할 수 있는 밀랍은 고작해야 1-2 *l* 에 불과하다. 종을 만들기 위해선 최소한 벌통 2천개가 필요했다.

그리고 쇳물을 부을때는 거푸집 열개의 주입구에 약 25-30톤의 쇳물을 동시에 부어야 한다. 이때 압력이 대단해 거푸집이 웬만큼 튼튼하지 않고는 못견디며, 또 쇳물이 쏟아질 때에는 거품이 일어나 버글거리는데, 이때 공기가 미처 빠져나오지 못하면 기포가 생기게 된다. 만일 굳는 속도가 다르거나 기포가 생길 경우, 원하는 종소리를 얻을 수 없다. 이 과정은 대단히 어려운 것으로 30년이나 시행착오를 반복한 다음에야 그 기술을 터득할 수 있었다.

민간에서는 왜 이 종을 '에밀레종'이라고 부르는가.
종의 주조에 필요한 쇠는 스님이 집집마다 돌아다니며 백성들에게 시주받은 것이다. 그런데 매우 가난하기 짝이 없는 한 집의 여인이 스님에게 "우리는 가난해서 가진 것이라고는 이 갓난아이밖에 없다"며 자식을 시주할 수밖에 없었다는 것이다. 그리하여 그 아이가 쇳물에 던져지게 됐는데 우연의 일치인지 어떤지 모르지만 그 직후 종이 완성됐다. 이 이야기를 전해들은 사람들에게는 종소리가 꼭 어린아이의 울음소리마냥 '에밀레'하고 들렸다고 한다. 그래서 에밀레종이라고 부르게 된 것이다.

불국사 석가탑의 이런저런 이야기

신라 석탑의 전형이라 평가되는 석가탑은 불국사의 빼놓을 수 없는 자랑거리로서 그 아름다움 또한 대단하다. 그런 유명세 때문인지 모르겠으나 탑에 얽힌 이야기도 많다.

석가탑을 '무영탑'(그림자 없는 탑)이라고 부르는 이유.
석탑을 세우는 데 징발된 석공이 몇 년이 지나도 집에 돌아오지 않자, 그 아내는 그리운 남편을 보기 위해 먼길을 마다하지 않고 찾아오지만 석탑이 완성되기 전에는 면담이 금지되어 만나지 못한다. 그녀는 그리운 심정을 이기지 못하고 공사장 주변을 맴돌다가, 문득 연못에 비친 탑 그림자를 보고 남편을 만난 환상에 빠져 몸을 던져 죽어버리고 만다. 그후 완성된 삼층석탑은 그림자를 드리우지 않았다고 한다.

석가탑 안에 목판 인쇄물 '다라니경' 안치
정제된 기품과 단아한 아름다움을 자랑하는 석가탑의 사리공 안에 불교 경전, '무구정광 대다라니경'이 안치되어 있다. 이 경전은 세로 6.5m, 가로 7m의 닥나무 종이에 목판 12장으로 인쇄되어 있다. 목판 하나는 62줄로 한 줄에 평균 8자가 새겨 있다.

탑안에 불경을 넣는 이유
원래 탑은 부처님이 입적할 때 나온 사리와 뼈 등을 보관하기 위해 만든 일종의 무덤이라고 할 수 있다. 사람들은 부처님의 뼈나 사리를 봉안하는 데 탑을 이용하였고 탑은 불교 신도의 신앙의 대상이 되었던 것이다. 그러나 부처님의 뼈나 사리는 한정되어 있음으로 점차 시간이 지나면서 부처님을 상징하는 부처님의 말씀인 '불경' 등이 대신 들어가게 된 것이다.

혜초, 인도 여행기 『왕오천축국전』 저술

구법승의 눈에 비친 순례지 풍경 볼만

727년 인도에서 10년간의 불교 수학 여행을 마치고 당의 서울에 돌아온 혜초는 『왕오천축국전(往五天竺國傳)』을 저술하였다. 왕오천축국전이란 다섯 천축국, 즉 인도를 다닌 기록이란 뜻이다.

선진문화 수용에 적극적인 신라인들은 험악하고 고달픈 여행길을 마다않고 당나라에 유학승과 구법승(求法僧)을 보냈는데 이들 중에는 열렬한 불교 신앙을 가지고 불교의 원천지라 할 인도에까지 들어가는 사람들이 있었다. 혜초도 그중 하나였다. 혜초는 뱅골만을 거쳐 인도로 들어간 후, 여러 성지를 순례하고 중앙 아시아를 거쳐 안서로 들어온 후 다시 장안으로 향하였다.

이 책은 총 3권으로 구성되어 있으며 순례지의 정치 정세와 사회상 그리고 자연풍속, 산물, 교통 등에 관하여 자세히 기록되어 있어 8세기 인도 및 중앙 아시아에 관한 으뜸가는 기록으로 평가받고 있다.

혜초는 남천축국을 여행하면서 고향에 대한 그리움을 시로 읊기도 하였다.

달 밝은 밤에 고향길을 바라보니
뜬구름은 너울너울 고향으로 돌아가네
나는 편지를 봉하여 구름편에 보내려 하나
바람은 빨라 내 말을 들으려고 돌아보지도 않네
내 나라는 하늘 끝 북쪽에 있고
다른 나라는 땅 끝 서쪽에 있네
해가 뜨는 남쪽에 기러기가 없으니
누가 계림(鷄林)으로 나를 위해 소식을 전할까.

승려 충담사, 향가 '안민가' 저술 경덕왕에게 바쳐

사치풍조 사회상 개탄

승려 충담사가 경덕왕을 위해 760년 '안민가(安民歌)'라는 향가를 지었다. 노래의 제목은 백성을 편안하게 한다는 뜻을 가지고 있다. 그러나 이러한 제목은 그렇지 못한 실제 상황의 반대되는 표현으로 볼 수 있다. 이 노래는 신라의 황금기인 경덕왕 때 호화와 사치가 극도에 달해 사리사욕에 물든 사회상을 개탄한 것으로 애민, 안민의 풍조를 부흥시키려는 뜻이 담겨져 있다. 하지만 노래 하나로 세상이 바뀌어질 수는 없는 노릇. 귀족들의 세력은 더욱 거세지기만 하고 백성들의 삶은 어려워지고 있어 가슴 아파하는 이들이 늘어가고 있다.

임금은 아비요 신하는 사랑하시는 어미시라.
백성은 어리석은 아이라고 하시면, 백성이 사랑하리라.
탄식하는 뭇 창생, 이를 먹도록 다스릴지어다.
이 땅을 버리고 어디로 갈까 하면, 나라가 지녀지리라.
아아, 임금은 임금같이, 신하는 신하답게, 백성은 백성같이 하면 나라 태평하리라.
신하는 즐거운 아이로 여기시니, 백성이 은혜와 사랑으로 알지로다.
군답게 신하답게 할지면 나라는 태평하리이다.

신라, 당나라 황제에게 '만불산' 선물

"신라 사람의 재주는 하늘의 솜씨이지 사람의 것이 아니다"

오색 빛깔의 모직 담요 위에 나무, 구슬, 옥으로 한 길 높이의 산을 만들고 그 산에 바위, 개울, 동굴을 만들었다. 그 사이사이에 춤추며, 노래하며, 악기를 연주하는 인형까지 들어 있는데 바람이 불면 벌과 나비가 날고 새들이 춤을 춘다. 또 한치 내지 그보다 약간 작은 불상이 곳곳에 만들어져 있다. 불상의 머리는 콩 반쪽 만한데 눈, 눈썹까지 얼굴 모양이 다 갖추어져 있다.

앞에는 걸어서 산을 돌아다니는 스님 모양의 인형이 천 개가 있다. 아래에는 자색 금으로 만든 종이 세 개 있다. 바람이 불어 종이 울리면 스님 모양의 인형들이 모두 바닥에 엎드려 절을 하면서 은은히 불경을 외는 소리가 들린다.

당나라 황제는 이를 보고 "신라 사람의 재주는 하늘의 솜씨이지 사람의 것이 아니다" 라고 탄복했다고 한다.

해외 소식

당, 안록산·사사명의 반란 막내려

755년 발생, 8년간 진행된 안록산·사사명의 반란은 관군의 반격과 자체 내분으로 인해 실패로 끝났다.

755년 20만 병력으로 봉기한 이래 파죽지세로 세력을 확장한 '안록산'은 스스로 왕의 지위에 오르기도 했으나 치명적인 내분으로 안·사의 봉기는 결국 무너지고 말았다.

반란군의 우두머리였던 안록산은 절도사로 이름을 날린 인물이었다. 8세기 들어와 당나라에서는 의무병제가 무너지고 모병에 의한 전문군인이 출현하고 있었는데, '절도사'란 변방에 설치된 전문군 군관을 말한다.

'입가에는 꿀, 마음에는 칼'을 가진 자로서 현종으로부터 전권을 위임 받은 '이임보'란 인물은 귀족 세력들의 반대를 견제하고자 이민족이나 서민 출신을 절도사로 임명했고, 안록산은 이임보의 지원 속에 절도사로 출세가도를 달렸었다. 그런데 이임보가 죽고 양귀비의 오빠가 재상에 오르면서 출세가도에 먹구름이 끼자 안록산이 반란을 일으킨 것이다.

이 사건 이후, 당나라는 지배체제가 급격히 무너지고 변경에만 설치되었던 절도사제가 전국에 확산되는 등 새로운 국면을 맞이하고 있다.

동로마, 비잔틴 건축 문화 유행

근래 동로마 제국에서 '비잔틴식 건축'이 유행하고 있다. 성 소피아 성당(Santa Sophia:거룩한 지혜라는 뜻)이 대표적 건물인데 건물의 외양은 회를 바른 벽돌만을 사용했고, 내부는 화려한 색조의 모자이크, 금박, 대리석 기둥을 사용했다. 경이로운 느낌을 강조하기 위해 건물 안으로는 빛이 들어오지 못하도록 하고, 조명을 하도록 했다. 또 성당 전체가 십자가 형태로 되어 있고, 중앙의 정사각형 위에 거대한 돔이 세워져 전체구도를 압도하고 있다. 정사각형의 기둥배치 위에 돔을 세우기 위해서 각 기둥들 사이에는 아치형식을 도입했다.

역사신문

신라 대아찬 김융 모반 770
신라 백관 칭호를 옛 것으로 복귀 776
3 신라, 독서삼품과 시행 788
1 신라 김헌창 반란 822
신라 희강왕 자살, 민애왕 즉위
1 장보고 피살 846

신라, "사회불안 고조"

굶주림과 질병에 시달린 백성들 곳곳에서 봉기
금성은 진골 귀족들의 政爭으로 혼란

신라의 정정이 왕위 다툼으로 불안한 가운데 민생고는 갈수록 심각해지고 있다. 국가의 부는 진골 귀족들에게 독점되어 있으며 백성들의 생활은 날로 피폐해지고 있다.

헌덕왕 8년(816) 흉년 때는 중국 양자강 하류의 절동(浙東)에까지 먹을 것을 구하러 간 굶주린 백성이 1백70인이나 됐고, 헌덕왕 13년(821) 봄에는 굶주려 자식을 팔아 끼니를 이어나가는 백성들까지 나왔다. 흥덕왕 8년(833) 10월에는 악성 전염병까지 창궐, 민중의 참상은 이루 말할 수 없을 지경이다.

극심한 식량난에 허덕이는 신라인들 중에는 도적이 되어 봉기를 일으키는 사람도 속출하고 있다. 816년에 도적이 봉기했으며 819년 초적이 들고 일어났다. 또 흥덕왕 7년(832) 8월에는 거의 모든 곳에서 도적이 들끓고 있는 실정이라고 보고됐다. **관련기사 3면**

또한 신라인들 중 일부는 해적이 되어 멀리 바다로 나가 일본 지역을 약탈하기도 한다고 알려지고 있다.

발해, "최고의 융성기"

당나라 혼란 틈타 활발한 영토 확장
요동·요하·송화강 일대 지배, 주변국 "해동성국"이라 칭송

발해가 모든 면에서 융성, 신라의 국력을 앞지르고 있다. 9세기 전반 당나라가 이사도의 난으로 혼란, 819년에는 이사도의 난을 평정하기 위하여 신라의 군대마저 징발하자 이때를 틈타 선왕은 영토 확장에 나서고 있다.

선왕은 흑수말갈을 비롯한 대부분의 말갈 세력을 복속시키고 요동 지방의 소고구려국을 병합해 요하 유역까지 진출하고, 818-820년 경에는 신라 지역으로까지 세력을 뻗쳤다.

선왕의 적극적인 영토 확장으로 현재 발해는 남쪽으로 서부의 대동강 유역에서 동부의 금아 용흥강 부근에 이르는 선을 경계로 신라와 접했으며, 또 동쪽으로 멀리 연해주 하바로프스크에 이르는 일대, 서남쪽으로는 요하 하류 지방을 포함한 지역까지 세력을 확장했다. 북쪽은 흑룡강 일대와 송화강의 중·하류를 다 포괄할 정도로 영토가 확장됐다. **관련기사 3면**

현재 주변의 국가들은 발해를 "동쪽의 융성한 나라"라고 부르고 있다.

신라, 웅천주 도독 김헌창 반란
중앙 정부군, 진압 성공

국호 '장안', 연호 '경운' … 나라까지 세워
네 개주 도독, 여러 수령들 자기 휘하에

822년(헌덕왕 14년) 3월 김헌창은 아버지가 억울하게 왕위에 오르지 못한 것에 불만을 품어오다 마침내 난을 일으켰다. 김헌창은 아예 나라까지 세워 국호를 '장안(長安)', 연호를 '경운'(慶雲)이라 하고 무진·완산·청주·사벌의 4주 도독과 국원경(충주)·서원경·금관경의 장관인 사신들 그리고 여러 군현의 수령을 협박하여 자기 소속으로 삼는 등 세력을 크게 확장시켰다.

김헌창의 반란을 보고받은 중앙정부는 왕궁에 대한 수비를 강화한 후 진압군을 출동시켜 김헌창 반란군을 진압했다. 중앙군과의 대결에서 겨우 몸을 빼낸 김헌창은 웅진성 안으로 숨어 버텨보았지만, 중앙 관군의 포위가 10일째 되는 날 성이 함락의 위기에 처하자 자살했다. 김헌창의 부하들은 김헌창의 머리를 잘라 몸과 분리하여 파묻었는데, 진압군은 숨겨진 김헌창의 시신을 찾아내 다시 베고 그 종족과 무리 2백39인을 처형했다.

신라, 발해진출에 위협
대동강에 장성 축조

발해의 영토가 사방으로 확장될 뿐 아니라 남으로 대동강 유역까지 압박해 들어옴에 따라 이에 위협을 느낀 신라는 발해의 진출에 대응하기 위하여 대동강변에 장성을 축조했다.

826년 7월 신라는 우잠(牛岑)태수 백영에게 명해 한산주의 북쪽 지방에 사는 사람들 1만명을 징발하여 대동강에 3백리나 되는 장성을 쌓았다.

풍운아 '장보고' 피살

중앙 정계 진출의 꿈, 물거품으로 끝나

신라 정부, 반기든 장보고에 자객보내 암살 … 청해진 해체, 귀족들 안도의 한숨

846년 자신의 딸을 왕비로 맞아들이지 않는 데 불만을 품고 청해진에서 반기를 들었던 해상왕 장보고가 중앙에서 보낸 자객에 의해 암살됐다.

845년 3월 문성왕(839~857)은 장보고의 딸을 차비(次妃)로 삼으려 했으나 중앙정부의 귀족들은 "천한 바다섬의 딸을 왕비로 맞아들인다는 것은 천만 부당하다"는 이유로 강하게 반대했다. 이에 장보고는 "내 도움으로 왕위에 오른 문성왕이 내 요구를 거절할 수는 없는 일"이라고 분노, 이듬해 봄 청해진에서 반기를 들었었다.

이에 신라 조정은 장보고의 세력이 워낙 막강하여 직접 대결은 피하고 무주 출신의 자객 염장을 보냈다.

염장의 거짓 투항에 속은 장보고는 그를 자신의 측근에 두었다가 염장의 계략에 넘어가 결국 암살되고 말았다. 장보고 사후 문성왕은 13년(851) 2월 청해진을 해체하고 그 곳 주민들을 전라도 김제 벽골제로 이주시켰다. **관련기사 3면**

그동안 신라의 진골 귀족은 장보고의 중앙정계 진출 문제로 골머리를 앓아왔다. 장보고의 딸을 왕비로 맞아들이는 것은 골품제를 철저히 고수하고 있는 진골 귀족들에게 도저히 받아들여질 수 없는 일이었다. 또한 현재 신라의 정치상황에서 중앙정계가 통제할 수 없는 막강한 사병을 거느리고 있는 장보고의 개입은 정치적으로 엄청난 사태를 몰고 올 것으로 우려되는 바였다.

하지만 중앙정부는 그를 제압할 만한 힘을 가지고 있지 못했기에 장보고의 존재는 중앙관료에게 '공포의 대상'이 되어온 것이다. 그러나 장보고가 암살되고 청해진이 해체됨으로써 신라의 중앙 귀족은 커다란 정치적 부담을 덜게 됐다.

역사신문

신라의 위기를 극복하기 위해

근본문제에 대한 해결책 절실

신라사회는 지금 큰 위기에 처해 있다.

쉴사이 없이 발생하고 있는 왕위 계승 다툼으로 전제왕권은 몰락하고 중앙 정계의 지배력은 한없이 약화되어 지방에 대한 영향력을 제대로 발휘하지 못하고 있다. 이런 와중에서 진골 귀족들은 정치적 다툼에서 승리하기 위해 저마다의 사병을 보유하고 농민에 대한 수탈을 강화하고 있다.

어려움에 처해 있는 백성들은 기근이 들면 자식들을 노비로 팔거나 부족한 양식을 가지고 부모를 공양하기 위해 자식을 땅에 파묻을 지경에 이르렀다. 굶주림을 참지 못한 백성들의 일부는 도적이 되어 곳곳에서 봉기하고 있다. 또한 먹을 것을 찾아 위험을 무릅쓰고 바다를 건너 다른 나라에까지 나아가고 있는 처참한 실정이다. 상층 신분 내부에서도 골품제의 폐쇄성에 대한 6두품 이하의 불만은 더욱 커져만 가고 있다. 이들은 능력에 따라 관리를 선발하는 보다 합리적인 관리임용제도가 마련되기를 기대하였으나 독서삼품과의 실패에서 보이듯이 신분제의 폐쇄성은 개선되지 못하였다. 그뿐 아니라 6두품은 진골 귀족의 권력 독점에 밀려 정치적으로 더욱 배척되고 있는 실정이다.

신라의 지배층도 현재 벌어지고 있는 국가체제 동요의 심각성을 느끼고 있다고 보여진다. 흥덕왕 9년 조서를 내린 것도 그러한 인식의 반영이라고 할 수 있다. 그러나 신라의 지배층이 내놓은 수습책은 실로 한심하기 짝이 없는 것이다. 자신들의 기득권을 지키기 위해 기존질서를 유지하겠다는 기조 위에 서 있기 때문이다. 골품제의 문제점이 심각한 상황에서 골품제를 강화하는 조서를 내린 것이 바로 그 예이다.

신라의 지배층이 아직도 현 사태의 원인을 제대로 파악하지 못하고 있는 것인지 아니면 알면서도 애써 외면하고 있는 것인지 걱정스럽기 그지 없다. 농민이 몰락하는 것은 귀족의 대토지 소유 강화와 사원 경제의 확대로 인해 농민의 삶의 기반이 산산히 파괴되고 있기 때문이며, 6두품의 불만이 터져나오는 것은 진골 귀족들이 폐쇄적인 골품제를 고집하고 있기 때문이다. 이러한 상황에서 몰락한 농민이 갈 곳이 과연 어디일 것이며, 자신의 능력이 현체제에 수용되지 않을 때 6두품들이 취할 수 있는 행동이 무엇이겠는가? 결국에는 부패하고 폐쇄적인 신라 사회를 무너뜨리는 대열에 나서게 될 것이다.

신라의 지배층은 귀족의 대토지 소유와 사원경제의 확대, 인재등용의 폐쇄성 등 신라사회가 가지고 있는 근본문제에 대한 해결책을 제시하지 않는 한 현실의 위기를 타개할 수 없을 뿐만 아니라 체제 붕괴로 치달을 것임을 알아야겠다.

취재기자 방담 선덕왕 이후 신라의 정치 정세

'체제 와해 초읽기' … 귀족들 중앙통제 벗어난 '무정부 상태'

김헌창처럼 왕위를 차지하려고 난을 일으키는 일은 이제 신라사회에서 전혀 생소한 일이 아니다. 당장 김헌창이 내몰고자 했던 헌덕왕조차 조카 애장왕을 살해하고 왕위를 거머쥔 인물이니 말이다. 신라사회는 무열왕계의 마지막 왕인 혜공왕이 시해되고 난 후 만성적인 왕위 다툼에 시달려 온 상태이다. 단지 이번 김헌창의 반란은 이전의 것보다 그 규모나 영향력이 컸을 따름이다.

삼국통일 이후 신라의 왕권은 매우 막강해진 것으로 알고 있는데 언제부터 왕권이 약화되기 시작했는가.

막강했던 신라의 전제왕권이 약화되기 시작한 것은 경덕왕 때이다. 경덕왕이 당시 대규모 불사를 벌였던 것도 내리막길을 걷는 왕권을 부처님의 힘을 빌어 강화하고자 해서였다. 그러나 결국 경덕왕이 죽은 뒤 여덟 살 난 혜공왕이 왕위에 오르자, 귀족들은 드러내놓고 어린 왕을 무시하며 반란을 일으켰다.

내물왕계의 선덕왕이 즉위한 이래 왕위 다툼은 쉴사이 없이 전개되어온 것으로 아는데, 선덕왕 즉위 후 상황은.

37대 선덕왕 이후 왕의 재위기간을 살펴 볼 때 47대 헌안왕까지 왕의 평균 재위기간은 7년에 불과하다. 이전 국왕의 재위기간인 평균 23년과 비교해 볼 때 매우 단명했다고 말할 수 있다. 왕위를 차지하는 방법에 있어서도 정당한 승계에 의해서가 아니라 폭력으로 차지한 자가 무려 6명으로 전체의 절반 이상이다.

왕위 다툼이 치열해진 이유는 무엇때문인가.

통일 이후 신라의 귀족들은 안정을 구가했다. 많을 경우 3천의 노비를 소유하고 섬에서 가축을 방목하며, 지방에 많은 토지를 보유하고 있었다. 이러한 경제력을 바탕으로 이들은 각기 자신의 군대, 즉 사병을 길러 서로 세력을 겨루었다. 더 많은 토지와 노비를 차지하려고 서로 싸움을 벌인 것이다. 이를 조정에서 견제할 수 없게 되자 정치가 어지러워졌고 귀족들은 왕의 자리까지도 넘보며 무력으로 왕위를 차지하려 함에 따라 목숨까지 잃는 사태가 발생한 것이다.

앞으로의 전망은 어떠한가.

중앙의 통제를 벗어난 이들 귀족들은 자신의 권력을 유지하기 위해 아무런 제한없이 농민을 극도로 수탈하고 있다. 그로 인해 신라는 서서히 무너져 가고 있다. 대책 마련이 시급하다. 획기적인 조치가 당장에 마련되지 않는다면 이는 체제위기를 가져올 것으로 우려된다.

혜공왕 시기 반란일지

혜공왕 4년(768) 7월 신라의 최고 관직에 있는 대공이 아우 아찬 대렴과 반란을 일으켜 왕궁을 포위한 지 33일 만에 토멸됨.

혜공왕 6년(770) 8월 대아찬 김융이 반란을 일으켰다 죽음을 당함.

혜공왕 11년(775) 6월 이찬 김은거가 모반, 처형됨.

혜공왕 11년(775) 8월 이찬 염상이 전시중 정문과 함께 모반, 처형됨.

혜공왕 16년(780) 이찬 김지정이 반란을 일으켜 궁궐을 포위. 그해 4월 상대등 김양상이 이찬 김경신과 더불어 군사를 일으켜 김지정과 그 무리를 죽였으며, 이어서 혜공왕과 왕비마저 살해.

선덕왕 이후 왕위 계승 방식과 재위 기간

37대 선덕왕 김양상 (780-785) 전입금 혜공왕 살해하고 왕위에 오름.

38대 원성왕 김경신 (785-798) 김주원과의 왕위 다툼 끝에 왕위 차지.

39대 소성왕 (798-800) 원성왕의 손자로 왕위 계승.

40대 애장왕 (800-809) 소성왕의 아들로 왕위 계승.

41대 헌덕왕 김언승 (809-826) 조카 애장왕을 살해하고 왕위 차지.

42대 흥덕왕 (826-836) 헌덕왕의 동생으로 왕위 계승

43대 희강왕 (836-838) 흥덕왕을 죽이고 왕위 차지.

44대 민애왕 김 명 (838-839) 희강왕을 죽이고 왕위 차지.

45대 신무왕 (839) 민애왕을 죽이고 왕위 차지.

46대 문성왕 (839-857) 신무왕의 아들로 왕위 계승.

47대 헌안왕 (857-861) 문성왕의 유언에 따라 왕위 계승.

장보고는 누구인가?

청해진 설치, 해적 소탕, 해상자본가로 성장 … 왕위 다툼 밀려난 귀족 돌봐주다 중앙정계와 인연

친구 정년과 더불어 당에 건너가 서주(徐州) 지방에 있는 무령군의 소장(小將)으로 있었던 장보고는 중국 해적에 의해 신라인이 노예로 붙잡혀와 고통을 받는 참상을 목격하고 의분을 느껴 신라로 귀국했다. 당시 당나라의 해적은 신라의 연해안과 무역선을 습격, 사람들을 약탈하여 노예로 팔거나 고된 일을 시켰다.

신라 흥덕왕을 찾아가 왕의 허락을 받은 장보고는 828-9년 사이에 군사 1만으로 청해에 진영을 설치, 해적 토벌에 주력했다. 이후 이 지역의 해상권을 장악한 장보고는 청해진을 경유하는 당이나 일본의 선박에 통행세를 부과하는 한편 당·일본과 무역을 전개하여 해상자본가로 성장했다.

이때 중앙정계에서 희강왕과 왕위 다툼을 벌이다 패배한 김균정의 아들 김우징은 자신에게 화가 미칠 것을 우려해 836년 청해진으로 피신해오고, 이듬해에는 김균정의 사위 두 사람까지 피신해옴으로써 장보고는 이들을 통해 중앙정계와 관련을 맺게 된다.

838년 희강왕을 살해한 김명이 민애왕으로 즉위하자 이 때 김명과 갈등관계에 있던 김양은 왕위 다툼에 장보고를 끌어들여 민애왕을 제거하는 데 성공하고 839년 김우징을 신무왕으로 즉위시키게 된다. 김우징이 왕이 되는 데 큰 공을 세운 장보고는 문성왕 때 청해장군으로 임명됐다.

청해진의 지정학적 특성

해상 군사기지로서의 조건을 기본적으로 갖추고 있을 뿐 아니라 해상교통의 심장부에 위치하고 있다. 산둥반도 및 양자강 하구 등 당나라의 여러 국제항으로 가는 항로가 뻗쳐 있으며, 다시 동남으로 일본의 구주(九州)에 이르는 항로가 있어 신라와 당 그리고 신라와 일본을 연결하는 해상 교통로의 심장부에 자리잡고 있다.

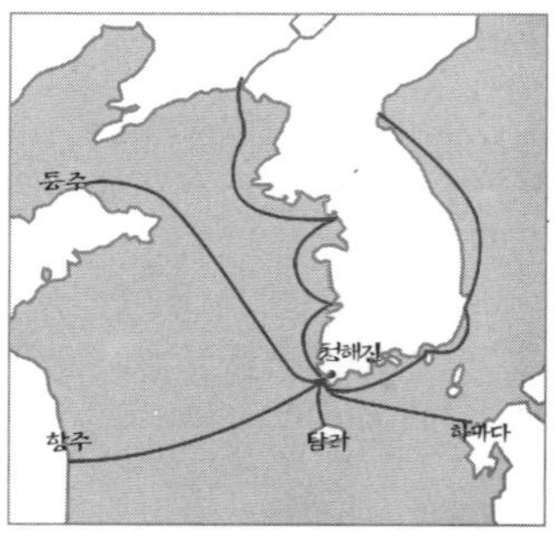
등주
청해진
항주
탐라
하카다

그림마당
이은홍

아~신라의 밤이여

"신라의 독서삼품과, 골품제 앞에 무용지물"

진골, 능력별 관리임용제도 거부 6두품, "차라리 당나라로 가겠다"

788년 원성왕 4년 봄에 독서삼품과를 정하여 관리의 능력에 따라 관직에 나아가게 하는 제도가 처음으로 마련됐으나 진골 귀족의 반발로 제기능을 발휘하지 못하고 있다.

이 제도는 춘추좌씨전이나 예기나 문선을 읽어서 그 뜻에 능통하고 논어·효경에 밝은 자를 상품으로 하고, 곡례·논어·효경을 읽은 자를 중품, 곡례·효경을 읽은 자를 하품, 또 오경·삼사·제자백가의 책을 통달한 자는 등급을 뛰어넘어 등용하기로 한 것이었다.

학생의 나이는 15세에서 30세까지이며, 9년을 기한으로 하되 일정한 기준에 미달하는 자는 퇴학시키며, 재주와 도량이 성취할 만하되 미숙한 자는 비록 9년이 넘어도 재수케 하며, 등위는 대나마나 나마에 이른 다음에 내어보내는 것으로 했다.

학문 성적에 따라 관리를 임용하겠다는 관리임용제도의 새로운 원칙은 이미 오래전 부터 학문적 능력에 비해 진골 신분이 아니라는 이유로 관직 임용에 차별을 받아왔던 6두품을 중심으로 요구되어온 것이었다. 그러나 골품제 하에서 혜택을 보고 있는 진골 귀족들은 자신의 기득권을 지키기 위해 독서삼품과와 같은 임용제도를 거부해왔다.

6두품의 많은 기대 속에 발표된 이번의 독서삼품과도 결국 골품제의 벽을 뛰어넘지 못하고 말았다. 8세기 후반 이래 계속되는 왕위 다툼속에서 왕권이 약화되고 진골 귀족의 권한이 강화됨으로써 정치적으로 자신의 설 땅을 자꾸만 잃어가고 있는 6두품 세력은 독서삼품과의 실패로 신라사회의 폐쇄성을 다시 한번 확인하면서 무척이나 실망스런 눈치다.

경주에 거주하고 있는 6두품 출신의 김치원씨는 "아무리 재능이 뛰어나도 그 재능을 발휘할 수 없는 신라를 떠나 나의 능력을 정당하게 인정받을 수 있는 당나라로 가야겠다"고 심정을 털어놓고 있다.

독서삼품과의 실패 이후 신분은 낮으나 뛰어난 재능을 갖춘 사람들이 당나라로 진출하는 경향이 확산되리라 전망된다.

녹진의 인사정책 건의 내용

822년 녹진은 상대등 충공에게 유교정치사상에 입각한 인사정책의 원칙을 건의했다. 건의 내용의 핵심은 관리임명이 정실에 흐르지 않고 재능에 따라 한다면 왕정이 제대로 될 수 있다는 것이다. 다음은 그의 건의 내용이다.

"집을 짓는 데 큰 것은 기둥을 삼고, 작은 것은 서까래를 삼으며, 휜 것, 곧은 것이 각기 적당한 자리에 들어가야만 큰 집을 이룰 수 있다. 큰 인재는 높은 직위에 두고, 작은 인재는 가벼운 소임을 준다면, 조정에는 빈 자위가 없고, 직위마다 부적당한 사람이 없을 것이며, 상하의 질서가 정해지고 어짐과 불초함이 나뉘게 될 것이다. 그런 후에야 왕정이 이루어질 것이다.

그런데 지금은 개인적인 것으로 공적인 것을 멸하고, 사람을 위하여 관직을 택하며, 사랑하면 재목이 아니더라도 아주 높은 곳으로 보내려 하고, 미워하면 유능하더라도 구렁텅이에 빠뜨리려 하니 나라일이 제대로 안되는 것이다.

청백하고 일을 부지런히 하여 뇌물의 문을 막고, 청탁의 폐단을 멀리하며, 승진과 강등을 그 사람의 능력에 따라 하며, 주고 뺏는 것을 사랑과 미움으로써 하지 않으면, 정치와 형벌을 신뢰하게 되고 국가가 화평하게 될 것이다."

번성하는 발해의 경제, 그 현장을 가다

농업, 수공업, 광업, 목축, 어업, 수렵 등 모든 면에서 고른 발전

발해는 국토가 넓은 만큼 기후와 식생이 다양하고 따라서 경제적으로 각 분야가 고르게 발전하고 있다. 이는 발해 지역의 특산물로 중국에까지 그 명성을 날리고 있는 것을 열거해보면 알 수 있다. 태백산의 토끼·남해부의 해태·책성부의 된장·부여부의 사슴·막일부의 돼지·솔빈부의 말·현주의 포·옥천의 목면·용주의 명주·위성의 철·노성의 쌀·미타호의 붕어·환도의 오얏·낙유의 배 등이 그것이다. 현재 발해는 농업, 수공업, 어업, 수렵, 목축업이 모두 상당히 발전하여 사회 경제가 전대미문의 번영을 누리고 있다.

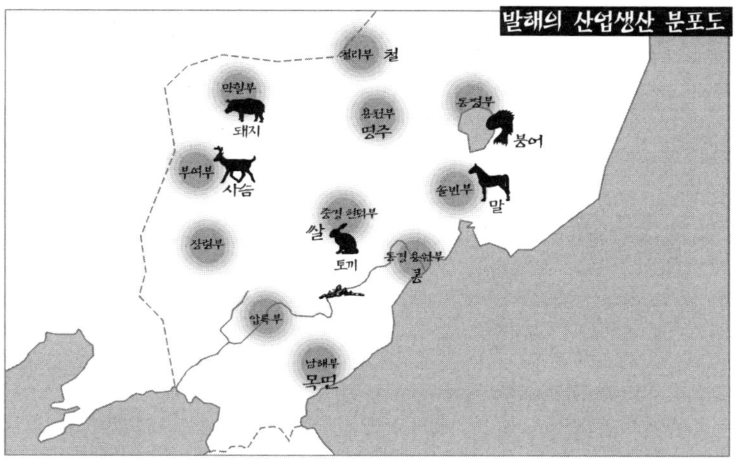
발해의 산업생산 분포도
철리부 철
막힐부
돼지
용천부
명주
동평부
붕어
부여부
사슴
솔빈부
말
중경 현덕부
쌀
토끼
장령부
동경 용원부
콩
압록부
남해부
목면

지역적으로 발해의 산업 분포를 살펴보면 서부와 남부는 주로 농업 지구, 동부의 핵심지대는 농업과 어업·수렵·목축이 서로 결합된 지구이다. 북부의 거주민들은 주로 어업·수렵 및 목축에 종사하고 있으며 농업도 일부 지역에서 어느 정도 발달하고 있다.

발해 특산물, 중국에서 큰 인기

발해의 사회 경제에서도 역시 가장 중요한 분야는 농업이다. 농업 생산에 철기가 보편적으로 이용되어 보습·낫·가래 등이 사용되고 있으며, 우경이 행해지고 있다. 농작물에는 조·보리·피·콩·벼가 있는데, 평원과 산간 및 반 산간의 건조한 지역에는 주로 가뭄에 강한 조·보리·피·콩을 심는다. 책성(훈춘)에서는 큰 콩으로 된장을 만들어 유명하며, 노성(화룡일대)은 쌀의 산지로 이름을 날리고 있다. 과수와 원예작물도 발전하여 환도의 오얏이 유명하고 낙유에서는 배와 채소가 재배된다.

수공업도 발전했다. 발해는 기후가 한랭하기 때문에 삼·털·멧누에실이 생산된다. 현주 일대는 유명한 마포 생산지며 남부와 동부에서는 멧누에를 길러 고치로부터 실을 뽑아 솜을 만드는데, 이 실로 각종의 비단을 짜서 귀족의 생활에 주로 이용한다.

도자기를 만드는 기술 또한 발달하여 다양하고 뛰어난 제품을 많이 만들고 있다. 발해로부터 도자기를 받은 중국 황제는 이를 옆에 두고 지낼 정도이다.

발해에서는 철, 동, 금, 은 등의 광물이 생산되고 있다. 발해인들은 철을 제련하는데 능숙하다. 그들은 철로 보습·가래·삽·낫·칼·끌·대패·창·검·화살촉·투구·갑옷비늘·재갈멈치·솥·항로·못·가위·자물쇠·문저귀·수레바퀴·굴렁쇠 등 못 만들어내는 것이 없을 정도로 제련기술이 정교하다. 위성(함경북도 무산일대)은 유명한 철 산지이다.

목축과 어업, 수렵은 발해 경제생활에서 중요한 비중을 차지하는데 특히 동부와 북부에서 더욱 그렇다. 발해는 돼지·말·소·양을 대량으로 사육하고 있다. 돼지는 전국에서 가장 많이 생산되는데 부여의 옛 땅인 막힐부에서 생산되는 돼지가 가장 유명하다. 말은 발해에서 사육되는 가축 중에서 가장 유명한 것으로 전국적으로 사육되고 있다.

발해의 무역 확장과 경제의 발전은 양마업의 발달을 촉진시켰고, 마침내 솔빈부가 말의 생산 지역으로 유명하게 된 것이다. 말은 국방·생산·교통에 사용될 뿐만 아니라 중국으로 수출되거나 공물로 바쳐지기도 한다. 그밖에도 소와 양이 비교적 보편적으로 사육되고 있다.

어업·수렵은 발해인의 경제생활에서 중요 위치를 차지하고 있다. 동부·북부의 반산간 지역·산간 지역 및 강과 호수가의 말갈인들은 주로 어업·수렵에 종사한다. 수렵에서 주로 잡는 날짐승들에는 매·꿩이 있다. 또 짐승들에는 담비·사슴·호랑이·표범·곰·말곰·멧돼지·쥐·흰토끼·사향노루 등이 있다. 다비 가죽은 광택이 있고 깨끗하며 가볍고 유연할 뿐 아니라 보온이 잘 되는 것으로 아주 유명하다. 태백산의 흰토끼도 유명한 특산물이다. 부여부에는 평원에 관목이 우거지고 수토가 무성하여 사슴들이 번식하기에 적당하다. 따라서 수렵하기에도 편리하여 부여의 사슴이 아주 유명하다.

중·일과 무역 활발, 중국은 '발해관' 설치, 무역업무 처리

발해는 중국 및 일본과 교역을 하고 있다. 외교상의 왕래와 무역의 필요에 따라 당나라는 등주에 발해관을 설치하여 발해 사신을 접대하고 무역업무를 처리하도록 했다. 발해가 중국으로 수출하는 상품은 담비·호랑이·표범·곰·말곰·토끼·쥐 등의 가죽, 인삼·우황·백부자·사향·꿀 등의 약재, 고래·마른 문어·매·말·양·포·명주·구리 등이다. 일본과의 교역에서 발해는 담비 가죽·호랑이 가죽·표범 가죽·인삼·꿀을 보냈고 일본은 발해에 비단·실·포·황금·수은·수정염주·부채 등을 수출한다.

발해의 행정 및 군사조직

발해의 3성 6부제는 귀족회의 전통 계승, '정당성' 중심으로 운영

선왕 시기에 들어와 발해의 행정체제 역시 정비된 것으로 평가되고 있다.

발해의 중앙 행정기구로는 정당성·중대성·선조성의 3성과 그 아래 6부를 두어 실무를 맡게 하고 있다. 이와 같은 정치조직은 당나라의 제도 3성 6부를 모방했으나 그 명칭과 운영방식은 크게 다르다. 당나라는 중서성이 정책을 결정하고, 문하성이 심의하며, 상서성이 집행하고 3성이 황제의 통제 하에 상호 견제하고 있는 구조를 갖추고 있다.

그러나 발해의 3성 6부제는 삼국시대 이래의 귀족회의의 전통을 계승, '정당성'을 중심으로 운영되며 그 집행체제가 이원적이라는 점에서 당과 구분된다.

발해는 광대한 지역을 5경 15부 62주로 나누어 다스리고 있다. 영토를 수도를 포함한 몇 개의 경(지방의 주요 중심지)과 부(지방의 큰 행정구역)로 나누고 그 밑에 주와 현을 두어 행정구역을 정비했다. 현 아래에는 많은 촌이 있다.

당나라를 비롯 주변국을 두려움에 떨게한 발해의 군대는 8위로 구성되어 있다. 중앙의 군대는 왕궁과 수도의 성을 지키며, 지방군은 지방 행정장관의 지휘아래 평시에는 무기·군마·군량 등 전쟁 물자를 준비하거나, 성을 쌓고 농사를 지으면서 훈련에 임한다.

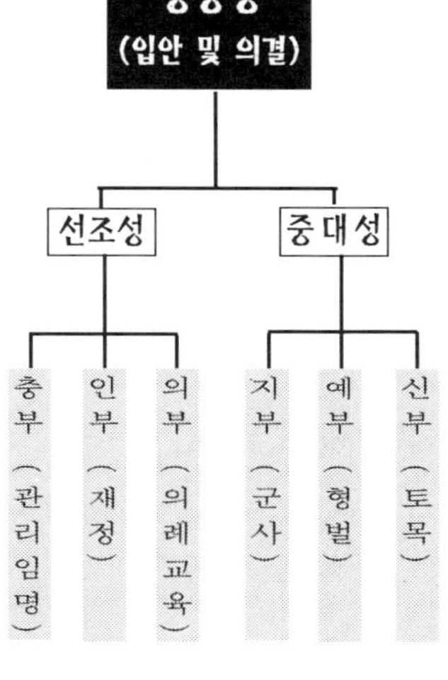
정당성
(입안 및 의결)
선조성
중대성
충부(관리임명)
인부(재정)
의부(의례교육)
지부(군사)
예부(형벌)
신부(토목)

인터뷰

당나라 유학생 김운경

신라인 최초로 당의 빈공과에 합격

중국 주변 국가들은 사회가 발달하고 왕권이 강화되면서 중국의 발달된 문화·제도·학술 등을 도입하였다. 더구나 당에서는 국학의 문을 활짝 열어 여러 나라의 자제들을 받아들이고 있었으므로 서로 다투어 입학하였다.

이전부터 당의 문화를 받아들이는 데 적극적이었던 신라는 통일전쟁이 끝나고 사회가 안정되면서 문화의 개발과 유학의 필요성이 더욱 높아지게 되었다. 더구나 당의 문호개방에 힘입어 정부 보조로 유학생을 파견했다.

유학생 중 김운경씨가 당당히 이번 빈공과에 합격함으로써 당나라에서 신라인의 우수성을 과시했다.

신라
당 빈공과 합격

합격을 축하한다. 소감은.

매우 기쁘다. 신라가 정치적으로 혼란스럽고 국력이 발해에 뒤떨어지고 있는 상황에서 발해 유학생들을 제치고 빈공과에 합격한 것이 자랑스럽다.

빈공과에 대해 간단히 설명해달라.

외국인을 대상으로 한 과거시험이다. 응시자격은 당의 국자감에 입학해 10년간 공부를 한 후에 주어진다.

빈공과에는 신라인을 비롯, 발해·북방 민족 등 매우 다양한 민족들이 응시한 것으로 알고 있다. 각국에서 앞다투어 유학생을 파견하고 당나라 문화를 배우려 하는 이유는 무엇인가.

당나라는 세계적으로 문화가 가장 앞선 나라다. 발전의 정도가 빠른 만큼 그 문물이나 제도 역시 보다 세련되고 체계적이다. 당나라의 발전과정을 쫓아가고 있는 주변 나라에서 정치를 하는 지배층이라면 당연 선진적인 문물 도입에 열을 올릴 수밖에 없다.

앞으로의 계획은.

귀국을 잠시 보류할 예정이다. 당나라에 남아 벼슬을 하면서 보다 많은 경험을 쌓은 후에 귀국할 생각이다.

발해 관리 고승조의 '일본 왕래기'

"큰 파도가 태양을 씻고, 거대한 풍랑이 하늘을 덮는 길을 가다"

일본 가는 길은 육로와 해로 총 9백90Km의 긴 여정 … 귀족들 위한 물품 교역이 중요한 임무

발해는 건국 이후 정치적으로 신라를 견제하기 위해 일본과 활발한 왕래를 전개했다. 처음에는 정치적으로 출발하여 양국간의 물자 교류가 많지는 않았다. 그러나 발해가 사회 경제적으로 발전, 귀족계층에서 소비수준이 높아짐에 따라 발해 사절들은 정치적으로 우호관계를 돈독히 한다는 사명 이외에, 무역을 하겠다는 요구도 갈수록 많아지게 됐다.

내가 선왕의 명을 받고 일본 방문길에 오른 것은 825년 겨울이었다. 당시 일본은 매년 흉년이 들어 경제적으로 쇠약해짐에 따라 대외적으로 쇄국정책을 취하고 있었고, 발해 사절을 12년에 한 번씩 오도록 하는 제한 조치를 취하고 있던 때였다.

그런데 우리 사절단은 불과 2년만에 다시 일본에 가는 것이라 지난번처럼 약속을 어겼다 하여 수도에 들어가는 것을 허락하지 않을까 하는 걱정을 가슴 한편에 안고 발해 수도 상경 용천부를 출발했다. 우리 사절단의 일행은 총 103명으로 상당히 큰 규모였다.

담비·호랑이·표범 가죽, 인삼, 꿀 등 싣고 일본으로 떠나

일본으로 가기 위한 길은 크게 육로와 수로로 나누어진다. 상경을 출발한 우리는 동경 용원부에 도달한 뒤, 동경 용현부에서 남쪽으로 내려가 해안을 따라 동쪽으로 가서 모구위에 이르렀다. 여기까지가 육로로 총 2백30km이다.

이곳에서 우리는 동해바다를 건너기 위해 배를 타야 했다. 우리가 이용하는 배는 돛을 단 배로 20명 가량 탈 수 있는 크기였는데, 이 배에 우리는 일본에서 교역하기 위해 준비한 상품인 담비·호랑이·표범 가죽, 인삼, 꿀 등을 실었다. 대부분 수렵과 채집을 통해 구한 것들이었다.

배의 선장은 긴 항해를 앞두고 두려운 기색을 보이고 있는 우리를 안심시키기 위해 "초기에는 경험도 없고 바닷길도 몰라 거친 파도에 목숨도 잃고 정처없이 표류를 하기도 했으나 이제는 바닷길의 성질을 파악했기에 안전하다"고 말했다.

오랜 경험을 바탕으로 발해의 사신들은 가을에서 얼음이 얼기 전 사이에 일본으로 향했는데, 그것은 대륙에서 불어오는 북풍과 서북풍의 계절풍을 이용하고, 북쪽에서 남쪽으로 흐르는 한류를 이용하기 위함이라고 한다. 일본에서 다시 발해로 돌아올 때는 이와는 반대로 남풍과 동풍을 이용하기 위해 여름에 떠나는 것으로 되어 있다.

일본으로 가는 항해 길은 "큰 파도가 태양을 씻고 거대한 풍랑이 하늘을 덮는 길"이라는 표현대로 매우 험하였으나 천신만고 끝에 바다를 건너 일본에 도착하였다. 총 9백90km의 긴 여정이었다.

우리 일행에 대한 일본의 반응은 격정대로 냉담한 것이었다. 이곳의 한 고위 관리는 일본 천왕에게 "발해사절단의 이번 방문은 12년에 한 번씩 파견하도록 한 일본 조정의 명을 어긴 것이며 또한 나라에 소동이 일어나 겨를이 없고 매년 흉년을 당하여 접대하기 어려우므로 마땅히 거절해야 한다"고 주장했다. 그러나 일본 천왕이 이를 받아들이지 않아 5월에 수도에 들어갈 수 있었다.

발해·일본의 왕래길 지도
덕리진
부여부
발해
상경 용천부
중경 현덕부
동모산
장령부
동경 용원부
서경 압록부
남경 남해부
신라도
일본도
신라
쓰루가

체류기간 중 정들었던 일본인들과 헤어질 땐 가슴 아파

일본에 있는 동안 우리는 발해에서 가져온 물건을 팔고, 일본으로부터 농산품, 방직품 및 금·은으로 만든 그릇 등을 샀다. 모두 귀족들의 사치품으로 볼 수 있는 것들이다. 어쩌면 발해가 일본에 적극적으로 사절을 파견하는 목적은 발해 귀족의 수요를 충당할 물품을 구입하기 위함이라는 생각이 들었다.

우리 일행 중의 일부는 일본 문사들과 서로 한시를 지으면서 우의를 다지기도 했다. 문화교류를 한 셈이다. 나 역시 8년전 사절로 왔던 발해인 왕효렴과 절친했다는 일본의 승려 空海를 만났다.

그는 왕효렴이 돌아가는 길에 익사했다는 소식을 듣고 "한번 대했던 친구도 그 소식을 차마 듣기 어려운데, 하물며 그의 고향 사람들의 마음은 오죽하겠느냐"며 애통해 했던 인물이다.

떠나기에 앞서 우리 일행은 배가 출발하는 항구의 사원에서 동해를 무사히 건너도록 안전을 기원했다. 모든 일을 마치고 다시 고국으로 돌아가는 것은 그리운 가족 생각에 오래 전부터 학수고대 했던 일이었으나, 일본에서 정들었던 사람들과 언제 다시 만날지 모를 이별을 한다고 생각하니 가슴이 아팠다. 떠나는 뱃전에서 작아져가는 사람들의 모습을 바라보며 눈물이 글썽거렸다.

해외 소식

프랑크 카롤로스 대제, 중부유럽 통일

롬바르트 왕국, 에스파냐, 앵글로 색슨족 등 차례로 정복
교황으로부터 '로마인들의 황제' 칭호 받기도

서유럽의 여러 야만인 나라들 가운데서 제일 강대한 나라인 프랑크 왕국은 768년 카롤로스 대제가 즉위한 이래 국력이 전례없이 강대해졌으며, 카롤로스는 마침내 로마 교황으로 부터 '로마인들의 황제'라는 칭호를 받았다.

앵글로색슨 왕국
프랑크왕국
아바르왕국
서고트왕국
반달왕국

카롤로스는 꾸준한 정복사업을 통하여 중부유럽 일대를 통일했다. 기독교를 철저히 신봉하는 것으로 전해지고 있는 카롤로스는 774년 로마 교황의 요청에 따라 몸소 군사를 거느리고 알프스 산맥을 넘어 여러 차례 로마를 침범했던 롬바르드 왕국을 무너뜨렸다. 다시 그는 778년에 피레네산맥을 넘어 에스파냐로 진격했다. 그러나 이 지역을 지배하고 있는 이슬람 세력의 맹렬한 반격을 받아 군대를 철수했고, 돌아오는 길에 피레네산의 랑세발 협곡을 지날 때 습격을 받아 수하 장군인 롤랑 후작을 잃기도 했다. 이로부터 23년 후 카롤로스는 또 다시 피레네산을 넘어 에스파냐로 원정하여 산 남쪽의 넓은 지역을 삼키는 끈기를 과시했다.

카롤로스 대제가 일으킨 침략전쟁 가운데서 제일 오래 걸린 것은 북방의 앵글로 색슨족을 정복하는 전쟁이었다.

그는 기독교를 전파한다는 구실로 772년부터 803년까지 33년에 걸쳐 모두 여덟 차례나 침략전쟁을 일으켰다. 이 기간에 색슨족은 봉기를 일으켰다. 그들은 프랑크의 많은 장군과 백작, 기독교의 선교사들을 살해했다. 이에 대한 보복으로 카롤로스 대제는 극도로 잔인한 방법으로 4천5백 명이나 되는 색슨족의 인질을 죽였다. 그는 또 부하들에게 모든 색슨족의 아이들을 검으로 재서 검보다 크면 머리를 자르라고 명령했다.

프랑크의 세력이 확대됨에 따라 로마의 교황 레오 3세는 카롤로스에게 보호를 요청하게 되고 교황은 그에 보답하기 위해 카롤로스 대제의 황제 취임식을 거행했으며 그를 '로마인들의 황제'라고 부르고 있다.

역사신문

… 신라, 총체적 난국

곳곳에서 농민 봉기, 중앙정부 수수방관 … 진골 귀족의 전횡에 6두품 반기 … 반신라 성향 지방호족들 세력 막강

9세기 말 전국에서 발생한 봉기

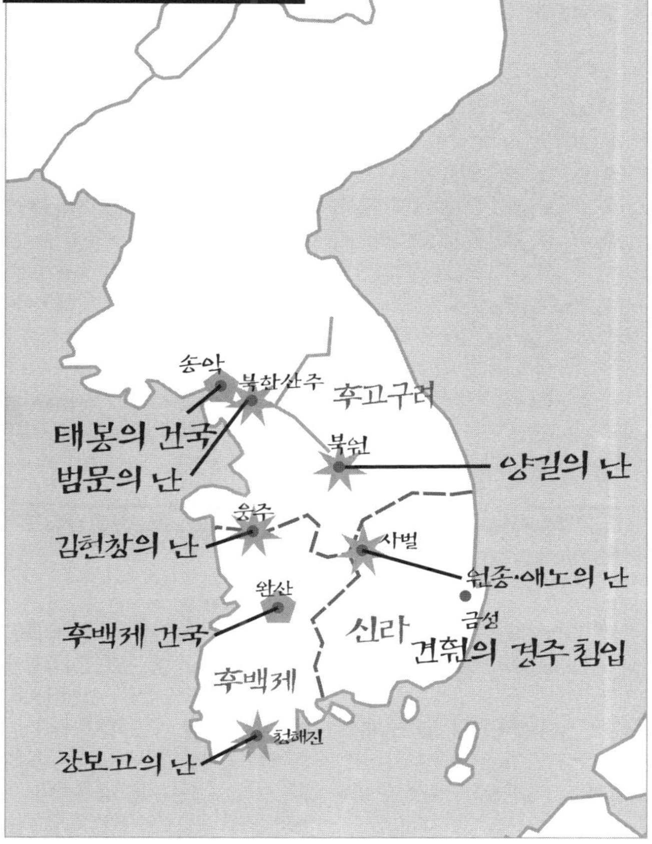
송악
북한산주
후고구려
태봉의 건국
범문의 난
북원
양길의 난
웅주
김헌창의 난
사벌
원종·애노의 난
완산
금성
후백제 건국
신라
견훤의 경주 침입
후백제
청해진
장보고의 난

신라 곳곳에서 농민들의 반란이 터져나오고 있다.

889년 사벌주에서는 정부군이 수습할 수 없을 정도의 대규모 반란이 원종과 애노의 농민군에 의해 발생했다. 또한 891년에는 진성여왕 정부의 실정을 발단으로 농민들의 저항이 사벌주뿐만 아니라 전국적으로 일어났다. 이해에 중앙정부는 지방의 주·군·현에서 공물을 납부해오지 않아 국가재정이 고갈하자 지방에 관리를 파견하여 조세를 독촉한 바 있었는데, 이 일이 전국적인 봉기의 도화선이 된 것이다.

중앙정부에서는 봉기한 농민들을 진압하기 위해 정부군을 파견하기도 했지만, 농민군의 기세에 눌려 진압에 실패하고 있는 것으로 전해지고 있으며, 현재 군대조차 파견하지 못하고 수수방관하고 있는 실정이다.

지배층의 향락과 정치 분열 그리고 신라 사회를 뿌리채 뒤흔드는 지방의 봉기로 어려움에 처해 있는 신라사회를 구해내기 위해 신라의 6두품 지식인 중 일부는 난국을 타개하기 위한 시국책을 건의하고 있다.

894년 신라 최고의 문장가 최치원은 진성여왕 앞으로 시무 10여조를 제출했다. 그러나 6두품들은 유교사상을 정치철학으로 삼고 있어, 골품제에 의한 신라의 진골 위주 정치운영을 반대하고 있기 때문에 이들의 개혁안은 진골 귀족들에 의해 배척받고 있는 형편이다. 반면 이번 사태에서 진골 귀족의 폐쇄성을 다시 한번 확인한 6두품 세력들은 신라 중앙정부에 대한 미련을 버리고 새로운 사회건설로 나아가고 있어 6두품 세력의 반신라적인 경향은 더욱 강화되고 있다.

한편 지방에서는 중앙의 통제가 약화된 틈을 이용, 그 지역의 지배권을 행사하는 지방 세력가들이 등장하고 있다. 호족이라 불리는 이들은 곳곳에서 발생하고 있는 초적의 침입을 스스로 막아내기 위해 자체 군사력을 갖추고 있으며, 그 지역 주민들에게 조세와 역역(力役)을 징발하는 등 행정적, 경제적 지배권을 강화하고 있다.

그동안 중앙의 국가운영에서 소외되어왔으며 이로 인해 골품제 위주의 정치·사회 운영에 반발하는 반신라적인 성향을 가지고 있는 이들의 성장은 신라 중앙정부를 더욱 위기에 몰아넣고 있다. 관련기사 2면

전국을 휩쓰는 농민 반란

"순식간에 땅 잃고
자식까지 팔아야 했던 恨을 품은 채
농민군이 되었다"

889년 사벌주에서 원종과 애노가 대규모 봉기를 일으켜 진압에 나선 정부군마저 물리친 일이 있었다. 891년에는 진성여왕의 실정을 발단으로 농민봉기가 전국적으로 일어난 바 있다. 그리고 897년에는 서남 지방에서 '붉은 바지를 입은 도적들'이 일어나 수도 경주에 근접해 있는 모량리까지 쳐들어와 경주의 진골 귀족들의 간담을 서늘하게 하기도 했다.

농민의 봉기가 폭발적으로 일어난 원인은 무엇 때문인가. 북쪽 지역에서 이름을 떨치고 있는 양길 휘하의 농민 설씨는 다음과 같이 이야기 한다. "나는 원래 내 땅을 가지고 농사지으며 살고 있었는데 기근으로 농사를 망쳐 어쩔 수 없이 처자식 먹여 살리기 위해 고리대를 쓰게 됐다. 그런데 연속적으로 가뭄과 홍수 그리고 메뚜기떼의 침입이 계속돼 빌어 쓴 고리대를 갚지 못하고 내 땅마저 빼앗기고 말았다. 내 땅을 잃은 후 이곳저곳을 떠돌아 다니며 빌어 먹다가 농민군에 합세하게 됐다." 견훤 아래 소속되어 있는 한 농민군은 다음과 같이 말한다. "이웃동네에서 자식을 땅에 묻은 부모가 있다는 얘기를 듣고 설마했는데 그게 바로 내 문제로 닥쳤다. 내가 데리고 있어 봤자 굶어죽기 십상이라 여겨져 내 자식놈을 팔아버렸다. 재산 많은 귀족 밑에 들어가면 그래도 굶어 죽지는 않겠지 라고 생각해서 였다. 그리고 나서도 사정은 나아지는 게 없었다. 먹을 것도 없는데 나라의 세금 독촉은 거세져만 가고 그래서 결국 농민군에 가담하게 됐다."

귀족들의 가혹한 수탈과 고리대, 국가의 과중한 조세 징수 그리고 빈번한 자연재해는 농민들로 하여금 자신의 자식까지 팔게 하였으며, 이곳저곳 정처없이 떠돌아다니는 유랑민으로 만들었다. 스스로 힘들게 생산해낸 것을 모두 빼앗기고 고향을 떠나거나 자식마저 팔아야 하는 처지에 내몰린 이들이 신라의 중앙정부에 반항한다는 것은 오히려 당연하게 여겨진다.

시간이 지나면서 이들 봉기 농민들은 각 지역 세력가들에 의해 보다 큰 세력으로 결집되는 양상을 보이고 있다. 북원의 양길, 죽주의 기훤, 완산의 견훤, 철원의 궁예 등이 그 대표적인 인물로 파악되고 있다.

견훤 · 궁예, 나라 세우다 …
후삼국 시대 개막

각기 백제 · 고구려의 계승자 선언, 전망 제시없이 '복고주의'에 그쳐

900년 견훤은 무리를 이끌고 완산주에 이르러 주민들의 환호속에 후백제의 개국을 선언했다. 그는 이 자리에서 "내가 삼국의 기원을 살펴보니 마한이 먼저 일어나고 후에 혁거세가 일어나므로 진한과 변한이 생겨났다. 이에 백제는 한성에서 개국하여 600년이 지났는데, 668년 당의 고종이 신라의 청원을 받아들여 장군 소정방을 보내서 선병 13만으로 바다를 건너게 하고, 신라의 김유신도 황산을 거쳐 사비에 이르러 당군과 합세하여 백제를 멸망시켰다. 지금 내가 도읍을 완산에 정하고, 어찌 감히 의자왕의 원한을 씻지 않으랴" 라고 밝혔다.

뒤를 이어 901년에 송악에서 궁예는 스스로를 왕이라 칭하면서 사람들에게 이르기를 "옛날에 신라가 당에 청병하여 고구려를 멸망시켰기 때문에 평양이 황폐하여 풀만 무성하니 내가 반드시 원수를 갚으리라" 하면서 후고구려를 건국했다.

나라를 세운 이들은 관직체계를 마련하는 등 국가로서 명실상부한 면모를 갖추고 있으며, 이들 국가의 성립으로 한반도에는 또다시 삼국의 분열시대, 후삼국시대가 열렸다. 세 나라중 어느 나라가 삼국을 재통일할 것이냐의 문제에 대해 많은 정세 분석가들은, 현재 신라는 성장하고 있는 이 두 나라에 맞설 만한 힘을 갖추고 있지 못한 상태이기 때문에 패권은 견훤이나 궁예에게 돌아갈 것이 거의 확실시 된다고 내다 보고 있다.

그러나 이 두 인물이 신라사회의 모순을 극복하고 새로운 사회로 나아갈 수 있는 전망을 제시하면서 나라를 세운 것이 아니라, 백제 부흥이나 고구려 부흥 같은 구시대적 복고주의에 호소하고 있기에 새 시대를 갈망하는 많은 사람들이 이들에게 얼마나 동조할지는 아직 미지수이다.

역사신문

저무는 신라 …

새로운 사회건설의 주인공에게 바란다

삼국 중 가장 후진국이었으나 당당히 삼국을 통일하고 강화된 왕권 아래 찬란한 문화를 이룩하면서 눈부시게 빛나던 신라도 어느새 그 빛을 다한 채 몰락하고 있다. 철저한 진골 위주의 골품제 사회에서 진골 귀족들은 정치적 지위와 경제적 부를 독점하면서 호화로운 생활을 누려왔다. 그러나 그들은 자신의 향락적인 생활을 위해 농민에 대한 가혹한 수탈을 당연시했으며 왕위를 서로 차지하려는 추악한 권력 싸움을 벌임으로써 신라사회를 걷잡을 수 없는 혼란에 빠뜨렸다.

도탄에 빠진 농민들은 정처없는 유랑을 계속하고 있으며 이들 중 일부는 도적이 되어 약탈을 일삼기도 한다. 또한 먹고 살기 위해 부유한 귀족 집의 노비가 되는 농민도 속출하고 있다. 그러나 중앙의 귀족들은 농민들이 몰락하여 굶어죽거나 유랑하거나 노비로 전락하고 있는데도 사치와 향락에서 헤어날 줄 모르고 있다.

지배층의 분열과 도적들의 봉기로 지방은 중앙의 통제에서 벗어난 지 이미 오래다. 이에 따라 지방의 토착 세력이나 관리들은 도적들의 약탈이나 공격으로부터 스스로를 지키기 위해 자체 군사력을 보유하거나 성을 쌓고 있으며, 점차 지방의 군사·행정을 장악해 나가고 있다. 호족이라 일컬어지는 이들은 반신라적 경향을 보이고 있으며, 호족의 대두는 신라의 지배력을 약화시키는 결정적 요인이 되고 있다.

이러한 신라사회의 혼란을 극복하고 새로운 사회를 건설할 이는 누구인가? 우리는 새로운 사회건설의 역사적 주인공이 과연 누가 될 것인지 알지 못한다. 그러나 그 주인공이 갖추어야 할 기본적인 요소는 분명하게 말할 수 있다.

첫째, 도탄에 빠진 민심을 수습할 수 있는 인물이어야겠다. 신라의 몰락이 우리에게 주는 교훈은 농민에 대한 도에 지나친 수탈이 궁극적으로 국가의 몰락을 가져온다는 사실이다. 따라서 새로운 국가 건설의 주인공은 조세의 감면이나 부역의 감소 등의 조치를 과감히 단행하여 민심을 자기 편으로 끌어들여야 할 것이다.

둘째, 각 지방마다 호족들이 독자적인 세력기반을 쌓고 지역적으로 할거하고 있는 정치상황을 타개해 나가야 한다. 이러한 과업을 달성하기 위해서는 강력한 무력의 뒷받침이 있어야 하겠지만, 그에 못지 않게 각 지역의 호족들을 흡수·통합할 수 있는 고도의 정치력이 절실하게 요구된다 할 것이다.

셋째, 골품제도의 폐쇄성을 극복해야 한다. 보다 능력이 존중되는 사회를 만들어 6두품과 같이 능력은 있으나 자신의 능력이 받아들여지지 않아 반신라적인 경향을 띠게 된 이들을 국가건설에 참여시킬 수 있는 개방적인 사회를 만들어야 할 것이다.

그림마당

이은홍

신라

진성여왕 시기 신라사회 모순 폭발 원인

경문왕 즉위 이후 진성여왕 때까지 20여년간 굵직한 반란사건만 5차례
귀족과 국가의 가혹한 수탈로 막바지에 몰린 농민들의 최후 선택 '반란'

진성여왕 즉위 이후, 신라 정국은 극도로 혼미하고 사회는 매우 불안한 상태이다. 사태가 이 지경에 이른 데 대해 '여왕'이 즉위하여 정치를 제대로 못했기 때문이라고 비난하는 사람들도 있다. 더구나 여왕이 미소년들을 시종으로 데리고 있으면서 매우 문란한 생활을 하고 있다는 항간의 소문은 신라사회의 혼란을 여왕의 실정으로 돌리는 논리를 뒷받침해주는 것으로 여겨진다.

그러나 신라사회의 혼란은 단지 진성여왕 시기에 들어와서 나타난 것은 아니다. 이미 그 이전부터 이러한 양상이 전개되고 있었다. 8세기 후반 이래 끊임없이 발생하고 있는 왕위를 둘러싼 신라 사회의정치적 다툼은 9세기 후반에도 여전히 계속되고 있다. 비교적 강한 왕권을 행사했다고 평가되는 경문왕(861~875) 즉위 이후 진성여왕 즉위년까지 26년 동안 굵직한 모반 사건만해도 무려 5차례나 발생한 것으로 집계되고 있다.

진골 귀족들의 토지소유 확대에 따른 일반 농민들의 몰락이 근원적인 문제이다

사태의 원인은 신라사회가 가지고 있는 근원적인 문제에서 출발한 것으로 보아야 한다. 신라사회는 철저히 진골 위주의 사회다. 통일 이후 진골 귀족들은 왕실로부터 토지를 지급받거나 다른 사람에게서 매입 또는 개간하는 방법 등을 통하여 사유토지를 확대시켰는데, 이러한 대토지 소유 확대 속에서 일반 자영농은 자연 몰락하게 됐다.

이들은 또한 농민들의 어려운 처지를 이용, 비싼 이자를 받고 곡식을 빌려주는 고리대를 통해 자신의 부를 증대시켜 나갔는데 이 역시 농민의 몰락을 부추기는 것이었다. 반면 막대한 부를 소유하고 있는 진골 귀족들의 생활은 매우 호화롭다. 이들은 바다섬에 가축을 놓아 길러 필요할 때 쏘아서 잡아먹고 있으며, 이들이 모여 사는 경주의 집들은 모두 기와집이고 숯으로 밥을 해먹어 연기하나 오르지 않는 정도이다.

농민에 대한 귀족의 수탈은 그들의 향락적인 생활을 위해서만 이루어진 것은 아니다. 정치적으로 진골 귀족들은 왕위를 차지하기 위해 싸움을 거듭하고 있는데, 여기에 들어가는 모든 비용은 역시 농민에 대한 수탈로 충당되고 있으니 이래 저래 농민의 삶은 고통스러울 수밖에 없는 노릇이다. 그런데 국가는 이러한 농민의 처지에 아랑곳하지 않고 국가재정 확충을 위해 조세를 독촉했다.

결국 귀족과 국가의 가혹한 수탈로 벼랑에 몰린 농민들은 마지막 수단으로 '반란'을 택할 수밖에 없었던 것이다.

기자 방담 견훤과 궁예 누가 후삼국을 통일할 것인가

다수 호족들을 자신의 편에 가담시킬 수 있는 정치력의 발휘 여부, 새 시대의 비전을 어떻게 제시할 것인가가 문제의 관건

신라의 혼란기를 틈타 여기저기서 지방반란이 일어나고 이중 몇몇은 반란의 단계를 뛰어넘어 새로운 국가의 수립으로까지 나아가고 있다. 과거 백제 지역에서 성장하고 있는 '견훤'과 고구려의 부흥을 부르짖고 있는 '궁예'가 그 대표적인 인물이다.

많은 사람들이 견훤이나 궁예가 어떤 사람인지 궁금해 하고 있다.

궁예는 신라인으로 성은 김씨인데 왕손이라는 설이 있다. 외가에서 태어났다고 하는데 이때 일관이 "아이가 장래에 국가에 이롭지 못할 것이니 기르지 말라"는 예언을 했다는 것이다. 그래서 아이를 내던져 죽이려 했는데 마침 유모가 몰래 받아 남모르게 길렀다. 현재 궁예는 한 눈을 못 보는데 이 때 잘못받아 손으로 눈을 찔러 애꾸가 된 것이라 한다. 그후 궁예는 10여 세가 되어 스스로 머리를 깎고 중이 되었다가 신라가 쇠약해지자 무리를 모은 것으로 전해진다.

견훤은 궁예와는 많이 다르다. 견훤의 아버지는 처음에는 농사를 짓다가 가업을 일으켜 장군이 된 인물이다. 아버지가 들에 나가 밭을 갈 때 아이를 들에 눕혀 놓았는데, 이때 호랑이가 와서 젖을 먹였다고 한다. 장성해서는 체격이 좋고 지혜가 출중해 그가 서울에서 종군할 당시 창을 베개로 삼고 자는 등 용맹이 뛰어나 높은 지위에 올랐다. 견훤 역시 진성여왕 시기 나라가 혼란하자 반심을 품고 무리를 모았는데 삽시간에 수천인에 달했다고 한다.

현재 두 사람 모두 나라를 세운 상태인가.

그렇다. 900년 견훤은 완산주에서 주민들의 호응 속에 "의자왕의 분을 씻겠다"는 선언과 함께 나라를 세웠다. 복고주의에 호소하는 것이 무척 인상적이다.

그 점은 궁예도 마찬가지인데 출생시 신라로부터 버림받은 것을 원망해서인지 궁예는 '신라 타도, 고구려 부흥'을 외치고 있다.

다시 후삼국의 정세가 만들어졌는데 신라로서는 더이상 가망이 없는 '시한부' 국가라는 생각이 지배적이고, 견훤이나 궁예 둘 중 어느 하나가 재통일을 할 것으로 전망하는 것이 일반적인 견해이다. 마지막 승자는 누가 될 것 같은가.

물론 현재 견훤과 궁예가 가장 막강한 실력자임에는 틀림없다. 하지만 아직도 곳곳에 수많은 호족들이 군사력을 가지고 자신의 세력을 유지하고 있는 실정이다. 따라서 누가 얼마나 이들 호족들을 포섭할 수 있는 정치력을 발휘하느냐가 승패의 관건이 되리라고 본다. 많은 호족을 연합할 수 있는 쪽이 최후의 승자가 될 것이다.

궁예나 견훤이 최고의 군사력을 보유하고 있으나, 힘이 있다는 것과 새시대를 열 수 있는 전망을 제시할 수 있다는 것은 별개의 문제이다. 지금 대다수 사람들은 신라사회의 문제점을 극복한 새로운 사회가 열리기를 열망하고 있다. 따라서 수취체제의 모순을 바로 잡고 골품제의 폐단을 시정, 지금의 신라보다 선진적인 사회를 건설할 수 있는 개혁방안을 제시하는 것이 중요하다고 본다. 그런 기준에서 본다면 복고주의에 호소하고 있을 뿐, 고대적인 수취체제를 그대로 유지하고 있는 견훤이나 궁예 모두 새시대를 열어가기에는 함량미달의 인물이 아닌가 하는 생각이다.

신라 vs 발해

빈공과 수석 자리다툼

발해의 선제 공격, 신라 최언위의 반격

870년 경 발해의 오소도(烏昭度)와 신라의 이동(李同) 사이에 당의 빈공과 수석 자리다툼이 벌어졌다. 이 대결에서 오소도는 등위에서 신라의 이동을 제친 바 있다. 906년에도 신라 최언위와 발해 오소도의 아들 오광찬 사이에 동일한 사건이 벌어졌다. 여기서 석차가 앞선 것은 신라의 최언위였는데, 마침 발해의 사신으로 당나라에 있던 오소도는 과거에 자신이 신라보다 석차가 앞선 것을 들먹거리면서 등위를 조정해줄 것을 요구했다. 그러나 최언위의 문장력이 워낙 탁월했기에 그럴 수 없다고 당이 거절함으로써 석차에는 변동이 발생하지 않았다.

9세기 후반 이후 발해와 신라 사이에 문화적 우열을 다투는 이러한 사건이 빈번히 발생하고 있는 것은 전성기를 구가하는 발해의 국력이 혼란에서 헤어나지 못하고 있는 신라를 앞지르기 때문인 것으로 분석된다. 발해는 9세기 들어와 10대 선왕의 즉위 이후 발전을 계속하고 있는데 반해, 신라는 김헌창의 반란 등 혼란이 지속되면서 국력이 현저히 약화된 상태이다. 이와 같은 국내상황이 국제관계에도 반영되어 신라와 발해의 관계가 역전되고 있는 것이다.

신라와 발해의 외교 신경전

당, "옛 관례에 따르겠다" 일단 정리

사신의 서열을 두고도 신라와 발해 사이에 세력다툼이 일어났다. 897년 당에 사신으로 갔던 발해 왕자 대봉예(大封裔)가 전통적인 관례를 깨고 신라보다 윗자리에 앉기를 요구한 것이다. 이에 대해 아직까지 우위를 유지해오던 신라가 즉각적으로 반발, 그리하여 발해에 대한 국제적 우위를 계속 유지하려는 신라와 현재의 실질적 우위를 현실화하려는 발해 사이에 자존심을 건 외교분쟁이 발생했다. 이 사건은 칼자루를 쥐고 있는 당이 나라의 순서를 현재의 성하고 쇠함에 따르지 않고 옛 관례에 따른다고 하여 신라가 간신히 자존심을 지켜내는 것으로 결말이 났다.

인터뷰 **반정부 지식인 최치원**

"썩을 대로 썩은 신라에 새로운 사회의 가능성은 없다. 신라는 망하고 만다."

지금의 극심한 혼란상은 새로운 사회건설을 위한 진통으로 이해해야

진성여왕에게 난국을 수습하기 위한 시무책을 건의했으나, 오히려 진골 귀족들에게 배척당하고 신라의 정치에 돌이킬 수 없는 환멸을 느낀 후 정계를 은퇴, 지금은 해인사에 은둔해 있는 신라 최고의 문장가 최치원이 바라보는 오늘의 신라사회는 어떠한 모습일까.

그는 요즘 소나무, 대나무를 벗삼아 시도 쓰고 비문도 지으며 속세를 떠난 생활을 하고 있다. 얼마전에는 그동안 써온 시를 한데 모은 문집 『계원필경』을 만들었다. 최치원의 문장은 그가 당나라에 있을 때부터 유명하다. 18세의 나이로 빈공과에 급제한 후 고변의 종사관으로 879년 황소의 난에 따라가 격문(토황소격문)을 쓴 일이 있었는데, 이 격문을 읽어내려가던 황소가 "비단 천하의 사람이 이미 죄 주고자 할 뿐만 아니라 또한 지하의 귀신들도 이미 베고자 하노라" 하는 대목에 이르러 하도 놀라서 저도 모르는 사이에 자리에 주저앉았다는 이야기는 대단히 유명한 일화다.

일찍이 당나라에 유학한 것으로 알고 있는데 최근 견당유학생들의 동향이 궁금하다.

6두품이라는 신분적 제약 때문에 정치적 진출에 제약이 많아 귀국을 거부하는 학생도 있고 불교나 도교에 탐닉하는 사람도 늘고 있다. 당나라에서 신분제의 개방성과 과거제에 의한 인재선발을 경험한 이들이 신라 골품제의 폐쇄성을 비판하게 되는 것은 당연하다. 지방호족과 결합하여 적극적으로 신라 타도에 나선 지식인도 있다. 최승우는 견훤 밑에서 문서작성을 맡고 있고 최언위는 송악 호족 왕건의 스승이 된 것으로 알고 있다.

많은 사람들이 요즘 신라사회가 곧 해체되고 말 위기에 처해 있다고 한다. 왜 이 지경에 이르게 되었다고 생각하는가.

골품제 하에서 특권을 누리고 있는 이들은 사회의 변화를 수용하지 않고 자신의 기득권만 지키기 위해 옛 질서를 고집하고 있다. 이는 당연히 변화를 요구하는 새로운 세력의 반발을 야기할 수밖에 없는 것이다.

앞으로 신라 사회는 어떤 운명을 맞이하리라고 보는가.

지금 상태로는 가망이 없다. 잘 알다시피 신라 곳곳에서는 호족세력들이 성장하고 있으며, 궁예나 견훤 같은 이는 나라까지 세우지 않았는가. 많은 사람들이 이들의 활동에 기대를 걸고 있다. 골품제가 지배하지 않는 사회, 정도에 지나치지 않는 조세나 역역의 징수 등 새로운 질서의 수립을 이들에게 원하는 것이다. 썩을 대로 썩은 신라의 지배층에서 새로운 사회의 가능성은 눈꼽만큼도 찾아볼 수 없다. 신라는 망하고 만다. 아니 신라는 사라져야 할 문제 덩어리가 되고 말았다. 우리는 새롭게 성장하고 있는 호족들에게 기대를 건다.

골품체제를 비판하는 그의 주장에서 새로운 사회를 지향하는 지성의 고뇌와 미래사회의 가능성을 읽을 수 있었다. 비록 지금이 격심한 혼란기라고 하나 이 혼란은 신라사회의 모순을 극복하고 새로운 사회로 나아가기 위한 진통인 것이다.

"교종의 시대는 가고, 선종의 시대가 오다"

선종 승려 다수, 몰락 귀족이거나 6두품 지식인 … 반신라적 성향의 선종 유행, 시대 변화 반영

"누구나 마음만 잘 닦으면 부처가 될 수 있다" 호족과 일반 서민 사이에 큰 호응

호족
선종

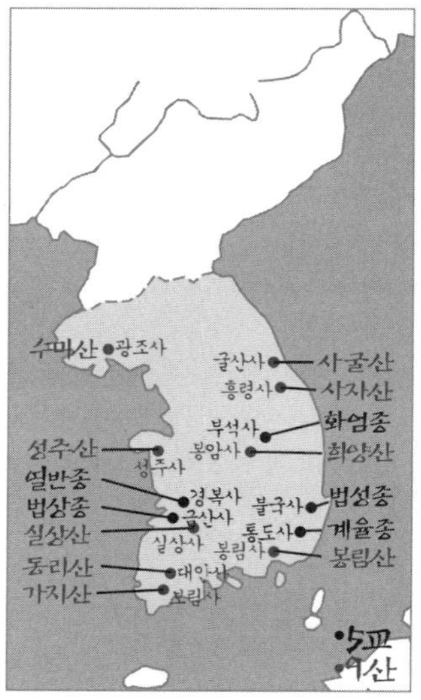
수미산
광조사
굴산사
사굴산
흥령사
사자산
부석사
화엄종
봉암사
희양산
성주산
성주사
열반종
경복사
법상종
금산사
실상산
실상사
불국사
법성종
통도사
계율종
봉림사
봉림산
동리산
대안사
가지산
보림사
5교
9산

교종이 장악하고 있던 불교계에 선종의 도전이 만만찮다. 전국 각지에 선종 사찰은 계속 늘어가는 추세다. 선종의 성장은 신라의 혼란과 밀접한 관련이 있다고 보는 이들이 많다. 중앙의 지배력이 약화되고 지방에서 호족들이 성장하고 있는 현재의 상황은 '선종의 유행'과 깊은 연관을 맺고 있다.

승려 도의에 의해 성립된 가지산에서 수행하고 있는 한 승려는 선종의 전래 시기에 대해 "선종이 유행하고 있는 것은 9세기 후반이지만 신라에 들어온 것은 이보다 훨씬 이전인 삼국시대 말"이라고 말한다. 삼국시대 말에는 교종의 위세가 워낙 강할 때여서 일반에 잘 소개되지 못했다고 한다.

하지만 9세기에 들면서 교종 불교인 화엄종과 법상종 등이 공허한 이론에만 빠져 대립이 잦고 왕실과 귀족에게만 밀착할 뿐, 새롭게 성장하고 있는 지방세력인 호족의 존재를 인정해주지 않자 당연히 호족들로서는 자신의 성장을 정당화시켜줄 이념을 찾게 됐다. 따라서 이들 호족들이 교종의 권위에 대항하는 선종을 적극적으로 지원함에 따라 선종이 크게 유행하게 된 것이다. 호족의 성장이 선종의 발달을 뒷받침해준 것이고 선종은 호족의 세력강화를 사상적으로 정당화시켜준 것이라고 할 수 있다.

교종이 인과설을 내세워 현 체제의 당위성만을 주장, 다분히 진골 귀족을 옹호한 것인데 반해, 선종은 누구나 마음만 잘 닦으면 부처가 될 수 있다는 희망적인 해석을 내리고, 또한 어렵고 복잡한 교리를 중시하는 것보다 직관 위주의 실천을 내세운다. 이러한 교리적 성격 역시 무사적 기질이 강한 호족들과 잘 어울린다고 할 수 있겠다.

또 정치적 혼란과 과중한 수취로 절망적인 고통을 받고 있는 이들에게 경전없이 마음만으로도 불법을 전수할 수 있다는 점에서 서민들의 선종에 대한 호응도 높은 편이다.

선종 승려들 대다수가 중앙 정계에서 몰락한 귀족이거나 6두품 출신이다. 신분적 제약으로 사회 진출에 발이 묶인 이들이 당에 가서 유학을 배워와 유교정치사상을 내세우거나 또는 선종의 승려가 되어 교종의 권위에 정면 도전하고 있다.

신라사회 내에서 선종은 결국 그 출발에서부터 반신라적인 경향을 가질 수밖에 없는듯이 보인다. 이러한 선종이 크게 유행하고 있는 현상은 따라서 신라사회의 변동과 맥이 닿아 있는 것이라 해석할 수도 있겠다.

'풍수지리설' 大流行

호족들, 자신의 근거지를 새 역사의 중심지로 세운다

명당
명당
경주
명당

풍수지리설에 따르면 나라의 도읍, 왕궁이나 주택, 그리고 능의 위치 여하에 따라 인간의 길흉화복이 초래된다고 한다.

이런 풍수지리설이 유행한 것은 8세기 후반 이후 경주의 귀족들 사이에서다. 8세기 후반에 있었던 혜공왕의 암살 이후 서로 왕위를 차지하려는 '왕위 다툼'이 진골 귀족들 내부에서 치열하게 전개되고 있을 때, 이들 귀족들은 풍수지리설을 빌어 안정을 취하고 싶은 욕구가 그 어느 때보다도 강해졌고 이것이 풍수지리설이 유행할 수 있는 배경이 됐다.

그런데 9세기 후반 들어와 점점 지방의 호족사회로 풍수지리설이 확대 보급되고 있다. 여기에 중요한 구실을 담당한 사람은 승려 도선(道詵)이다. 도선은 풍수지리설에 통달한 후 전국을 돌아다니면서 곳곳의 명당 자리를 지적했는데 그는 심심치 않게 "경주는 지덕이 다해서 더 이상 도읍으로 기능할 수 없는 상태다. 이젠 바뀌어야 한다. 지덕이 흥한 곳에 자리잡은 호족들 중에 하나가 새로운 국가를 세울 날이 멀지 않았다."고 말하며 다녔다.

현재는 호족 할거의 시대다. 역사의 주인공이 경주의 진골 귀족들에서 지방의 호족들로 옮겨지고 있는 전환기에 처하여 그 새로운 주인공들인 지방호족들이 풍수지리설에 입각, 경주 중심의 지역관념에서 벗어나 자신들의 근거지를 새 역사의 중심지로 내세움으로써 그들의 독립적인 세력 형성을 정당화하고 있는 것이다.

도선 (827 - 898) "처녀가 뜰에 열린 큰 오이 따먹고 낳은 아들"

신라 흥덕왕 2년생. 원래 성은 김씨, 영암 사람이다. 20세에 동리산 대안사의 혜철의 문하에 들어가 禪을 배웠는데, 태백산 등지를 유랑한 뒤 광양의 옥룡사에 들어가 일생을 마쳤다.

도선의 출생과 관련된 이야기가 전해오고 있다. "최씨의 뜰 가운데 오이 하나가 열렸는데, 길이가 한 자가 넘었으므로 집안 사람들이 이상하게 여겼다. 최씨의 딸이 몰래 따먹었더니, 저절로 태기가 있어 아들을 낳았다. 부모가 아비 없는 자식을 낳았다고 꾸짖고 대나무 숲에 버렸다. 며칠 후 그곳에 가보니 비둘기가 날개로 덮고 있었다. 부모에게 여쭈니 이상하다 여기고 데려다 길렀다. 그 아이가 장성하여 중이 되었는데, 이름을 도선이라고 하였다."

해외 소식

당, 황소의 10년 반란

장안성 탈취, 황제에 오르기도 907년 당 멸망, 후량 건국

875년~884년 10년 동안 지속되면서 전국을 들끓게 했던 황소의 난은 지도층의 분열로 세력이 약화되고 반란의 주동자 황소가 전쟁에 패배, 자결함으로써 막을 내렸다.

반란군 수령 황소는 한때 장안성을 탈취하여 스스로 황제의 지위에 오르기도 했으며, 정부군에 밀려난 뒤에도 신출귀몰하게 치고 빠지는 전술을 구사해서 관군의 토벌을 어렵게 했다.

이들이 장기간 동안 엄청난 위력을 떨칠 수 있었던 것은 소금 밀매를 통해 형성된 조직력과 금력이 뒷받침되었기 때문이다.

중국에서는 소금 산지가 일정 지역에 편중되어 있기 때문에, 이를 독점하면 엄청난 부를 보장받을 수 있다. 따라서 당나라에서는 극심한 재정난을 타개하기 위해 소금을 전매하였고 소금 가격을 폭등시켰다. 그리하여 가장 많은 피해를 당한 농민은 산발적인 저항을 전개하게 되었는데, 소금 밀매 조직은 이를 전국적인 대봉기로 이끌어내는 데 성공했던 것이다.

황소의 난은 실패로 끝났으나 이번 농민 대봉기로 당나라 왕조 역시 치명적인 타격을 입었고, 황소의 난을 진압한 공로를 인정받아 당나라의 요직에 앉은 주전충은 907년 비틀거리는 당나라를 무너뜨리고 후량을 세움으로써 당나라 역시 역사 속으로 사라지고 말았다.

연 표

국 내

시 기	내 용
B.C	
70만	전기 구석기 문화 형성. 공주 석장리 유적 제 1 문화층 형성
50만	평양 상원군 검은 모루 유적 형성
30만	연천 전곡리 유적 형성
20만	중기 구석기 문화 형성. 청원 두루봉 유적 형성
10만	함경북도 웅기군 굴포리 유적 형성
3만	후기 구석기 문화 형성
1만	중석기 문화 형성. 활과 화살 발명
1만	신석기 시대 시작. 간석기와 토기가 제조되고 원시농경 시작
2333	단군 왕검, 고조선 건국 (삼국유사)
10세기	청동기 시대 시작
8-7 세기	고조선 건국
700	철기 문화 시작
300	燕나라 군사, 고조선 서부 지방에 침입
195	연나라 사람 衛滿, 조선에 망명. 準王, 위만을 박사로 삼고 서쪽 경계를 지키게 함
194	위만, 조선을 공격하여 王儉城을 탈취하고 새 왕조 위만 조선을 세움. 준왕은 남쪽으로 달아나 韓에 이르러 한왕을 칭함
128	예군(濊君) 남려(南閭), 호구 28만으로 한에 투항. 한은 그 땅에 滄海郡 설치
126	한, 창해군 폐지
109	한의 고조선 공격
108	고조선 멸망. 낙랑,진번,임둔군 설치
107	현도군 설치
82	고구려 족의 소국, 한사군 중 임둔. 진번군을 공격 축출. 한, 한사군 재편.진번군을 폐하고 일부를 낙랑군에, 임둔군을 폐하고 일부를 현도군에 편입
75	고구려 족의 소국, 현도군을 공격. 한, 요동지역에 현도성을 쌓고 소치를 이곳으로 옮김
57	신라 시조 혁거세 즉위. 호를 居西干, 국호를 徐那伐이라 함
37	고구려 시조 주몽, 졸본 부여에서 즉위. 고구려 건국
36	고구려, 비류국 병합
32	고구려, 행인국 취함
28	고구려, 북옥저 병합
24	동명왕의 어머니 유화부인 사망. 홀승골성 안에 신묘를 세우고 제사
19	동명왕 죽고 유리왕 즉위
18	백제 시조 온조왕 위례성에서 즉위
17	유리왕 황조가를 지음
A.D	
3	도읍을 국내성으로 옮기고 위나암성을 쌓음
6	부여, 5만의 병력을 동원하여 고구려 공격하였으나 대설로 실패

국 외

시 기	내 용
B.C	
100만.	호모 에렉투스(原人)의 전기 구석기 문화 시작
20만	호모 사피엔스(古人)의 중기 구석기 문화 시작
3만	호모 사피엔스 사피엔스(新人)의 후기 구석기 문화 시작
8000	북이라크 최초의 농경, 목축 단계
7000	신석기 문화 시작
3000	이집트·메소포타미아 문명 시작
2500	인도·황하 문명 시작
1830	고대 바빌로니아 왕국
1751	북중국에 은이 시작되었다고 함
1111	북중국에 은 망하고 주 일어남
1400	힛타이트의 강성
770	중국, 춘추 시대 (~403)
563	석가모니 탄생
525	페르시아, 오리엔트 통일
461	그리이스, 페리클레스 시대 (~429)
431	펠로폰네소스 전쟁 (~404)
403	중국, 전국시대 (~221)
334	알렉산더 대왕, 동방 원정
264	포에니 전쟁 (~146)
221	진, 중국 통일
206	유방, 한 건국
73	로마, 검투사 노예 스파르타쿠스 반란
44	카이사르, 원로원에서 부루투스에게 암살
27	로마, 아우구스투스 즉위, 제정 시작
4	크리스트 탄생
2	불교 중국에 전파
A.D.	
8	(중국) 왕망, 전한을 멸하고 신을 건국

국 내		국 외	
시 기	내 용	시 기	내 용
13	(고) 부여를 공격하여 왕 대소를 죽임. 부여왕의 종제(從弟)가 백성 만여민과 함께 투항해 옴		
22	(신) 도솔가 지어짐		
		25	(중국) 유수, 왕망의 신을 무너뜨리고 후한 성립
28	(가야) 가락국 시조 수로왕 즉위		
		30	예수, 십자가에 처형됨
		37	후한 광무제, 중국을 평정하고 통일을 이룸
42	(신) 이서국을 멸망 시킴		
53	(고) 태조대왕 즉위		
56	(고) 동옥저를 통합. 고구려의 영토 동은 동해, 남은 살수에 이름		
57	(신) 석탈해, 유리이사금에 이어 신라 4대 군왕으로 즉위		
		64	네로 황제에 의한 그리스도교도 대박해와 로마의 대화재
		79	베스비우스 화산이 폭발하여 폼페이市 매몰
		96	로마 5현제 시대 (~180)
		105	후한 채륜, 제지법 발명
111	(부여) 한군현 공격		
146	(고) 요동군의 서안평을 공격하여 대방 현령을 죽이고 낙랑태수의 가족을 잡아옴		
		150경	쿠산왕조에 대승불교 발흥하고 간다라 미술 융성
162	(부여) 한군현 공격		
165	(고) 차대왕 시해되고 동생 신대왕 즉위		
		166	로마 사절, 중국에 옴
172	(고) 명림답부가 지휘하는 고구려군, 후한의 침략군을 좌원에서 격퇴		
179	(고) 고국천왕 즉위		
		184	후한, 황건적의 난이 일어남
192	(고) 좌가려 등의 모반을 평정하고 을파소를 국상으로 함		
197	(고)고국천왕 죽고 산상왕 즉위. 형 발기, 불복하고 난을 일으켰으나 패하여 죽음		
		208	적벽대전, 유비·손권의 군대가 조조군을 대파
		220	후한 멸망, 삼국시대 (~280)
		206	위의 공손강, 낙랑군 남부를 나누어 대방군 설치
		226	사산 조 페르시아, 파르티아를 멸망시킴
		235	로마, 군인 황제 시대 (~284)
242	(고) 요동의 서안평 공격		
		246	위의 관구검, 환도성을 습격
259	고구려군, 위의 침략군 양맥의 곡에서 격파		
260	(백) 고이왕, 16관등과 관복제를 정함		
261	(신) 13대 미추 이사금 즉위 (김씨왕의 시조)		
285	부여, 선비족 공격으로 타격 받음. 依慮王 자살		
		293	로마, 디오클레티아누스황제의 제국 4분 통치책 단행
298	(백) 한의 침략군에 의해 책계왕(286-298) 전사		
300	(고) 국상 창조리, 반란을 일으켜 왕을 폐하고 미천왕을 옹립		
304	(백) 낙랑 태수가 보낸 자객에 의해 분서왕 살해됨		
311	(고) 요동군의 서안평을 탈취		
313	(고) 낙랑군을 멸망시킴	313	밀라노 칙령으로 크리스트교 공인
314	(고) 대방군 공격		
		316	(서) 진 멸망, 5호 16국 시대 (~439). 동진의 성립 (~420)
		320	인도, 굽타조 성립
		325	니케아 공의회 개최, 아리우스파 추방 결정
331	(고) 미천왕 죽고 고국원왕 즉위		
339	(고) 연나라왕(모용황)의 군사가 新城에 침입하므로 화해 요청		
342	(고) 연나라왕, 고구려의 환도성을 습격하여 미천왕의 묘를 파고, 왕의 어머니를 인질로 데리고 감		
356	(신) 내물마립간 즉위		
357	(고) 안악 3호분의 '대행렬도'가 그려짐		
369	(백) 고구려를 침입하여 치양성 격파. 평양성 공격		
	칠지도 제작		
371	(백) 고구려의 평양성을 공격, 고국원왕 전사		
372.6	(고) 전진의 승려 순도에 의해 불교가 전래됨.		
	태학 설립		
373	(고) 율령 반포		
375	(백) 고흥, 『書記』를 편찬	375경	게르만족의 대이동 시작
376	(고) 백제를 공격		
377	(신) 전진에 사신을 보냄(신라의 이름으로 처음으로 중국 수교)		
	(고) 백제를 다시 공격		
	(백) 고구려의 평양성 공격		
391	(고) 광개토대왕 즉위		
392	(신) 실성을 고구려에 볼모로 보냄		
		395	로마 제국, 동서로 분열
396	(고) 광개토대왕, 수군을 거느리고 백제를 공격하여 58성을 함락하고 도성에 육박. 백제 항복하고 왕의 동생이 볼모로 잡힘.		

국내 시기	내용	국외 시기	내용
400	(고) 5만의 기병과 보병으로 백제·가야·왜의 연합군을 토벌하여 신라를 구함		
402	(신) 왜와 우호관계를 맺고 내물왕의 왕자 미사흔을 볼모로 보냄		
412	(신) 복호를 고구려에 볼모로 보냄		
413	(고) 광개토대왕 죽고 장수왕 즉위		
417	(신) 눌지, 실성왕을 죽이고 즉위		
		420	동진 멸망하고 宋 건국
427	(고) 집안에서 평양으로 천도하고 안학궁 건립		
		439	북위, 화북 통일 (북조 성립)
475	(고) 장수왕, 백제의 수도 한성을 함락하고 개로왕을 전사시킴		
475	(백) 문주왕 즉위. 웅진천도		
		476	서로마 제국 멸망
477	(백) 해구, 문주왕 살해		
		479	송 멸망. 제(齊) 건국
		486	프랑크 왕국 건국
494	(부여) 고구려에 완전 흡수		
502	(신) 지증왕, 순장 금지 및 우경 실시	502	제 멸망. 양(梁) 건국
503	(신) 국호를 '신라'로 결정		
505	(신) 처음으로 얼음 저장		
509	(신) 동시 설치		
510	(백) 무령왕, 제방을 튼튼히 관리하라고 명령. 유랑자를 귀농 시킴		
517	(신) 법흥왕, 병부 설치		
520	(신) 율령 반포, 백관의 공복 제정		
521	(신) 백제 사신을 따라 사자를 양에 보내어 토산물을 전함		
522	(신) 가야국왕이 사신을 보내어 혼인을 청하매 왕이 이찬 비조부의 妹를 보냄		
525	(백) 무령왕릉 축조		
529	(신) 살생 금지령을 내림	529	유스티니아누스 법전 편찬
531	(신) 이찬 철부로 상대등을 삼아 국사를 총리케 함		
532	(신) 금관가야 통합. (금관 가야 국왕 김구해가 왕비 및 세 아들 노종·무덕·무력과 더불어 국고의 보물을 가지고 신라에 항복하매, 왕이 이들을 예로써 대접하고 상등의 위를 주고 그 본국으로 식읍을 삼게 하였으며, 그 아들 무력은 조정에 벼슬하여 각간에까지 이르름)	534	북위 우문태가 효무제를 죽여 북위를 멸망시킴
535	(신) 불법을 처음으로 행함	535	북위, 동서로 분열
536	(신) 처음으로 연호를 정하여 건원 원년이라 함		
538	(백) 도읍을 사비로 옮기고 국호를 '남부여'라고 고침		
	(신) 왕이 교하여 지방관리로 가속을 데리고 부임하는 것을 허락		
538	(백) 사비천도, 22부 중앙관서 설치		
545	(신) 거칠부 등에 명하여 『국사』 편찬		
546	(고) 추군과 세군 사이의 왕위 계승전으로 국정 혼란		
551	나·제 연합군, 고구려로부터 한강 유역 빼앗음		
	(신) 고구려 승려 혜량 망명. 처음으로 백좌강회 및 팔관회의 법 규정		
552	(백) 노리사치계, 일본에 불교 전래		
552	(신) 가야인 우륵, 신라인에게 음악을 가르침		
552	(고) 왕산악, 7현금을 개조하여 거문고 제작		
553	(신) 한강 하류 기습 장악, 나·제 동맹 결렬		
554	(백) 관산성 전투에서 성왕 전사, 신라에 대패		
555	(신) 진흥왕, 북한산 순수비 건립		
557	(고) 간주리의 반란	557	서위 멸망. 북주 건국
562	(신) 이사부, 대가야 통합		
566	(신) 황룡사 준공		
		569	양 멸망, 陣 건국
		570	마호메트 탄생 (~623)
576	(신) 원화제도 시작 - 화랑을 제도화		
		579	북주, 진의 강북을 획득
		581	북주 무너지고 양견의 隋 건국
589	(신) 원광법사, 진에 가서 불법을 구함	589	수, 중국 통일 (~618)
590	(고) 온달, 신라의 아차성에서 전사		
		593	일본, 성덕태자의 섭정
598	(고) 고구려 수나라 선제 공격. 요하에서 수군 30만의 1차 공격 격퇴		
600	(고) 이문진, 사서 『신집』 5권 편찬		
	(백) 미륵사 착공		
602	(신) 원광에게 세속 5계를 받은 귀산, 백제전에서 전사		
		605	수, 대운하 건설 진행
610	(고) 담징과 법정, 일본에 종이·먹·수차 등의 기술을 전하고, 법륭사 금당의 벽화를 그림.	610	이슬람교 창시
611	(신) 원광, 수에 고구려 정벌을 요청하는 글, '걸사표' 전달		
611	(백·신) 가잠성 전투에서 백제 승리. 신라 장수 찬덕 장렬히 전사		
612	(고) 수, 113만 대군으로 2차 침입. 요동성을 포위 공격하고 살수까지 진격하였으나 고구려의 을지문덕, 살수에서 대파.		
	(고) 수의 3차 침입 격퇴		

국내 시기	국내 내용	국외 시기	국외 내용
613	(고) 수의 4차 침입 방어		
614	(신) 찬덕의 아들 해론, 가잠성 전투에서 전사		
618	(고) 영류왕 즉위	618	수 양제가 피살되고 수 멸망. 이연이 칭제하고 당을 건국 (~907)
		622	마호메트가 메카로부터 메디나로 옮김 (헤지라)
		626	당, 현무문의 변(이세민이 형과 동생을 살해)
631	(고) 천리장성 축조 시작 (17년후 완성)		
632	(신) 선덕여왕 즉위		
		634	이슬람, 전 아라비아를 통일
641	(백) 해동증자라 일컬어지는 '자왕' 즉위		
642	(고) 연개소문 쿠데타 성공. 보장왕을 세움		
642	(백) 신라의 40여성 탈취		
	(백) 신라의 대야성 공략. 김춘추의 사위 대야 성주 김품석 전사		
	(신) 김춘추 군사를 청하러 고구려로 갔다가 억류. 토끼와 거북 이야기를 이용해 돌아오는 데 성공		
645	(고) 당태종 침입. 안시성 전투에서 고구려 승리	645	일본, 다이카 개신
646	(신) 황룡사 9층탑 완성	646	현장, 인도 여행
647	(신) 상대등 비담의 난 진압		
	(신) 진덕여왕 즉위		
648	(신) 김춘추 당나라에서 군사동맹 체결. 나·제 동맹군으로 백제, 고구려를 멸망 시킨 후 당나라에 대동강 이북을 주겠다고 약속		
649	(신) 중국의 의관 수용		
650	(신) 당의 연호 사용. 당 고종에게 태평송을 비단에 적어 바침		
654	(신) 태종 무열왕 즉위		
		655	당, 왕후 왕씨를 폐위시키고, 측천무후를 세움
660	나·당 연합군 백제 총공격		
	백제 멸망. 웅진 도독부 설치		
661	(신) 무열왕 사망. 문무왕 즉위	661	이슬람, 옴미아드 조 성립 (750)
663	(당) 신라에 계림 도독부 설치. 문무왕 계림대도독으로 임명		
665	백제 왕자 부여융, 웅진도독으로 귀국		
666	(고) 연개소문 사망		
668	(고) 고구려 멸망. 부흥운동 전개		
669	(당) 고구려에 안동도호부 설치. 신라, 당군에 대한 공격 시작		
670	(신) 신라, 고구려 왕족 안승을 금마저에 고구려 왕으로 봉함		
671	(신) 의상, 당에서 귀국		
673	(신) 김유신 사망		
675	(신) 매초성 일대에서 20만 당군 격파		
	외사정 설치		
676	(신) 기벌포에서 당군 격파. 삼국통일 완성		
	의상, 부석사 창건		
		677	당, 안동 도호부 요동으로 옮김
681	문무왕 서거. 신문왕 즉위		
	소판 김흠돌 반란 실패		
682	국학 설립. 감은사 창건		
684	금마저에서 고구려 유민들이 봉기. 관군에 의해 진압됨		
686	원효 사망		
687	관료전 지급. 9주 5소경 편성		
689	녹읍을 폐지하고 조를 지급		
		690	당, 측천무후가 실권을 장악하고 국호를 '주(周)'라고 칭함
		690	당, 중종을 세우고 국호를 당으로 회복. 측천무후 사망
692	설총, 이두 정리		
698	대조영, 발해 건국		
702	의상 사망		
704	김대문, 『화랑세기』 『고승전』 저술		
		710	일본, 나라 천도
719	발해, 고왕 죽고 무왕 즉위		
721	신라 강릉에 장성 축조		
722	신라, 처음으로 백성들에게 정전 지급		
		726	로마교회, 동로마의 성상 금지령으로 분쟁
727	발해, 일본과 국교		
	혜초, 당에 돌아옴. 『왕오천축국전』 저술		
732	발해 장문휴, 해외 원정. 등주 공격		
733	당, 신라와 연합하여 발해 공격		
735	당, 신라에 대동강 이남 영토 인정		
737	발해, 문왕 즉위		
		750	이슬람, 아바스 왕조 성립
751	불국사, 석굴암 창건	751	카롤링거 왕조 성립
		755	당, 안 사의 난 발생 (763)
756	발해, 상경용천부로 천도		

국 내

시 기	내 용
757	신라, 녹봉 부활
765	충담사, 안민가 발표
768	신라, 일길찬 대공과 아찬 대렴의 반란
770	33일간 왕궁 포위. 5도 주군에서 96각간이 싸움 참가
774	신라, 대아찬 김융 모반하다 처형
775	신라, 모반 사건 2차례 발생
780	신라, 이찬 김은거 모반하다 사형됨
	신라, 이찬 염상. 시중 정문 모반하다 사형됨
	신라, 이찬 김지정 반란을 일으키자 상대등 김양상과 이찬 김경신 등이 진압
788	혜공왕 피살되고 37대 선덕왕(780-785) 즉위
	독서출신과 설치
860	신라 헌안왕, 맏딸을 김응렴(경문왕)에게 시집 보냄
874	최치원, 당나라에서 과거 급제
879	최치원, 당에서 「토황소격문」 지음
886	최치원 귀국
887	진성여왕 즉위
	효녀 지은에게 표창
888	위홍과 대구화상은 향가를 수집해서 향가집 『삼대목』을 지음
	왕거인 반체제 인물로 투옥
889	신라, 원종과 애노 사벌주에서 농민 봉기를 일으킴
890	여러 고을 조세 거부. 조세 납부 독촉하자 각지에서 봉기
891	양길 휘하의 궁예가 지휘하는 농민군이 강원도 남부지역 점령
892	견훤, 전주에서 농민 봉기를 일으켜 무진주 점령
894	최치원, 시무 10조를 올림. 궁예 독립
895	궁예, 스스로 개국군(開國君)을 칭하고 후고구려를 세움. 왕건은 궁예 밑에 들어가 철원군 태수가 됨
896	서남 지방에서 적고적(赤袴賊) 봉기
899	최치원은 면직되어 가야산 해인사에 은둔
	북원의 양길, 궁예를 공격하다 대패
900	견훤, 스스로 왕을 칭하고 완산주에 후백제를 세움
	농민군 지휘자 궁예에게 투항
901	궁예는 국호를 고려라 하고 스스로 왕을 칭함
	견훤, 신라의 대야성을 공격했으나 실패

국 외

시 기	내 용
800	프랑크, 카롤루스 1세가 로마에서 대관식을 거행
800	이슬람의 국력 및 문화의 전성 시대
829	잉글랜드 왕국 통일
830	아라비안나이트의 원형이 성립
843	프랑크, 베르덩 조약으로 왕국이 3분됨
862	노브고로드 공국 성립
870	프랑크 왕국의 분열
875	당, 황소의 난 (~884)
907	당의 멸망, 5대 10국 시대 (~960)
916	거란, 요 건국 (~1125)

찾 아 보 기

ㄱ

ㄴ

ㅈ

ㅊ

ㅋ

ㅌ

ㅍ

ㅎ

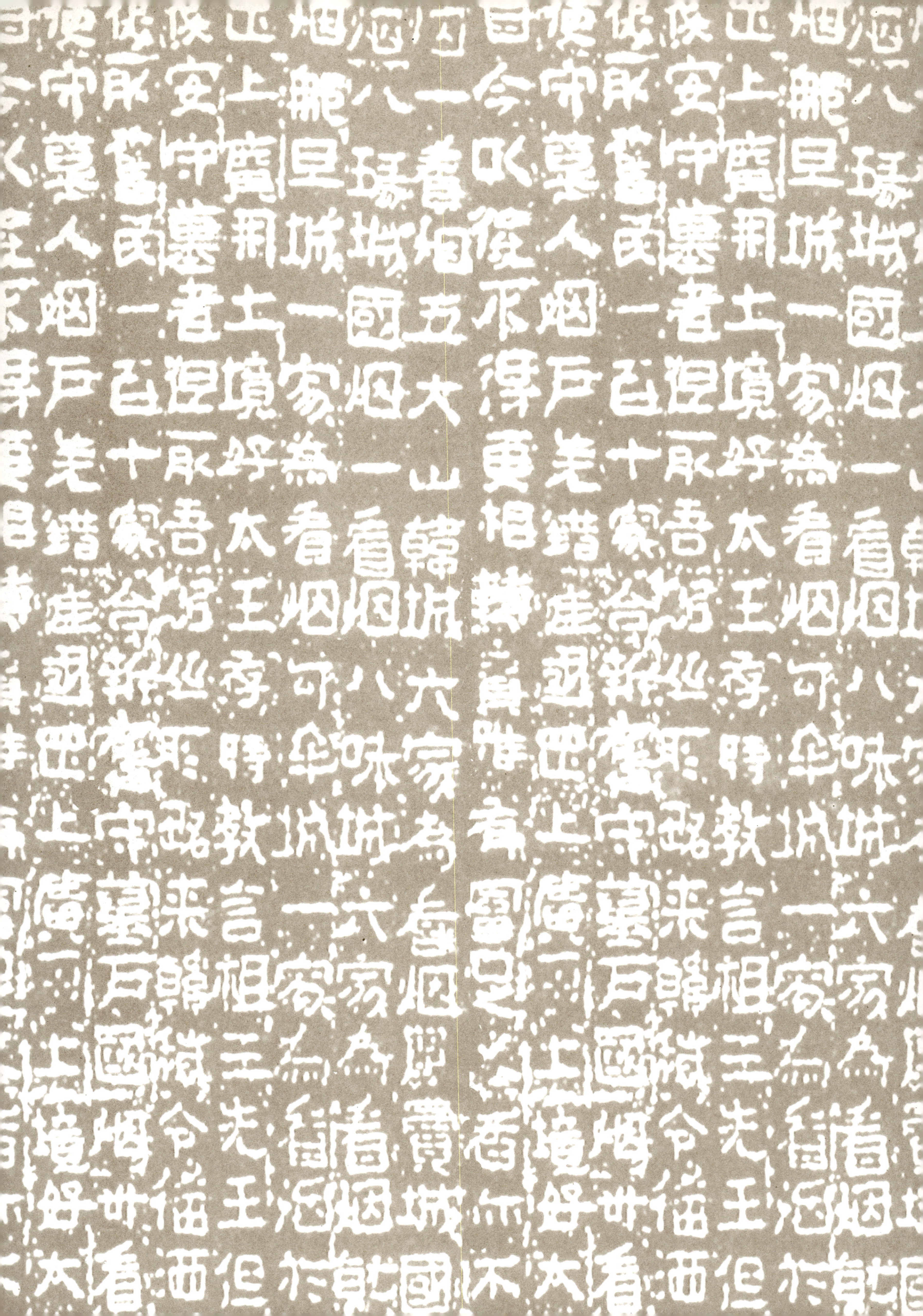

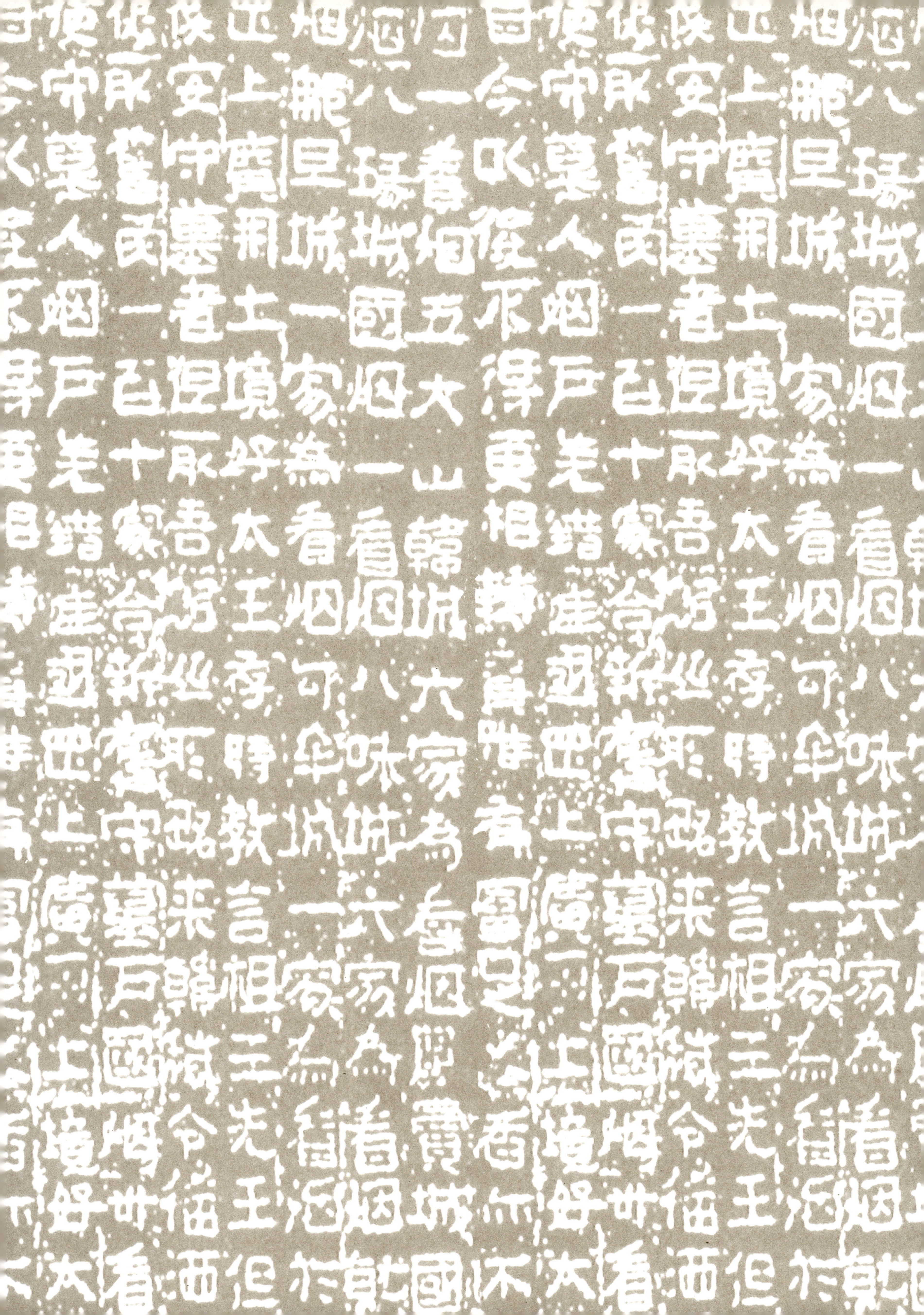

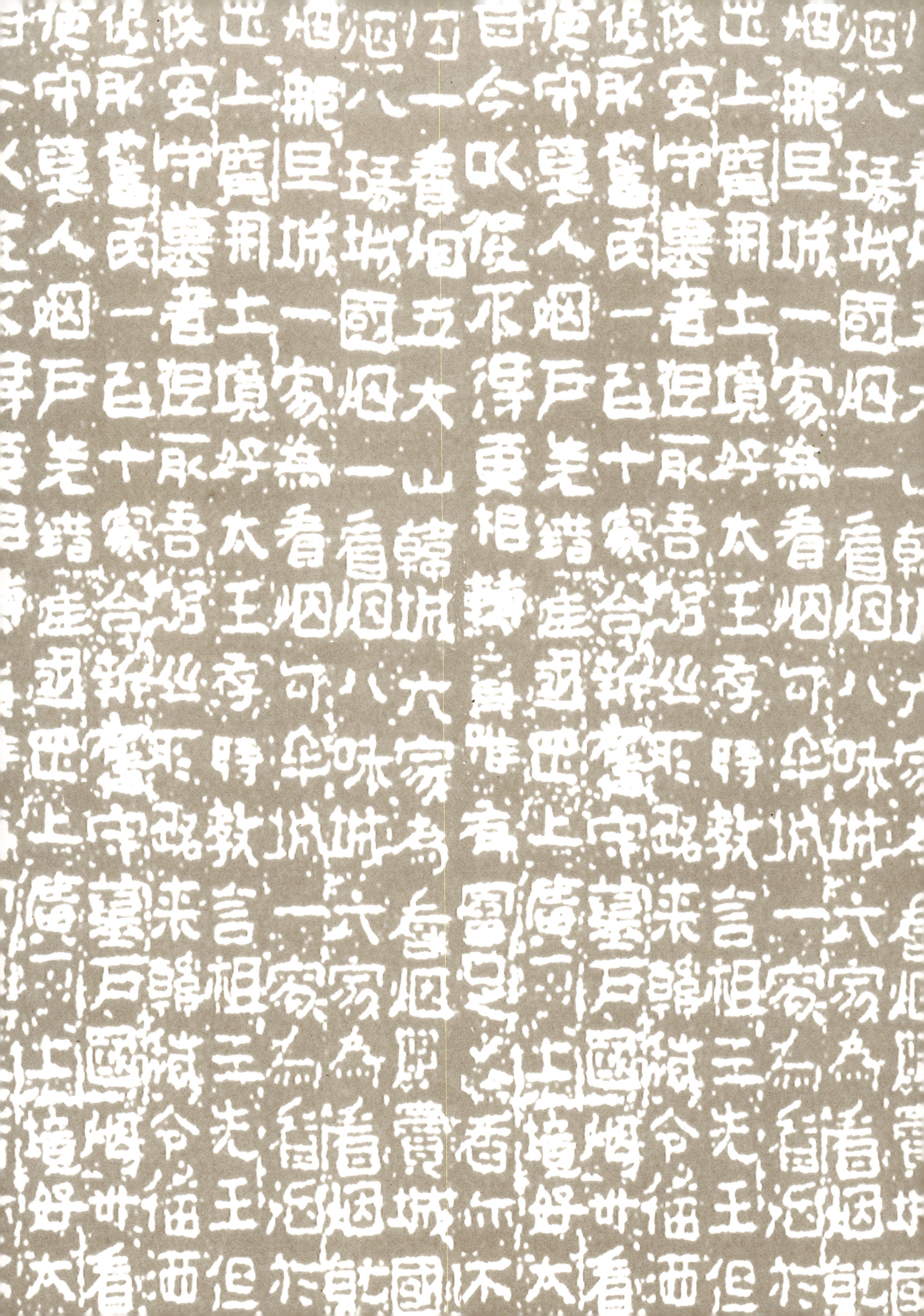

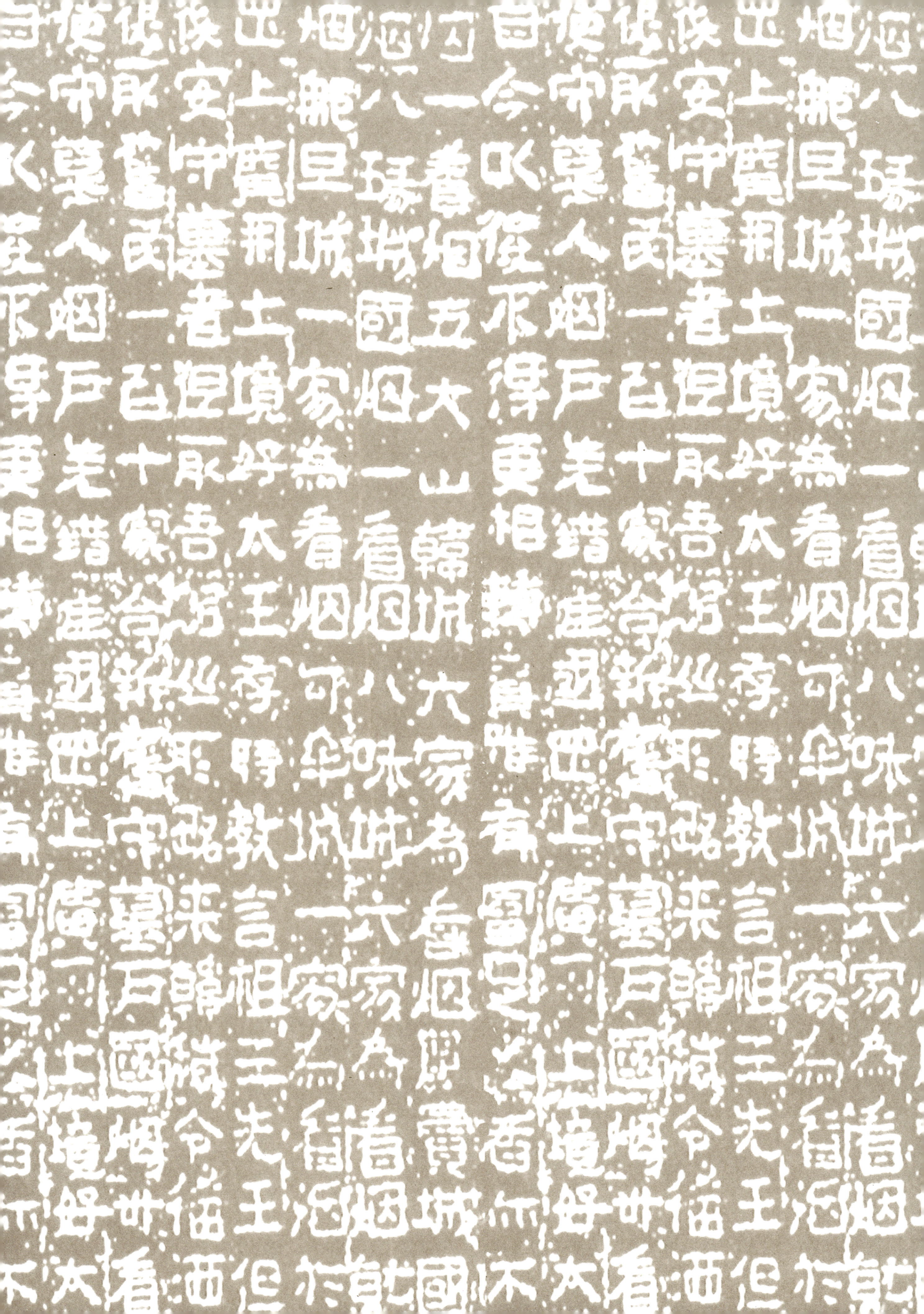